VIVENDO ESSE MUNDO DIGITAL

V857 Vivendo esse mundo digital : impactos na saúde, na educação e nos comportamentos sociais / Organizadores, Cristiano Nabuco de Abreu, Evelyn Eisenstein, Susana Graciela Bruno Estefenon. – Porto Alegre : Artmed, 2013.
335 p. : il. ; 21 cm.

ISBN 978-85-65852-95-1

1. Psicologia. 2. Psicologia da personalidade. 3. Uso da internet – Crianças e adolescentes. 4. Tecnologias da informação – Crianças e adolescentes. I. Abreu, Cristiano Nabuco de. II. Eisenstein, Evelyn. III. Estefenon, Susana Graciela Bruno.

CDU 159.923

Catalogação na publicação: Ana Paula M. Magnus – CRB 10/2052

VIVENDO ESSE MUNDO DIGITAL

IMPACTOS NA SAÚDE, NA EDUCAÇÃO E NOS COMPORTAMENTOS SOCIAIS

CRISTIANO NABUCO DE ABREU
EVELYN EISENSTEIN
SUSANA GRACIELA BRUNO ESTEFENON
ORGANIZADORES

artmed

2013

Gerente editorial: Letícia Bispo de Lima

Colaboraram nesta edição

Coordenadora editorial: Cláudia Bittencourt

Assistente editorial: André Luís de Souza Lima

Capa: Maurício Pamplona

Ilustrações: Gilnei Cunha

Preparação do original: Mônica Ballejo Canto

Tradução: Sandra Mallmann da Rosa (Caps. 2, 4, 5 e 22)

Projeto gráfico e editoração: TIPOS – design editorial e fotografia

ARTMED EDITORA LTDA., uma empresa do GRUPO A EDUCAÇÃO S.A.
Av. Jerônimo de Ornelas, 670 – Santana
90040-340 – Porto Alegre, RS
Fone: (51) 3027-7000 Fax: (51) 3027-7070

SÃO PAULO
Av. Embaixador Macedo de Soares, 10.735 – Pavilhão 5
Cond. Espace Center – Vila Anastácio
05095-035 – São Paulo – SP
Fone: (11) 3665-1100 Fax: (11) 3667-1333

SAC 0800 703-3444

IMPRESSO NO BRASIL
PRINTED IN BRAZIL
Impresso sob demanda na Meta Brasil a pedido de Grupo A Educação.

AUTORES

Cristiano Nabuco de Abreu – Psicólogo. Aprimoramento em Psicoterapia Focada nas Emoções (EFT) pela York University, Toronto/Canadá. Mestre pela Pontifícia Universidade Católica de São Paulo (PUC-SP). Doutor em Psicologia Clínica pela Universidade do Minho, Portugal. Pós-doutorado pelo Departamento de Psiquiatria do Hospital das Clínicas da Faculdade de Medicina da Universidade de São Paulo (IPq-HCFMUSP). Coordenador do Grupo de Dependência Tecnológica do Programa de Transtornos do Controle dos Impulsos (PRO-AMITI) do IPq-HCFMUSP. Ex-presidente da Federação Brasileira de Terapias Cognitivas (FBTC).

Evelyn Eisenstein – Médica. Especialista em Pediatria e Clínica de Adolescentes. Professora associada da Faculdade de Ciências Médicas (FCM) da Universidade do Estado do Rio de Janeiro (UERJ). Coordenadora da Telemedicina e do Grupo de Interesse Especial de Saúde & Medicina de Crianças e Adolescentes da Rede Universitária de Telemedicina. Diretora da Clínica de Adolescentes e do Centro de Estudos Integrados Infância, Adolescência e Saúde (CEIIAS).

Susana Graciela Bruno Estefenon – Pediatra. Especialista em Medicina do Adolescente (Hebiatra) pela Sociedade Brasileira de Pediatria (SBP). Ex-editora-chefe da revista *Adolescencia Latinoamericana* e da versão digital da revista da Biblioteca Virtual em Saúde da Organização Panamericana da Saúde (Bireme-OPAS/OMS). Presidente do Instituto Integral do Jovem e coordenadora do Projeto Saúde da Geração Digital.

Ana Carina Stelko-Pereira – Psicóloga. Mestre em Educação Especial e Doutora em Psicologia pela Universidade Federal de São Carlos (UFSCar).

Anna Flora Werneck – Bacharel em Relações Internacionais. Especialista em Pobreza e Exclusão Social pela Universidade Federal do Rio de Janeiro (UFRJ). Mestre em Estudos de Desenvolvimento Internacional pela Universidade de Amsterdam. Coordenadora de Programas da Childhood Brasil.

Cajetan Luna – Antropólogo. Diretor executivo do Center for Health Justice.

Claudia Bolshaw – Mestre em Artes e Design. Doutora em Design pela Pontifícia Universidade Católica do Rio de Janeiro (PUC-Rio). Coordenadora do Núcleo de Artes Digitais e Animação (NADA) e professora e supervisora da Habilitação de Laboratórios de Mídia Digital na PUC-Rio.

Daniel Tornaim Spritzer – Psiquiatra da Infância e Adolescência. Mestre em Psiquiatria pela Universidade Federal do Rio Grande do Sul (UFRGS). Professor colaborador do módulo de Transtornos do Controle dos Impulsos no Hospital Psiquiátrico São Pedro. Coordenador do Grupo de Estudos sobre Adições Tecnológicas (GEAT).

Deborah Fisch Nigri – Advogada. PhD. Especialista em Direito Autoral.

Denise Del Peloso – Fisioterapeuta. Especialista em Terapia Manual.

Dora Sampaio Góes – Psicóloga. Psicóloga clínica do PRO-AMITI, IPq-HCFMUSP. Membro consultor da Comissão de Ciência e Tecnologia da Ordem dos Advogados do Brasil, Seção de São Paulo (OAB/SP).

Eduardo Jorge Custodio da Silva – Neurologista. Mestre em Neurologia pela UFRJ. Doutor em Ciências pelo Instituto Fernandes Figueira (IFF), Fundação Oswaldo Cruz (Fiocruz).

Emmalie Ting – Médica. Especialista em Pediatria pelo Instituto de Puericultura e Pediatria Martagão Gesteira (IPPMG), UFRJ, e em Medicina de Adolescentes pelo Núcleo de Estudos da Saúde do Adolescente (NESA), UERJ. Médica da Clínica de Adolescentes – Rio de Janeiro e do Hospital Copa D'or.

Erika Kobayashi – Jornalista e socióloga. Mestre em Sociologia das Sociedades Contemporâneas pela Universidade de Paris Descartes – Paris V, Sorbonne. Coordenadora de Programas da Childhood Brasil.

Felipe Picon – Psiquiatra da Infância e da Adolescência. Mestre em Psiquiatria pela UFRGS. Pesquisador em Neuroimagem do TDAH no Programa de Transtornos de Déficit de Atenção (ProDAH) do Hospital de Clínicas de Porto Alegre (HCPA-UFRGS). Vice-coordenador do Grupo de Estudos sobre Adições Tecnológicas (GEAT).

Flavio Wittlin – Médico. Coordenador do Curso de Educação em Saúde do Centro de Ciências Biológicas e Medicina da PUC-Rio. Pesquisador honorário da Universidade de Cumbria (Reino Unido).

Gamba Junior – Programador visual. Mestre em Design pela PUC-Rio. Doutor em Psicologia Clínica pela PUC-Rio. Coordenador do Programa de Pós-graduação do Departamento de Artes e Design e professor assistente do Departamento de Artes e Design da PUC-Rio. Coordenador do Laboratório de Design de Histórias (LADEh) da PUC-Rio.

Jorge Flores Fernández – Licenciado em Informática. Fundador e diretor do PantallasAmigas.

José Carlos Ribeiro – Psicólogo. Doutor em Comunicação e Cultura Contemporâneas pela Universidade Federal da Bahia (UFBA). Professor do Instituto de Psicologia da UFBA. Coordenador do Grupo de Pesquisa em Interação, Tecnologias Digitais e Sociedade (GITS), UFBA. Professor dos Programas de Pós-graduação em Psicologia e Comunicação e Cultura Contemporâneas, UFBA.

Juliana Abrusio – Advogada. Mestre em Direito pela Universidade de Roma Tor Vergata. Professora da Faculdade de Direito da Universidade Presbiteriana Mackenzie.

Leticia Born – Jornalista. Analista de Programas da Childhood Brasil.

Lúcia Cavalcanti de Albuquerque Williams – Psicóloga. Professora titular do Departamento de Psicologia da UFSCar. Coordenadora do Laboratório de Análise e Prevenção da Violência (LAPREV), UFSCar. Pesquisadora do CNPq.

Luiz Barco – Professor titular da USP (aposentado). Professor convidado do Departamento de Engenharia Elétrica da Escola Politécnica da USP.

Magda L. da Costa – Psicóloga. Especialista em Terapias Cognitivas pela FMUSP. Mestre em Psicologia Clínica pela Loyola University, Estados Unidos. Aprimoramento em Psicoterapia Focada nas Emoções pela York University, Canadá. Aprimoramento em Transtornos do Impulso pelo PRO-AMITI, IPq-HCFMUSP. Membro da American Psychology Association. Colaboradora dos setores de Pesquisa e Tratamento do Núcleo de Dependência de Internet e Telefone Celular do PRO-AMITI, IPq-HCFMUSP.

Marco Antônio Chaves Gama – Médico. Especialista em Pediatra e Adolescente (Hebiatra) pela SBP. Pós-graduado em Saúde Mental da Infância e Adolescência pela Faculdade de Ciências Médicas de Minas Gerais (FCMMG).

Michael Rich – Pediatra. Especialista em Medicina de Adolescentes. Mestre em Saúde Pública. Professor associado da Harvard Medical School e da Harvard School of Public Health. Pediatra no Boston Children's Hospital. Fundador e diretor do Center on Media and Child Health, Boston, Massachusetts.

Patricia Konder Lins e Silva – Pedagoga. Orientadora pedagógica e diretora da Escola Parque no Rio de Janeiro. Vice-presidente da Associação Brasileira de Educação (ABE).

Patricia Peck Pinheiro – Advogada. Especialista em Direito Digital pela USP. Fundadora do Movimento Família Mais Segura na Internet.

Regina Ungerer – Pediatra e neonatologista. Especialista em Diplomacia da Saúde e Saúde Global pelo Graduate Institute of International and Development Studies, Genebra, Suíça. Mestre em Saúde da Criança pela Fiocruz. Coordenadora o programa ePORTUGUÊSe, da Organização Mundial da Saúde (OMS), em Genebra.

Rodrigo Nejm – Psicólogo. Mestre em Gestão e Desenvolvimento Social pelo Centro Interdisciplinar de Desenvolvimento e Gestão Social (CIAGS), UFBA. Doutorando em Psicologia na UFBA. Diretor de Prevenção e Atendimento da Safernet Brasil. Pesquisador do Grupo de Pesquisa em Interação, Tecnologias Digitais e Sociedade (GITS), UFBA.

Solange Palma Barros – Mestre em Ciência da Computação pela Universidade Presbiteriana Mackenzie. Professora assistente da Faculdade de Computação e Informática e coordenadora de Ensino a Distância da Universidade Presbiteriana Mackenzie.

Teresa Cristina dos Reis Carvalho Quaglia – Otorrinolaringologista. Pós-graduada em Otorrinolaringologia pela UERJ. Médica otorrinolaringologista do NESA/UERJ. Secretaria Municipal de Saúde do Rio de Janeiro.

Tito de Morais – Consultor em Tecnologias da Informação e Comunicação. Fundador do projeto MiudosSegurosNa.Net. Membro do Conselho Consultivo da equipe portuguesa do projeto EU Kids Online e da Associação Plataforma Internet Segura. Membro do Conselho de Experts do projeto Do Something Portugal. Avaliador externo do projeto Cyber Training – Taking Action Against Cyberbullying.

Vera Maria Moreira – Médica. Mestre em Saúde Coletiva pela UFRJ. Administradora da Rede Cooperação Criança e Paz.

PREFÁCIO

Era uma vez... uma adolescente de 15 anos que vivia ouvindo músicas que eram "baixadas" de um computador e passava muitas horas do dia trocando mensagens de texto com as amigas, enquanto o irmão de 13 anos ficava jogando seu videogame e "esticando" na hora de dormir. Essa não é uma antiga história da carochinha, mas uma realidade das famílias que vivem atualmente no meio dos equipamentos e das tecnologias de informação e comunicação (TICs). Qualquer conhecimento ou informação, músicas, jogos, filmes, tudo está disponível com o apertar de um botão ou um simples *click* de aparelhos cada vez mais sofisticados, leves, portáteis e econômicos, durante todas as horas do dia e da noite.

A perspectiva ininterrupta de conexão que é vivenciada pelos adolescentes de hoje muda drasticamente o cenário em que eles foram e são criados. A chamada Geração Digital é caracterizada por jovens que nasceram entre 1990 e 2000 e que cresceram sob a perspectiva de sempre poderem ter algum tipo de contato com a mídia digital, que teria trazido uma significativa mudança na construção dos usos e dos costumes e, principalmente, nas questões ligadas ao comportamento humano.

As formas antigas de interação social já estão passando por uma grande revolução. A escola, nossa aliada no processo de socialização, também sofre os efeitos dessa mudança. As grandes corporações apresentam significativas dificuldades para adaptar os nativos digitais aos antigos conceitos de hierarquia e comportamento empresarial. Enfim, se tínhamos alguma dúvida de que algo estava mudando, hoje temos a certeza de que algo efetivamente já aconteceu.

A conexão instantânea obtida por meio de computador, *tablet*, telefone celular durante 24 horas por dia, sete dias por semana, pode oferecer aos jovens uma perspectiva mais abrangente de interação com o mundo a sua volta. Novas oportunidades aparecem, trazendo benefícios e vantagens e dissolvendo barreiras geográficas, culturais e tantas outras, vaporizando diferenças sociais e penetrando barreiras políticas, superando expectativas e certezas tecnológicas em um mundo globalizado e cada vez mais conectado. Para se ter uma rápida ideia, a população mundial hoje está estimada em 7 bilhões de pessoas, enquanto 6,39 bilhões já possuem um telefone celular com acesso à internet. Ou seja, a tecnologia já chegou onde nem a água potável se faz presente. Computadores estão em todos os lugares, nas escolas e nas universidades, nas *lan-houses* e nas salas de praticamente todas as famílias – sendo que muitas das quais nem sequer sabem o que acontece no dia a dia de seus filhos –, fazendo parte do cotidiano das crianças e adolescentes brasileiros, mesmo em regiões distantes e no interior do País. No limite, a internet anda nos bolsos de crianças e adolescentes ou repousa debaixo de seus travesseiros quando deveria estar desligada e "dormindo"!

Na internet, todo mundo quer invadir a sua privacidade. Empresas, criminosos e até seus amigos estão interessados em obter informações a seu respeito. A maioria de nós praticamente não vê nenhum problema em fornecê-las. As conexões digitais podem oferecer a ilusão da companhia, sem as exigências da vida real, e, assim sendo, muitas das mensagens colocam as pessoas no lugar certo, nem muito perto, nem muito longe. De uma maneira ou de outra, a tecnologia nos ajuda a contornar o grande receio que temos da intimidade.

Mas quais são as influências que essas tecnologias exercem nos comportamentos de crianças e de adolescentes durante uma fase importante do crescimento, desenvolvimento e maturação cerebral? E, durante a vida adulta, quais serão as repercussões cerebrais e comportamentais? Quais são os riscos à saúde quando se extrapolam os limites entre o real e o virtual, entre o público e o privado, entre a intimidade, a privacidade e o isolamento, com a distorção dos fatos, o acúmulo de dados e a multiplicidade das imagens "reais" ou fictícias? A repercussão do uso excessivo ou inadequado dessas tecnologias tem preocupado os profissionais da saúde, da educação, da comunicação e do sistema jurídico legal que lidam com crianças e adolescentes como público-alvo. É preciso discernir o que é perigoso e pode causar dano do que é arriscado e do que é "normal", apesar da frequência cada vez maior dos problemas que começam a aparecer nos consultórios, nas escolas e nos tribunais. Até que ponto é possível permitir as influências das TICs nos padrões de saúde, nos hábitos e estilos de vida, durante o desenvolvimento da sexualidade, nos relacionamentos sociais e nos meios de comunicação? A convivência com as TICs traz benefícios e oportunidades que precisam ser aproveitadas, mas também expõe a mais riscos à saúde corporal, mental, emocional e social de crianças e adolescentes/adultos jovens se não for bem dosada em tempo, controle e disponibilidade do uso diário.

Refletindo sobre essas questões, reunimos um grupo de profissionais brasileiros e internacionais que, nos últimos 10 anos, vêm pesquisando os temas ligados ao mundo digital e trabalhando em programas com crianças e adolescentes ou jovens universitários para debaterem suas experiências e saberes durante um evento realizado na cidade do Rio de Janeiro, nos dias 19 e 20 de abril de 2012. O Primeiro Encontro Internacional sobre o Uso de Tecnologias da Informação por Crianças e Adolescentes/Jovens Adultos foi denominado **ESSE Mundo Digital** (E = Ética; S = Segurança; S = Saúde e E = Educação). O impacto, a interação profissional nas discussões e a relevância dos temas abordados deixaram um "gostinho de quero mais". E esse foi o principal motivo de organizarmos este livro, não somente como um resumo do evento, mas também como um aprofundamento dos assuntos apresentados, para que possam servir ainda mais como reflexões a todos os leitores interessados.

O principal objetivo do encontro foi apresentar temas relevantes e promover debates interativos com a participação dos especialistas convidados, brasileiros e internacionais, sobre como transformar o uso da internet em uma fonte mais segura, ética, educativa e saudável de conhecimentos, além de uma ponte de diálogo entre gerações. Dentre os temas abordados, muitos foram ampliados e atualizados para o livro, incluindo tecnoestresse e dependência à internet; *cyberbullying, sexting* e *grooming*; abusos, pornografia, pedofilia e exploração sexual; problemas médicos e prevenção de riscos; cibercrimes e ciberdelitos; redes sociais; direitos humanos e valores éticos; educação e escola; segurança e tantos outros aspectos da era digital.

Foram dois dias intensos de apresentações e debates transdisciplinares com o foco na população-alvo de crianças e adolescentes/jovens adultos, mas os assuntos quase sempre extrapolavam, envolvendo famílias e sociedade de maneira geral, e, assim, ao mesmo tempo, surgiam propostas de se ampliar os horizontes para diminuir os abismos de comunicação entre todos e disseminar os conhecimentos profissionais para atender cada vez mais as demandas de todos que são desafiados na era digital!

Participaram do evento 160 profissionais, estando presentes representantes de sete Estados e 15 cidades do Brasil e de quatro países, Portugal, Espanha, Estados Unidos e Suíça, este último por transmissão em videoconferência da sede da Organização Mundial da Saúde (OMS), direto de Genebra. Além disso, várias instituições estavam representadas: Universidades: Harvard/USA, UERJ/SR-3 e FCM/Telemedicina, UFRJ/IESC, PUC/RJ, USP, Mackenzie/LEEME,

UFSCAR/LAPREV, UFCeará, UFBahia/NUTS e UFUberlândia, e 12 escolas do Rio de Janeiro, de Niterói e de Nova Friburgo, além da Secretaria Municipal de Educação da Prefeitura da Cidade do Rio de Janeiro e da Rede Universitária de Telemedicina/Rede Nacional de Ensino e Pesquisa do Ministério da Ciência e Tecnologia através do SIG de Crianças e Adolescentes, Saúde & Medicina. E, ainda, a presença de várias instituições participantes e que apoiaram o evento como FAPERJ, Childhood/Brasil, SAFERNET, GOOGLE, POLYCOM, CREMERJ, IAEFE, VERA, CEIIAS, CSC, ARTMED, MAFREEI, Rede Criança e Paz, Instituto do Jovem, Dain Gandelman e Lacé Brandão Advogados Associados, Health Justice/Los Angeles, Center for Midia and Child Health/Harvard, Medical Missions for Children/USA, MiudosSegurosNa.Net/Portugal, Pantallas Amigas/Espanha e Rede E-Portugues-E da Organização Mundial de Saúde.

Devido às repercussões e à vigência dos assuntos abordados durante esse evento, decidimos publicar as principais apresentações e conclusões em um único livro, que dividimos em sete partes e 27 capítulos.

Queremos agora dividir e ampliar com todos os leitores esta oportunidade de reflexão sobre tantos assuntos que já fazem parte de nosso dia a dia. Agradecemos à Artmed Editora, que possibilitou esta publicação, e a todos os amigos, colegas profissionais que contribuíram com seu tempo e saber durante o evento e, principalmente, aos 31 colaboradores que participaram da produção deste livro.

Os organizadores

SUMÁRIO

PARTE V ESPECIALIDADES MÉDICAS E O USO DAS TECNOLOGIAS DE INFORMAÇÃO E DA COMUNICAÇÃO

PARTE VI SEGURANÇA NA REDE

PARTE VII CIBERDELITOS E CIBERCRIMES

PARTE I

O MUNDO DIGITAL – UMA VISÃO GERAL

CAPÍTULO 1

SOCIEDADE GLOBALIZADA E MÍDIA DIGITAL

REGINA UNGERER

O termo globalização não é um conceito novo.

Há quem considere que o processo da globalização tenha começado em 336 a. C. com Alexandre III da Macedônia, também conhecido como Alexandre, o Grande. Alexandre, que era um excelente estrategista, nunca perdeu uma batalha e foi responsável por uma das maiores expansões territoriais da história da humanidade, fazendo da Grécia Antiga um império que ia dos Balcãs à Ásia Menor.

Outros acreditam que a globalização começou no século XV com a era dos grandes descobrimentos e a expansão da Europa para a África e as Américas. Rodrigues e Devezas[1] vão mais longe e consideram que Portugal foi a primeira nação do mundo a desencadear o processo da globalização, já que os portugueses foram os primeiros europeus a estabelecer um comércio regular entre a Europa, a Ásia e as Américas.

Mais tarde, durante os anos de 1830 e 1840, em plena Revolução Industrial, quando a Europa enfrentava uma epidemia de cólera que ameaçava o comércio internacional, líderes da Alemanha, da França, da Inglaterra e da Itália reuniram-se para discutir a saúde de seus trabalhadores; não por consciência social, mas por questões econômicas, pois, sem trabalhadores nas fábricas, a produção e, consequentemente, os ganhos iriam diminuir em todos os países. Esse fato pode ser considerado como um dos primórdios das discussões sobre a necessidade de enfrentar internacionalmente as epidemias para manter e impulsionar a economia e o comércio.

Já Thomas L. Friedman[2] considera que a globalização começou em 1945, depois da Segunda Guerra Mundial, com a criação das Nações Unidas, mas floresceu após a queda do muro de Berlim, em 1989, quando o mundo deixou de ser bipolar e passou-se a falar em desenvolvimento global.

A popularização do termo globalização se deu nas últimas décadas do século XX,[3] com a enorme expansão do comércio internacional e a criação de empresas multinacionais atuando ao mesmo tempo em diversas partes do mundo. O deslocamento de grandes populações ao redor do globo, a fuga de cérebros de países com menos recursos para países com melhores oportunidades de trabalho, a terceirização da produção de bens de consumo para países menos desenvolvidos e com uma força de trabalho menos dispendiosa, a popularização de filmes, grupos musicais e cultura podem ser considerados efeitos da globalização, que, dessa forma, passou a ser considerada um evento do mundo moderno.

Mesmo sem um consenso sobre o início da globalização, o que importa é que, hoje, o que acontece política, econômica ou socialmente em um país ou região repercute imediatamente em outro; quer dizer, todos estão interligados e, por isso mesmo, são interdependentes. O que não significa que os recursos, as decisões políticas, o desenvolvimento ou as oportunidades sejam iguais para todos e em todos os lugares.

AS TECNOLOGIAS DE INFORMAÇÃO E COMUNICAÇÃO (TICs)

As tecnologias de informação e comunicação (TICs) modernas, como os computadores, o acesso à internet e os telefones celulares, estão revolucionando a forma como as pessoas se comunicam, se socializam, buscam, trocam informações e adquirem conhecimento. Hoje é possível acessar qualquer informação sobre quase todos os temas em apenas alguns segundos e com um simples toque de uma tecla.

Enquanto o comércio, o setor empresarial e, em especial, o setor bancário vislumbraram o grande potencial que as TICs iriam desempenhar para melhorar suas *performances* e logo começaram a adaptar-se a essa nova forma de interagir, o setor da saúde foi mais lento para ver nesse novo paradigma uma oportunidade de melhorar sua atuação.[4] Nos últimos 10 anos, no entanto, com a revolução digital, o aumento da conectividade e a disseminação da internet, o setor da saúde despertou para as possibilidades que as TICs e todas as suas ramificações poderiam oferecer para melhorar seu desempenho, como, por exemplo: diagnóstico, tratamento e prevenção de doenças, promoção, educação, pesquisa e avaliação em saúde.

A mídia passou a fazer parte do cotidiano do gestor, do técnico e do profissional da saúde, obrigando-os a serem mais eficientes e resolutivos. A relação médico-paciente mudou. Os pacientes passaram a exercer maior controle sobre suas condições de saúde e deixaram de ser passivos em seus tratamentos, e o médico deixou de ser o dono da verdade absoluta.[4]

Surgiu a telemedicina, que possibilita consultas a distância, segunda opinião formativa em exames e diagnósticos, discussão em tempo real entre profissionais que se encontram geograficamente distantes; abriram-se as portas para a tele-educação; e a cada dia surgem novas possibilidades de usar as TICs para fortalecer o ensino, a aprendizagem e o atendimento ao paciente.[4]

Segundo György Miklós Böhm,[5] a tele-educação é a consequência da inserção da educação no mundo digital e proporciona a universalidade da informação para qualquer assunto, podendo ser adaptada a grandes redes de comunicação, com repetição ilimitada, possibilitando o treinamento e a capacitação de um grande número de profissionais ao mesmo tempo.

O primeiro relato publicado sobre o uso de ferramentas de comunicação para promover cuidados em saúde data do começo do século XX, quando Willem Einthoven utilizou o telefone para transmitir dados de eletrocardiogramas de seus pacientes do seu laboratório de fisiologia na Universidade de Leiden, na Holanda, para a clínica do Hospital Acadêmico.[6] Mais tarde, na década de 1960, os setores militares e espaciais possibilitaram o desenvolvimento de meios de comunicação inovadores que aos poucos passaram a ser utilizados pelo setor da saúde, tais como: as gravações em vídeo de sessões de psicoterapia e o aconselhamento médico entre hospitais.[7,8]

Nos países em desenvolvimento e em regiões com infraestrutura limitada, as TICs ainda não são utilizadas em larga escala devido a uma série de barreiras, como baixa conectividade, fornecimento irregular de eletricidade, equipamentos de comunicação que não se adequam ao clima tropical,[9] fatores culturais, questões legais e poucos estudos de avaliação de seu custo-benefício e efetividade. Os obstáculos culturais envolvem principalmente a resistência inicial de alguns profissionais da saúde em adotar modelos de aprendizagem que diferem de abordagens tradicionais e, além disso, ainda lhes faltam a alfabetização tecnológica e os equipamentos necessários para utilizar os recursos de maneira adequada.[10] Deve-se também levar em consideração as questões legais, como o compartilhamento de dados entre os profissionais da saúde e as jurisdições e as formas de autenticar os profissionais da saúde, principalmente em comunicação por *e-mail*.[8]

Hoje, a internet permite o acesso à informação em qualquer parte do mundo, bastando ter conectividade, mas o acesso e a rapidez da transmissão da informação não são iguais para todos.

Isso é particularmente verdadeiro para os países de língua portuguesa (Angola, Brasil, Cabo Verde, Guiné-Bissau, Moçambique, Portugal, São Tomé e Príncipe e Timor-Leste; Figura 1.1), que se encontram entre os menos desenvolvidos do mundo, de acordo com o Índice de Desenvolvimento Humano (IDH) do Programa das Nações Unidas para o Desenvolvimento (PNUD) (Tabela 1.1).[11]

Esses países sofrem com altas taxas de mortalidade materna e infantil, baixa escolaridade e baixa expectativa de vida ao nascer. Seus sistemas de saúde são desorganizados e com pouca resolutividade, a qualificação dos recursos humanos para a saúde é limitada, a distribuição geográfica dos profissionais é desequilibrada e o governo tem pouca capacidade para a retenção dos quadros. Há necessidade de formar líderes, gestores e tomadores de decisão.

Além disso, não se pode menosprezar a importância do idioma como o principal meio de comunicação, interação e transmissão de conhecimento. A língua é a expressão mais fiel de uma cultura, tradição que reflete a identidade de determinado grupo de indivíduos.[12] Aqueles que não conseguem compreender a mensagem estarão sempre em desvantagem. E a maioria da informação científica circula em inglês.

Existem quase 7 mil[13] línguas vivas no mundo, e o português é a sétima mais falada, com quase 300 milhões de pessoas distribuídas por oito países, em quatro continentes, que fazem parte da comunidade dos países de língua portuguesa (CPLP). Em 2010, a Guiné Equatorial adotou o português como língua oficial e aguarda para fazer parte dessa comunidade.

O português é ainda a terceira língua mais falada no mundo ocidental e a primeira no Hemisfério Sul.

A oportunidade de utilizar o seu próprio idioma no mundo da informação global pode ser considerada um fator determinante para a extensão na qual a população poderá participar da sociedade de conhecimento emergente.[4]

Embora o português seja o quinto idioma mais usado na internet, com mais de 80 milhões de pessoas navegando pela rede,[14] os países de língua portugue-

TABELA 1.1 **ÍNDICE DE DESENVOLVIMENTO HUMANO (IDH)**

IDH muito alto (1 a 47)	IDH alto (48 a 94)	IDH médio (95 a 141)	IDH baixo (142 a 187)
43 – Portugal	85 – Brasil	132 – Cabo Verde 134 – Timor-Leste	144 – São Tomé e Príncipe 148 – Angola 176 – Guiné-Bissau 185 – Moçambique

Fonte: United Nations Development Programme.[11]

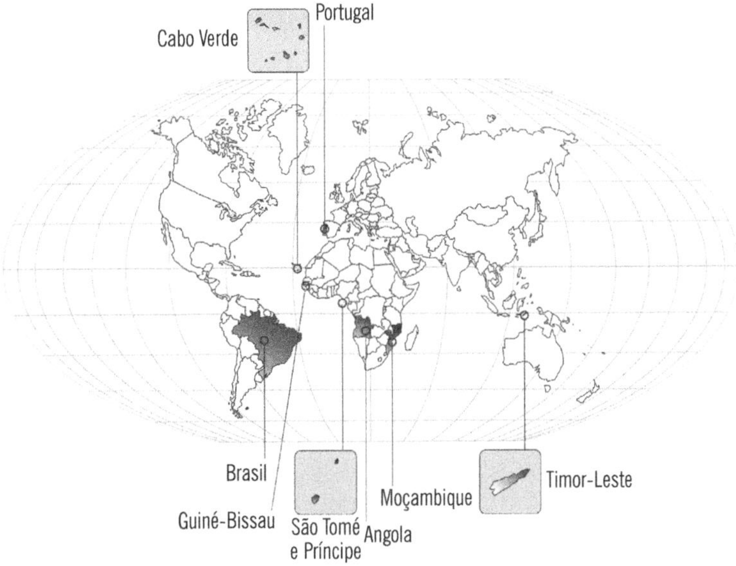

FIGURA 1.1 **Mapa dos países de língua portuguesa.**

sa sofrem com a baixa conectividade, investimentos limitados na área e, portanto, têm menos acesso à informação disponível *online* (Tabela 1.2).

eHEALTH

A Organização Mundial da Saúde (OMS) define *eHealth* como o uso das tecnologias de informação e comunicação (TICs) na área da saúde,[15] quer seja o uso de prontuários eletrônicos, cartões de saúde digitais que carregam os dados do paciente, telemedicina, telefones inteligentes ou *tablets* que transmitem informações sobre uma determinada população ou comunidade para um centro de coleta de dados nas esferas mais centrais, quer seja na capacitação de recursos humanos, na condução de pesquisas ou no apoio de ações humanitárias nos mais diversos setores da sociedade. Em uma definição mais ampla, *eHealth* consiste em melhorar o fluxo de informação, via meios eletrônicos, para fortalecer a prestação de serviços e a coordenação dos sistemas de saúde.[16]

No entanto, para o melhor aproveitamento das TICs na área da saúde, são necessárias uma ação integrada e estratégias nacionais que utilizem e melhorem

TABELA 1.2 **OS 10 IDIOMAS MAIS USADOS E O ACESSO À INTERNET NOS PAÍSES DE LÍNGUA PORTUGUESA**

Os 10 idiomas mais usados na internet[14]

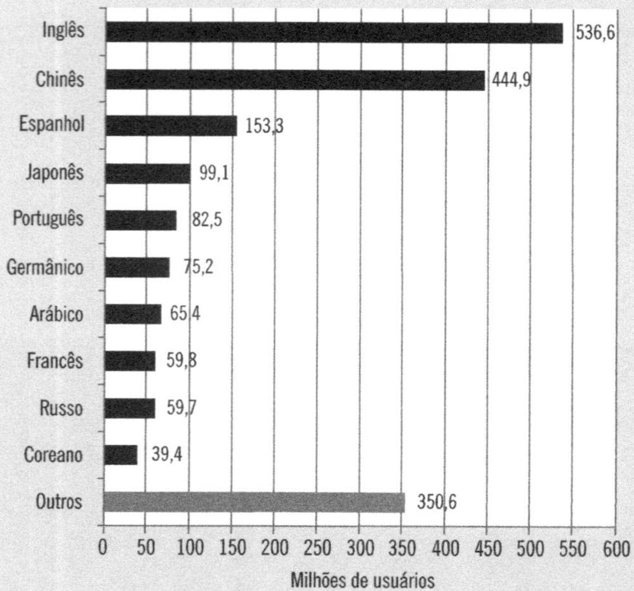

País	População[17]	Acesso à internet[14] (%)
Angola	19.082.000	14,8
Brasil	194.946.000	45,6
Cabo Verde	496.000	32
Guiné-Bissau	1.515.000	2,7
Moçambique	23.391.000	4,3
Portugal	10.676.000	55,2
São Tomé e Príncipe	165.000	20,2
Timor-Leste	1.124.000	0,9

os recursos existentes e formem uma base sólida que favoreça o investimento e a inovação.[16]

A colaboração entre a OMS e a União Internacional de Telecomunicações (UIT), as duas principais agências das Nações Unidas para o setor da saúde e das telecomunicações, é importante e decisiva para o desenvolvimento de estratégias nacionais de *eHealth.*[16]

De acordo com a UIT existem cerca de 5 bilhões de linhas de telefones celulares em todo o mundo e 90% da população mundial se encontra coberta por um sinal sem fio. Mesmo nos países de renda média ou baixa, a penetração das redes sem fio é superior à de outras infraestruturas, tais como estradas pavimentadas ou rede elétrica.[10]

O setor da saúde começa a ver os benefícios do uso desses dispositivos, ou *mHealth* (saúde móvel), como uma estratégia complementar para o fortalecimento dos sistemas de saúde e possibilidade de contribuir para as metas de desenvolvimento do milênio. Em muitos países desenvolvidos e em desenvolvimento existem programas que utilizam os telefones celulares para o envio de mensagens de saúde, para o contato direto com os pacientes e para o monitoramento e lembrete para o uso de medicamentos no tratamento de doenças crônicas. Os países desenvolvidos são os que mais utilizam os serviços já estabelecidos em *mHealth*, enquanto o número de países em desenvolvimento que possuem alguma atividade nesta área não ultrapassa os 50%.[10]

Na África, aplicativos de *mHealth* estão sendo testados em diversos cenários, tais como programas que visam reduzir a prevalência de doenças relacionadas à pobreza, incluindo HIV/aids, malária e tuberculose; programas de promoção da saúde materno-infantil; acesso à informação em saúde; serviços de emergência; controle de estoque de medicamentos; mensagens de saúde, etc.[10]

No entanto, os custos relacionados à infraestrutura desse tipo de serviço ainda são uma barreira para sua implementação em países menos desenvolvidos que também enfrentam a baixa adesão da população a esses serviços mesmo quando essa iniciativa está estabelecida nacionalmente.[10]

Como forma de contribuir para o fortalecimento do uso das TICs na área da saúde nos países de língua portuguesa, a OMS criou, em 2005, a Rede ePORTUGUÊSe.[18]

REDE ePORTUGUÊSe

A Rede ePORTUGUÊSe é uma plataforma desenvolvida para apoiar e fortalecer a colaboração e a troca de informações entre instituições e profissionais da saúde nos oito países de língua portuguesa. É uma estratégia para a capacitação de recursos humanos em saúde e uma oportunidade para os países receberem informação em saúde atualizada, relevante e baseada na melhor evidência disponível.

Em 2012, a rede ePORTUGUÊSe foi reconhecida pelo Escritório das Nações Unidas para a Cooperação Sul-Sul e Triangular como um dos exemplos da cooperação sul-sul em saúde e veio satisfazer uma longa demanda dos profissionais dos países africanos de língua portuguesa que continuamente solicitavam a melhoria do acesso à informação em saúde em seu próprio idioma.

Além de promover e melhorar o acesso à informação em saúde disponível em português e facilitar o treinamento e a capacitação de recursos humanos em saúde, a rede ePORTUGUÊSe também assumiu o compromisso de dar visibilidade e apoio à produção local de conhecimento, fortalecendo, dessa forma, a pesquisa em português.

O termo "rede" é uma modalidade de parceria ou trabalho de colaboração entre dois ou mais sistemas, pessoas ou comunidades em torno de um tema comum que foi ampliado com o crescimento da internet. Esse modelo de cooperação abre enormes oportunidades para a disseminação em massa da informação, seja ela científica ou não, e cria oportunidades únicas para que profissionais que se encontram geograficamente distantes, possam trocar informações, participar de discussões, melhorar sua qualificação e contribuir para o desenvolvimento de suas atividades no dia a dia. Mas esse novo paradigma de atendimento e de aprendizado ainda está em seus primórdios de desenvolvimento, pois são necessários conectividade, computadores, tecnologia especializada, salas de aula adaptadas e uma política nacional de desenvolvimento na área. No entanto, devido ao seu potencial, essa é uma das áreas em que os governos e instituições de ensino deverão investir nos próximos anos.

A rede ePORTUGUÊSe utiliza diversas ferramentas para atingir seus objetivos, e um dos produtos mais importantes para os profissionais da saúde dos países de língua portuguesa foi, sem dúvida, a criação de uma Biblioteca Virtual em Saúde Nacional (BVS) em todos os países.

Utilizada por profissionais da saúde da América Latina e Caribe, esse modelo de BVS abriu a possibilidade para que estudantes, acadêmicos, profissionais da saúde do setor público ou privado pudessem acessar gratuitamente um grande número de revistas científicas e bancos de dados internacionais. Esse tem sido um instrumento importante para a capacitação de recursos humanos em saúde nos países de língua portuguesa.

Com o aumento do número de programas de ensino a distância, a rede ePORTUGUÊSe vem discutindo com outros parceiros e atores uma estratégia para oferecer diversos tipos de capacitação nessa modalidade, como cursos curtos de atualização ou educação continuada para profissionais da saúde dos Países Africanos de Língua Oficial Portuguesa (PALOP) e Timor-Leste.

Outras ferramentas que devem ser consideradas são os meios de comunicação social ou mídias sociais, que, embora recentes, são um fenômeno mundial e, quando bem gerenciadas, podem ser um forte aliado ao desenvolvimento em qualquer setor. O crescimento das mídias sociais é tão grande que diversas universidades em várias partes do mundo já oferecem programas voltados para a promoção e desenvolvimento de negócios e *marketing* utilizando esse meio de comunicação. De acordo com a revista *Forbes*,[19] 43% dos jovens entre 20 e 29 anos passam mais de 10 horas por semana utilizando as mídias sociais, e as previsões indicam que esse número continuará a crescer nos próximos anos. Esse mercado não pode ser menosprezado.

CONCLUSÃO

Deve-se lembrar que a equidade no acesso à informação só será possível quando todas as pessoas do mundo realmente tiverem acesso à mesma informação, ao mesmo tempo e na mesma velocidade.

Os governos vêm manifestando um interesse crescente em desenvolver estratégias de *eHealth* para o fortalecimento de seus sistemas de saúde depois que a OMS alertou os Estados Membros sobre o impacto positivo das TICs no apoio à prestação de serviços em saúde, incluindo a administração, o setor jurídico, o ensino e a prestação de cuidados.[15]

Dois eventos marcantes foram importantes para o desenvolvimento de *eHealth*. O primeiro ocorreu em 1993, quando foi possível transmitir imagens e som por meio de computadores para qualquer parte do mundo. E o segundo em 1995, quando uma mensagem de *e-mail* foi enviada a vários profissionais do mundo requisitando ajuda no diagnóstico de uma estudante chinesa que sofria de síndrome de Guillain-Barré. Esses dois acontecimentos abriram as portas para o desenvolvimento da telessaúde com todas as suas ramificações.

Mas não basta que essas ferramentas existam, é preciso que sejam disseminadas e utilizadas por um número cada vez maior de instituições e profissionais. Para isso, são necessárias políticas específicas para o setor, determinação dos gestores e investimentos na área.

As previsões mundiais indicam que, mesmo que a conectividade ainda seja baixa nos países menos desenvolvidos, o setor das telecomunicações continuará a crescer em todas as partes do mundo e o setor da saúde deve estar alerta para aproveitar o momento e usar essas ferramentas em prol de seu desenvolvimento.

REFERÊNCIAS

1. Rodrigues JN, Devezas T. Portugal: o pioneiro da globalização. Lisboa: Centro Atlântico; 2007.

2. Friedman TL. O lexus e a oliveira. São Paulo: Objetiva; 1999.

3. O que é globalização [Internet]. Herzlya: Shvoong; 2007 [capturado em 10 fev. 2013]. Disponível em: http://pt.shvoong.com/social-sciences/political-science/1626460-que-%C3%A9-globaliza%C3%A7% C3%A3o/.

4. Ungerer RLS. ePORTUGUÊSe: uma rede de informação e uma nova ferramenta da OMS para os países de língua portuguesa. Rev HdF [Internet]. 2012[capturado em 28 mar. 2013];15. Disponível em: http://www.hospitaldofuturo.com/page/revista-hdf.

5. Saúde total. Profissionais: prof. dr. György Miklós Böhm [Internet]. São Paulo: Saúde Total; 1997-2010 [capturado em 10 fev. 2013]. Disponível em: http://www.saudetotal.com.br/gyorgy.asp.

6. Einthoven W. The telecardiogram. Arch Int Physiol. 1906;4:132-64.

7. Benschoter RA, Eaton MT, Smith P. Use of videotape to provide individual instruction in techniques of psychotherapy. J Med Educ. 1965;40(12):1159-61.

8. Dwyer TF. Telepsychiatry: psychiatric consultation by interactive television. Am J Psychiatry. 1973;130(8):865-9.

9. Khazei A, Jarvis-Selinger S, Ho K, Lee A. An assessment of the telehealth needs and health-care priorities of Tanna island: a remote, under-served and vulnerable population. J Telemed Telecare. 2005;11(1):35-40.

10. Organização Mundial da Saúde. Relatório global de eHealth: análise dos países de língua portuguesa. Genebra: OMS; 2012. p. 11-20.

11. United Nations Development Programme [Internet]. New York: UNDP; c2013 [capturado em 10 de fev. 2013]. Disponível em: http://www.undp.org.

12. Ungerer RLS. Pluralismo linguístico e expansão do português. CMDL-LA. Newsletter n. 7, maio de 2007.

13. Ethnologue: languages of the world [Internet]. Dallas: SIL International; 2013 [capturado em 10 fev. 2013]. Disponível em: http://www.ethnologue.com.

14. Internet World Stats. The top 10 languages of the internet [Internet]. Bogota: Miniwatts Marketing; 2001-2013 [capturado em 10 fev. 2013]. Disponível em: http://www.internetworldstats.com/stats7.htm.

15. World Health Assembly. WHA58.28: eHealth [Internet]. Geneva: WHO; 2005 [capturado em 10 fev. 2013]. Disponível em: http://www.who.int/healthacademy/media/WHA58-28-en.pdf.

16. Organização Mundial da Saúde. Estratégia nacional de eHealth-toolkit. Genebra: OMS; 2012.

17. World Health Organization. World health statistics 2012 [Internet]. Geneva: WHO; 2013 [capturado em 10 fev. 2013]. Disponível em: http://www.who.int/gho/publications/world_health_statistics/2012/en/.

18. Organização Mundial da Saúde. Rede ePORTUGUÊSe [Internet]. Genebra: OMS; 2013 [capturado em 10 fev. 2013]. Disponível em: http://www.who.int/eportuguese/pt/.

19. Bosari J. The developing role of social media in the modern business world. Forbes [Internet]. 2012 [capturado em 10 fev. 2013]. Disponível em: http://www.forbes.com/sites/moneywisewomen/2012/08/08/the-developing-role-of-social-media-in-the-modern-business-world.

CAPÍTULO 2

AS MÍDIAS E SEUS EFEITOS NA SAÚDE E NO DESENVOLVIMENTO DE CRIANÇAS E ADOLESCENTES: REESTRUTURANDO A QUESTÃO DA ERA DIGITAL

MICHAEL RICH

Por mais de meio século, uma discussão acalorada ocorreu entre os que acreditam que a televisão, o cinema, a música e outras mídias estejam prejudicando as crianças e aqueles que defendem a liberdade de expressão. Apesar das décadas de debate, ainda hoje continuamos estagnados nas mesmas posições polarizadas estabelecidas muitos anos e gerações tecnológicas atrás.[1] Por quê? Porque o uso das mídias foi estruturado como uma opção entre ligar/desligar, e as posições pró-mídia/antimídia foram construídas com base em valores. Todos temos nossos valores mais caros, legado de nossos pais, nossas crenças, nossas políticas e nossa cultura. Em consequência, os valores são diversos, individuais e profundamente arraigados naqueles que os detêm. Pessoas razoáveis, ponderadas e atenciosas debaterão sobre seus valores indefinidamente e terminarão a conversa mantendo-os iguais a como eram no início do debate. Em favor das crianças e do futuro em que viverão, não podemos mais manter a abordagem da definição da tecnologia do nosso tempo como uma força do bem ou do mal. Devemos encará-la como um poderoso componente do ambiente no qual as crianças crescem, um componente que é tão onipresente quanto o ar que respiramos ou a água que bebemos.

Como ocorre em relação ao ar e à água, não devemos nem abraçar nem evitar as mídias, mas usá-las conscientemente e de maneira focada. As mídias são inevitáveis, poderosas e cada vez mais essenciais. Inerentemente, elas não são nem malignas nem benéficas, mas podem vir a sê-lo, dependendo de como são usadas. Reestruturando seu uso como uma realidade quase onipresente em nosso mundo e baseando nossas decisões nas evidências científicas sobre como o uso das mídias influencia o desenvolvimento das crianças e sua saúde física, mental e social, podemos manejá-las de modo que beneficiem e evitem danos.

A nossa tarefa como cuidadores, pais e cidadãos do século XXI é compreender as mídias, reconhecer e usar seu imenso potencial para o bem, proteger a nós mesmos e aos outros contra danos e discernir quando elas são a melhor ferramenta para a atividade em questão, desligando-as quando não for esse o caso.

Com a revolução na tecnologia das mídias, ocorreu uma evolução em seu uso – o que transformou nossas vidas. Nós trabalhamos de forma diferente, jogamos de forma diferente e interagimos com os outros também de forma diferente. Em 2009, as crianças norte-americanas entre 8 e 18 anos, por exemplo, usaram mídias ativamente, em média, durante 7 horas e 38 minutos por dia, o que representou um aumento de 1 hora e 17 minutos desde 2004.[2] No entanto, a revisão de pesquisas feitas em países desenvolvidos revelou uma variação cada vez menor em comparação com as estatísticas dos Estados Unidos – o conteúdo de mídia lidera a exportação norte-americana, e o uso das mídias se globalizou. Em 2009, os jovens estavam cada vez mais realizando "multitarefas", usando duas ou mais mídias, simultaneamente, durante 29% do tempo – resultando em exposição cumulativa ao conteúdo das mídias de 10 horas e 38 minutos, o que representa um aumento de 26% em relação às 8 horas e 33 minutos registradas em 2004. Os avanços rápidos na tecnologia das telas resultaram em uma proliferação de jogos para celulares, *laptops* e *smartphones*. Estas e as telas de transmissão mais tradicionais começaram a aparecer em elevadores, bombas de gasolina e até mesmo em carrinhos de compras, fornecendo uma cobertura quase de parede a parede em muitos lugares públicos. Devido à ubiquidade das telas eletrônicas e à evolução dos estilos de vida contemporâneos, que incorporou uma verificação praticamente constante dos dispositivos móveis, precisamos ir além do paradigma de pesquisa tradicional, que mede como o uso reiterado da televisão ou de outros aparelhos específicos ou como o tipo de conteúdo influencia resultados específicos. Para entendermos os efeitos das mídias do século XXI, é necessário expandir nosso campo de visão para encará-las como um ambiente complexo de imagens e sons mediados por onde circulamos, expostos a uma gama de telas que nos cercam e que são transportadas por nós. As principais causas de morbidade e mortalidade infantil um século atrás eram as doenças infecciosas, o envenenamento e os defeitos congênitos vinculados a exposições nos ambientes em que viviam. Embora a medicina daquela época não conseguisse tratar nenhuma dessas condições, quando nos voltávamos para os fatores ambientais, os números de doenças e mortes decresciam. Hoje, as principais causas de mortalidade – lesões, homicídio e suicídio – e as morbidades de longo prazo que iniciam predominantemente na infância – obesidade, comportamentos de risco à saúde, uso de tabaco, álcool e drogas –

já foram associadas ao aumento da exposição às mídias. A reestruturação das mídias considerando-as uma influência na saúde ambiental, assim como o ar que os jovens respiram ou a água que bebem, pode ser um paradigma mais preciso e útil à compreensão de seus efeitos sobre a saúde do que encará-las como vetores de danos.

Apesar da diversidade de telas presentes na vida dos jovens, a televisão continua sendo a mídia usada por mais tempo, especialmente pelas crianças mais novas. Quase 100% dos lares norte-americanos tinham televisão em 2009, e havia mais lares com sete ou mais aparelhos de televisão do que com um. Quase metade (45%) dos lares relatou que a televisão ficava ligada "todo o tempo ou a maior parte do tempo" em que alguém estivesse em casa; 63% ficavam com a televisão ligada durante as refeições. Embora a Academia Americana de Pediatria tenha desestimulado que crianças com menos de 2 anos assistissem televisão,[3] 75% dos bebês com menos de 1 ano assistiam televisão ou vídeos gravados durante, em média, 1 hora e 54 minutos em um dia típico. Atualmente, os bebês e pré-escolares estão cada vez mais usando *tablets* e *smartphones* como mídias de tela, um fenômeno tão novo que ainda não houve tempo para conduzir pesquisas rigorosas sobre seus efeitos desenvolvimentais específicos.

Por que os pais estão colocando crianças cada vez mais novas em frente às telas eletrônicas por períodos de tempo cada vez mais longos? Apenas 6% dos pais norte-americanos têm conhecimento das recomendações da Academia Americana de Pediatria. Quando questionados, a maioria diz acreditar que seus filhos precisam usar cedo as mídias de tela para se prepararem para competir no mundo digital. Infelizmente, essa crença é contrariada por dois fatos:

❶ as crianças aprendem muito rapidamente a navegar e a usar mídias de tela interativa, mais rapidamente do que os adultos, que precisam desaprender hábitos pré-digitais

❷ a interface entre usuário e tela está se tornando cada vez mais intuitiva, o que torna ainda mais fácil para os nativos digitais a usarem.

Qualquer tecnologia aprendida hoje estará obsoleta há muito tempo na época em que as crianças forem adultos trabalhadores. Pense em como o iPad modificou drasticamente nossas relações com as telas interativas apenas no seu primeiro ano de existência.

Isso leva a uma segunda mudança de paradigma em nossa abordagem das mídias: a televisão já não é mais televisão. Historicamente, o que você assistia em um aparelho chamado televisão era um tipo distinto de conteúdo, e você o assistia como uma atividade exclusiva, em um local geralmente compartilhado e em horários específicos. Hoje existem múltiplos aparelhos, muitos dos quais são móveis, em que se pode assistir uma variedade de conteúdos, desde os programas tradicionais de televisão até filmes e *webisódios* interativos, ao mesmo tempo em que se está envolvido em uma variedade de outras atividades – incluindo o consumo de outras mídias. Nossos métodos para medir o uso das mídias não podem mais se basear no autorrelato da "quantidade de tempo assistindo televisão" ou outras telas, pois estas, assistidas ou não assistidas, estão ligadas quase que constantemente em muitos lares e espaços públicos. A realização de multitarefas com outras mídias ou atividades é cada vez mais um lugar comum, e com a convergência das mídias, a definição de televisão está se dissipando. Quando tentamos entender como as mídias são usadas e como os usuários são afetados, precisamos repensar a natureza do modo como os jovens estão usando-as, quais mídias são essas e os mecanismos pelos quais elas influenciam sua saúde, educação e relações.

Muito embora tenhamos de alterar nossa estrutura para entender como as mídias influenciam as crianças de hoje, há muito a aprender com as ricas evidências observadas desde que a televisão começou a sua rápida penetração em nossas vidas e estilos de vida há meio século. O Center on Media and Child Health[4] (CMCH) foi fundado há uma década para conduzir e compilar pesquisas a partir de uma ampla variedade de disciplinas pelo mundo inteiro, a fim de traduzi-las de forma imparcial para todas as partes interessadas, o que inclui desde pais até profissionais da saúde infantil e produtores de mídias, e também para usar esse conhecimento para inovar aplicações das mídias que promovam o desenvolvimento saudável das crianças e da sociedade em que elas irão viver.

Preocupados com o alcance cada vez maior da televisão, e sabedores do então recente uso efetivo das mídias de massa pelo Terceiro Reich, psicólogos, educadores e legisladores começaram o estudo e o debate do papel das mídias em nossas vidas no início da década de 1950, focando inicialmente em como as crianças aprendem e são afetadas pela violência nas mídias. Mais de mil estudos rigorosos dos efeitos das mídias violentas sobre a saúde física, mental e social das crianças foram coletados, sintetizados em resumos científicos padronizados e em sinopses em linguagem leiga e disponibilizados para todos os interessados nesse tema crítico.[4] Pesquisas investigando se somos afetados pela exposição à violência de entretenimento – e, em caso afirmativo, de que formas isso acontece – encontraram com consistência uma ou mais de três respostas. A primeira é que a violência nas mídias aumenta a prevalência percebida de violência no mundo.[5] Na forma de entretenimento, serão vistas mais mortes gráficas e lesões em uma noite na televisão do que se vê durante toda a vida. Assim, ao afetar desproporcionalmente a audiência mais jovem, que não possui uma extensa biblioteca de experiências de vida com as quais comparar o que estão assistindo, isso aumenta o seu risco de ansiedade e depressão. Os clínicos relataram pesadelos, transtornos graves do sono e até mesmo sintomas similares aos do transtorno de estresse pós-traumático em crianças que foram expostas à violência de entretenimento. A segunda resposta afeta a todos nós em graus variados. Como um organismo adaptável, quando estamos expostos a crescentes quantidades e severidade de violência, nós nos habituamos a ela e nos dessensibilizamos ao sofrimento resultante.[6-8] Finalmente, a resposta com a qual o público em geral mais se preocupa, porém é a resposta menos prevalente em números totais, é que alguns espectadores apresentarão aumento nos seus pensamentos e comportamentos agressivos.[9] Apesar da preocupação pública e dos protestos contra as mídias violentas após tiroteios em massa como o ocorrido na Columbine High School ou, mais recentemente, na Sandy Hook Elementary School, hoje não conseguimos identificar de forma antecipada os jovens em maior risco para agressão devido à exposição à violência nas mídias. Felizmente, essas tragédias em massa são raras, porém está ocorrendo outra tragédia, mais silenciosa e insidiosa, em maior ou menor grau, a um número muito maior de crianças – o *bullying*. Pesquisas mostraram que, para que ocorram essa sistemática e repetida ameaça, danos, humilhações e rejeição dos mais fracos pelos mais fortes, são necessários três componentes: um intimidador, uma vítima e espectadores que permitem que ela ocorra, às vezes até torcendo por isso como um entretenimento. Observe-se o claro paralelo da influência medida da violência de entretenimento nos componentes do *bullying*: agressão → intimidador, medo/ansiedade → vítima e dessensibilização → espectadores. Em vez de nos engajarmos na interminável discussão sobre se a violência nas mídias causa de forma independente os tiroteios em escolas ou outros eventos extremos, porém raros, devemos examinar e responder se o consumo da violência como entretenimento mudou o foco. Nós aceitamos a violência como um meio inevitável de resolver conflitos, tentamos evitar nos tornarmos vítimas e, devido a esse medo, não defendemos aqueles que estão sendo vitimizados. As pesquisas demonstraram efeitos de aprendizagem similares com o conteúdo das mídias sobre comportamento sexual,[10] uso de substância[11-13] e outros comportamentos de risco dos jovens. Embora o que pode ser aprendido com as mídias tenha sido a primeira área a receber atenção e permaneça considerada como uma importante influência sobre a saúde, a maneira como usamos as mídias vem se tornando cada vez mais importante no século XXI.

As mídias envolvem os jovens de forma poderosa. Embora muitas crianças estabeleçam hábitos precoces com as mídias de tela, é durante a adolescência que elas estão mais envolvidas com telefones móveis, mensagens de texto, jogos *online* e mídias sociais, muitas vezes com a preocupação parental e ocasionalmente em excesso. Essa expansão do uso das mídias se dá em parte porque os jovens se adaptam precocemente e são inovadores quanto à tecnologia, com frequência deixando seus pais e professores para trás. Talvez ainda mais importante, as mídias móveis de hoje, interativas e cada vez mais com difusão seletiva, oferecem um ambiente fértil para o afastamento dos pais e de outras tarefas desenvolvimentais importantes da adolescência.

Emergindo da infância protegida e controlada externamente e trilhando o caminho em direção à idade adulta autônoma e autossuficiente, os adolescentes buscam independência de pais, professores e outras figuras de autoridade. Ter um telefone celular no bolso permite que você circule independentemente ao mesmo tempo em que mantém uma linha de segurança ligada ao aconchego do lar, controle o seu próprio entretenimento e comunicação e interaja com os outros privadamente via mensagens de texto. É comum ver jovens trocando mensagens de texto uns com os outros enquanto estão em um grupo familiar ou de amigos.

À medida que crianças e adolescentes se desenvolvem, tornam-se cada vez mais capazes física e mentalmente de se aventurarem e se engajarem no mundo mais amplo. Mas lhes falta experiência, e precisam aprender como se comportar. Os adolescentes procuram experiência na forma como o mundo funciona e como devem se comportar nele. A arena digital lhes oferece uma riqueza de experiências virtuais, desde jogar videogames que estimulam uma variedade de atividades até interações com outros por meio de avatares e a formação de relacionamentos em condições de igualdade por meio das mídias sociais. Essas experiências virtuais podem ser úteis durante os anos de formação na adolescência, quando se está aprendendo (e cometendo erros) a conversar e a desenvolver relacionamentos com interesses românticos, por exemplo. Os jovens se sentem mais seguros no ambiente virtual, e assim estão mais propensos a se tornarem vulneráveis e a assumirem os riscos necessários para se conectarem uns aos outros enquanto ensaiam seus primeiros passos no mundo real.

Quando, no início da adolescência, desenvolvem o pensamento abstrato formal, eles começam a pensar além de si mesmos, vislumbrando o mundo mais amplo, tornando-se mais idealistas, altruístas e focados na justiça. As mídias de hoje lhes oferecem uma voz que pode ser transmitida e ouvida, bem como um ambiente que conduz à disseminação viral de ideias e à organização de movimentos em torno de uma causa comum. As mídias sociais, desde o Facebook até o Twitter, tornaram possíveis os *flash mobs*, que captam a exuberância dos jovens* e movimentos sociais como Ocupar e Primavera Árabe, que mudaram o curso do mundo.

Os adolescentes estão conquistando autonomia, estabelecendo suas identidades como indivíduos distintos dos pais e outras figuras de autoridade. Para os pais e outros cuidadores, geralmente parece que os adolescentes iniciais, em particular, mudam de personalidade com a mesma frequência com que trocam de roupa. Eles geralmente são inspirados e desejam ser como astros da música popular, de cinema ou televisão, usando suas roupas de marca ou cosméticos. Quando amadurecem por meio da experimentação, montam um mosaico único e individual de elementos adotados e modificados ao longo do caminho. O mundo digital lhes oferece uma diversidade de exemplos dentre os quais escolher – e um ambiente seguro, sobretudo para os jovens de minorias raciais, étnicas ou sexuais anteriormente isoladas, para encontrar outros como eles e formar uma comunidade. Uma vez que os jovens marginalizados e isolados estão em risco muito mais elevado de abuso de substância, depressão e suicídio, as mídias sociais e a internet oferecem um senso de pertencimento que pode salvar vidas. Assim como ocorre com os movimentos de justiça social que o seu recém desenvolvido pensamento abstrato formal torna possíveis, as intervenções de grupo em favor de jovens em risco, como "It Gets Better",** tornaram-se "virais" e transformaram da noite para o dia conflitos sociais há muito tempo frustrados.

Quando os jovens desenvolvem suas identidades independentes, procuram outras pessoas. A conectividade com os outros é sempre importante, mas, durante esse estágio do desenvolvimento, os adolescentes estão estabelecendo suas identidades individuais, ampliando seu âmbito social, buscando conexões com os pares, além (e muitas vezes prevalecendo sobre) das conexões estabelecidas com a família. As mídias sociais transformaram a palavra "amigo" de um substantivo para um verbo e aceleraram o processo de busca de conexão com os demais, expandindo seu alcance social, porém, muitas vezes, fazendo decair a qualidade dos relacionamentos. As mídias sociais podem facilitar a socialização competitiva ao possibilitar a aquisição de quantidades de amigos em vez de um desenvolvimento da qualidade dos amigos. De forma poderosamente positiva, as mídias sociais tornaram possível a verdadeira democracia participativa, já

* http://www.youtube.com/watch?annotation_id=annotation_612418& feature=iv&src_vid=e6DLGB3uwFU&v=7EYAUazLI9k.

** http://www.youtube.com/watch?v=ax96cghOnY4.

que os jovens se conectam, se comunicam e formam comunidades com pessoas de qualquer parte do mundo. Apenas o Facebook tem agora mais de 1 bilhão de usuários regulares, o que o transforma na terceira maior nação da Terra. Não somente as mídias sociais e a internet dão aos jovens uma voz igual junto aos adultos e entre eles próprios, como também igualam e humanizam pessoas de diferentes crenças, línguas e culturas. É mais fácil se entender e encontrar afinidades e muito mais difícil se tornar inimigo de alguém que você "conhece" como indivíduo e com quem compartilha ideias nas mídias sociais.

Por serem as mídias um terreno tão fértil para as tarefas do desenvolvimento dos adolescentes é que eles passam tanto tempo usando-as. No entanto, existem evidências de que um tempo excessivo de uso das telas eletrônicas pode ter efeitos prejudiciais para a saúde física, mental e social. Muitos estudos encontraram uma relação causa-efeito entre a duração média autorrelatada do tempo em que assistiam televisão e o risco de ter sobrepeso ou ser obeso.[14] Dividindo em terços os dados nacionais norte-americanos de 2009 sobre exposição cumulativa às mídias entre os 8 e os 18 anos de idade, o terço inferior é exposto por 3 horas ou menos e o terço superior por 16 horas ou mais a conteúdo de mídia por dia. Vinte e três por cento dos jovens de baixa exposição às mídias e 47% dos jovens com alta exposição relatam notas acadêmicas de satisfatórias a fracas. Dezesseis por cento dos jovens de baixa exposição e 33% dos jovens de alta exposição dizem que têm muitos problemas; 10% dos jovens com baixa exposição e 20% dos jovens com alta exposição revelam baixa satisfação pessoal.[2] Como esses são dados correlacionais transversais, não podemos determinar uma relação contributiva entre eles e o uso das mídias, nem a direção dessa relação. Se existe uma relação, é concebível supor, por exemplo, que jovens menos satisfeitos passam mais tempo com mídias de tela, que um tempo maior usando mídias de tela contribui para uma satisfação mais baixa, ou ambos.

O uso de exame de imagem de ressonância magnética funcional para mapear a atividade cerebral levou a algumas descobertas interessantes. A atividade cerebral focada, incluindo o uso das mídias, ativa áreas cerebrais distintas e discretas. Entre as tarefas, quando a mente está errante, os pesquisadores ficaram surpresos ao descobrir que áreas maiores e muito mais diversas do cérebro estavam ativas. Como se presumia que essa era apenas a mente em modo de espera, eles originalmente chamaram essas regiões do cérebro de "rede em modo padrão". No entanto, como essas áreas eram tão distintas e específicas, o pesquisador começou a investigar exatamente o que estava acontecendo quando a "rede em modo padrão" era ativada. Os esforços estão agora focando em dois tipos de atividades que podem requerer redes neurais maiores e mais sofisticadas do que as atividades mais simples e a comunicação: os processos de pensamento divergente-convergente necessários para a criatividade e *recall*, reflexão e síntese de sensações, lembranças, experiência e emoções que estão envolvidos no desenvolvimento do *self* como um indivíduo único. Assim como as mídias podem não ser diretamente prejudiciais para crianças mais novas, mas podem substituir atividades mais adequadas ao desenvolvimento do cérebro, a estimulação constante do cérebro de crianças e adolescentes pelas mídias pode não permitir o tempo de inatividade (ou tédio) necessário para permitir a organização psicológica ou a criatividade livre. Embora o quociente de inteligência (QI) médio da população, uma medida do acesso e uso da informação, venha crescendo aproximadamente 10% a cada geração desde o final da primeira década de 1800,[15-17] o quociente de criatividade (QC) coletivo vem caindo constantemente desde que foi desenvolvido e validado na década de 1950.[17] Mais tarde na vida, quando questionado sobre como desenvolveu a teoria da relatividade enquanto trabalhava como funcionário em um escritório de patentes, Albert Einstein declarou que foi porque estava entediado.

Embora os adultos geralmente vejam uma descontinuidade entre "o mundo virtual" e "o mundo real", os "nativos digitais", que cresceram com essas mídias, experimentam uma integração contínua entre suas vidas *online* e *offline*. Eles fazem boa parte do seu dever de casa e, cada vez mais, o seu trabalho acadêmico na escola, no ambiente do computador. Acessam as aulas, realizam pesquisas *online*, enviam e recebem deveres de casa e trabalham *online* em grupos. Isso estimulou muitos aspectos da atividade acadêmica e expandiu o conhecimento à disposição dos alunos, mas também contribuiu para problemas de plágio, rigor acadêmico e distração. Os alunos que foram bem treinados para consultar fontes na internet podem não tratar o que adquirem *online* como propriedade intelectual de outra pessoa, porque boa parte do material *online* não é atribuída a um autor. Muitos irão copiar literalmente seções da Wikipédia ou outras fontes sem ter a consciência de que uma apresentação do trabalho de outro como se fosse seu constitui plágio. Em outros casos, os estudantes podem comprar trabalhos já escritos, no nível de ensino médio ou universitário, sobre uma ampla variedade de assuntos, portanto, alguns professores tiveram de digitalizar o trabalho apresentado pelos alunos para buscar passagens plagiadas usando *web crawlers*.*

A distração do trabalho acadêmico por um material *online* mais interessante é uma questão ainda mais generalizada. Os jovens irão usar as mídias sociais

* N. de T.: Programas que percorrem a internet coletando dados.

ou comprar *online* ao mesmo tempo em que tomam notas da aula no seu *laptop*. O dever de casa apresenta ainda mais distração potencial. Os adolescentes em uma coorte nacional norte-americana em 2009 reconheceram que passam 16 minutos por dia fazendo o dever de casa *online*, mais de 1 hora (1h03min) baixando arquivos de áudio e vídeo e quase 1 hora e meia (1h29min) usando mídias sociais e em jogos *online*. O mundo *online* é onde procuram novas experiências e perspectivas com ilusão de segurança e privacidade. Quarenta e dois por cento dos jovens entre 10 e 17 anos dizem ter acessado *sites* pornográficos, e 4% relatam que fotos sexuais suas lhes foram pedidas por alguém *online*.[18,19]

Cyberbullying é assédio, ameaça, rejeição ou criação de boatos sobre alguém por um ou mais indivíduos usando meios eletrônicos como mensagens de texto ou a internet. Como o *cyberbullying* parece ser mais anônimo, ele pode ser mais prevalente do que o *bullying* tradicional; 42% dos jovens entre 9 e 13 anos relatam ser vítimas. No entanto, o diferencial de poder é menos claro *online* do que é no pátio ou em sala de aula, onde os garotos maiores e as meninas socialmente poderosas ficam muito em evidência. Dentre as crianças em idade escolar envolvidas com *cyberbullying*, 58% relataram receber e 53% relataram enviar mensagens ofensivas *online*, assim a proporção de jovens que são intimidadores e vítimas é muito maior do que é tipicamente visto com o *bullying* tradicional. Apenas 58% das crianças envolvidas com *cyberbullying* reconheceram ter revelado isso para um adulto. Quando questionadas sobre o porquê de não procurarem a ajuda dos pais ou do professor, a maioria diz acreditar que os adultos estão tão defasados em relação ao ambiente *online* que não serão capazes de ajudar. Devido a essa ignorância, a maioria dos jovens acredita que a solução dos adultos para a sua vitimização será lhes tirar seu *laptop*, *smartphone* ou *tablet*. Embora os adultos possam ver uma desconexão como o isolamento dos jovens em relação ao problema, estes se sentem mais fora de controle e em risco quando estão sem contato – e assim não mencionam os problemas *online* para os adultos.

Tentando entender o quanto é importante a conectividade das mídias para os jovens em todo o mundo, foi realizado um experimento global em 2011, com 1.000 estudantes universitários de 10 países nos 5 continentes.[20] Foi solicitado aos jovens que ficassem por 24 horas sem mídias eletrônicas. A resposta foi intensa e com notável consistência em todo o mundo:

- "Eu literalmente não sabia o que fazer comigo." (Reino Unido)
- "Eu me senti sozinho como se estivesse dentro de uma pequena gaiola numa ilha." (China)

- "Às vezes eu me senti como se estivesse morto." (Argentina)
- "Eu fiquei me coçando como um viciado porque não podia usar o meu telefone." (Estados Unidos)

As mídias interativas *online* estavam tão integradas à vida desses jovens, durante todos os momentos, que eles perderam o contato com a vida de outras maneiras:

- "As mídias são a minha droga; sem elas eu estaria perdido." (Reino Unido)

Essas mídias podem ser viciantes? Muitos jovens parecem precisar de conectividade constante para seu conforto, confiança ou como defesa social contra se tornar alvo de *cyberbullying*. O mundo virtual da mídia interativa de entretenimento é excitante, envolvente e sedutor para os jovens que buscam novas experiências, aventura e desafios a serem dominados. Os videogames e especialmente os jogos *online* massivos com múltiplos jogadores (MMORPGs), que continuam 24 horas por dia, 7 dias por semana, com jogadores em todo o mundo, são projetados para atrair jogadores e mantê-los no jogo. Os clínicos estão começando a ver números crescentes de jovens que desenvolveram padrões de uso patológico das mídias: ficando acordados a noite inteira para jogar enquanto o resto da família dorme, optando pelos jogos *online* em detrimento de oportunidades sociais e até mesmo das refeições com a família e amigos, irritabilidade quando não estão *online*, que é aliviada somente quando voltam a conectar-se, e até mesmo roubando dos pais ou mentindo para seus entes queridos para manterem seu hábito de jogo. Comparados aos pares de sua idade, os jogadores patológicos ou usuários da internet têm mais sintomas de ansiedade, depressão, transtorno obsessivo-compulsivo, hostilidade e paranoia, bem como sensibilidade interpessoal reduzida.

Curiosamente, os jovens com transtorno de déficit de atenção (TDA) têm um risco maior de desenvolver dependência patológica das mídias interativas comparados aos seus pares.[21-23] Seus sintomas se atenuam com o jogo e sua atenção é mensuravelmente melhor após o jogo eletrônico interativo. Os jogadores patológicos que não têm o diagnóstico de TDA são mais capazes de controlar suas tendências aditivas quando tratados com metilfenidato, um estimulante comumente usado para tratar esse transtorno.[24] O transtorno de adição à internet (TAI) é um diagnóstico reconhecido na Coreia, em Taiwan e na China, onde há clínicas, centros de desintoxicação e hospitais com internação dedicados ao seu tratamento. Na Coreia, 250 mil jovens com menos de 18 anos estão em tratamento ativo para TAI, e os especialistas estimam que haja 10 vezes mais jovens em risco.[25] Apesar das fortes evidências na Ásia e de ser um problema crescente em outros lugares, o transtorno de adição à internet ou videogame ainda não é um diagnóstico aceito no hemisfério ocidental. Infelizmente, isso significa que muitos desses jovens ficarão sem tratamento porque não há apoio econômico para as instituições nem os clínicos necessários para diagnosticá-los e tratá-los.

Como ocorre com qualquer uso problemático, no entanto, existem muitas pessoas que não adquirem comportamentos aditivos, mas têm algumas dificuldades porque não estão prestando atenção. No retorno dos 1.000 estudantes universitários que haviam interrompido o uso de mídias por 24 horas, a maioria teve uma nova compreensão da relação que estabelece com seus telefones móveis e a internet:

- "Quando realmente se afasta das mídias, você se dá conta de quantas coisas de qualidade pode fazer." (Líbano)
- "Foi uma surpresa desagradável perceber que eu estou num constante estado de distração." (México)
- "Eu moro com meus melhores amigos há três anos – estes foram os melhores dias que passamos juntos." (Estados Unidos)

Quando deixaram de lado as distrações de suas mídias eletrônicas, foram capazes de ver, ouvir e sentir o mundo e se reconectaram com as pessoas e atividades que os faziam felizes. Considerando esse resultado, alguns clínicos começaram a recomendar um "intervalo digital", um período de 24 horas sem aparelhos todas as semanas, para os indivíduos e famílias que estão enfrentando o uso problemático das mídias.

A boa notícia, no entanto, é que a maioria dos jovens se sai muito bem no ambiente das mídias, usando-as de forma que os ajudam a atravessar as dificuldades do crescimento, experimentando e geralmente abandonando atividades prejudiciais à saúde. Para apoiá-los em sua jornada pioneira pelo mundo digital, pais, professores, clínicos e sociedade precisam conhecer o mundo digital assim como conhecem o mundo físico – e cuidar dos jovens em ambos. Não podemos mais "nos afastar" porque não entendemos a tecnologia, precisamos ser pais, ensinar e zelar pelas crianças e adolescentes onde quer que estejam. As mídias podem ser usadas para apoiar tanto os adultos como também os jovens na nossa transição para a parentalidade em um mundo contínuo entre o que é *online* e *offline*. Os programas escolares concebidos para ensinar uma visão e um pensamento críticos em relação às mídias, chamados variavelmente de alfabetização midiática, alfabetização digital e cidadania digital, estão começando a ganhar força em algumas escolas, mas, na verdade, ainda estão dando os seus primeiros passos. À medida que amadurecerem, precisaremos transformá-los de programas isolados em programas integrados a todos os aspectos do que está sendo aprendido, de arte a estudos sociais e ciência. Quando enfrentarmos o fato de que os jovens hoje recebem muito mais informações via internet do que de fontes impressas, estaremos aptos a ensiná-los a ler, sintetizar, escrever e criar nas linguagens audiovisuais de hoje.

Os pais, professores e clínicos são "imigrantes digitais" que com frequência decidiram que o uso das mídias não é uma batalha que querem assumir. Infelizmente, as mídias se integraram tanto e consomem tanto tempo da vida dos jovens que eles não podem mais se dar a esse luxo. O CMCH[4] fez a tradução da ciência em passos práticos e baseados em evidências para que pais e clínicos ingressem de forma efetiva na vida digital dos jovens que estão sob seus cuidados. A parentalidade no domínio digital não é tão assustadora quanto pode parecer. Nós já ensinamos nossos filhos a usar instrumentos potentes e libertadores, mas potencialmente perigosos, como os automóveis. Precisamos igualmente introduzir cada ferramenta e aplicativo de mídia na vida de nossos filhos quando vemos que eles já estão prontos para isso, não simplesmente quando eles pedem para tê-los. Como exemplo, as crianças estão pedindo telefones celulares cada vez em idade mais precoce. Quando fizerem isso, sente-se com elas e discuta que essa é uma ferramenta, em que aspectos ela é boa, em que aspectos não é, e examine os problemas que ela pode apresentar, certificando-se de que elas e você acham que estão prontos para assumir essa responsabilidade. Pergunte-lhes por que querem o telefone ("porque todo mundo tem um" não é um motivo aceitável), o que pretendem fazer com essa ferramenta e, se ambos se sentirem confortáveis com a decisão, diga explicitamente quem está pagando pelo serviço telefônico e deixe claras as suas expectativas de que limitarão seu uso ao que foi previamente combinado e decidam, juntos, que consequências deverão ocorrer se essas expectativas não forem cumpridas. Se o seu filho tiver domínio no manejo do seu comportamento *online*, ele vai aprender a assumir melhor as responsabilidades. Isso não significa que ele será perfeito, mas não irá encarar eventuais consequências pelos seus comportamentos não saudáveis como injustas ou injustificadas.

Como apoio para a curva acentuada de aprendizagem enfrentada por pais, professores e clínicos na recuperação dos seus papéis no mundo digital, o CMCH disponibilizou inúmeros recursos em seu *site* (www.cmch.tv), incluindo: 1) amplo acesso à Base de Dados de Pesquisas sobre os efeitos das mídias na saúde e no desenvolvimento infantil, que pode ser pesquisada pelo estágio de desenvolvimento da criança, mídia de interesse e resultado de saúde de interesse, bem como por meios tradicionais, apresentando sinopses das pesquisas com enfoque científico ou mais voltadas para os pais; 2) filiação à Rede de Pais do CMCH e envio gratuito de um boletim eletrônico resumindo o estado atual do conhecimento sobre as mídias e as crianças, aplicando o conhecimento ao contexto oportuno com situações parentais como, por exemplo, encontrar atividades alternativas para os fins de semana e férias ou na volta às aulas; 3) possibilidade de inclusão do CMCH à sua rede de amigos no Facebook e associação à discussão mundial e ao compartilhamento de soluções na nossa "praça da aldeia"; 4) assinatura de nosso *blog* de pesquisa, que relata todas as novas pesquisas e apresenta itens com notícias relacionadas, sendo atualizado várias vezes por semana; 5) possibilidade de seguir o CMCH no Twitter, que várias vezes por dia oferece informações e ideias; e finalmente 6) consultar o Ask the Mediatrician (Pergunte ao Midiatra), nossa coluna *online* que fornece respostas práticas, equilibradas e baseadas em pesquisas a perguntas sobre a prática da parentalidade na Era Digital, acessando www.cmch.tv ou diretamente no *site* www.askthemediatrician.org.

Finalmente, esteja sempre pensando nas formas pelas quais você e seus filhos podem usar o notável poder e flexibilidade das ferramentas digitais que temos a nossa disposição para ajudá-los a crescer e a se transformarem em cidadãos saudáveis, felizes, produtivos e gentis, como você deseja. Estimule os professores e clínicos dos seus filhos a incluírem tanto os potenciais quanto as armadilhas do ambiente digital no trabalho com eles. Lembre-se: as crianças "ouvem" mais o que fazemos do que o que dizemos, portanto, aproveite as suas mídias e use-as com sabedoria.

REFERÊNCIAS

1. Rich M. Is television healthy? In: Pecora N, Murray JP, Wartella EA, editors. The medical perspective, in children and television: 50 years of research. Mahwah: Erlbaum; 2007. p. 109-48.

2. Kaiser Family Foundation. Generation M2: media in the lives of 8- to 18-year-olds [Internet]. Menlo Park: Henry J. Kaiser Family Foundation; 2010 [capturado em 11 abr. 2013]. Disponível em: http://www.kff.org/entmedia/mh012010pkg.cfm.

3. Council on Communications and Media; Brown A. Media use by children younger than 2 years. Pediatrics. 2011;128(5):1040-5.

4. Center on Media and Child Health [Internet]. Boston: CMCH; 2004-2010 [capturado em 11 abr. 2013]. Disponível em: http://www.cmch.tv/.

5. Gerbner G, Gross L, Morgan M, Signorielli N. Television's mean world: violence profile no. 14-15. Philadelphia: Annenberg School of Communications at University of Pennsylvania; 1986.

6. Bushman BJ, Anderson CA. Comfortably numb: desensitizing effects of violent media on helping others. Psychol Sci. 2009;20(3):273-7.

7. Bartholow BD, Bushman BJ, Sestir MA. Chronic violent video game exposure and desensitization to violence: behavioral and event-related brain potential data. J Exp Soc Psychol. 2006;42(4):532-9.

8. Anderson CA, Bushman BJ. Effects of violent video games on aggressive behavior, aggressive cognition, aggressive affect, physiological arousal, and prosocial behavior: a meta-analytic review of the scientific literature. Psychol Sci. 2001;12(5):353-9.

9. U.S. Surgeon General's Scienti?c Advisory Committee on Television and Social Behavior. Television and growing up: the impact of televised violence. Washington: U.S. Government Printing Of?ce; 1972

10. Rich M. Virtual sexuality: the influence of entertainment media on sexual behavior. In: Brown J, editor. Managing the media monster: the influence of media (from television to text messages) on teen sexual behavior and attitudes. Washington: National Campaign to Prevent Teen Pregnancy; 2009. p. 18-28.

11. Sargent JD, Heatherton TF. Comparison of trends for adolescent smoking and smoking in movies, 1990-2007. JAMA. 2009;301(21):2211-3.

12. Worth KA, Dal Cin S, Sargent JD. Prevalence of smoking among major movie characters: 1996-2004. Tob Control. 2006;15(6):442-6.

13. Hanewinkel R, Sargent JD, Poelen EA, Scholte R, Florek E, Sweeting H, et al. Alcohol consumption in movies and adolescent binge drinking in 6 European countries. Pediatrics. 2012;129(4):709-20.

14. Gortmaker SL, Must A, Sobol AM, Peterson K, Colditz GA, Dietz WH. Television viewing as a cause of increasing obesity among children in the United States, 1986-1990. Arch Pediatr Adolesc Med. 1996;150(4):356-62.

15. Lynn R. IQ in Japan and the United States shows a growing disparity. Nature. 1982;297(5863): 222-3.

16. Jacoby R, Glauberman N, editors. The bell curve debate: history, documents, opinions. New York: Three Rivers; 1995.

17. Kim KH. The creativity crisis: the decrease in creative thinking scores on the Torrance Tests of Creative Thinking. Creativity Res J. 2011;23(4):285-95.

18. Finkelhor D, Turner H, Ormrod R, Hamby S, Kracke K. Children's exposure to violence: a comprehensive national survey. Juvenile Justice Bulletin [Internet]. 2009 [capturado em 11 abr. 2013];(NCJ 227744):1-11. Disponível em: http://www.unh.edu/ccrc/pdf/DOJ-NatSCEV-bulletin.pdf.

19. Finkelhor D, Turner H, Ormrod R, Hamby SL. Trends in childhood violence and abuse exposure: evidence from 2 national surveys. Arch Pediatr Adolesc Med. 2010;164(3):238-42.

20. International Center for Media and the Public Agenda. The world unplugged [Internet]. College Park: University of Maryland; 2010 [capturado em 11 abr. 2013]. Disponível em: http://theworldunplugged.wordpress.com/about/.

21. Weiss MD, Baer S, Allan BA, Saran K, Schibuk H. The screens culture: impact on ADHD. Atten Defic Hyperact Disord. 2011;3(4):327-34.

22. Tolchinsky A, Jefferson SD. Problematic video game play in a college sample and its relationship to time management skills and attention-deficit/hyperactivity disorder symptomology. Cyberpsychol Behav Soc Netw. 2011;14(9):489-96.

23. Ko CH, Yen JY, Chen CS, Chen CC, Yen CF. Psychiatric comorbidity of internet addiction in college students: an interview study. CNS Spectr. 2008;13(2):147-53.

24. Han DH, Lee YS, Na C, Ahn JY, Chung US, Daniels MA, et al. The effect of methylphenidate on Internet video game play in children with attention-deficit/hyperactivity disorder. Compr Psychiatry. 2009;50(3):251-6.

25. Fackler M. In Korea, a boot camp cure for web obsession. New York Times [Internet]. 2007 18 Nov [capturado em 11 abr. 2013]. Disponível em: http://www.nytimes.com/2007/11/18/technology/18rehab.html?pagewanted=all&_r=0.

26. Rich M. Ask the mediatrician [Internet]. Boston: CMCH; 2004-2010 [capturado em 11 abr. 2013]. Disponível em: http://cmch.typepad.com/mediatrician/.

PARTE II

COMPORTAMENTO, SEXUALIDADE E ESTILO DE VIDA NA ERA DIGITAL

CAPÍTULO 3

POR FORA BELA VIOLA: PESQUISA E INTERVENÇÃO SOBRE *CYBERBULLYING*

LÚCIA CAVALCANTI DE ALBUQUERQUE WILLIAMS
ANA CARINA STELKO-PEREIRA

Desde que passou a viver em grupos, o ser humano sempre buscou desenvolver tecnologias para tornar a comunicação cada vez mais instantânea, eficiente e capaz de superar distâncias geográficas. Cabe mencionar a sequência de inventos comunicativos: as pinturas rupestres, a invenção do papel, da imprensa, do telégrafo, do telefone, do rádio, da televisão, dos computadores e microcomputadores e dos celulares.

Certamente a mensagem que é comunicada e sua finalidade independem dos meios tecnológicos escolhidos. A tecnologia comunicativa pode servir para praticar tanto ações de promoção dos direitos humanos quanto de rechaço a tais direitos. Assim, a má ou a boa utilização da tecnologia dependem de quem a está utilizando e do uso que faz dela, e não da tecnologia em si.

Levando-se em consideração a multiplicidade existente de meios de comunicação e a independência entre a tecnologia e a mensagem a ser transmitida, por que situações de violência pelo celular e pela internet entre crianças e adolescentes têm sido cada vez mais motivo de preocupação de leigos, cientistas, pais, médicos, professores, entre outros? Certamente tais preocupações são fundamentadas e serão explicitadas a seguir.

As crianças e os adolescentes cada vez mais utilizam a internet e o celular, tornando maior a possibilidade de que sejam vítimas nesse ambiente. Atualmente, crianças bem jovens estão imersas no mundo digital, apesar da recomendação da Academia Norte-americana de Pediatria de que não se deve expô-las à mídia eletrônica antes dos 2 anos.

O Comitê Gestor da Internet do Brasil[1] realizou, em 2010, 2.516 entrevistas com crianças entre 5 e 9 anos de idade e seus pais, sendo que 81% dos participantes eram da área urbana, envolvendo as cinco regiões brasileiras, com o predomínio dos respondentes no Sudeste (37%) e no Nordeste (31%); das classes sociais A a E (a maior parte era da classe C, com 56%; e da D/E, com 33%); e 51% das crianças eram meninas. Segundo os pais, 51% das crianças usavam o computador e 27% a internet, sendo que cerca de 30% utilizavam redes sociais, como Facebook, ou enviavam mensagens a amigos ou parentes pela internet. Adicionalmente, 60% utilizavam o telefone celular.

Em relação a crianças pré-adolescentes e adolescentes, o Comitê Gestor da Internet do Brasil[1] também fez entrevistas estruturadas com 6.364 alunos do 5º e 9º anos do ensino fundamental e 2º ano do ensino médio de escolas municipais, estaduais e privadas das cinco regiões do País, sendo 53% do sexo feminino. Foi notado que mais de 70% dos alunos utilizavam a internet para pesquisas de assuntos trabalhados na escola e 44% tinham acesso à internet em seu domicílio.

Entretanto, o uso crescente do celular e da internet por crianças e adolescentes também tem sido, infelizmente, acompanhado por seu uso para agredir ou causar mal a outra(s) pessoa(s). Isso não é surpreendente, uma vez que a violência é um fenômeno que acompanha o ser humano desde as cavernas.

Quando a violência praticada ocorre entre pares em um contexto no qual um tem menor condição de poder do que o outro, sendo tal violência intencional e repetitiva, ela é denominada *bullying*, podendo ter a modalidade física, psicológica, material ou sexual. Quando o *bullying* envolve o uso de tecnologia eletrônica, como celular e computador, denomina-se esse fenômeno de *cyberbullying*.[2,3]

Tais definições são motivo de discordância entre os pesquisadores, sendo difícil estabelecer qual o critério de frequência da violência para se considerar um evento como *repetitivo*, bem como quais seriam as características presentes em uma pessoa que determinaria que ela tivesse mais poder do que outra.

As autoras deste capítulo investigaram a vitimização por *bullying* em 400 alunos de duas escolas públicas de uma cidade de porte médio do Estado de São Paulo (localizadas em região socialmente vulnerável), por meio da Escala de Violência Escolar (EVE), instrumento revisado, anteriormente denominado Questionário de Investigação de Prevalência de Violência Escolar.[4] Tal escala compõe-se de questões como: "Nos últimos seis meses, você levou tapas? Quantas vezes?", "Recebeu socos? Quantas vezes?", "Fizeram-no tropeçar propositalmente? Quantas vezes?", "Foi xingado semanalmente? Quantas vezes?". As alternativas de respostas para tais questões incluem: nenhuma vez; 1 ou 2 vezes; 3 ou 4 vezes; 5 ou 6 vezes; 7 vezes ou mais. Buscou-se investigar se haveria diferença nos índices de prevalência de vitimização por *bullying*, utilizando-se diferentes critérios para as respostas dos alunos. Assim, se fossem consideradas como *bullying* situações em que o aluno assinalasse em uma questão 7 vezes ou mais e em outra 1 ou 2 vezes (p. ex., um aluno ter sido ofendido verbalmente todas as semanas 7 vezes e ter recebido socos uma vez nos últimos seis meses), 70% dos indivíduos seriam vítimas de *bullying*. Já se fossem considerados como vítimas de *bullying* aqueles que tivessem obtido no questionário uma pontuação total acima de um desvio padrão do escore médio da amostra, apenas 13% seriam vítimas de *bullying*. Tais diferenças quanto à classificação transpassam questões metodológicas, uma vez que podem implicar ausência de suporte psicológico a um aluno, bem como ausência de intervenções específicas para uma escola.

Diante disso, cabe lembrar que uma definição deve ser útil e abarcar as consequências que o ato definido produz. Portanto, o critério estabelecido nos instrumentos deve ser alvo de debates: quais serão as consequências de um critério mais abrangente ou mais específico a alunos, a funcionários de escolas, a governantes, a legisladores e, até mesmo, ao próprio pesquisador? As autoras acreditam que é necessário estabelecer níveis de envolvimento dentro do fenômeno da violência entre pares, como: 1) violência frequente e severa; 2) pouco frequente, mas severa; 3) pouco frequente e pouco severa e 4) frequente e pouco severa, em vez de se classificar a categoria apenas por repetitividade, ignorando importantes formas de manifestação do fenômeno. Apesar disso, certamente mais discussões e estudos em relação à relevância de se subdividir a violência entre pares por tais categorias são necessárias.

Se o critério de *diferença de poder* é difícil em relação ao *bullying*, no *cyberbullying* o problema se intensifica, por ser comum que as ofensas no meio digital sejam relativamente anônimas, pelo menos em sua etapa inicial, antes de serem rastreadas.

Além disso, questiona-se a relevância de se preocupar com eventos repetitivos de violência como o *bullying/cyberbullying*, quando um único ato violento pode causar impacto tão importante quanto os atos agressivos repetitivos diversos de menor severidade. Igualmente duvidosa é a importância de se classificar *bullying* e *cyberbullying* como situações que envolvem exclusivamente pessoas com diferentes condições de poder, pois muitas vezes é difícil delimitar se tal diferença de poder é real, lembrando que um indivíduo fisicamente mais fraco ou menos popular pode vir a cometer um único ato de violência bastante grave. Diante desses aspectos, acredita-se ser necessário o estudo e a prevenção de qualquer ato violento entre pares, sejam repetitivos ou não. Portanto, é preciso avaliar o fenômeno de modo mais amplo, pois a violência entre pares, na maioria das vezes, está associada à violência entre irmãos, aos maus-tratos infantis, à violência por funcionários de escolas e assim por diante. Discussões mais pormenorizadas a esse respeito se encontram em Finkelhor e colaboradores[5] e Williams e Stelko-Pereira.[6]

Mishna e colaboradores[7] levantam algumas considerações que vêm sendo tecidas no meio acadêmico a respeito do *cyberbullying*: trata-se de um problema que ocorre no contexto das relações sociais, de tal modo que 25% das situações de violência *online* entre pares ocorrem na presença de uma testemunha. Portanto, na maioria das vezes, a prática do *cyberbullying* é realizada de maneira pública, enviando mensagens e imagens a que muitas pessoas têm acesso. O fenômeno da agressividade infelizmente é frequente no contexto escolar, sendo que situações de violência entre alunos ocorridas no cotidiano da escola são generalizadas para o mundo virtual. Por fim, um único evento de violência no mundo virtual é, por si, infinito, uma vez que pode ser reproduzido e lido por diversas pessoas, várias vezes. Assim sendo, o problema de se identificar a repetitividade do fenômeno, como no caso do *bullying*, inexiste no caso do *cyberbullying*.

É muito importante que se investigue mais o quão anônimo é o *cyberbullying*, uma vez que há autores que argumentam que a tecnologia tem sido buscada como forma fácil de vitimização, por se ter maior confiança de que não haverá responsabilização pelos atos agressivos, talvez por uma suposta dificuldade em identificar o(s) autor(es). Porém, é também evidente que muitas vezes a violência *online* ocorre às claras, de maneira que o autor não só ofenda a vítima como receba atenção e consideração de alguns de seus pares, seja quando esse se identifica no mundo virtual ou quando se revela a colegas no mundo *offline*.

Apesar de haver indefinições quanto ao conceito de *cyberbullying*, já se tem conhecimento de que situações de violência entre crianças e adolescentes com o uso de celular e internet ocorrem com relativa frequência, podendo ser comuns. Tais situações de violência envolvem, segundo Smith e colaboradores,[8] as seguintes modalidades: enviar mensagens e vídeos pelo celular, telefonar, enviar *e-mails*, participar de salas de bate-papo, encaminhar mensagens instantâneas em redes sociais e divulgar em *sites* mensagens e vídeos de modo agressivo e intencional.

De maneira um pouco mais específica, Donnerstein[9] descreve como exemplos de *cyberbullying*: enviar *e-mails* mal-educados e ameaçadores, fazer comentários maldosos sobre as outras pessoas em discussões públicas *online*, passar-se por outra pessoa de maneira que outros encaminhem mensagens desrespeitosas a ela, perseguir alguém em salas de bate-papo, encorajar outros a enviarem mensagens a uma pessoa para denegri-la ou ameaçá-la, enviar à vítima materiais ofensivos ou indesejados de cunho sexual.

Não se tem a dimensão precisa do quanto o *cyberbullying* ocorre. Por exemplo, Ortega e colaboradores,[10] em pesquisa com 5.844 estudantes de 12 a 16 anos da Inglaterra, da Itália e da Espanha, notaram que cerca de 2% dos alunos nos dois primeiros países e 0,5% na Espanha foram vítimas frequentes via celular e cerca de 2% nos três países foram vítimas frequentes via internet. Em contraste, Mishna e colaboradores,[7] em pesquisa com 2.186 estudantes canadenses de 10 a 17 anos, constataram que 24% relataram ter sido vítimas, 8% autor e 26% autor-vítima via meios eletrônicos nos três meses anteriores à pesquisa. Conforme apontaram Ybarra e colaboradores,[11] tais diferenças na prevalência, em geral, descrevem, como no caso de *bullying*, diferenças nos métodos de investigação e nos critérios para estabelecer o que configuraria ser autor ou vítima, mais do que propriamente diferentes realidades. Comumente, quando são aplicados questionários com uma definição de *cyberbullying* e se pergunta à criança e ao adolescente se ele/ela já sofreu ou praticou *cyberbullying*, os índices são inferiores aos obtidos quando se apresenta uma lista de ações de violência *online*, questionando-se se o aluno foi vítima ou autor dessas ações.

Explorando frequência e severidade em relação à vitimização entre pares por meio virtual, tal tipo de violência pode acarretar, segundo Due e colaboradores,[12] Kumpulainen e colaboradores[13] e Fleming e Jacobsen,[14] sintomas depressivos, ansiosos, redução no rendimento escolar, não assiduidade à escola, sentimento de raiva e até mesmo suicídio. A questão do risco de suicídio decorrente de casos de *bullying* e *cyberbullying* tem recebido muita atenção da mídia, que tem sido responsável por uma maior conscientização sobre a gravidade do fenômeno.

Hinduja e Patchin[2] aplicaram um questionário sobre vitimização e autoria de *bullying* e *cyberbullying* em uma amostra de 1.963 estudantes de 7ª a 8ª séries nos Estados Unidos, constatando que tanto os jovens que experienciaram *bullying* tradicional como *cyberbullying*, seja como autores ou vítimas, tinham mais ideação suicida e tentativas de suicídio do que aqueles não envolvidos com esses tipos de violência. Como poderia ser esperado, a vitimização por *bullying* e *cyberbullying* esteve mais associada a pensamentos e tentativas de suicídio do que a autoria destes.

Recentemente o Canadá e o mundo ficaram consternados com o caso da adolescente Amanda Todd, que postou no Youtube, por meio de pequenos cartazes, seu longo histórico de vitimização severa e frequente por *bullying* e *cyberbullying*, vindo a se matar logo após. Especialistas lembram, entretanto, que no caso do suicídio de jovens, apenas um único fator, como a vitimização de *cyberbullying*, raramente estaria associado ao ato.

A Academia Americana de Pediatria postou recentemente um boletim resultante de uma pesquisa apresentada em congresso por John LeBlanc,[15] que analisou 41 casos de suicídio (24 do sexo feminino e 17 do sexo masculino) de adolescentes entre 13 e 18 anos dos Estados Unidos, Canadá, Grã-Bretanha e Austrália. De tais casos, 78% tinham história tanto de *bullying* como de *cyberbullying*, mas o pesquisador lembra que os adolescentes tinham outros problemas de saúde mental, como depressão, por exemplo. Como tal estudo ainda não está publicado, não se tem acesso aos detalhes, mas seria possível argumentar, como nos casos de abuso sexual severo, que uma história de *bullying* e *cyberbullying* poderia funcionar como um estressor que desencadearia problemas de saúde mental em indivíduos com alguma vulnerabilidade biológica para tais problemas, resultando em suicídio.

Os efeitos de *bullying* são, portanto, semelhantes aos de vitimização recorrente face a face entre pares, porém parecem ser mais severos quando se trata de vitimização *online*. Wang e colaboradores[16] comparam o efeito de formas de vitimização em índices de depressão, tendo encontrado que a vitimização *online* ocasional ou frequente está mais associada à depressão do que a vitimização tradicional face a face, física, verbal ou relacional (vitimização por exclusão ou difamação). Donnerstein[9] formula algumas hipóteses para que a vitimização virtual acarrete impactos negativos mais significativos do que a vitimização face a face: não apenas o ambiente escolar é inseguro, mas também em casa ou em qualquer outro espaço em que a criança esteja pode ocorrer algum tipo de violência, a qualquer hora do dia; não tem uma duração específica, uma vez que é difícil retirar materiais já publicados *online* em *sites* e redes sociais da internet; a violência ocorre em um espaço que marcadamente tem sido utilizado pelos jovens para socialização e entretenimento, sendo que desconectar-se da rede seria o mesmo que excluir-se socialmente.

O grave impacto do *cyberbullying* no desenvolvimento infantil indica a necessidade de diversas intervenções em variados contextos de vida da criança/adolescente. Primeiramente, não se deve ter uma ótica exclusiva de buscar culpados, e sim fortalecer parcerias entre pais, professores, coordenadores, alunos e, mais do que isso, entre instituições: conselho tutelar, polícia militar, no que se refere à ronda escolar, secretarias de educação, saúde e assistência social. Tais parcerias podem ser pensadas como uma rede que deveria receber recursos financeiros e humanos de diversas fontes, tais como organizações não governamentais, agências de fomento, universidades, associações de profissionais, instituições privadas e governamentais; todas com um objetivo comum: melhorar as relações interpessoais entre as crianças e os adolescentes.

Um exemplo de tal rede é a PREVNet: Promoting Relationships and Eliminating Violence Network (Promovendo Relacionamentos e Eliminando a Violência – www.prevnet.ca). Tal rede canadense é descrita em detalhes por Stelko-Pereira e Williams.[17] De modo sucinto, refere-se a um dos pilares para o enfrentamento do *bullying* no Canadá, com os seguintes objetivos:

> 1) educar para que todos os canadenses e as instituições que envolvem crianças e adolescentes se comprometam a enfrentar o problema do *bullying*; 2) prover ferramentas para crianças, adolescentes, famílias, escola e comunidade avaliarem o fenômeno do *bullying*; 3) auxiliar no desenvolvimento de estratégias preventivas científicas que considerem as diversas etapas do desenvolvimento humano; 4) participar do desenvolvimento de políticas públicas para que se defina o que será considerado *bullying* e quais serão os procedimentos com relação à vítima, ao autor, aos pares, aos adultos relacionados aos alunos e à comunidade quando um episódio ocorrer.

Especificamente no caso do *cyberbullying*, deve haver uma ampla divulgação sobre o que é o fenômeno, suas consequências e quais seriam os sinais de que uma criança está sendo vítima. Tais sinais assemelham-se à vitimização tradicional do *bullying* frequente entre pares: choros inexplicados, dores no corpo sem motivo biológico, desânimo, problemas em regular a alimentação, problemas de regulação do sono, desmotivação para ir à escola, expressar desejo em mudar de escola, quedas bruscas no rendimento acadêmico.[16,18,19] Os sinais mais específicos do *cyberbullying* referem-se à evitação ou demonstração de ansiedade em utilizar o celular ou o computador, manifestações de estresse após uso de tais tecnologias e evitação de conversar sobre o uso dessas tecnologias.[8]

Tendo-se reconhecido os elementos principais do problema, faz-se necessário pensar em ações que previnam novos casos de *cyberbullying*, auxiliando todos os envolvidos (autores, vítimas e testemunhas) a acabar com o problema e remediando efeitos do *cyberbullying* que já ocorreu.

Prevenir novos casos é um processo complexo que não se resume a algumas atividades informativas/formativas centradas em um único profissional, como o psicólogo escolar ou o coordenador pedagógico. É preciso, para tal prevenção, que professores e pais realmente acreditem que um programa de prevenção seja necessário, discutam sobre seus componentes e acompanhem seu processo de implantação.[20] Para ilustrar como esse primeiro passo pode ser complexo, ao investigar a opinião de 66 professores norte-americanos sobre o problema, Stauffer e colaboradores[18] notaram que 25% deles disseram que o *cyberbullying* não implica efeitos negativos duradouros na vida do indivíduo, fazendo com que os alunos se "preparassem para a vida".

No Brasil, Stelko-Pereira e Williams[21] realizaram levantamento sobre a opinião de 78 funcionários de três escolas públicas de Curitiba, Paraná, a respeito de prevenção de violência escolar e descobriram que diante de outros objetivos, como aumentar a aprendizagem de conteúdos acadêmicos e obter recursos físicos para a escola, prevenir a violência escolar foi considerado o objetivo mais importante em apenas uma delas. Adicionalmente, as principais barreiras para uma possível implementação de um programa de prevenção de violência nas escolas pesquisadas, segundo os funcionários, referiram-se a: a) parte dos professores não estaria interessada; b) diretor e coordenação pedagógica não estariam interessados; c) os pais não participariam das atividades; d) os professores não trabalham conjuntamente, sendo difícil intervir de maneira harmônica em todo o contexto escolar.

Portanto, antes de se implementar efetivamente estratégias de enfrentamento ao problema, é necessário motivar pais, professores, coordenadores pedagógicos e diretores a participarem. Maneiras de realizar tal incentivo devem ser investigadas em estudos futuros. É importante que as atividades exercidas pelos funcionários sejam adequadamente remuneradas, em horário de trabalho, que eles sejam amparados tanto com relação aos recursos físicos disponíveis quanto a orientações e consultorias com profissionais especializados no assunto. Aos pais, é importante que se sintam responsáveis pelo que ocorre com seus filhos no âmbito escolar, tanto no que se refere às atitudes dos filhos diante dos colegas e dos professores como nas sugestões e na implementação de estratégias que melhorem as relações interpessoais entre todos. Certamente um pai não se sentirá motivado a participar do ambiente escolar se apenas for convidado a dialogar com a escola quando seu filho estiver envolvido em algum problema.

Outro aspecto relativo à prevenção de *cyberbullying* refere-se ao fato de que, assim como nas situações de violência face a face entre pares, trata-se de um problema derivado das relações interpessoais, de maneira que não se pode simplesmente punir, instituindo leis e regras. Desse modo, as atuações preventivas ao *cyberbullying* podem ser semelhantes em muitos aspectos às intervenções referentes à vitimização tradicional entre pares. Conforme Pepler,[22] renomada pesquisadora canadense dessa área, para se intervir na situação de *bullying* de modo mais efetivo, deve-se perceber a situação em dois aspectos: estratégias individuais para dar suporte às crianças a obterem habilidades de convivência e estratégias para alterar os ambientes nos quais elas convivem, de modo que as relações saudáveis sejam a regra.

Entre as estratégias individuais, Pepler[22] indica que essas podem ser planejadas, com treinamento de habilidades sociais; porém, as estratégias que envolvem atitudes de pais, professores e alunos, em geral em situações informais e não planejadas, deveriam ser mais frequentes. Pais e professores podem fornecer *feedback* para as atitudes das crianças, fazendo-as pensar na relevância e na adequação das ações cometidas, devendo também se antecipar e indicar para elas situações interpessoais mais complexas e como deveriam ou poderiam se comportar. Por exemplo, como estratégia, um pai pode sugerir ao filho que ingressa em uma nova escola que inicie conversas com outras crianças.

Especificamente em relação ao suporte a crianças agressivas, Pepler[22] indica que primeiramente se conheça quais são as deficiências em habilidades sociais de tais crianças, fornecendo, em seguida, suporte para que elas se desenvolvam. Se for necessário, estabelecer parcerias com outros profissionais para que as crianças participem de intervenções cognitivo-comportamentais que sejam tão efetivas quanto possível. As estratégias cognitivo-comportamentais têm sido eficazes para mudanças de comportamento, tendo como princípio determinar as relações entre pensamentos e ações e as consequências que tais ações produzem no ambiente, buscando alterar a forma como o indivíduo se comporta nesse meio e seus pensamentos a respeito de tal ambiente.

As crianças que costumam ser vítimas também necessitam de suporte, principalmente no que se refere à proteção por parte dos adultos e ao desenvolvimento de assertividade por meio de programas de habilidades sociais.

Em relação a estratégias mais amplas, que interferem nas estruturas da própria escola, elas devem enfatizar uma nova organização nas relações de poder entre as crianças. Pepler[22] indica que as crianças com comportamentos agressivos sejam separadas dos pares, pois esses as incentivam a agredir, e, naturalmente, das vítimas, de forma a receber o apoio para que desenvolvam as habilidades sociais de que carecem. Deve-se, adicionalmente, criar condições para direcionar o poder de liderança da criança que tem comportamentos agressivos para atividades adequadas. É igualmente necessário elaborar maneiras para que a criança vitimizada recupere a confiança em si mesma, criando condições para que faça novas amizades. Pepler[22] expõe não ser adequado que os professores deixem as crianças formarem grupos para atividades escolares livremente, pois elas tendem a excluir colegas, os quais costumam ser vítimas. Por fim, é necessário que os adultos sejam modelos para as crianças e busquem criar um clima de respeito, aceitação e suporte a todos.

Apesar de a maior parte das estratégias para combater o *cyberbullying* ser similar àquelas de prevenção do *bullying*, há algumas particularidades do fenômeno a serem consideradas. Slonje e colaboradores[20] fizeram uma revisão sobre *cyberbullying* e indicaram que os estudantes em geral apontaram as seguintes estratégias de enfrentamento: alterar endereços de *e-mail*, senhas e número de celular; não abrir *e-mails* ou mensagens de pessoas desconhecidas; não fornecer senhas a outras pessoas; denunciar sempre que houver comunicações desrespeitosas em *sites* aos responsáveis por sua manutenção.

CONCLUSÕES

Este capítulo apresentou pesquisas recentes sobre o *cyberbullying*, resumindo dificuldades conceituais em sua definição, identificando suas consequências e tecendo alguns comentários sobre como intervir e prevenir tal fenômeno. Em relação ao ditado popular "Por fora bela viola. Por dentro pão bolorento", discutiu-se aqui que, embora a tecnologia eletrônica seja nova e, portanto, a internet e a telefonia celular adquiram o fascínio da "bela viola", o pão bolorento é a violência que nos acompanha desde os primórdios da humanidade. Foram também apresentadas algumas semelhanças entre o *bullying* tradicional e o *cyberbullying*, sendo que os dois fenômenos ocorrem juntos com certa regularidade. Entretanto, o *cyberbullying,* em decorrência do uso da tecnologia de difusão planetária, tem algumas especificidades que o tornam particularmente nocivo. Sugere-se que sejam feitos mais estudos para compreender as especificidades e a abrangência do fenômeno.

REFERÊNCIAS

1. Comitê Gestor da Internet do Brasil. Pesquisa sobre o uso de tecnologias de informação e comunicação no Brasil: TIC crianças 2010 [Internet]. São Paulo: CGIB; 2011 [capturado em 10 fev. 2013]. Disponível em: http://www.cetic.br/usuarios/criancas/2010/apresentacao-tic-criancas-2010.pdf.

2. Hinduja S, Patchin JW. Cyberbullying: an exploratory analysis of factors related to offending and victimization. Deviant Behavior. 2008;29(2):129-56.

3. Ybarra ML, Mitchell KJ. Youth engaging in online harassment: associations with caregiver-children relationships, internet use, and personal characteristics. J Adolesc. 2004;27(3):319-36.

4. Stelko-Pereira AC, Williams LCA, Freitas LC. Validade e consistência interna do Questionário de Prevalência de Violência Escolar: versão estudantes. Aval Psicol. 2010;9(3):403-11.

5. Finkelhor D, Turner HA, Hamby S. Let's prevent peer victimization, not just bullying. Child Abuse Negl. 2012;36(4):271-4.

6. Williams LCA, Stelko-Pereira AC. Let's prevent school violence, not just bullying and peer victimization: a commentary on Finkelhor, Turner, and Hamby (2012). Child Abuse Negl. 2013;37(4):235-6.

7. Mishna F, Khoury-Kassabri M, Gadalla T, Daciuk J. Risk factors for involvement in cyber bullying: victims, bullies and bully-victims. Child Youth Serv Rev. 2012;34(1):63-70.

8. Smith P, Mahdavi J, Carvalho M, Tippett N. An investigation into cyberbullying, its forms, awareness and impact, and the relationship between age and gender in cyberbullying. Research Brief [Internet]. 2006 [capturado em 10 fev. 2013]. Disponível em: https://www.education.gov.uk/publications/eOrderingDownload/RBX03-06.pdf.

9. Donnerstein E. Internet bullying. Pediatr Clin North Am. 2012;59(3):623-33

10. Ortega R, Elipe P, Mora-Merchán JA, Genta ML, Brighi A, Guarini A, et al. The emotional impact of bullying and cyberbullying on victims: a European cross-national study. Aggress Behav. 2012;38(5):342-56.

11. Ybarra ML, Boyd D, Korchmaros JD, Oppenheim JK. Defining and measuring cyberbullying within the larger context of bullying victimization. J Adolesc Health. 2012;51(1):53-8.

12. Due P, Holstein BE, Lynch J, Diderichsen F, Gabhain SN, Scheidt P, et al. Bullying and symptoms among school-aged children: international comparative cross sectional study in 28 countries. Eur J Public Health. 2005;15(2):128-32.

13. Kumpulainen K, Räsänen E, Henttonen I, Almqvist F, Kresanov K, Linna SL, et al. Bullying and psychiatric symptoms among elementary school-age children. Child Abuse Negl. 1998;22(7):705-17.

14. Fleming LC, Jacobsen KH. Bullying and symptoms of depression in Chilean middle school students. J Sch Health. 2009;79(3):130-7.

15. LeBlanc J. Cyberbullying and suicide: a retrospective analysis of 22 cases. In: AAP experience: National Conference and Exhibition; 2012 Oct 20-23; New Orleans [Internet]. Elk Grove Village: AAP; 2012 [capturado em 10 fev. 2013]. Disponível em: https://aap.confex.com/aap/2012/webprogram/Paper18782.html.

16. Wang J, Nansel TR, Iannotti RJ. Cyber and traditional bullying: differential association with depression. J Adolesc Health. 2011;48(4):415-7.

17. Stelko-Pereira AC, Williams LCA. Desenvolvimento de rede para enfrentar o bullying: lições canadenses. Psicol Esc Educac. 2012;16(2):349-51.

18. Stauffer S, Health MA, Coyne SM, Ferrin S. High school teachers' perceptions of cyberbullying prevention and intervention strategies. Psychol Sch. 2012;49(4):352-67.

19. Hinduja S, Patchin JW. Bullying, cyberbullying, and suicide. Arch Suicide Res. 2010;14(3):206-21.

20. Slonje R, Smith PK, Frisén A. The nature of cyberbullying, and strategies for prevention. Comput Human Behav. 2013;29(1):26-32.

21. Stelko-Pereira AC, Williams LCA. O que pensam os funcionários de escolas sobre prevenção de violência escolar? Anais II Seminário Internacional de Habilidades Sociais; 2009 3-5 jun; Rio de Janeiro. Rio de Janeiro: UERJ; 2009. p. 85-95.

22. Pepler DJ. Bullying interventions: a binocular perspective. J Can Acad Child Adolesc Psychiatry. 2006;15(1):16-20.

CAPÍTULO 4

UMA *WEB* PERTURBADA PELA VIOLÊNCIA

CAJETAN LUNA

Ou levantando a voz por sobre os montes, -
"Liberdade", pergunto aos horizontes,
Quando enfim hás de vir?
Castro Alves[1]

O segredo de tudo está no instante.
Vinicius de Moraes[2]

A globalização não é um produto final determinado, mas uma série de processos adaptativos complexos em desenvolvimento, interconectados e contínuos.[3] A nova ordem mundial é caracterizada por comunicação instantânea, aprendizagem autodirecionada, aumento na conectividade e coletividade, uma transformação de indústrias de fabricação em indústrias de serviço, uma transição geoeconômica em direção ao fluxo livre do capital global e um crescimento na democracia transnacional.[3,4] O fluxo livre da informação e a formação de cibergrupos civis (muitos deles liderados por jovens) ameaçam os regimes autoritários e conduzem a reformas políticas. A rede mundial e a internet têm sido ferramentas eficientes para dar origem a um mundo interconectado, abrindo caminhos, criando mercados internacionais e interdependentes, expandindo horizontes intelectuais e caminhos para reflexão, promovendo o diálogo e proporcionando *insights* e oportunidades nunca antes acessíveis na história da humanidade.[5] O ambiente digital está cada vez mais censurado, monolingual e representativo de uma única cultura digital. Entretanto, quando usado apropriadamente e disponibilizado a todos, o ciberespaço pode servir como esfera pública aberta e como agente para uma reforma democrática (*e-democracy*), melhorando e proporcionando avanços à condição humana e facilitando a igualdade de "um único mundo".[4] O ambiente digital leva informações a terras distantes e isoladas, fomentando a comunicação e o alcance da mente por todo o globo. Possibilita um mecanismo para denúncias, para transparência e para a distribuição da informação que os governos ou os interesses comerciais multinacionais prefeririam esconder do escrutínio público. WikiLeaks, TradeLeaks, Balkan Leaks, Indoleaks, RuLeaks, PPLeaks, PSOELeaks e Leakymails são exemplos de *sites* particularmente atraentes para os jovens, onde informações confidenciais são transmitidas sem censura.

No entanto, junto com os fatores positivos sempre há o contrapeso dos fatores negativos, os aspectos problemáticos da *web*, que incluem comportamento dependente à rede, *cyberbullying* e assédio, solicitações feitas por abusadores sexuais e promoção descontrolada de imagens violentas e atos violentos, nenhum dos quais promove o avanço da condição humana ou da experiência de vida.[6] Embora a quantidade e a crueldade da violência real tenham diminuído durante os últimos séculos, a exposição a imagens violentas aumentou com o advento da *web*.

Os jovens nascidos depois de 1980, e que estão digitalmente imersos, cresceram com a *web* e são os principais usuários da tecnologia móvel. Eles são conhecidos como *cyberkids*, geração pluralista, geração digital ou geração net; são os "nativos digitais", e atuam tanto receptores da informação quanto criadores de conteúdo. Eles diferem de seus pais e das gerações anteriores, que são descritas como "imigrantes digitais" (esses termos devem ser entendidos como fluidos, já que existem diferenças demográficas, econômicas e geográficas que influenciam muito a fluência e o conhecimento digital) ou "analfabetos digitais", que em geral tiveram de se esforçar para se adaptar às novas tecnologias e aos comportamentos e práticas sociais/digitais que as acompanham.[7,8] A divisão pode ser mais bem caracterizada entre os que têm informação digital e os que não têm essa informação. A disponibilização, a acessibilidade e os custos da banda larga são fatores determinantes que separam os jovens que têm conhecimento digital (*digital literates*) daqueles que não têm[9] e aqueles mais capazes de participar e ter sucesso na nova ordem mundial daqueles que ficam para trás.[5]

A *web* gerou novos estilos de comunicação e formas de violência virtual *online*, como assédio e *cyberbullying*, e tem sido usada para incitar ou promover violência *offline* entre os jovens. Em consequência da cultura digital universal e em desenvolvimento, uma tentadora *web da violência* está agora disponível instantaneamente e na ponta dos dedos dos jovens. Cientistas comportamentais e físicos concordam que a violência é inerente aos humanos. Historicamente, tem havido diferenças transculturais em como a violência foi sancionada socialmente, manejada, tolerada ou punida. Este capítulo apresenta sugestões para abordar e combater a violência relacionada à *web*, cada vez mais acessível aos jovens por meio da tecnologia móvel portátil, focando nos papéis e responsabilidades parentais e nas influências educacionais e dos pares, sem advogar uma censura maior e mais profunda, o controle regulatório, barreiras ao livre fluxo da informação e a pesquisas mais abrangentes.

DEFINIÇÃO E FORMAS DE VIOLÊNCIA NA *WEB*

> Uma nova mídia, produto de uma nova tecnologia ou uma nova aplicação de uma antiga, emerge e encontra um mercado de massa. O seu conteúdo é visto como criminoso, violento ou horrendo. Ela constitui um perigo para as crianças que não conseguem distinguir entre a realidade e a fantasia.[10]

A violência foi definida pela Organização Mundial da Saúde (OMS) como o uso intencional de força física ou poder, ameaçado ou real, contra si mesmo, outra pessoa ou contra um grupo ou comunidade, que tem alta probabilidade de resultar em lesão, morte, dano psicológico, mau desenvolvimento ou privação.[11]

Essa definição não distingue entre atos reais e ao vivo de violência "crua" e as representações visuais/recriações de atos violentos, nem considera as sequelas e as consequências associadas a ela, se é real ou simulada. Fazem-se necessárias definições e entendimentos atualizados e ampliados que considerem e representem as dimensões reais e cibernéticas da violência, as consequências e a natureza global do problema. Frequentemente, ela ocorre ou é mais bem entendida e explicada dentro de um contexto sociopolítico mais amplo ou explanatório. A representação visual da violência não é nova. O simbolismo violento na escultura e na pintura tem feito parte da nossa consciência coletiva através da história da humanidade, e, à medida que se desenvolveram novas mídias, também aumentou a consciência de problemas sociais tão diversos quanto genocídio, massacre e violência doméstica. Imagens fotográficas históricas recentes forçaram o reconhecimento de crimes contra a humanidade que incluem o Holocausto, atrocidades durante a Guerra do Vietnã e abusos, inicialmente negados e posteriormente reconhecidos, no Iraque.

Parece estar evidente que a exposição a imagens e símbolos violentos e à violência gerada na *web* em forma de assédio, ações de gangues e atividade racista, sexista e homofóbica pode resultar em vulnerabilidade, angústia e mau desenvolvimento para os jovens, especialmente quando a *web* serve como distribuidora principal de imagens e informações para o mundo. Alguns jovens podem ser tecnologicamente experientes e especializados, mas podem não estar emocionalmente preparados para as imagens violentas e horrendas que são lugar comum na *web*, ou não estão equipados com as habilidades e limites sociais e interacionais a serem colocados diante de ameaças difusas ou episódios de assédio *online*.

Os adolescentes mais velhos e usuários frequentes podem desenvolver um limiar mais alto para o que consideram perturbador, podem ser mais resilientes e capazes de avaliar e diferenciar uma ameaça real de uma ameaça temida ou percebida. No entanto, pré-adolescentes e crianças menores podem ser mais ingênuos e vulneráveis à angústia devido ao não desenvolvimento de habilidades de enfrentamento, quando comparados a jovens mais experientes que estão *online* há anos.[12]

Os jovens que não recebem de seus pais o carinho e a atenção que precisam recorrem a outras fontes para preencher o vazio. A internet é frequentemente tomada como uma substituta de cuidados infantis barato e constantemente disponível. Além do mais, embora seja evidente que a família e as relações emocionais estejam cada vez mais estruturadas ou desestruturadas em torno da *web*, estudos têm mostrado que os pais raramente impõem limites ou super-

QUADRO 4.1 **FORMAS DE VIOLÊNCIA NA INTERNET**

- Fotografias não censuradas ou vídeos de violência sem cortes e não regulados
- Ameaças pessoais, *bullying* e intimidação física e agressões
- Homofobia e grupos supremacistas brancos/crimes de ódio
- Intolerância religiosa ou secular
- Violência em desenhos animados
- Rituais satânicos
- Fotografias de guerra e terrorismo
- Imagens de suicídio e atos autoabusivos
- Fotografias forenses de cenas de crimes
- Exaltação de genocídio/massacre
- Fotografias de necropsia de pessoas famosas
- Filmes *snuff**

* N. de T. Filmes que misturam horror e pornografia com mortes ou assassinatos reais.

visionam o uso que os jovens fazem da internet e raramente querem saber o que os seus adolescentes estão fazendo *online*.[8]

Pesquisas afirmam que tendências violentas levam os jovens a procurar violência na *web*, o que reforça ou exacerba essas tendências.[13] A inclinação pela busca por violência é pequena entre os jovens não agressivos. Já os com deficiências ou dificuldades psicológicas são mais vulneráveis ao *bullying* e à violência *online*.[14]

Já se sabe há muito tempo que a exposição repetida à violência na vida real, em videogames e entretenimento pode alterar processos cognitivos, afetivos e comportamentais, possivelmente levando à dessensibilização e falta de empatia pelos outros, e consequentemente reforçando ou contribuindo para comportamento agressivo e violento.[15] Inúmeros estudos durante os últimos 40 anos inferiram que assistir violência aumenta a tolerância para o comportamento violento, mas essas inferências não se traduzem necessariamente em causalidade. É limitada a documentação empírica transcultural em larga escala do fenômeno de dessensibilização, incluindo respostas empáticas intensas à violência.[15]

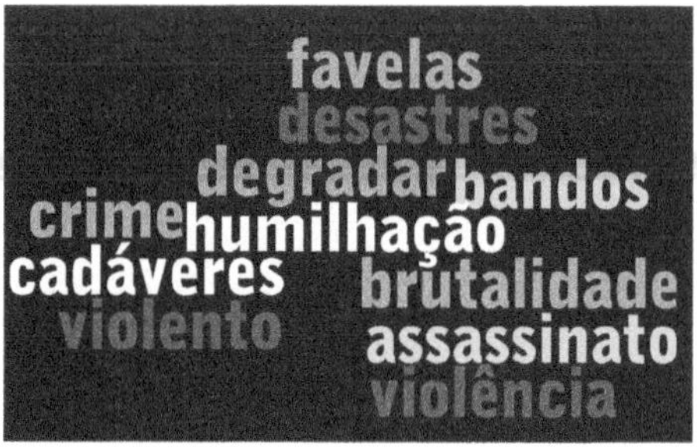

Na maioria dos países, os meios de difusão e a imprensa escrita são regulados. Imagens ofensivas e violentas e a promoção da violência são proibidas ou limitadas. Esse não é o caso com a *web* e a internet.

PREPARAR POR MEIO DA EDUCAÇÃO E AUTORREGULAÇÃO OU PROIBIÇÃO?

> No entanto, quando crianças e jovens vão além dos riscos iniciais da aquisição e da exploração precoces, existem evidências de que muitos transformam o não familiar em familiar estabelecendo um padrão relativamente conservador de uso primariamente definido por interesses e preferências preexistentes, apesar da grande diversidade de atividades e conteúdos possíveis.[7]

A busca adolescente por identidade, liberdade, autoexpressão, autodeterminação e autonomia do controle e da influência parental é, pelo menos temporariamente, atingida na *web* e na internet. Os nativos digitais processam a informação de forma diferente do que os seus predecessores, eles se comunicam de forma diferente, suas concepções de cidadania são mais amplas e mais profundas e as suas ações são enraizadas na autoatualização por meio da expressão social compartilhada. Eles são adaptativos e, com o tempo, cada vez mais sofisticados e seletivos no uso da internet. Os seus interesses são canalizados por meio das redes livremente conectadas.[9] Para se comunicarem, eles preferem usar Facebook, Twitter, MySpace, Xanga, Bebo, mensagens *online*, listas de discussão, *blogs* e mensagens de texto. Essas formas de comunicação são frequentemente estranhas para os mais velhos, mas significativas e eficientes para os jovens.

A maioria das sociedades e culturas quer minimizar os riscos, a impulsividade e proteger as crianças das consequências perturbadoras da violência. A redução dos riscos precisa estar atrelada à determinação e à abordagem da motivação e minimizar os contextos e ambientes vulneráveis *online*. Algumas culturas usam exemplos de violência para educar quanto à autoproteção. Outras encorajam que sejam vistos cadáveres ou identificam lições a serem aprendidas com os suicídios públicos ou assassinatos. Isolando os jovens e eliminando as oportunidades para educação e explicação, impedimos que eles desenvolvam as habilidades de enfrentamento e resiliência necessárias para que estejam preparados e compreendam o inevitável; a maioria deles experimentará violência ao longo de suas vidas. Exemplos e imagens de violência podem ser usados por pais e educadores como ferramentas e ilustrações para ajudar os jovens a compreender melhor o seu mundo. Os jovens precisam desenvolver habilidades de autorregulação, de solução de problemas, de enfrentamento e também habilidades analíticas necessárias para navegar pela vida, reconhecer as idas e vindas por vezes violentas, os altos e baixos, e entenderem que existem coisas como a violência, que pode ser controlada, mas não eliminada completamente.

Em nações como a China, que desde 2008 tem o maior número de usuários da internet e de telefones celulares no mundo, a limitação das atividades *online* é muito comum. É defendida a intervenção governamental para bloquear "conteúdo indesejável", "purificando o ambiente da internet" e "o que afeta a harmonia e a estabilidade social".[16] A censura na internet está aumentando à medida que um número crescente de nações bloqueia ou monitora o acesso a partes dela (B-chips, bloqueio da internet pelos pais, *tape delays*, solicitações de bloqueio aos administradores de *sites*), sendo que domínios específicos são de acesso limitado tanto em locais privados quanto em cibercafés públicos ou *lan houses*.[17]

Em resposta, estão sendo desenvolvidos sistemas resistentes à censura em uma velocidade igualmente crescente.

O Relatório de Transparência do Google para o Brasil, de janeiro a junho de 2011, afirma que as solicitações do governo de remoção de conteúdo são muitas e crescentes no Brasil devido à rede social "Orkut". Por meio dos Anjos da Rede (www.denuncia.pf.gov.br), podem ser denunciados *sites* que contêm pornografia violenta e abuso de jovens. No *site* www.safernet.org.br, os jovens brasileiros podem aprender como usar com segurança as redes sociais e como evitar conteúdo prejudicial ou ofensivo que inclua racismo, sexismo, homofobia ou exploração.

A violência na *web*, que é tentadora para alguns jovens, pode ao mesmo tempo promover ativismo no mundo virtual e real e estimular o diálogo sobre políticas locais e geoglobais. Imagens e blogvídeos explícitos e brutais do bombardeio de 11 de setembro de 2001 às Torres Gêmeas, em Nova York, e as execuções de Sadam Hussein, Omar Kadafi e Osama Bin Laden foram amplamente difundidas na rede, transmitidas instantânea e internacionalmente, levando a mudanças significativas na opinião pública e política global.

Em abril de 2010, o WikiLeaks postou *online* um vídeo militar americano exibindo a matança indiscriminada de 12 pessoas no Iraque, incluindo dois jornalistas estrangeiros. O vazamento foi posteriormente conhecido como "Assassinato Colateral". As pessoas ficaram horrorizadas no mundo todo com o uso desenfreado da violência e, em consequência, foram feitas mudanças na política americana quanto às regras para alistamento.

Em 2011, Khaled Said, um jovem alexandrino, foi arrastado de um cibercafé e espancado até a morte por policiais à paisana. Em poucas horas, as fotos do seu rosto terrivelmente desfigurado foram postadas na internet e compartilhadas por jovens de todo o mundo, transformando-se em um catalisador para demonstrações públicas, levando à derrocada do governo de Hosni Mubarak no Egito.

As mídias sociais podem ser empregadas para expressar indignação diante de casos de violência. Mais de 2 milhões de pessoas acessaram o *site* www.change.org para assinar uma petição *online* reivindicando que a polícia dos Estados Unidos prendesse o assassino confesso de um adolescente afro-americano desarmado. Se não for usada com orientação adequada, a *web* também pode incitar os jovens à violência. Em março de 2012, grupos rivais de torcedores da Mancha Verde, do Palmeiras, e da Gaviões da Fiel, do Corinthians, em São Paulo, iniciaram uma briga pela internet que resultou em mortes e hospitalizações de jovens. Os torcedores do Palmeiras usaram as mídias locais para anunciar que vingariam os assassinatos.

A globalização progressiva neoliberal pode estar entrando em colapso, à medida que alguns apoiam uma troca de informações mais conservadora, restritiva, comprometida e censurada.[17] Essa tendência, eventualmente, poderá ser objeto de resistência e entendida como um entrave para o desenvolvimento e o progresso humanos.

Os imigrantes digitais sempre serão desafiados pelos nativos digitais, assim como são os pais por seus filhos, o antigo pelo novo. Cada um aprende com o outro, mas o futuro e a liberdade irrestrita no fluxo da informação serão universalmente aceitos com o tempo, já que os letrados digitais, que buscam mais informações, ultrapassam de forma esmagadora o número de analfabetos digitais, que se satisfazem com menos.

RECOMENDAÇÕES E CONCLUSÕES

> Uma nova compreensão da infância prioriza o presente – as crianças como pessoas agora, suas relações e culturas consideradas merecedoras de estudo por direito próprio, em vez de olhar para o futuro e considerá-las meramente como futuras pessoas e assim indicativas dos adultos que virão a ser.[7]

Embora a tecnologia evolua e possa se tornar muito significativa para alguns jovens, os pais, os membros da família estendida e seus pares continuarão sendo, antes de tudo, os agentes iniciais de socialização e educação, de modelos de comportamentos e de afeição, compreensão e orientação, independentemente de seu conhecimento tecnológico. Podemos concluir a partir do que sabemos sobre o envolvimento parental, independentemente das influências externas e do tempo que passam com seus filhos, da estrutura que proporcionam e dos limites que definem e impõem, que os jovens que recebem afeição e supervisão de seus pais, que vivenciam fortes vínculos pai-filho e relações apoiadoras têm menos probabilidade de cometer atos violentos. Aqueles com habilidades de comunicação e negociação desenvolvidas demonstram que são mais capazes e têm maior probabilidade de resolver as situações violentas que podem ocorrer.

As seguintes questões devem ser consideradas na abordagem da violência que afeta os jovens na rede e em tecnologias móveis:

- Os pais "imigrantes digitais" não devem abdicar da sua responsabilidade parental em relação aos seus filhos "nativos digitais". Eles têm um importante papel e devem orientar o acesso, explicando os contextos sociais e históricos mais amplos, promovendo discussões abertas em torno de contextos reais ou ficcionais e o significado da violência, mi-

nando a sua promoção e questionando as informações e imagens ofensivas e horrendas encontradas na *web*.

- Em vez de recusa, esquiva ou rejeição, devem ser oferecidos aceitação e esclarecimento, com abertura para o diálogo, estímulo das relações de confiança, apoio e aconselhamento.
- Os jovens precisam ser vistos como agentes competentes e criativos, cujas habilidades de "especialistas em mídias" não devem ser subestimadas pelos adultos. Devem ser proporcionados a eles ambientes ricos e desafiadores para que possam se desenvolver.[7]
- Da mesma forma que ocorre com a educação sexual, quando os jovens levantam questões a respeito de violência ou violência potencial em qualquer idade, os pais devem estar preparados para responder a essas perguntas honesta e diretamente e, se necessário, procurar e encontrar informações ou assistência em resposta a essas demandas.
- Os pais devem trabalhar junto com educadores, grupos religiosos e comunitários para estimular o conhecimento das mídias pelos jovens, aperfeiçoando suas habilidades interpessoais, de automediação, solução de problemas e enfrentamento no ciberespaço e na navegação da *web*.[12]
- Os jovens devem ser encorajados ativamente por parte dos pais e professores para aprender e desenvolver as habilidades de pesquisa na *web*, que são necessárias para a obtenção de informações.[18]
- Os pais devem providenciar medidas para supervisionar a vida *online* de seus filhos, praticando e reforçando táticas de segurança em casa. A mediação parental pode inibir os efeitos negativos (embora também deva ser entendido que a mediação dos pares pode, ao contrário, facilitá-los),[19] mas não pode eliminar os riscos com que os jovens se deparam *online*. Se desde o início for estabelecida uma boa relação, os pais poderão auxiliar a desenvolver habilidades interpessoais, autoconfiança e autoeficácia necessárias para os filhos entenderem e resolverem sozinhos os problemas e reduzirem os riscos.

- A violência virtual não é igual à violência real. Os pais precisam ajudar os jovens a interpretar e a entender o que veem, contextualizando situações a partir de experiências e comparações da vida diária.
- Os profissionais da saúde e educadores de adolescentes devem fazer parcerias com os pais e jovens para identificar formas de minimizar o impacto dos episódios de assédio, dentro do contexto e das circunstâncias específicas em que se apresentam.
- Os programas *CyberMentor* entre os pares devem ser ampliados para apoiar e auxiliar os jovens em ambientes *online*.[14]
- Os pais devem procurar serviços profissionais ou informações em saúde mental para reduzir a angústia e o medo crônicos, caso ocorram atos de lesão autoinfligida.
- A paternidade positiva no futuro (assim como foi no passado) irá requerer educação e adaptação contínua às tecnologias em desenvolvimento. Para que os pais sejam agentes ativos nas vidas de seus filhos, necessariamente terão de ser capazes de entender e apreciar as inovações, apoiar e aconselhar seus jovens na aplicação das novas tecnologias.

Não temos como prever que formas irão assumir a globalização emergente e a tecnologia associada, mas os processos adaptativos e evolutivos, embora bem intencionados, sempre entrarão em conflito com a censura. Será difícil impor restrições legais para interromper o fluxo das informações em desenvolvimento e proibir atividades na rede, incluindo aquelas consideradas violentas ou ofensivas. É difícil separar as questões subjacentes que conduzem a tais atividades, entender seus fatores motivacionais e causativos bem como as dimensões ocultas com fins educativos, de autorrealização e de ação. Os jovens podem inicialmente procurar ou se defrontar com conteúdo violento, ofensivo, sexual ou pornográfico *online*, mas a preocupação deve ser se eles voltarão para buscar mais. É irrealista que se tenha a expectativa de uma infância ou adolescência com risco zero. A adolescência é alternadamente caracterizada por comportamentos de exposição e propensão a riscos e também um período de desenvolvimento de habilidades para tomar decisões futuras relacionadas a eles.[20] Os jovens capacitados com habilidades discricionárias serão beneficiados e estarão preparados para, de forma independente, cuidarem de si mesmos em sua vida adulta.

Educação, redução de danos e capacitação são as chaves para a minimização dos danos *online*.[21] Mensagens de prevenção e precauções de segurança isoladamente não conseguem acompanhar as rápidas mudanças na tecnologia global ou as mudanças de pensamento sobre o que é legal ou legalmente aceitável transculturalmente. Mediações estruturais como bloqueios ou filtros não têm o mesmo sucesso na redução do risco *online* para os jovens tanto quanto as mediações interativas parentais e o uso engajado, apoiador e colaborativo da *web*.[14] O objetivo, nesse momento, é criar jovens usuários resilientes e competentes que, quando os pais não estão presentes, possam se defender sozinhos no ciberespaço com um risco reduzido.

AGRADECIMENTO

O autor agradece a assistência de pesquisa de Hannah Coleman, MPH, e Monica Molina, MPH; as ideias de Alex Nunes de Assis e Marie e Ted Teach; e os muitos anos de colaboração e amizade de Evelyn Eisenstein, MD, PhD da Universidade Estadual do Rio de Janeiro.

REFERÊNCIAS

1. Alves C. Obra completa. Rio de Janeiro: José Aguilar; 1960.

2. Moraes V. Orfeu da Conceição: tragédia carioca. 2. ed. Rio de Janeiro: São José; 1960.

3. Derudder B, Taylor P, Ni P, De Vos A, Hoyler M, Hanssens H, et al. Pathways of change: shifting connectivities in the world city network, 2000-08. Urban Studies. 2010;47(9):1861-77.

4. Bohman J. Expanding dialogue: the Internet, the public sphere and prospects for transnational democracy. Sociol Rev. 2004;52(suppl 1):131-55.

5. Luna GC. Limitações e disparidades do mundo high tech. In: Estefenon SGB, Eisenstein E, organizadores. Geração digital: riscos e benefícios das novas tecnologias para as crianças e os adolescentes. Rio de Janeiro: Viera & Lent; 2008.

6. Yen JY, Ko CH, Yen CF, Wu HY, Yang MJ. The comorbid psychiatric symptoms of Internet addiction: attention deficit and hyperactivity disorder (ADHD), depression, social phobia, and hostility. J Adolesc Health. 2007;41(1):93-8.

7. Livingstone S. Internet, children, and youth. In: Consalvo M, Ess C, editors. The handbook of internet studies. Chichester: Blackwell; 2011. p. 348-68.

8. Aslanidou S, Menexes G. Youth and the internet: uses and practices in the home. Comp Educ. 2008;51(3):1375-91.

9. Education Commission of the States. Civic engagement through digital citizenship. The Progress of Education Reform [Internet]. 2012[capturado em 10 fev. 2013];13(1):1-5. Disponível em: http://www.ecs.org/clearinghouse/01/00/30/10030.pdf.

10. Critcher C. Making waves: historic aspects of public debates about children and mass media. In: Drotner K, Livingstone S, editors. International handbook of children, media and culture. London: Sage; 2008. p. 91-104.

11. Violence Prevention Alliance. Definition and typology of violence [Internet]. Geneva: WHO; 2012 [capturado em 10 fev. 2013]. Disponível em: http://www.who.int/violenceprevention/approach/definition/en/.

12. Ybarra ML, Diener-West M, Markow D, Leaf PJ, Hamburger M, Boxer P. Linkages between internet and other media violence with seriously violent behavior by youth. Pediatrics. 2008;122(5):929-37.

13. Slater MD, Henry KL, Swaim RC, Anderson LL. Violent media content and aggressive in adolescents: a downward spiral model. Communic Res. 2003;30(6):713-36.

14. Livingstone S, Palmer T. Identifying vulnerable children online and what strategies can help them. London: UK Safer Internet Centre; 2012.

15. Funk JB, Baldacci HB, Pasold T, Baumgardner J. Violence exposure in real-life, video games, television, movies, and the internet: is there desensitization? J Adolesc. 2004;27(1):23-39.

16. Liang B, Lu H. Internet development, censorship, and cyber crimes in China. Journal of Contemporary Criminal Justice. 2010;26(1):103-20.

17. Cao S, He L, Li Z, Yang YX. SkyF2F: Censorship Resistant via Skype Overlay Network. Proceedings of 2009 WASE International Conference on Information Engineering; 2009 Jul 10-11; Taiyuan, Shanxi, China. Los Vaqueros Circle: IEEE Computer Society; 2009.

18. Strom P, Strom R, Wing C, Beckert T. Adolescent learning and the internet: implications for school leadership and student engagement in learning. NASSP Bull. 2009;93(2):111-21.

19. Livingstone S, Helsper EJ. Parental medication of children's internet use. J Broadcast Electron Media. 2008;52(4):581-99.

20. Luna GC. Youth Living with hiv: self-evident truths. New York: Haworth; 1997.

21. King JE, Walpole CE, Lamon K. Surf and turf wars online-growing implications of internet gang violence. J Adolesc Health. 2007;41(6 Suppl 1):S66-8.

CAPÍTULO 5

SEXTING, SEXTORSÃO E *GROOMING*

JORGE FLORES FERNÁNDEZ

SEXTING: ADOLESCÊNCIA, SEXO E *SMARTPHONES*

Nosso primeiro artigo sobre *sexting*[1] foi publicado em abril de 2009, um fenômeno que havíamos conhecido em nosso trabalho inicial de alerta quanto aos novos riscos para a infância e a adolescência na era digital. Identificamos as primeiras inquietudes a esse respeito nos Estados Unidos.

Agora, anos mais tarde, parece que a sociedade começa a conhecer esse fenômeno e, inclusive, alguns países não vacilam em qualificá-lo como "praga", na medida em que se incorporou com certo grau de normalidade ao repertório de possíveis práticas em torno do erotismo e da sexualidade, tanto por parte dos adolescentes como de pessoas adultas, dentro ou fora do relacionamento do casal.

Podemos, a partir disso, deduzir três aspectos do *sexting*: não é novo, é global e não se trata de uma moda passageira.

O QUE É O *SEXTING*?

Sexting é um termo de origem anglo-saxônica resultante da união das palavras "*sex*" e "*texting*", utilizado inicialmente para denominar a prática segundo a qual se enviavam mensagens de texto por meio do telefone móvel (*texting*) com conteúdo "picante" ou excitante (*sex*). Hoje o *sexting* passou a incluir fotografias (ou vídeos) de alto conteúdo erótico e inclusive pornográfico que são enviadas por meio de telefones celulares e *smartphones*. Como ocorria originalmente com a mensagem, a imagem é produzida pelo remetente fotografando (ou gravando) seu próprio corpo, e o destinatário pode ser o seu parceiro sentimental ou então alguém com quem deseja manter um flerte ou paquerar.

Quando o que nos preocupa é a segurança dos adolescentes, este é o sentido que adquire a palavra *sexting*: a prática de produzir e enviar mensagens eróticas próprias por meio do telefone móvel.

Outras aplicações do termo *sexting*

O termo *sexting* também está sendo usado em outros casos, além da transmissão por seu autor via celular. Por exemplo, quando a imagem chega aos telefones de outras pessoas e estas por sua vez, as reenviam, essas pessoas também estariam praticando *sexting*.

Igualmente, e num sentido ainda mais amplo, se diz que praticam *sexting* aqueles que enviam a terceiros mensagens eróticas e pornográficas não próprias. Nesse sentido, incluem-se os casos em que uma pessoa adulta as envia a crianças ou adolescentes, conformando-se o que se poderia denominar uma prática de corrupção de menores.

Sexcasting e outras práticas de consequências similares

De forma simplificada, entende-se *sexcasting* como a criação e o envio de vídeos de conteúdo sexual, seja ele sugestivo ou explícito, via internet. Há quem faça diferenciação entre *sexting* e *sexcasting* porque o primeiro se refere a imagens e o segundo a vídeos. Será o próprio uso que definirá cada termo e as suas diferenças com o passar do tempo. O que é certo é que *sexcasting* se refere necessariamente a vídeos, enquanto *sexting* implica o uso de *smartphones* ou celulares e, em sentido puro, requer que aquele que dá início ao envio seja o protagonista das imagens. Assim, poderíamos dizer que o *sexting*, quando se utiliza de vídeo, é uma forma de *sexcasting*.

Cabe assinalar, também, a produção de vídeos eróticos ou pornográficos mediante a captura e gravação da imagem enviada pela *webcam* de quem os protagoniza. Em certas ocasiões, esses vídeos (às vezes são imagens, simplesmente) são roubados, isto é, são gravados sem o consentimento de quem se mostra, seja porque não deu esse consentimento, seja porque nem sequer sabe que a sua *webcam* está ativada de forma remota mediante *malware*.

Por último, é preciso que seja levada em conta a possibilidade do *webcasting*, isto é, a transmissão direta via internet de imagens da própria *webcam*, seja a um destinatário concreto ou a um lugar de acesso público, embora restrito. Quando as cenas são de conteúdo sexual, encontramo-nos novamente nas situações anteriores.

Por fim, todas essas práticas implicam a existência de imagens sexuais nas mãos de pessoas alheias a quem as protagoniza. Essa é a questão-chave, sem menosprezar o fato de que tenham sido captadas de forma consentida ou roubada e que aqueles que as possuem sejam conhecidos ou indeterminados.

QUE PROBLEMAS O *SEXTING* PODE CRIAR?

Riscos de tipo legal

Mostrar de forma voluntária o próprio corpo despido a alguém que deseje vê-lo não é um problema em si para quem o faz, independentemente de considerações éticas ou morais que dizem respeito a cada um. Como referência, recordemos que a idade de consentimento sexual se situa, em geral, entre os 13 e os 16 anos, dependendo da legislação de cada país.

No entanto, quando as imagens são de conteúdo sexualmente explícito ou pornográfico, podem surgir problemas legais. Se quem protagoniza a imagem é menor de idade, estamos diante de um ato de produção, posse e/ou distribuição de pornografia infantil punido por lei. Existem casos de menores imputados por esse delito já que, no final das contas, mesmo sendo com o próprio corpo, criaram pornografia infantil. Em determinados países, e dada a generalização dessa prática, a legislação está sendo modificada para que os adolescentes não sejam imputados penalmente por esse delito e o incidente seja resolvido com uma multa.

No entanto, se quem recebe a imagem procedente de um adulto é um menor de idade, podemos estar, novamente segundo determinados países e legislações, diante de um delito de corrupção de menores.

Por último, se alguém põe à disposição de terceiros esse tipo de imagens privadas e sensíveis sem a permissão de quem as protagoniza, incorre em um delito por lesão ao direito à intimidade, à honra e à própria imagem.

Interferência na intimidade e na privacidade

Quando o pretensamente privado se dá a conhecer a outras pessoas ou se faz público com o protagonista sendo identificável, este sofre um dano moral irreparável e uma violação da sua privacidade, o que pode acarretar problemas psicológicos como ansiedade ou depressão e sintomas associados.

Sextorsão

A sextorsão ocorre quando uma imagem comprometedora de tipo sexual chega a mãos indesejáveis ou quando quem a recebeu originalmente deseja causar dano a quem a enviou, o que acontece com relativa frequência em algumas relações amorosas que terminam. O mecanismo é simples: alguém, conhecido ou não, ameaça a quem protagoniza a imagem de torná-la pública ou enviá-la a outras pessoas caso não cumpra suas exigências. Trata-se, portanto, de extorsão ou chantagem, delito que afeta com muita frequência adolescentes e mulheres jovens que praticam "cibersexo", mostrando partes íntimas via *webcam*. Também são afetados em menor medida as crianças e os jovens.

Cyberbullying

Se a imagem comprometedora se torna de domínio público, pode desencadear uma reação injustificada de instigamento ou chacota em relação a quem a protagoniza. Isso ocorre quando a imagem chega ao conhecimento do meio em que a vítima vive ou então quando esta é uma pessoa pública ou conhecida. Esse linchamento coletivo, além de humilhar a vítima, enfatiza e faz perdurar essa ação da qual, a essas alturas, certamente ela deseja se esquecer. Trata-se de um assédio reiterado e premeditado que se realiza no contexto digital. É o *cyberbullying* sobre uma pessoa fragilizada por ter visto sua imagem íntima se tornar pública por um descuido, uma traição, um erro ou simples ignorância. Pode tornar-se um golpe fatal, como ocorreu com Jesse Logan que, aos 17 anos, enviou uma imagem de si mesma nua ao namorado e, dois anos mais tarde, suicidou-se devido aos maus-tratos prolongados a que foi submetida desde que a imagem se tornou pública. Ela morreu pelo *cyberbullying* que teve origem em uma prática de *sexting*. Em outubro de 2012, Amanda Todd se tornou outro exemplo desafortunado e suicidou-se devido ao *cyberbullying*, que teve origem em uma imagem íntima, nesse caso gravada por seu interlocutor, sem consentimento, quando realizou *flashing* (mostrar de maneira breve seus seios) em frente à *webcam*.

Grooming

As imagens implicadas no *sexting* podem chamar a atenção de predadores sexuais, seja porque centralizam sua atenção nos aspectos físicos de quem aparece nelas ou então porque seus protagonistas são identificados como pessoas que realizam práticas de risco e, portanto, são mais atrevidas e vulneráveis. Pode suscitar-se então um caso de *grooming*.

Por sua vez, em todos os casos em que uma imagem esteja associada a uma pessoa e na posse de terceiros, se a fotografia tem dados de geolocalização ou georreferenciação, será possível determinar a localização física aproximada dessa pessoa no momento em que a imagem foi captada, e isso pode implicar questões de privacidade e segurança física, dependendo do caso.

FATORES A SEREM CONSIDERADOS

Que aspectos são determinantes na prática do *sexting*?

Existem fatores prévios a considerar em relação à magnitude e à responsabilidade derivadas das ações em torno do *sexting*, conceito este tomado agora em um sentido amplo:

- **Origem da imagem**: pode ser produzida pelo próprio protagonista, por outras pessoas de forma consciente e consentida ou, em último caso, roubada. Uma questão paralela a considerar é se as imagens eram preexistentes e entraram no "circuito do *sexting*" provenientes de outras fontes de acesso público, como a internet, ou privado, como, por exemplo, os dispositivos de armazenamento digital de informação (*pendrive*, celular, *smartphone*, etc.).
- **Conteúdo da imagem:** às vezes não é fácil definir a carga sexual de uma imagem e qualificá-la como simplesmente atrevida, com carga erótica ou claramente pornográfica.
- **Identificabilidade**: se a imagem permite ou não identificar seu protagonista de forma inequívoca.
- **Idade de quem protagoniza a imagem**: em caso de anonimato, há ocasiões em que não é fácil definir a menor ou maior idade de quem aparece nela.
- **Idade e circunstâncias dos demais interventores**: receptores, emissores e redistribuidores, se houver, da imagem.

Todos esses fatores podem influir tanto no dano potencial que possa sofrer o protagonista da imagem – em porcentagem maior, caso se trate de meninas – quanto nas responsabilidades de quem, de uma maneira ou outra, participa do processo.

O terminal móvel, um fator diferencial

A intervenção do terminal móvel, ou celular nos casos de *sexting*, não se limita ao seu uso como criador, reprodutor e transmissor de imagens, mas também tem outras conotações não menos poderosas.

1. Pode ser levado sempre consigo, com o que a humilhação potencial pode ser permanente: em qualquer lugar e a qualquer hora. Alguém toma um refrigerante enquanto pega seu celular e "degusta" a imagem ou, por que não, desfruta dela coletivamente com um grupo de amigos.
2. É algo mais pessoal, muito direcionado, porque distribui de maneira seletiva para alguns números de cada agenda... ou a todos. A imagem se expande em círculos de relação concêntricos e adjacentes à vítima. Talvez não caia na internet, mas... que diferença faz? Por acaso é pior que esteja *online* do que ser vista no telefone móvel por todas as pessoas com que se convive diariamente? Assim como ocorre com as redes sociais, o telefone móvel atua como catalisador e concentrador do dano quando há um incidente. É uma bomba inteligente porque afeta o núcleo da vida social, toca diretamente em nosso grupo de relações principais porque, de fato, é para isso que servem os telefones móveis e as redes sociais, para criar e fidelizar laços, para estreitar as relações.

O *sexting* não tem que começar e acabar no telefone móvel. A imagem comprometida pode ter nascido fora do celular e, igualmente, acabar sendo publicada *online*.

PREVALÊNCIA DO *SEXTING*

Já são várias as investigações e os estudos que analisaram o *sexting*, que sabemos ser crescente. Não obstante, assim como ocorre com o fenômeno do *cyberbullying*, ainda é preciso maior consenso na comunidade científica quanto à caracterização uniforme do fenômeno que permita contrastar dados de diferentes investigações. Ainda assim, apontamos a seguir alguns dados significativos dos Estados Unidos, do Reino Unido e do Brasil:

1. Segundo uma investigação realizada em 2009 pela organização Beat Bullying, 38% das crianças entre 11 e 17 anos receberam mensagens de telefone móvel ou de correio eletrônico com conteúdo sexual explícito e 70% conheciam o remetente.[2]

2. No final de 2009, a Universidade de Plymouth revelou dados inquietantes que confirmaram a tendência anterior. Mais de 40% dos adolescentes entre 14 e 16 anos têm amigos que enviaram pelo celular suas próprias imagens. Na verdade, 15% dos adolescentes confessam não achar nada de mais enviar uma fotografia própria despidos por meio do telefone móvel.[3]
3. Outra enquete do Beat Bullying, em 2010, comenta que 54% dos professores sabiam que seus alunos criavam ou compartilhavam mensagens de caráter sexual por meio do telefone móvel ou da internet.[4]
4. Segundo um estudo publicado em 2009 pelo Internet & American Life Project do Pew Research Center, nos Estados Unidos, 15% dos usuários de celulares entre 12 e 17 anos haviam recebido fotos de pessoas nuas ou seminuas em seus terminais. Apenas 4% admitem ter enviado essas fotos.[5]
5. Na área de Manchester (Reino Unido), segundo publicado em abril de 2012, a cada semana ocorrem dois incidentes relevantes nas escolas relacionados ao *sexting*.[6]
6. Um estudo realizado em 2009 com estudantes de vários estados brasileiros entre 5 e 18 anos revelou que 12% haviam publicado fotos íntimas na internet, enviadas por *e-mail* ou publicadas em redes sociais. Do total de entrevistados, 3,8% haviam feito isso mais de cinco vezes.[7]

A agência britânica Child Exploitation and Online Protection Centre destaca o seguinte dado de um estudo da organização NSPCC:

1. Entre as meninas de 14 e 15 anos, 40% não veem nada de mal em tirar uma foto sua fazendo *topless*, e 1 em cada 6 (16,7%) não considera inapropriado posar completamente nua para outras pessoas.[8]
2. Isto se soma a outros estudos que apontam que quase metade dos adultos britânicos haviam enviado este tipo de mensagem alguma vez na vida.[9]

POR QUE FAZEM ISSO?

É preciso que nos perguntemos por que as crianças e as adolescentes fazem isso. Cabe avaliar as seguintes circunstâncias:

Não imaginam que a foto possa chegar a outras pessoas

1. Quando se realiza no contexto de uma relação, confiam plenamente na discrição do outro. Carecem de experiência de vida suficiente para saber que nem todos temos o mesmo conceito de privacidade ou confiança ou

que as coisas na vida mudam e que muitas relações de amor terminam em ódio. Nesse sentido, já é popular o conceito de *revenge porn* para denominar a publicação vingativa de imagens sexuais de ex-parceiros.

❷ Acreditam que uma imagem em um terminal móvel está segura e não são capazes de projetar, de imaginar as várias formas como essa imagem pode sair do dispositivo, tanto o próprio como o de outra pessoa a quem foi enviada: um roubo, um erro, uma brincadeira de mau gosto, um extravio, uma invasão por amaeça digital (*malware*), etc.

Ignoram ou menosprezam as probabilidades e consequências de essa imagem acabar publicada ou em mãos equivocadas

A falta de percepção do risco é uma característica da adolescência. Além disso, no caso do uso da internet, onde tudo é presente e transcorre ao vivo, a capacidade de projeção de consequências em médio prazo é um desafio singular nessas idades precoces.

Encontram respaldo para essa prática em modelos sociais

Existem vozes que denunciam uma sexualização e uma erotização excessivas dos modelos, especialmente femininos, desde a infância, antecipando padrões de conduta relacionados ao sexo. Por sua vez, as influências e referências sociais se manifestam com toda a crueza nos conteúdos acessíveis *online* sem que seja factível da adequação ou filtragem desses códigos para destinatários de idades precoces ou com menor grau de maturidade.

A narração e a postagem em comum do que é pessoal na *web* provoca quadros de exposição compulsiva da vida privada, o que é denominado como a cultura da "extimidade". Os conceitos de privacidade e de intimidade estão em processo de redefinição por parte das novas gerações que se socializam desde crianças também na internet.

A dinâmica da *web* e, mais ainda, das redes sociais, estimula a competitividade adolescente em aspectos como ter maior número de amigos, mais comentários nas fotografias... e sem dúvida esse tipo de imagem pode ser usado para alcançar maior notoriedade.

A abundância de conteúdo pornográfico na *web*, inclusive realizada por não profissionais e adolescentes, tende a contribuir para tornar normal práticas como o *sexting*. Já que é possível ver qualquer pessoa anônima em sua intimidade via *web*, não parece tão grave aparecer dessa forma. O "desnudar" é algo comum, até certo ponto banalizado.

A existência de casos entre personagens famosos do mundo do espetáculo e dos esportes ajuda na popularização e, portanto, na banalização dessas práticas.

Sentem o chamado da adolescência: hormônios, diversão, paqueras e transgressão

A prática do *sexting* atende ao despertar sexual do adolescente. Os altos níveis hormonais e o espírito impulsivo e transgressor também podem desempenhar um papel importante, estimulados pela necessidade de diversão e sedução. Em determinadas ocasiões, o consumo de álcool atua como desencadeante.

Capacidade, disponibilidade e imediatismo

Sabem fazê-lo, é simples. Além do mais, podem fazê-lo, contam com tudo o que é necessário a qualquer momento: seu corpo e um telefone móvel conectado à internet. Por último, podem realizar *sexting* de forma quase instantânea, pois não requer tempo de preparação ou espera. Basta imaginar-se um *smartphone* conectado à internet e um aplicativo de mensagens instantâneas como *WhatsApp*. Os avanços tecnológicos e a redução dos custos estão ao seu lado.

A pressão do ambiente ou do parceiro

Em certas ocasiões, a pressão do grupo e a necessidade de aceitação pelos iguais e de autoafirmação também provocam excessos nos comportamentos. A dinâmica da *web* e, mais ainda, das redes sociais estimula, como já mencionado, a competitividade adolescente em aspectos como ter o maior número de amigos e mais comentários nas fotos. Outras vezes é a dinâmica da relação de casal ou o desejo ou a exigência de um dos seus membros o que provoca esse tipo de prática.

PREVENÇÃO DO *SEXTING* E SUAS CONSEQUÊNCIAS NEGATIVAS

O trabalho de prevenção está diretamente ligado à conscientização sobre os riscos que se assumem, as responsabilidades e as consequências. Não há nenhuma outra medida que não passe pelo próprio protagonista, uma vez que, para essa prática, os adolescentes são plenamente autônomos ao contarem com todas as ferramentas necessárias: seu corpo e um *smartphone*.

Dez razões para não praticar *sexting*

Existem algumas questões-chave nas quais se pode e deve trabalhar para que a decisão a respeito da prática do *sexting* seja tomada de forma consciente:

1. **Existe outra pessoa implicada de quem se passa a depender**
   - Quando se realiza *sexting*, sempre há uma pessoa, com suas circunstâncias particulares, do outro lado do envio, de quem se passa a depender. Pode acontecer, inclusive, que esse alguém seja um impostor ou suplantador.
   - Uma vez enviada a imagem, o que virá a ocorrer com ela deixa de estar em nossas mãos de forma exclusiva.

2. **As pessoas e as relações podem mudar**
   - A experiência diz que as pessoas, com suas circunstâncias, mudam com o tempo e com os altos e baixos da vida. As relações de amizade ou amor são sólidas, mas igualmente sujeitas a sensações, sentimentos e emoções intensas.
   - Realizar *sexting* com alguém em um momento determinado pode ter consequências no futuro se ocorrerem mudanças na pessoa ou na relação.

3. **A proteção da informação digital é complicada**
   - Seja em servidores da internet, em computadores pessoais, em telefones móveis, etc., cada vez é mais complicado proteger de maneira eficaz o acesso inesperado, casual ou furtivo a nossas informações em uma sociedade conectada. O uso de chaves de acesso e técnicas preventivas de *malware* são medidas imprescindíveis que nem sempre se sabe gerenciar de maneira adequada.
   - É difícil garantir uma custódia total das imagens de *sexting*.

4. **A distribuição de informação digital é incontrolável**
   - Como a informação está em formato digital, sua cópia, armazenamento ou distribuição é muito simples. Se a fotografia ou vídeo saiu de nosso poder, é impossível garantir o controle da sua difusão ou o seu apagamento definitivo, esteja ou não na internet.
   - Toda imagem a que outra pessoa teve acesso se torna irrecuperável.

❺ Uma imagem pode trazer muita informação

- As imagens de *sexting* podem trazer muito mais informação do que parece à primeira vista.
- Ainda que o fundamental de uma imagem de *sexting* seja óbvio, não se deve esquecer, que ela pode, às vezes, trazer muitas informações sobre o seu protagonista: a identidade, o contexto, a localização física, entre outras.

❻ Existem leis que podem penalizar ações ligadas ao *sexting*

- Infringe-se a lei quando quem figura na imagem é menor de idade e a fotografia pode ser considerada pornografia infantil ou quando aparecem pessoas que não autorizaram a captura ou distribuição da imagem.
- A produção, posse, distribuição ou publicação de imagens de *sexting* podem ser penalizadas por lei.

❼ Produz-se sextorção se a imagem de *sexting* cai em mãos de um chantagista

- Quando a imagem privada cai em mãos de uma pessoa inadequada, ou a pessoa a quem se enviou trai a confiança do envio, pode se dar uma relação de chantagem em troca de que a imagem comprometedora não seja enviada ou publicada.
- Uma imagem de *sexting* em mãos inadequadas supõe risco de *sextorção*.

❽ A internet é rápida e potente

- Isso é algo evidente, mas nem por isso menos importante; em relação ao *sexting,* é um aspecto capital. A *web* atua como veículo perfeito de distribuição da informação, que é expandida vertiginosamente, alcançando de forma imediata muitas pessoas em muitos lugares diferentes, podendo, inclusive, ser milhões em todo o mundo.
- As imagens de *sexting* podem chegar à internet, o canal de difusão mais potente jamais conhecido.

❾ As redes sociais facilitam a informação às pessoas próximas

- As redes sociais, ao agruparem as pessoas por afinidade, fazem com que as questões pessoais, e também as delicadas, cheguem de forma fácil ao entorno mais próximo e sensível.
- As pessoas próximas a quem protagoniza um caso de *sexting* são as que mais possibilidades têm de vir a conhecê-lo.

10. **Existe grave risco de *cyberbullying* se a imagen de *sexting* se torna pública na internet**
   - Se por alguma circunstância a imagem comprometedora é publicada *online* e se torna do conhecimento das pessoas em torno de quem a protagoniza, existe o risco de que se produza hostilização ou linchamento público.
   - A publicação de uma imagem de *sexting* pode supor o sofrimento de ciberassédio.

Quatro conselhos para reduzir os riscos do *sexting*

Há algumas pautas que ajudarão a reduzir os efeitos nocivos que a prática do *sexting* pode ter:

1. **Evitar a identificação da pessoa que protagoniza a cena.** Não existe *sexting* seguro, a não ser que na imagem não se possa conhecer de nenhuma maneira a identidade de quem aparece nela. Manter o anonimato não é tão fácil como parece: deve-se evitar incluir o rosto, aspectos diferenciadores do corpo (manchas na pele, *piercings*, tatuagens), roupa, adornos ou ambiente que permitam identificar a pessoa. Também é preciso ter cuidado com os dados de geolocalização que algumas imagens incluem e que por vezes são enviados, sem se estar consciente disso, junto com a fotografia. Deve-se ter em conta que a existência da imagem em um determinado celular ou o envio a partir de um número de telefone ou com um identificador concreto pode relacionar a pessoa anônima da fotografia com o proprietário do terminal.

2. **Ter em conta a quem e como se realiza o envio.** Além do tipo de imagem, é importante a quem, como e quando se envia. Sempre terá que ser uma pessoa de máxima confiança, que deve ser avisada com antecedência para evitar que abra a mensagem em um momento inoportuno. A pessoa também deve ser advertida de que não mostre a imagem em nenhum caso e nem sequer diga a alguém que ela existe. Obviamente, deve-se ter cuidado ao selecionar o destinatário da mensagem. O dedo desliza rápido e pode ir parar no número seguinte da agenda.

3. **Cuidar ao máximo da segurança dos dispositivos e as chaves de acesso.** As imagens são arquivos digitais aos quais se pode ter acesso de duas maneiras, em função de onde estejam armazenados. Se estão *online*, na “nuvem”,

o acesso se realiza em geral mediante uma chave de acesso ao serviço de internet no qual estão alojadas. Se estão armazenadas em um dispositivo físico (memória externa, computador, telefone móvel, etc.), além do fato de que o próprio dispositivo poder cair em outros mãos, há que se evitar que seja acessado mediante *software* se está conectado a redes de trabalho ou à internet. Portanto, proteger os terminais e evitar perdas ou seu uso por parte de outras pessoas, usar e cuidar das chaves de acesso e evitar o *malware* são medidas imprescindíveis para quem possui (criador ou receptor) imagens privadas. Também é preciso lembrar que os dispositivos eletrônicos podem ser postos em mãos de outras pessoas para sua manutenção ou reparo e que, nesses casos, podem haver abusos que atentem contra a privacidade da informação neles contida.

4. **Apagar as imagens depois de utilizadas.** As imagens ocupam apenas um espaço, mas nem por isso é preciso arquivá-las por tempo indefinido. Trata-se de um material sensível que, como tal, é suscetível de ser fonte de problemas. Pensar em eliminar as imagens é algo que deve ser levado em conta.

SEXTORSÃO

O QUE É A SEXTORSÃO?

Uma imagen ou sequência íntima ou comprometedora em vídeo pode se converter em um pesadelo se chega a mãos inadequadas. Quando quem a possui submete a pessoa que a protagoniza a chantagem sob ameaça de que mostrará a alguém ou a tornará pública, estamos diante de um caso de *sextorsão*. É um problema grave, porque nunca se vai ter certeza de que essa imagem ou esse vídeo deixou de existir, que não foi publicado ou que nunca virá à tona. Isso é algo que sempre estará em dúvida e que, portanto, supõe uma ameaça e desassossego permanentes.

É um fenômeno que afeta sobretudo as mulheres. Infelizmente, há muitas adolescentes e também mulheres adultas que se encontram nessa situação. São vítimas dessa nova prática que, frequentemente, serve para exercer a violência sexual quando o exigido é a concessão de novas imagens íntimas, a manutenção de relações sexuais, etc. Em outras ocasiões, atua como garantia para forçar o início de uma relação ou para evitar o seu rompimento.

Por tudo isso, é importante, em primeiro lugar, evitar que essas imagens existam e, sobretudo, que outras pessoas estejam de posse delas. Em segundo lugar, é vital saber como agir caso sejam vítima de chantagem. Não é fácil manejar a situação. A pressão é grande e as decisões devem ser tomadas com rapidez e acerto. Fazer o mais adequado em cada momento pode minimizar os danos sofridos e alterar o desenlace do caso.

PREVENÇÃO

A prevenção da *sextorsão* passa por evitar as duas condições necessárias para que ela ocorra:

1. **Evitar que exista uma imagem íntima na qual se reconheça quem a protagoniza.** A chantagem tem sentido desde o momento em que a pessoa que protagoniza a imagem comprometedora é reconhecível seja diretamente pela imagem, seja por indícios nesta. Isso pode ser controlado em algumas ocasiões, porque, ainda que essas imagens devam se realizar em presença do seu protagonista, nem sempre são obtidas com a sua participação, consentimento ou conhecimento, como é o caso das ativações remotas da *webcam* mediante *malware*.

2. **Impedir que essa imagem comprometedora chegue às mãos de uma pessoa disposta a realizar chantagem.** Nesse caso, é preciso ter em conta o quanto é complicado proteger as imagens digitais e controlar a sua distribuição. Além disso, quem a princípio não aparenta ou não o faria pode, em um determinado momento, ser capaz de fazer chantagem.

DECÁLOGO PARA UMA VÍTIMA DE SEXTORSÃO

O que fazer quando se está sendo vítima de *sextorsão*?

É óbvio que é um fato denunciável junto à polícia, mas é igualmente claro que apresentar uma denúncia não soluciona o problema de maneira imediata nem garante a redução do dano desde o primeiro momento.

Ainda que cada situação seja diferente e requeira um tratamento concreto e cuidadoso, apresentamos a seguir um decálogo que pode ser de utilidade na maioria dos casos.

1. **Peça ajuda.** Solicite o apoio de uma pessoa adulta de confiança. É importante contar com a companhia de alguém que tenha experiência de vida e que ajude a analisar com calma a situação, mudando a forma de pensar, devido à angústia e ao estresse.

❷ **Não ceda à chantagem.** Não aceite as exigências do chantagista, isso o tornará ainda mais forte. A chantagem será mais intensa e dolorosa se você sucumbir ao que lhe pede quem a realiza, quando então lhe entrega novas opções de controle. Se a chantagem se realiza porque ele está de posse de uma imagem delicada, o que se consegue dando-lhe outra? Terá duas, e a situação será pior.

❸ **Não dê informações adicionais.** Qualquer dado ou informação pode ser usado por quem o assedia. Os dados que possui quem realiza a extorsão são sempre uma arma potencial. Quanto mais se saiba de alguém, mais vulnerável essa pessoa será. Deve-se ter muito cuidado com proporcionar informações adicionais, mesmo que pareçam irrelevantes.

❹ **Guarde as provas.** Quando lhe ameaçarem e mostrarem imagens ofensivas, capture a tela e anote o dia e a hora. Tanto para revisar com mais calma o que está ocorrendo quanto para consultar outras pessoas, é importante guardar a prova ou o rastro das ameaças. Guarde sempre quantas provas e dados lhe sejam possíveis. No caso de uma ação policial, os dados de data e hora facilitarão a resolução do caso.

❺ **Retire informações delicadas.** Apague ou guarde em outro lugar informações ou imagens privadas que você possa ter. Feche a *webcam* se você ainda não o fez. Talvez quem realiza a chantagem possa tentar conseguir novas imagens ou dados que o deixem ainda mais forte. É importante impedir, e para isso é preciso eliminar informações e imagens públicas importantes ou comprometedoras, inclusive do nosso disco rígido, e fechar a *webcam*. Revise tambem com quem você compartilha a sua vida e confidencia nas redes sociais.

❻ **Elimine *malware*.** Assegure-se de que você não tem *software* malicioso – *cavalo de troia*, *spyware*, etc. – no seu equipamento. O *software* malicioso é um aliado do inimigo em nossa própria casa e é preciso evitá-lo. É complicado contar com a certeza de que estamos livres dele e é preciso manter uma postura proativa e persistente a respeito.

❼ **Troque as chaves pessoais.** Pode ser que ele esteja espionando as suas comunicações nas redes sociais. Depois de haver comprovado a ausência de *malware*, é recomendável trocar as chaves de acesso aos serviços de correio, redes sociais, etc., para dificultar a espionagem.

8. **Comprove se ele pode ir até o fim com as ameaças.** Muitas ameaças são blefes, não são certas. Procure comprovar que ele tem as imagens que diz possuir. Talvez a ameaça não possa ir até o fim porque quem está fazendo a extorsão não dispõe realmente da imagem íntima ou nela não é possível identificar quem a está protagonizando.

9. **Avise a quem o assedia que está cometendo um delito grave.** Ele deve saber que a lei pode persegui-lo e que você sabe disso. Pode ser que quem está chantageando não tenha refletido sobre os delitos que está cometendo ou nos que incorreria caso cumpra com a sua ameaça. Ele deve conhecer e também saber que temos bem presente as penas a que estará sujeito.

10. **Formule uma denúncia.** A lei persegue com rigor esse tipo de delito, especialmente se você é menor de idade. As ameaças em si já configuram um delito. Realizar gravações sem consentimento ou publicá-las também. Usar *malware* para manipular um equipamento alheio ou extrair chaves de segurança particulares também é ilegal. Deve ser feita a denúncia se estão sendo colocadas em perigo a nossa intimidade e honra, porém é muito importante tratar de fazê-la com provas e dados que auxiliem a polícia.

GROOMING OU ASSÉDIO SEXUAL A MENORES NA INTERNET

O QUE É O *GROOMING*?

É possível definir o *grooming* (mais exatamente *child grooming* ou *internet grooming*) como o assédio sexual a menores na internet baseado em uma estratégia de acercamento e empatia. No entanto, por extensão e popularização do termo, o assédio sexual de menores na internet é denominado de forma genérica *grooming*, ainda que não siga essa forma de aproximação.

A *sextorsão* é um dos mecanismos pelos quais quem assedia (*groomer*) consegue submeter a vontade da vítima. Em consequência, realizar *sexting* pode dar lugar a *sextorção* que facilite o *grooming*.

Algumas características do *grooming* são:

1. É voltado para menores que são novatos na *web*, que realizam práticas de risco, que passam muitas horas conectados e sem supervisão, que não têm vida social satisfatória ou que têm problemas de comunicação com seus pais.

2. A presença de uma *webcam* é uma condição necessária, embora não suficiente, já que facilita o cometimento do delito.
3. Os *groomers* estudam a presa para planejar uma estratégia de aproximação adequada.
4. Às vezes se fazem passar por pessoas da mesma idade.
5. Estabelecido o contato, utilizam imagens de tipo sexual para incitar, comprometer ou tornar normal esses comportamentos.
6. Quando têm um elemento para a chantagem, o chamado elemento de força, em geral consistindo de uma imagem íntima captada mediante a *webcam*, passam a uma estratégia de ameaça e chantagem das mais cruéis.

UM SALTO QUALITATIVO E QUANTITATIVO

Dizer que a *web* aumentou a prática de assédio sexual a menores poderia ser exagerado, ou talvez não. Reflitamos sobre que condições, a título de fatores catalisadores, estão se dando nesse novo contexto:

- A *web* é agora rápida e econômica. Conteúdos audiovisuais, como os pornográficos, circulam com plena fluidez, inclusive entre os *smartphones*.
- Existem maiores dificuldades para o controle e a supervisão parental. As redes sociais e os *smartphones* supõem novas barreiras para que os pais possam compartilhar e orientar a vida digital de crianças e de adolescentes.
- Cada vez mais se impõe o uso da *webcam*, elemento presente na imensa maioria dos problemas. Custo mínimo para os equipamentos extras ou de série em equipamentos portáteis que, diga-se de passagem, também dificultam a supervisão parental (podem mudar de lugar dentro de casa e inclusive serem levados para outros lugares, a céu aberto ou não, dotados com redes *wifi*). Além do mais, não serve para identificar o interlocutor porque os predadores já dispõem de *softwares* que adulteram a imagem transmitida pela câmera, com o que o efeito pode ser bem contrário, gerando maior confiança diante de uma imagem falsa. Além disso, se não tiver *webcam*, o recurso à câmera digital ou ao telefone móvel capaz de gravar imagens e vídeos é imediato. Já temos o menor plenamente equipado para que aquele que o espreita consiga o que busca.
- O pedófilo ou abusador "de antigamente" podia sentir sua "perversão" como algo irrefreável, mas talvez também como nociva ou imoral. "O de

agora" conta com a *web,* onde estão milhares de pessoas em todo o mundo com as quais pode compartilhar sua "aflição": dados, truques, experiências, material, etc. Existe inclusive um grupo que promove o "amor livre" com menores. Já não há razão para sentir-se mal consigo mesmo: "não sou um bicho estranho, não tenho por que me segurar, basta que não me peguem", podem pensar agora.

- Há alguns estudos que sugerem que a exposição continuada a determinado tipo de pornografia pode, em certos casos, acabar criando permissividade em relação ao consumo de pornografia infantil e inclusive induzir a sua necessidade.
- Os próprios menores, esses já com uma motivação menos perversa em sua origem, porém no fundo igualmente lesiva, podem consumir e criar seu próprio material de maneira mais ou menos consciente ou imprudente.
- Não é preciso esperar os recreios ou as horas de saída da escola. Milhões de crianças estão conectadas a cada instante e, quando uns estão dormindo, outros estão despertos no outro lado do mundo e inclusive falam o mesmo idioma. O privado está aberto 24 horas, todos os dias do ano. Pode ser praticado em qualquer hora, é fácil e barato.

A esse contexto podem ser acrescentados os clássicos problemas alheios aos ciberdelitos, como são as dificuldades de perseguição e as legislações diferentes entre os países implicados, os meios de investigação precisos e os longos procedimentos "burocráticos".

TRÊS FASES E 10 CHAVES CONTRA O *CHILD GROOMING*

Prevenção

Evitar a obtenção do elemento de força pelo predador. Se for possível evitar que o predador obtenha o elemento de força com o qual deu início à chantagem, o assédio é inviável. Para isso é recomendável:

1. **Não proporcionar imagens ou informações comprometedoras** (elemento de força) a ninguém, nem deixar as mesmas acessíveis a terceiros. Deve-se pensar que algo sem importância em um determinado âmbito ou momento pode vir a ser importante em outro contexto.
2. **Evitar o roubo desse elemento de força**, razão pela qual se deve preservar a segurança do equipamento de informática e a confidencialidade das contrassenhas.

❸ **Manter uma atitude proativa a respeito da privacidade**, o que implica prestar atenção permanente a esse aspecto e, em especial, ao manejo que as demais pessoas fazem das imagens e informações próprias.

Enfrentamento

Tomar consciência da realidade e magnitude da situação. Quando se começam a receber ameaças e intimidações é importante:

❹ **Não ceder à chantagem** em nenhum caso, uma vez que isso supõe aumentar a posição de força do chantagista, dotando-lhe de um maior número de elementos, como novas imagens ou vídeos eróticos ou pornográficos.

❺ **Pedir ajuda**. Trata-se de uma situação nova e delicada que implica grande estresse emocional. Contar com o apoio de uma pessoa adulta de confiança é fundamental. Acrescentará serenidade e uma perspectiva distinta.

❻ **Avaliar a certeza da posse** por parte do predador dos elementos com os quais se formula a ameaça e as possibilidades reais de que esta se leve a termo, assim como as consequências para as partes. Manter a cabeça fria é tão difícil quanto importante.

❼ **Limitar a capacidade de ação do assediador**. Pode ser que ele tenha conseguido acesso ao equipamento ou possua as chaves pessoais. Para prevenir isso:

a. Realizar uma revisão total para evitar o *malware* do equipamento e alterar em seguida as chaves de acesso.
b. Revisar e reduzir as listas de contatos, assim como a configuração das opções de privacidade das redes sociais.
c. Em determinadas situações, pode ser acertado mudar o perfil ou inclusive o âmbito de relação da *web* (seja de uma rede social, um jogo *online* com múltiplos jogadores, etc.).

Intervenção

Por fim ao assédio sexual. As situações de assédio sexual raras vezes terminam por si mesmas, sendo habitual a reincidência no assédio, inclusive em momentos muito distantes no tempo. É preciso não ir até o fim e para isso é importante:

❽ **Analisar em que ilegalidades o assediador incorreu e quais podem ser provadas**. Pode ser que seja inviável provar que o predador dispõe de certas imagens ou informações ou que as tornou públicas. Também pode acontecer que não se possa demonstrar que essas imagens foram obtidas à força ou mediante enganação, ou inclusive que foram recebidas ameaças. Por tudo isso, convém saber em que ilícitos o predador incorreu ou incorre, porque isso habilita a via legal.

9. **Buscar e reunir as provas da atividade delituosa**: capturas de tela, conversas, mensagens, tudo que possa demonstrar as ações do predador ou fornecer pistas sobre o seu paradeiro ou modo de atuar será de grande utilidade, tanto para efeitos de investigação como probatórios. Deve-se ter presente não infringir a lei nesse percurso.
10. **Formular uma denúncia**. Com uma análise adequada da situação e elementos de prova que ajudem a investigação, o fato deve ser levado ao conhecimento da polícia, independentemente de o assédio ter-se interrompido ou não.

Cada caso é diferente e a maneira de abordá-lo também. Em determinadas circunstâncias, inclusive, pode ser recomendável continuar o contato com o assediador para tentar identificá-lo. Em outras, a denúncia imediata à policía é a opção mais razoável. No entanto, as orientações anteriores podem funcionar bem na maioria dos casos, enquanto a polícia oferece a sua assistência.

REFERÊNCIAS

1. Fernández JF. Sexting: adolescentes, sexo y teléfonos móviles [Internet]. Bilbao: Jorge Flores; 2009 [capturado em 10 fev. 2013]. Disponível em: http://www.jorgefloresfernandez.com/2009/04/01/sexting-adolescentes-sexo-y-telefonos-moviles/.

2. Cross EJ, Richardson B, Douglas T, Von Kaenel-Flatt J. Virtual violence: protecting children from cyberbullying [Internet]. London: Beatbullying; 2009 [capturado em 10 fev. 2013]. Disponível em: http://www.beatbullying.org/pdfs/Virtual%20Violence%20-%20Protecting%20Children%20from%20Cyberbullying.pdf.

3. Phippen A. Sharing personal images and videos among young people [Internet]. Exeter: SWGfL; 2009 [capturado em 10 fev. 2013]. Disponível em: http://www.swgfl.org.uk/Staying-Safe/Sexting-Survey.

4. Coffey A. Sexting and sexual grooming [Internet]. TheyWorkForYou.com; 2012 [capturado em 10 fev. 2013]. Disponível em: www.theyworkforyou.com/whall/?id=2012-04-25a.279.1.

5. Lenhart A, Purcell K, Smith A, Zickuhr K. Social Media and Young Adults [Internet] Washington: Pew Internet; 2010 [capturado em 10 fev. 2013]. Disponível em: http://pewinternet.org/Reports/2010/Social-Media-and-Young-Adults/Summary-of-Findings.aspx.

6. Glendinning A. Internet safety: 'sexting' a growing threat to children. [Internet]. Manchester: Manchester Evening News; 2012 [capturado em 10 fev. 2013]. Disponível em: http://menmedia.co.uk/manchestereveningnews/news/s/1491322_internet-safety-sexting-a-growing-threat-to-children.

7. Cattassini L. Alheios a riscos, jovens postam fotos sensuais. Jornal da Tarde. 2010 abr. 4.

8. Asian News International. Sexting is normal for girls as young as 14. Te Times of India [Internet]. 2012 Sept. 8 [capturado em 4 abr. 2013]. Disponível em: http://articles. timesofindia.indiatimes.com/2012-09-08/man-woman/31244761_1_abuse-girls-nspcc-underage-girls.

9. Bouckley H. Half of UK adults have sent a sext: one in 10 to the wrong person [Internet]. London: Recombu; 2012 [capturado em 10 fev. 2013]. Disponível em: http://recombu.com/mobile/news/half-of-uk-adults-have-sent-a-sext-one-in-10-to-the-wrong-person_M17564.html.

PARTE III

SAÚDE MENTAL E RISCOS PSIQUIÁTRICOS

CAPÍTULO 6

DEPENDÊNCIA DE INTERNET

CRISTIANO NABUCO DE ABREU

Considerada por muitos pesquisadores e clínicos como um dos mais novos transtornos psiquiátricos do século XXI, a dependência de internet vem se fazendo cada vez mais presente junto às populações jovens e adultas de todo o mundo. Embora as publicações científicas mais recentes ainda não tenham destacado a liderança brasileira no que diz respeito ao tempo de conexão a partir das redes domésticas, ela poderá cobrar, no futuro, um alto tributo. Ainda que a iniciativa governamental de ampliar o acesso à internet às camadas menos favorecidas da população – a chamada *inclusão digital* – seja próspera, ela também tem um lado que poderá vir a se mostrar bastante oneroso, pois o acesso à rede mundial de computadores ocorre em nítido descompasso com o processo de educação formal. Além disso, relatórios recentes registram que 6 em cada 10 brasileiros já assistem a seu programa de televisão favorito tendo em mãos simultaneamente algum dispositivo eletrônico (p. ex., telefone celular, *tablets*, etc.), sem mencionar que a internet é a mídia mais acessada em todas as camadas sociais.[1]

HISTÓRIA E CRITÉRIOS DIAGNÓSTICOS

Muitos são os termos utilizados na literatura científica para definir o uso abusivo de computadores: *Internet Addiction, Pathological Internet Use, Internet Addiction Disorder, Internet Dependency, Compulsive Internet Use, Computer Mediated Communications Addicts, Computer Junkies*, entre outros. Essas classificações surgiram originalmente das diferentes áreas de atuação dos profissionais que procuraram compreender as peculiaridades do uso abusivo de computadores.

Como foram diferentes olhares que buscaram a construção de uma nova categoria nosográfica em saúde mental, distintos aspectos foram selecionados nessa caracterização inicial, originando, assim, diferentes denominações.[2]

Essa história tem início na década de 1990. A identificação inicial do problema é atribuída a Thomas Hodgkin, mas foi Ivan K. Goldberg, psiquiatra norte-americano, ao procurar nomear uma doença ainda não conhecida pela ciência, o primeiro a ganhar notoriedade em um campo em que ainda não existia qualquer concepção clínica. O pesquisador criou, em 1986, um *website* chamado PsyCom.Net, que se caracterizava por ser um *cyber club* em que profissionais buscavam informações e trocavam experiências a respeito de questões envolvendo o uso abusivo da internet. Para demonstrar a complexidade do tema, Goldberg propôs a denominação *transtorno de dependência da internet*, cujos sintomas incluíam, entre outros, abandono ou redução de importantes atividades profissionais ou sociais em virtude do uso da internet e apresentação de fantasias ou sonhos sobre ela.[3]

Muitos profissionais passaram a compartilhar das mesmas inquietudes, o que levou Goldberg a fundar um grupo de ajuda a internautas. As preocupações progressivamente ganharam terreno, e vários outros grupos também disponibilizaram algum tipo de orientação aos usuários "aprisionados" na rede mundial de computadores. Dessa maneira, a falta de controle e a posterior adicção à internet ganharam *status* de novo problema de saúde mental. Assim, os relatos de pacientes sobre sintomas relativos à falta de controle em relação ao uso da internet, como, por exemplo, a necessidade de passar cada vez mais tempo navegando na *web*, geraram, nos clínicos e, por conseguinte, nos pesquisadores, o interesse em investigar esse novo quadro.

Foi nos anos de 1990 que a literatura psicológica e psiquiátrica passou a fazer uma descrição dos indivíduos que apresentavam uso problemático das novas tecnologias. O termo *dependência por computador* foi descrito pela primeira vez em 1991, a partir da percepção de que certos indivíduos obtinham constante excitação intelectual ao interagir com suas máquinas; eles relatavam limitada satisfação no contato com as pessoas, descrevendo o computador sob uma ótica bem mais positiva do que aquela referente aos relacionamentos sociais.[3]

Em 1995, Mark Griffiths propôs o termo *dependência tecnológica* como resultado da interação não química entre homem e máquina, envolvendo características como a indução e o reforço comportamentais. Em 1996, a psicóloga norte-americana Kimberly Young apresentou, na conferência anual da American Psychological Association, realizada em Toronto, uma das primeiras pesquisas sobre vício em internet, intitulada "Dependência de internet: o surgimento de um novo transtorno".[4] Young, na criação de seu primeiro esboço conceitual, conduziu uma investigação utilizando como parâmetro um conjunto de critérios derivados daqueles apresentados pelo *Manual diagnóstico e estatístico de transtornos mentais* (DSM-IV)[5] para a dependência de substâncias. Nessa primeira avaliação, 496 estudantes foram considerados. Desses, 396 relataram uso excessivo, indicando prejuízos significativos em suas rotinas de vida. Embora a amostra tenha sido pequena em comparação aos 47 milhões de usuários norte-americanos de internet na época da avaliação, o estudo foi considerado a primeira tentativa empírica de delineamento do problema.[6]

Tal é a importância dessa nova proposta diagnóstica que sua inclusão já está sendo considerada para a quinta edição do DSM. Segundo Young,[6] os critérios diagnósticos para a dependência de internet deverão compreender, pelo menos, cinco dos oito itens descritos no Quadro 6.1.

Beard e Wolf[7], ao tentar refinar os argumentos de Young, sugerem que, para fazer o diagnóstico com maior rigor, em vez de se considerar cinco dos oito critérios de forma aleatória, seria necessário observar a existência dos cinco primeiros itens associados, pelo menos, a um dos três últimos, pois estes se relacionam aos impactos sociais e ocupacionais causados pelo uso excessivo da internet.

PREVALÊNCIAS

Quando se observam as pesquisas realizadas em outros países, claramente se entende que esse problema é, na verdade, um fenômeno global. Entretanto, as tentativas de estimar o número de pessoas que apresentam o problema ainda são muito variadas. Isso se deve ao fato de diferentes terminologias acabarem por criar distintos critérios de entendimento, fazendo com que as estatísticas de prevalência acabem por acompanhar o recorte do pesquisador, podendo, assim, variar de estudo para estudo. Uma parcela desses achados díspares também se dá em função dos diversos instrumentos utilizados para identificação, o que contribui para a falta de uma consistência maior entre os estudos. Outro ponto que merece atenção diz respeito às diferentes metodologias utilizadas, ou seja, enquanto alguns estudos se baseiam na coleta de dados *online* (por meio de autopreenchimento), outros são aplicados em uma população escolar.

Dessa maneira, haveria estudos indicando desde 1% de usuários dependentes de internet até estudos que facilmente registram 37% de algumas amostras que apresentariam o problema. Para contornar tal questão, utiliza-se a porcentagem de 10% como estimativa-padrão de possíveis dependentes de internet.[2]

QUADRO 6.1 **CRITÉRIOS DIAGNÓSTICOS PARA DEPENDÊNCIA DE INTERNET**

- Preocupação excessiva com a internet
- Necessidade de aumentar o tempo conectado (*online*) para ter a mesma satisfação
- Exibir esforços repetidos para diminuir o tempo de uso da internet
- Apresentar irritabilidade e/ou depressão
- Quando o uso da internet é restringido, apresentar labilidade emocional (internet vivida como uma forma de regulação emocional)
- Permanecer mais tempo conectado (*online*) do que o programado
- Ter o trabalho e as relações familiares e sociais em risco pelo uso excessivo
- Mentir aos outros a respeito da quantidade de horas conectado à internet

COMORBIDADES

Quanto aos aspectos relacionados à presença de outros transtornos psiquiátricos, estudos apontam para uma relação entre dependência de internet e depressão, transtorno bipolar, transtornos de ansiedade e transtorno de déficit de atenção/hiperatividade (TDAH).

Os resultados de um estudo conduzido por Shapira e colaboradores,[8] por exemplo, apontaram que 100% dos indivíduos com uso problemático de internet apresentaram, segundo o DSM-IV, diagnóstico para transtorno do controle dos impulsos sem outra especificação. A totalidade do grupo apresentou pelo menos uma vez na vida algum transtorno do Eixo I do DSM-IV, e 70% foram diagnosticados também com transtorno bipolar, sendo 60% do tipo I. Os autores concluem, assim, que o uso problemático de internet pode associar-se a transtornos psiquiátricos do Eixo I.[8]

Outro estudo, de Ha e colaboradores,[9] averiguou a comorbidade em uma população infantil e adolescente. A maioria expressiva das crianças foi também diagnosticada com TDAH, e 25% dos adolescentes apresentaram depressão. Yen e colaboradores[10] estudaram a associação entre dependência de internet e depressão, sintomas de déficit de atenção/hiperatividade, fobia social e hostilidade em 1.890 alunos adolescentes (1.064 do sexo masculino e 826 do sexo feminino). Os adolescentes da amostra que foram diagnosticados como dependentes de internet apresentaram sintomas desses transtornos, sendo a hostilidade associada apenas aos do sexo masculino.[2]

Outros transtornos psiquiátricos também foram identificados em pacientes com dependência de internet, como dependência de substâncias e transtornos da personalidade.[11] Por exemplo, foram encontrados, nesse estudo, mais transtornos da personalidade, como transtorno da personalidade narcisista, *borderline* e antissocial.[2]

Um estudo recente conduzido por Shapira e colaboradores encontrou prejuízos psicossociais em 95% da amostra. A grande maioria dos indivíduos (60%) exibia angústia pessoal significativa, seguida por prejuízos vocacionais, como fracasso nas atividades acadêmicas, diminuição da produtividade no trabalho e perda de emprego (40%), danos financeiros (40%) e presença de problemas legais (10%). Outros estudos indicam, ainda, problemas de sono, diminuição nas atividades de comunicação e presença marcada de solidão.[2]

TRATAMENTOS

No que diz respeito às formas de intervenção psicoterápica, os resultados ainda são embrionários. Menciona-se que as terapias de apoio ou de aconselhamento seriam de grande valia, seguidas de intervenções familiares, como forma de reparar o dano causado pela ruptura. Como a psicoterapia cognitivo-comportamental já contabiliza bons índices de respostas no tratamento de outros transtornos do controle dos impulsos (jogo patológico, tricotilomania, etc.), as intervenções cognitivo-comportamentais seriam a primeira opção. Davis, ao oferecer uma descrição mais pormenorizada dos processos cognitivos envolvidos na dependência de internet – fatores ambientais, vulnerabilidade pessoal, estilos de dependência, isto é, se específicos ou generalizados, e, por fim, as possibilidades de intervenção –, apresenta a primeira proposta de entendimento dessa condição por meio do uso de terapia cognitiva.[12]

Mais recentemente, Young,[13] seguindo o mesmo modelo (terapia cognitivo-comportamental – TCC), acompanhou 114 pacientes que foram avaliados, pelo Internet Addiction Test (IAT), durante 12 sessões de TCC e no *follow-up* (após seis meses). Foram avaliados:

1. motivação para a diminuição do abuso de internet
2. capacidade de controlar o uso *online*
3. envolvimento em atividades *offline*
4. melhora dos relacionamentos interpessoais
5. melhora da vida sexual *offline* (quando aplicável)

A gestão do tempo *online* foi a maior dificuldade relatada pelos pacientes (96%), seguida por problemas de relacionamento (85%) devido à quantidade de tempo gasto no computador e por problemas sexuais (75%) devido à diminuição do interesse em parceiros reais. A autora conclui que a TCC é eficaz para a melhora dos sintomas relacionados à dependência de internet, e, após seis meses, os pacientes continuaram mantendo sua recuperação.[14]

Como já descrito em outra publicação,[15] a dependência de internet é tratada no ambulatório do Programa de Dependência de Internet, Ambulatório Integrado dos Transtornos do Impulso do Instituto de Psiquiatria do Hospital das Clínicas da Faculdade de Medicina da Universidade de São Paulo, a partir do Programa Estruturado em Psicoterapia Cognitiva, que vem sendo aplicado há mais de cinco anos na população. A partir de vários eixos teóricos e práticos, a intervenção ocorre em formato de grupo e conta com a duração de 18 semanas no atendimento de adolescentes e adultos. Concomitantemente à psicoterapia, os pacientes, sempre que preciso, são acompanhados pelos psiquiatras para tratamento das comorbidades associadas. Além disso, no caso do tratamento de adolescentes, um grupo de intervenção familiar ocorre de maneira simultânea para dar suporte e articular as ações parentais esperadas ao longo do tratamento.

O objetivo desse programa é restituir o controle do uso adequado e devolver aos pacientes a capacidade de implementar uma rotina adaptativa e de uso controlado (e saudável) da internet. Como objetivos secundários do programa, espera-se:

1. auxiliar os pacientes a identificarem quais são os gatilhos situacionais que precipitam a busca da internet, bem como a analisar subjetivamente esse processo como mecanismo de fuga das situações do mundo real;

QUADRO 6.2 **PERGUNTAS QUE NÃO PODEM FALTAR NA ENTREVISTA**

- Você não consegue resistir ao impulso ou à tentação de se conectar à internet?
- Você acha que a vida sem a internet é chata, vazia e sem graça?
- As pessoas em sua vida queixam-se sobre a quantidade de tempo que você passa conectado(a) à internet?
- Você prefere passar mais tempo conectado(a) à internet a sair ou mesmo conhecer outras pessoas?
- Seu desempenho e sua produtividade nos estudos ou no trabalho diminuíram por causa da internet?
- Você se sente deprimido(a), mal-humorado(a) ou nervoso(a) quando não está conectado(a), e esse sentimento desaparece assim que volta a se conectar?

Fonte: Abreu e colaboradores.[16]

2. desenvolver habilidades pessoais de enfrentamento e, dessa maneira, municiar os pacientes para que enfrentem as situações anteriormente temidas e evitadas (ao fazer isso, devolve-se a habilidade de tolerância à frustração, tornando o paciente mais resiliente às situações negativas a partir do desenvolvimento de melhores métodos de enfrentamento);
3. indicar aos pacientes as maneiras pelas quais, inadvertidamente, interpretam as reações do mundo a sua volta, tomando por base os modelos disfuncionais advindos de sua vida pregressa (crenças irracionais, etc.);
4. situar o papel da internet nesse processo disfuncional de enfrentamento e desafiar os padrões passados de interpretação, construindo, dessa maneira, esse "mapa de mundo";
5. propiciar a alteração dos padrões comportamentais e emocionais de enfrentamento, diminuindo, assim, o apelo e a função da internet na vida dos pacientes.

Os dados relativos aos resultados do programa de intervenção – que é pioneiro no Brasil – são apresentados em outra publicação.[15]

CONCLUSÃO

A dependência de internet muito provavelmente seguirá definindo seus contornos até que seja efetivamente reconhecida como um dos mais novos transtornos psiquiátricos do século XXI. Embora ainda seja descrita como uma nova proposta diagnóstica, imagina-se que seja somente uma questão de tempo até sua inclusão nos futuros manuais de psiquiatria, como sugerem muitos pesquisadores. As investigações já produzidas, somadas àquelas em andamento, estão, na verdade, auxiliando na criação de uma massa crítica de conhecimento que pode ajudar na definição de todas as peculiaridades e todos os contornos desse novo transtorno psiquiátrico.

Se se considerar que a internet ganhou ainda mais mobilidade por meio dos acessos permitidos pelos aparelhos de telefonia celular (e também pelos chamados *tablets*), não é de espantar que o acesso à rede mundial de computadores ocorra de maneira viral e descontrolada. Para se ter uma noção, o planeta conta hoje com a marca de 7 bilhões de habitantes, enquanto já são contabilizadas 6,39 bilhões de linhas telefônicas móveis. Isso quer dizer que a tecnologia já chegou a locais onde nem a água potável se fez presente. Portanto, a relação das pessoas com a tecnologia invariavelmente influencia e influenciará cada vez mais a maneira como os indivíduos se relacionam. Atualmente as compras podem ser feitas pela internet, novos laços afetivos são criados, estuda-se, trabalha-se, buscam-se diversões (lícitas e ilícitas), músicas, sexo e, principalmente, informações na rede. Dados recentes já apontam que, nos próximos dois anos, trafegará pela rede mundial de computadores um maior número de informações do que aquelas já acumuladas em toda a história da humanidade.

Assim sendo, é inevitável que todos, em especial os jovens, estejam ainda deslumbrados pelas possibilidades abertas; todavia, essa ainda é apenas a infância dessa grande revolução midiática, e o preço a ser pago no futuro poderá ser muito alto. A escola e a pedagogia moderna estão literalmente perdidas em relação a como conduzir a nova geração digital (também chamada de geração Y), que desafia e surpreende os professores. As grandes empresas enfrentam problemas de insubordinação e de criatividade dos jovens profissionais que desafiam os antigos modelos de gestão empresarial baseados nas concepções de hierarquia. Os novos estagiários hoje simplesmente não se reportam aos seus superiores imediatos; em caso de insatisfação, enviam *e-mails* aos presidentes das empresas sem a observância de qualquer protocolo comportamental. Nas famílias, a pirâmide baseada na hierarquia do respeito aos mais velhos foi colocada de cabeça para baixo, pois, hoje em dia, estes últimos é que mais parecem crianças no trato com as tecnologias, recorrendo aos filhos para a resolução de suas inquietudes tecnológicas. Assim, perdeu-se completamente a autoridade, e os pais, tranquilos de que seus filhos estão "seguros" do mundo externo, nem sequer desconfiam do que se passa no quarto ao lado. Portanto, muito ainda precisa ser compreendido para que se possa efetivamente auxiliar essa legião de órfãos digitais soltos e entregues à própria sorte.

Nem de longe se deseja, aqui, afirmar que são tempos ruins, como fariam os mais antigos em defesa de suas memórias, mas apenas de conscientizar o leitor de que muito ainda precisa ser aprendido. Os profissionais da saúde e pesquisadores têm papel fundamental na condução desse processo, buscando a consciência de que se é testemunha ocular de um momento de grande mudança na sociedade, cujos efeitos serão sentidos por gerações.

Para mais informações a respeito da dependência de internet, ler a obra de Young e Abreu, intitulada *Dependência de internet: manual de avaliação e tratamento*,[14] primeira obra mundial a tratar amplamente do tema. Material adicional poderá ser obtido no *site* www.dependenciadeinternet.com.br; e o Teste de Dependência de Internet,[3] no Portal da Revista de Psiquiatria Clínica.*

* www.hcnet.usp.br/ipq/revista.

REFERÊNCIAS

1. Interactive Advertising Bureau Brasil. Brasil conectado: hábitos de consumo de mídia [Internet]. São Paulo: ComScore; [2012] [capturado em 10 fev. 2013]. Disponível em: http://www.iabbrasil.org.br/arquivos/IAB_Brasil_conectado_consumodemedia.pdf.

2. Abreu CN, Karam RG, Góes DS, Spritzer DT. Dependência de internet e jogos eletrônicos: uma revisão. Rev Bras Psiquiatr. 2008;30(2):156-67.

3. Conti MA, Jardim AP, Hearst N, Cordás TA, Tavares H, Abreu CN. Avaliação da equivalência semântica e consistência interna de uma versão em português do Internet Addiction Test (IAT). Rev Psiquiatr Clín. 2012;39(3)106-10.

4. Young KS. Internet addiction: the emergence of a new clinical disorder. CyberPsychology Behavior. 1998;1(3):237-44.

5. American Psychiatric Association. Diagnostic and statistical manual of mental disorders: DSM-IV. 4th ed. Washington: APA; 1994.

6. Young KS. Internet addiction: the emergence of a new clinical disorder. Cyberpsychol Behav. 1998;1(3):237-44.

7. Beard KW, Wolf EM. Modification in the proposed diagnostic criteria for internet addiction. Cyberpsychol Behav. 2001;4(3):377-83.

8. Shapira NA, Lessig MC, Goldsmith TD, Szabo ST, Lazoritz M, Gold MS, et al. Problematic internet use: proposed classification and diagnostic criteria. Depress Anxiety. 2003;17(4):207-16.

9. Ha JH, Kim SY, Bae SC, Bae S, Kim H, Sim M, et al. Depression and internet addiction in adolescents. Psychopathology. 2007;40(6):424-30.

10. Yen JY, Ko CH, Yen CF, Wu HY, Yang MJ. The comorbid psychiatric symptoms of Internet addiction: attention deficit and hyperactivity disorder (ADHD), depression, social phobia, and hostility. J Adolesc Health. 2007;41(1):93-8.

11. Black DW, Belsare G, Schlosser S. Clinical features, psychiatric comorbidity, and health-related quality of life in persons reporting compulsive computer use behavior. J Clin Psychiatry. 1999;60(12):839-44.

12. Davis RA. A cognitive-behavioral model of pathological Internet use. Comput Human Behav. 2001;17(2):187-95.

13. Young K. Cognitive behavior therapy with Internet addicts: treatment outcomes and implications. Cyberpsychol Behav. 2007;10(5):671-9

14. Young KS, Abreu CN, organizadores. Dependência de internet: manual e guia de avaliação e tratamento. Porto Alegre: Artmed; 2011.

15. Abreu CN, Góes D. Psychotherapy for internet addiction. In: Young KS, Abreu CN, editors. Internet addiction: a handbook and guide to evaluation and treatment. New Jersey: Wiley; 2011. p. 155-71.

16. Abreu CN, Tavares H, Cordás TA, organizadores. Manual clínico dos transtornos do controle dos impulsos. Porto Alegre: Artmed; 2008.

CAPÍTULO 7

DEPENDÊNCIA DE CELULAR

MAGDA L. DA COSTA
DORA SAMPAIO GÓES
CRISTIANO NABUCO DE ABREU

A dependência de celular tem sido tema recorrente na mídia leiga nos últimos anos e vem suscitando a atenção de clínicos e pesquisadores do mundo todo. Embora estudos iniciais se voltassem ao abuso do telefone celular como meio primário de comunicação, à medida que esse aparelho incorporou funções encontradas em computadores, o horizonte de comportamentos desadaptativos começou a mudar de maneira expressiva. Atualmente, um celular pode incluir as funções de, por exemplo, GPS, máquina fotográfica, filmadora, acesso à rede social, despertador, calculadora, rádio FM, arquivo das músicas preferidas do usuário, diversão por meio de inúmeros jogos, *e-mail*, agenda, entre outras. Ou seja, qualquer aparelho móvel mais se assemelha a um portal pessoal do que a apenas um telefone celular (como o conhecemos originariamente). Sua inclusão em nosso cotidiano, no entanto, se faz de maneira absolutamente desregrada e desmedida, a ponto de, segundo algumas pesquisas, ser o objeto mais oferecido por pais a bebês para que estes se acalmem, vindo à frente, inclusive, da mamadeira e da própria chupeta. Assim sendo, se tínhamos alguma dúvida de que os tempos estariam mudando, hoje temos a plena convicção de que algo efetivamente mudou, e nós, pesquisadores, ainda temos um conhecimento rudimentar da análise de seus efeitos a médio e longo prazos. Este capítulo, então, tem como objetivo apresentar ao leitor um pouco do que é descrito na literatura científica de todo o mundo a respeito da dependência de celular.

HISTÓRIA

Em 1977, a Comissão Federal de Comunicações norte-americana (FCC) autorizou a empresa American Telephone and Telegraph corporation (AT&T) a instalar, em Illinois, Estados Unidos,[1] o primeiro sistema de telefone celular do mundo. Segundo se estima, em 1982 havia cerca de 2 mil usuários, número máximo que o sistema podia sustentar. Hoje, estima-se que o número de assinantes de telefonia móvel tenha atingido a marca de 5,9 bilhões no mundo, sendo que a população atual é de 7 bilhões de pessoas.[2] No Brasil, dados da Anatel indicam que, em agosto de 2012, foi atingida a marca de 257,9 milhões de celulares. Esses números não apenas mostram o impacto que esse aparelho causou na sociedade nas últimas três décadas como também sugerem que ele pode ser considerado uma das maiores e mais convenientes invenções tecnológicas, sendo apenas comparada à criação da internet.

Vários autores exaltam os benefícios evolucionários e sociais da telefonia celular. Pelo fato de não termos de estar fisicamente próximos do interlocutor ou espacialmente imobilizados (pelo fio ou pelo alcance dos telefones convencionais), o uso do celular facilita a comunicação, o que, segundo alguns autores, confere benefícios tanto para o usuário quanto para o sistema social.

No âmbito pessoal, o telefone celular permite a comunicação com um maior número de pessoas e também uma rápida transição entre situações e contextos, o que garante não só maior autonomia como também eficiência. O celular pode ser crucial para pessoas vulneráveis, como idosos e pacientes debilitados, sendo visto como necessidade em casos de emergência.[3] De acordo com Tian e colaboradores,[3] os telefones móveis são vistos como um objeto altamente personalizado. Sua aparência e a maneira como é usado, principalmente em público, refletem preferências pessoais de seus proprietários. Ainda segundo esses autores, a personalização tem o potencial de aumentar o apego dos usuários que fazem uso excessivo de seus aparelhos e pode complicar os sintomas desse comportamento. Isso ocorre em especial com os adolescentes, pois possuir um telefone celular oferece prestígio, senso de identidade perante os colegas e provê inovação tecnológica, para a qual os jovens hoje demonstram especial inclinação e habilidade, além de oferecer também diversão e entretenimento. Aliás, o celular deixou de ser um mero instrumento de comunicação interpessoal para tornar-se uma plataforma de crescente complexidade, conforme descrito no início deste capítulo. Esses fatores impactam a vida dos indivíduos na esfera privada e se projetam na esfera pública em condições inimagináveis.[4]

No âmbito social, o telefone celular tornou-se um importante coadjuvante nos tratamentos dos dependentes químicos, dos indivíduos que tentam parar de fumar, dos que querem perder peso, dos com transtornos de ansiedade, dos diabéticos, dos com transtornos da alimentação e também no monitoramento de indivíduos em reeducação alimentar e atividade física, na qualidade diária de grupos de pais de adolescentes em situação de risco, entre outros.[5] Também aumenta a funcionalidade de pequenos grupos, otimizando a possibilidade de mobilizar e introduzir recursos externos. Vale ressaltar que os conceitos de planejamento e coordenação se tornaram mais fluídicos, pois o celular permite a comunicação em movimento e possibilita mudanças a qualquer momento, fazendo com que as novas programações sejam prontamente rearranjadas (também chamado de "microcoordenação"), com maior flexibilidade. Podemos receber chamadas a qualquer hora e em qualquer lugar. Portanto, é interessante notar que o *status* do telefone móvel pode mudar, deixando de ser um instrumento que apoia a interação social para tornar-se um objeto que claramente interfere em nossa realidade.

Independentemente da conveniência e das contribuições que o aparelho celular traz para a vida cotidiana, ele vem sendo associado também a comportamentos considerados prejudiciais. Seu uso tem sido coibido em lugares públicos, como cinemas, teatros, bibliotecas, etc. Em verdade, hoje é raro encontrar alguém que nunca teve suas atividades interrompidas ao soar do toque de um aparelho celular (seja seu ou de alguém nas proximidades). Porém, o uso excessivo do celular está associado também a problemas mais graves, como acidentes de trânsito – independentemente de estar sendo usado por uma das mãos ou de estar na modalidade "viva-voz" –;[6] endividamento por falha no pagamento das contas e/ou roubos de novos modelos de aparelhos em lojas; interferência na vida escolar;[7] e violação da privacidade, como instrumento para prática do *bullying* ou *sexting* (envio de torpedos contendo fotos de colegas ou da própria pessoa nua ou seminua),[8] entre vários outros.

Pesquisadores relatam em seus estudos que os usuários excessivos não só se distraem com extrema facilidade com seus celulares como também têm dificuldade em controlar o tempo gasto com eles. Apresentam problemas interpessoais, como a deteriorização da vida familiar, pois, com frequência, atendem chamadas e/ou mensagens de texto (SMSs), ignorando a conversa com os outros membros da família. Um estudo feito por Turel, Serenko e Bontis[9] demonstra diversas consequências negativas da dependência do celular, mais especificamente das mensagens instantâneas ou por *e-mail*, tanto no âmbito familiar quanto no trabalho. Segundo os autores, o conflito familiar é exacerbado devido à redução do compromisso do usuário com a empresa em que ele trabalha.

O comportamento referido como dependência ou uso excessivo de telefone celular foi recentemente nomeado de "nomofobia". De acordo com King e colaboradores,[10] o termo foi cunhado no Reino Unido e é derivado da expressão inglesa *no mobile phobia*, ou seja, ansiedade ou mal-estar apresentado por indivíduos quando se encontram fora de contato com seus aparelhos celulares. Refere-se ao desconforto apresentado pelos indivíduos pelo medo de tornarem-se "tecnologicamente incomunicáveis" – sem acesso. Alguns chegam a descrever um sintoma chamado *phantom ringing,* toque fantasma, ou afirmam que o mesmo "vibrou" sem que efetivamente isso tenha ocorrido.

CRITÉRIOS DIAGNÓSTICOS

Toda atividade prazerosa tem um potencial aditivo, porém somente aquelas que não são aprovadas socialmente acabam por representar adicções ou dependências em vez de serem vistas apenas como hábitos. Outra hipótese seria considerar a pessoa dependente quando perde o controle sobre seu "hábito" ou comportamento. De acordo com Takao e colaboradores,[11] definir um comportamento tido como aditivo não é uma tarefa fácil por conta da variedade de sintomas envolvidos, especialmente quando se trata de dependência de telefones celulares, pois os aparelhos vêm apresentando uma ampla gama de funções, como descrito anteriormente. Por essa razão, alguns autores defendem a existência de dependência específica, como, por exemplo, ao serviço de mensagens de textos (SMSs) ou a jogos do telefone celular.

Embora, no momento, a dependência de telefone celular ainda não seja um diagnóstico reconhecido, o conceito de vício comportamental já está contemplado no *Manual diagnóstico e estatístico de transtornos mentais* (DSM-IV-TR)[12] na categoria de transtornos do controle dos impulsos, em que apenas o jogo patológico é reconhecido. Outras dependências são classificadas como transtornos do controle dos impulsos não especificados. Há projeções para que haja uma nova classificação no DSM-5 que trate das "dependências sem substâncias", ou seja, para as dependências comportamentais.[13]

Em 2008, Leung utilizou critérios criados pela American Psychiatric Association (APA), aplicando-os à dependência de celular: abstinência, tolerância, preocupação com a substância (neste caso, com o aparelho), perda de controle sobre seu uso, uso continuado independentemente das consequências adversas e perda de interesse em outras atividades tidas como sociais, ocupacionais e recreativas.[14]

Outros autores, como Brown[15] e Griffiths e Hunt,[16] utilizaram outra classificação (aqui adaptada para a dependência de telefone celular), que consiste em seis critérios:

1. **Saliência cognitiva:** quando o uso do telefone celular domina os pensamentos e os comportamentos do indivíduo.
2. **Alteração do humor:** euforia ou alívio de curto prazo, isto é, uma sensação de prazer por estar usando o aparelho celular.
3. **Tolerância:** o indivíduo necessita passar cada vez mais tempo usando o celular para obter o mesmo prazer obtido anteriormente.
4. **Sintomas de abstinência:** desconforto apresentado quando o sujeito se encontra impossibilitado de usar seu telefone celular.
5. **Conflito:** o uso do celular criando conflitos com outras pessoas (em geral pessoas do entorno mais próximo, como cônjuge e/ou familiares) e também gerando conflitos com outras atividades do cotidiano.
6. **Recaída:** ocorre quando o sujeito apresenta tentativas malsucedidas de diminuir o uso do celular, voltando a usar o aparelho com a mesma frequência anterior ou aumentando ainda mais o uso.

Os instrumentos de avaliação, testes ou questionários disponíveis atualmente se baseiam nos critérios diagnósticos do DSM-IV-TR para o jogo patológico e para a dependência de substâncias; todavia, podemos destacar a Mobile Phone Problem Use Scale (MPPUS), desenvolvida por Bianchi e Phillips,[17] com 27 perguntas, que tem sido amplamente estudada e utilizada.

Em 2007, Leung[18] adaptou e reduziu o número de perguntas da MPPUS para 17, entre as quais oito estão de acordo com os critérios do DSM-IV-TR para jogo patológico e serviram a Young[19] para desenvolver seu instrumento de triagem, que mede o uso abusivo de internet.

Yen e colaboradores[20] desenvolveram o Problematic Cellular Phone Use Questionnaire (PCPU-Q), instrumento que contém 12 itens baseados no atual critério diagnóstico para dependência de substâncias. Outros instrumentos foram criados por diversos autores, mas não serão descritos neste capítulo.

PREVALÊNCIA

Como o interesse científico por esse fenômeno é recente, não é de surpreender que os dados de prevalência ainda sejam escassos e não conclusivos. Porém, algumas tendências já podem ser notadas e serão descritas a seguir.

Um estudo conduzido na Itália por Martinotti e colaboradores,[21] com 2.790 estudantes com idades entre 13 e 20 anos, concluiu que a prevalência de indivíduos com uso problemático de telefone celular é de 6,3% (6,1% entre os garotos e 6,5% entre as garotas) e, de acordo com os autores, é comparável a outras dependências comportamentais, como, por exemplo, compras compulsivas.

Na Tailândia, Yen e colaboradores[20] realizaram um estudo em três cidades com 10.191 adolescentes com idades entre 12 e 19 anos e concluíram que quase metade desses indivíduos (48,9%) reportaram ter tido ao menos um dos sintomas relacionados ao uso problemático de telefone celular no ano anterior ao estudo, tendo 16,7% reportado quatro ou mais sintomas do uso problemático de celular. Desses, 97,8% apresentaram alguma disfunção em razão da dependência de telefone móvel. Como indicado anteriormente, os autores também sugerem que os resultados do estudo indicam que a dependência de celular pode comprometer relacionamentos, neste caso com amigos e colegas de classe. Os autores comparam o estudo com experimentos anteriores realizados em outros países e sugerem que os indivíduos que apresentam uso problemático de celular agem similarmente em diferentes países.

Como já sugerido, números parecidos podem ser encontrados também no Brasil. O "Estudo Mobilidade Brasil 2008", da Ipsos,[22] avaliou como o telefone celular mudou a vida e os costumes dos brasileiros. Mil indivíduos de todas as classes sociais e de ambos os sexos, com ao menos 16 anos, foram entrevistados em 70 cidades brasileiras, incluindo nove regiões metropolitanas. O resultado revela que 18% dos entrevistados reportam ser viciados em seus aparelhos celulares. As representantes do sexo feminino (21%) e os jovens entre 16 e 24 anos (23%) se revelam os mais viciados.

Similarmente, Doring e colaboradores[23] indicam que as meninas alemãs falam mais ao telefone celular do que os meninos. Wilska[24] estudou o estilo de consumo de 637 finlandeses e igualmente sugere que as participantes do sexo feminino excedem mais no uso de seus celulares para enviarem mensagens e para fazerem chamadas do que os representantes do sexo masculino. Esse resultado corrobora os achados de Pawłowska e Potembska[25] em seu estudo com 485 poloneses de idades entre 13 e 22 anos. Outro estudo com 195 australianos com idades entre 18 e 85 anos sugere que os jovens e as mulheres são mais propensos a usar o telefone celular por razões sociais e que os homens usam seus celulares por razões ligadas aos negócios. Afirmam que não foram encontradas diferenças entre homens e mulheres quanto ao número de mensagens de texto enviadas.

Assim sendo, sugere-se que os jovens apresentam uso mais frequente e mais problemático de seus celulares e que também utilizam mais SMSs e outros aplicativos de seus aparelhos do que pessoas mais velhas. Os autores (os únicos que estudaram pessoas mais velhas, os demais estudos limitaram-se a indivíduos com menos de 24 anos) sugerem que questões físicas, como mudanças na visão e destreza manual, podem ser fatores limitadores do uso de celulares para pessoas mais velhas.

ASPECTOS PSICOLÓGICOS E PERSONALIDADE

As características de personalidade também têm causado interesse em pesquisadores. Segundo alguns autores, pessoas extrovertidas, por serem mais sociáveis e terem um maior círculo de amigos, são as mais propensas ao uso dos telefones celulares.

Ehrenberg e colaboradores[26] estudaram o papel da personalidade e da autoestima no uso do telefone celular (número de chamadas, de SMSs e tendência à dependência) em 200 estudantes universitários. Encontraram nos resultados que indivíduos mais extrovertidos gastam mais tempo utilizando seus aparelhos no envio e recebimento das mensagens de texto, se comparados a indivíduos introvertidos.

Ainda em relação aos aspectos psicológicos, Leung,[14] em um estudo com 402 adolescentes e jovens entre 14 e 20 anos, moradores de Hong Kong, encontrou que quanto mais alto o nível de tédio experimentado pelos entrevistados, maior a probabilidade de serem dependentes. A pesquisa também concluiu que, quanto maiores os níveis de baixa autoestima, mais proeminente a utilização inadequada do telefone celular.

Estudos sobre características de personalidade consideradas preditoras do uso problemático de telefones celulares são escassos. A literatura existente sobre os possíveis traços psicológicos dos comportamentos considerados aditivos serviu como modelo para dois estudos, apresentados a seguir.

Bianchi e Phillips[17] conduziram um estudo para analisar se traços de personalidade como baixa autoestima, extroversão e neuroticismo estão relacionados com o uso excessivo do celular. Os autores também fizeram uma tentativa de predizer se tal fenômeno poderia ser atribuído a fatores como idade e gênero. A natureza do uso do telefone celular também foi examinada e dividida em quatro categorias: uso social, uso relacionado a negócios, uso de SMS e uso de outros aplicativos. Takao e colaboradores[11] também conduziram um estudo para examinar a correlação entre automonitoramento, busca de aprovação e solidão com o uso problemático do celular. Os achados de ambos os estudos estão descritos a seguir:

Autoestima e busca de aprovação: a autoestima não se mostra um bom preditor do tempo gasto com o uso do telefone celular, porém está relacionada ao uso problemático deste.[17] No entanto, os autores alertam para o fato de que é difícil estabelecer causalidade, pois ainda não está claro se o uso excessivo causa problemas que por sua vez levam à baixa autoestima, ou se a baixa autoestima leva ao uso excessivo do celular e consequentemente a problemas. De modo similar, Takao e colaboradores[11] indicam que é plausível que indivíduos com baixa autoestima estejam predispostos a buscar aceitação, validação e admiração das pessoas ao seu redor, sendo, consequentemente, indulgentes com objetos e comportamentos considerados atraentes. Assim, é possível que pessoas com muita necessidade de aprovação possuam tendências viciantes. Os autores corroboram os achados de Bianchi e Phillips,[17] indicando que busca ou necessidade de aprovação estão associadas com uso problemático de telefones celulares, mas não estão necessariamente associadas com o tempo médio gasto no uso destes.

Extroversão e automonitoramento: Bianchi e Phillips[17] argumentam que pessoas extrovertidas tendem a procurar lugares e contextos sociais. Portanto, apresentam a tendência de ter um círculo de amizades mais amplo. Esse fato por si só tem o potencial para promover altos níveis de uso do celular, com probabilidade de uso inadequado, como em lugares ou situações em que seu uso é proibido, como salas de cinema e ao dirigir. Os autores sugerem que pessoas extrovertidas passam mais tempo usando telefones celulares no geral e chamam um número maior de pessoas regularmente. Os extrovertidos também obtiveram maior pontuação em uso problemático de telefone celular. No entanto, os resultados curiosamente sugerem que pessoas extrovertidas usam o telefone celular para outros fins que não o uso social. Os pesquisadores concluem, então, que os extrovertidos podem usar o telefone celular para a estimulação. Da mesma forma, Takao e colaboradores[11] afirmam que a extroversão é um dos três fatores que definem o automonitoramento. Os indivíduos que tiveram pontuação elevada em automonitoramento também pontuaram mais no tempo gasto com telefone celular, número de pessoas chamadas regularmente, uso do telefone celular problemático, tempo semanal gasto com SMSs e número de pessoas com quem os SMSs foram trocados.

Neuroticismo: Bianchi e Phillips[17] definem neuroticismo como uma combinação de "[...] ansiedade, preocupação, mau humor e depressão frequentes [...]". Os autores argumentam que o neuroticismo tem sido associado a uma série de comportamentos excessivos, como dependência de substâncias e transtornos da alimentação. No entanto, de acordo com os resultados desse estudo, neuroticismo como característica psicológica não parece figurar como fator problemático no uso do telefone móvel. Por isso, os autores sugerem que o neuroticismo pode ser uma consequência e não a causa da dependência de substâncias.

Solidão: Takao e colaboradores[11] argumentam que a solidão tem sido associada a vários comportamentos de dependência, como de álcool, drogas, jogos de azar e internet. Eles indicam também que tanto o uso excessivo de internet como o uso problemático do telefone celular compartilham algumas características. Ambos são "[...] vício como comportamentos relacionados a um instrumento de comunicação e interação interpessoal [...]". Além disso, sugerem que pessoas solitárias tendem a chamar seus pares muitas vezes para preencher sua solidão. Ao contrário das hipóteses levantadas pelos autores, os resultados mostram que a solidão não prevê o uso problemático do telefone celular, mas que pode prever o tempo gasto com ele, o número de pessoas chamadas regularmente, o tempo semanal gasto com SMSs e o número de pessoas com quem os SMSs foram trocados. Portanto, a solidão está associada ao uso problemático da internet, mas não ao uso problemático do telefone celular. Os autores concluem que indivíduos solitários são introvertidos por natureza e por isso podem ser menos vulneráveis ao uso problemático de telefone celular.

OUTRAS CARACTERÍSTICAS RELACIONADAS AO USO ABUSIVO DO TELEFONE CELULAR

Takao e colaboradores[11] encontraram níveis elevados de ansiedade em estudantes do ensino médio que fazem uso excessivo de telefone celular. Além disso, depressão e alexitimia foram citadas como traços relevantes em indivíduos que usam telefone celular em excesso. No entanto, como dito anteriormente, estudos sobre aspectos psicológicos do uso problemático de telefone celular ainda estão em fase embrionária e os resultados devem ser considerados com cautela. O Quadro 7.1 mostra os principais resultados discutidos nesses estudos.

CONCLUSÃO

Pode-se perceber a partir das pesquisas descritas neste capítulo que as pesquisas e as investigações sobre o uso abusivo ou a dependência de celular ainda encontram-se em estágios embrionários, o que aparentemente estaria em desacordo com o que observamos a respeito da utilização ampla e generalizada dessa tecnologia. Nesse sentido, entendemos que a sociedade como um todo ainda se

QUADRO 7.1 **PRINCIPAIS ACHADOS A RESPEITO DO FUNCIONAMENTO EMOCIONAL**

Estudos	Takao e colaboradores[11]	Bianchi e Phillips[17]
Tempo relatado (por semana) usando telefone celular	• Indivíduos que apresentam níveis elevados de automonitoramento • Indivíduos não solitários	• Extrovertidos • Jovens
Número relatado de pessoas com quem o participante fala regularmente via telefone celular	• Homens • Indivíduos não solitários	• Homens • Extrovertidos
Tempo relatado (por semana) gasto escrevendo e/ou lendo mensagens de texto (SMSs)	• Indivíduos que apresentam níveis elevados de automonitoramento • Indivíduos com baixa necessidade de aprovação • Indivíduos não solitários	
Número relatado de pessoas com quem o participante troca SMSs regularmente	• Indivíduos não solitários	
Uso problemático de telefone celular (notas mais altas na escala MPPUS)	• Mulheres • Indivíduos que apresentam níveis elevados de automonitoramento • Indivíduos com alta necessidade de aprovação	• Jovens • Extrovertidos • Indivíduos com baixa autoestima
Tipo de uso do telefone celular		• *Uso social*: jovens, mulheres • *Uso comercial*: indivíduos mais velhos, homens • *Uso de SMS*: jovens • *Uso de outros apps*: jovens

encontra despreparada para lidar com a inclusão maciça da telefonia celular no cotidiano. Nas escolas, são inúmeros os problemas vivenciados por professores e diretores em suas tentativas infrutíferas de controlar ou regular o uso inadequado por parte dos alunos, apenas para citar um exemplo. É óbvia a amplitude desmedida de consequências que ainda teremos de aprender a manejar até que se possa estabelecer um uso saudável do telefone celular por nossos jovens. Grande parcela da população vai dormir acompanhada de seus celulares e é despertada por eles. Muitos não saem da cama antes que sua rede social seja acessada e carregam no bolso seu equipamento de sobrevivência – e até já são descritas inúmeras crises de abstinência por conta de seu esquecimento ou restrição de uso. Enfim, resta agora saber quais dimensões e consequências o futuro nos apresentará e saber adicionalmente se tal uso inadequado efetivamente se tornará uma nova classificação em saúde mental do século XXI.

REFERÊNCIAS

1. Ágar J. Constant touch: a global history of the mobile phone. 2nd ed. Cambridge: Icon Books; 2004.

2. International Telecommunication Union. ICT data and statistics division [Internet]. Geneva: ICT; 2011 [capturado em 10 fev. 2013]. Disponível em: http://www.itu.int/ITU-D/ict/index.html.

3. Tian L, Shi J, Yang Z. Why does half the world's population have a mobile phone? Examination of consumers' attitudes toward mobile phones. Cyberpsychol Behav. 2009;12(5):513-6.

4. Pedrero Pérez EJ, Rodríguez Monje MT, Ruiz Sánchez de León JM. Mobile phone abuse or addiction. A review of the literature. Adicciones. 2012;24(2):139-52.

5. Vidrine DJ, Marks RM, Arduino RC, Gritz ER. Efficacy of cell phone-delivered smoking cessation counseling for persons living with HIV/AIDS: 3-month outcomes. Nicotine Tob Res. 2012;14(1):106-10.

6. Lerner BH. Drunk driving, distracted driving, moralism, and public health. N Engl J Med. 2011;365(10):879-81.

7. Selwyn N. Schooling the mobile generation: the future for schools in the mobile-networked society. Br J Sociol Educ. 2003;24(2):131-44

8. Vinãs F, Gonzales M. Threats through mobile phones and internet: psychological profile and emotional consequences. Accion Psicológica. 2010;7(1):31-40.

9. Turel O, Serenko A, Bontis N. Family and work-related consequences of addiction to organizational pervasive technologies. Information & Management. 2011;48(2-3):88-95.

10. King AL, Valença AM, Nardi AE. Nomophobia: the mobile phone in panic disorder with agoraphobia: reducing phobias or worsening of dependence? Cogn Behav Neurol. 2010;23(1):52-4.

11. Takao M, Takahashi S, Kitamura M. Addictive personality and problematic mobile phone use. Cyberpsychol Behav. 2009;12(5):501-7.

12. American Psychiatric Association. Diagnostic and statistical manual of mental disorders: DSM-IV-TR. 4th ed. Washington: APA; 2000.

13. American Psychiatric Association. DSM-5 development [Internet]. Arlington: APA; c2012 [capturado em 10 fev. 2013]. Disponível em: www.dsm5.org.

14. Leung L. Linking psychological attributes to addiction and improper use of the mobile phone among adolescents in Hong Kong. J Child Media. 2008;2(2):93-113.

15. Brown RIF. Some contributions of the study of gambling to the study of other addictions. In: Eadington WR, Cornelius JA, editors. Gambling behaviour and problem gambling. Reno: Institute for the Study of Gambling and Commercial Gaming; 1993. p. 241-72.

16. Griffiths MD, Hunt N. Dependence on computer games by adolescents. Psychol Rep. 1998;82(2):475-80.

17. Bianchi A, Phillips JG. Psychological predictors of problem mobile phone use. Cyberpsychol Behav. 2005;8(1):39-51.

18. Leung L. Leisure boredom, sensation seeking, self-esteem, addiction symptoms and patterns of cell phone use. In: Konijin E, Tanis M, Utz S, Linden A, editors. Mediated interpersonal communication. Mahwah: Lawrence Erlbaum Associates; 2008. p. 359-98.

19. Young KS. Internet addiction: the emergence of a new clinical disorder. Cyberpsychol Behav. 1998;1(3):237-44.

20. Yen CF, Tang TC, Yen JY, Lin HC, Huang CF, Liu SC, et al. Symptoms of problematic cellular phone use, functional impairment and its association with depression among adolescents in southern Taiwan. J Adolesc. 2009;32(4):863-73.

21. Martinotti G, Di Nicola M, Cassano M, La Torre G, Gliubizzi MD, Messeri I, et al. Behavioural addictions in adolescents and young adults: results from a prevalence study. J Gambl Stud. 2011;27(2):203-14.

22. Ipsos. Celulares transformam as atitudes e o comportamento do brasileiro [Internet]. Wordpress; 2009 [capturado em 10 fev. 2013]. Disponível em: http://jpcelular.wordpress.com/2009/07/17/celulares-transformam-as-atitudes-e-o-comportamento-do-brasileiro/.

23. Doring N, Hellwig K, Klimsa P. Mobile communication among german youth. In: Nyiri K, editor. A sense of place: the global and the local in mobile communication. Vienna: Passagen Verlag; 2005. p. 209-17.

24. Wilska TA. Mobile phone use as part of young people's consumption styles. J Cons Policy. 2003;26(4):441-63.

25. Pawłowska B, Potembska E. Gender and severity of symptoms of mobile phone addiction in Polish gymnasium, secondary school and university students. Curr Probl Psychiatry. 2011;12(4):433-8.

26. Ehrenberg A, Juckes S, White KM, Walsh SP. Personality and self-esteem as predictors of young people's technology use. Cyberpsychol Behav. 2008;11(6):739-41.

CAPÍTULO 8

DEPENDÊNCIA DE JOGOS ELETRÔNICOS

DANIEL TORNAIM SPRITZER
FELIPE PICON

Jogar é, não só na espécie humana, provavelmente a maneira mais divertida e segura de aprendizado para um cérebro em desenvolvimento.[1] Com o grande avanço tecnológico das últimas décadas, principalmente no que tange à informática, os jogos eletrônicos tornaram-se cada vez mais populares, e são uma das mais importantes atividades de lazer para crianças e adolescentes.[2]

Por trás dos jogos cada vez mais interessantes, existe uma indústria extremamente lucrativa que desenvolve muita pesquisa para tornar seus *games* cada vez mais envolventes. Os jogos eletrônicos são hoje o principal motivo pelo qual adolescentes do sexo masculino fazem um uso problemático ou se tornam dependentes da internet, sendo, por isso, fonte de intensa preocupação.[3]

Para entendermos melhor a relação de dependência que algumas pessoas desenvolvem com os jogos eletrônicos, abordaremos neste capítulo os aspectos clínicos desse transtorno, além de discutirmos os diferentes tipos de *games* existentes, os mecanismos que os tornam potencialmente perigosos, a polêmica acerca dos jogos violentos e o risco de sobrepeso/obesidade decorrente do sedentarismo associado.

TIPOS DE JOGOS

Didaticamente, pensamos em uma classificação dos jogos em três níveis, levando em consideração a plataforma utilizada, o tipo de conexão com a internet e, por fim, a modalidade (ou gênero) do jogo.

PLATAFORMAS

Nos anos de 1970 e 1980, os *games* eram jogados em máquinas movidas a moedas (ou fichas), conhecidas como Arcades ou fliperama. A evolução para os consoles domésticos ocorreu ainda nos anos de 1980, tendo como principal representante o Atari. Nos anos de 1990, surgiram o Super Nintendo e o Mega Drive. Atualmente, os consoles mais populares são Playstation, Nintendo Wii e Xbox. A presença dos jogos em computadores de mesa também ocorre desde os anos de 1970 e vem se expandindo junto com a evolução para os consoles. Mais recentemente, vemos também o aumento do número de jogos para *smartphones* e *tablets*.

A evolução tecnológica dessas diversas plataformas tornou possível um grau cada vez maior de realismo de imagens, sons, interatividade e velocidade dos jogos. Esses aspectos são relevantes para a dependência, pois aumentam a intensidade dos estímulos, intensificam o envolvimento do jogador com o conteúdo do jogo e exigem maior habilidade deste, o que, por sua vez, aumenta sua interatividade com o próprio jogo, além de possibilitar o estímulo de sua competência naquelas habilidades específicas que o jogo requer.

CONEXÃO COM A INTERNET

A conexão com a internet traz como principal mudança a possibilidade de vários jogadores, distantes geograficamente ou não, participarem do mesmo jogo. Disso decorrem dois pontos importantes: o aumento/necessidade da interatividade entre os jogadores e a continuidade de muitos jogos em tempo real, isto é, o jogo segue acontecendo mesmo quando o jogador dorme ou estuda/trabalha. Essa persistência é um aspecto que pode gerar a necessidade de estar *online* pelo maior tempo possível.

MODALIDADES

O frutífero campo do desenvolvimento de *games* envolve hoje dezenas de gêneros diferentes, que vão desde jogos de esportes (como futebol, basquete e corrida de carros), passando por jogos de aventura, guerra, mistério e até jogos que simulam administração de cidades, fazendas e clubes de futebol. Abordaremos aqui as modalidades que geram mais repercussão clínica devido ao maior potencial de causar dependência. Cabe destacar aqui os MMORPG (*Massive Multiplayer Online Role Playing Game,* também chamados apenas de MMO), os FPS (*First Person Shooter*) e os jogos de simulação de administração/construção. O *World of Warcraft* (WOW) e o *Lineage 2* são exemplos bastante populares de

MMO; o *Call of Duty* (COD) e o *Counter Strike* (CS) destacam-se entre os FPS; e o *FarmVille*, o *CityVille* e o *SimCity Social* são alguns exemplos dos jogos de simulação/administração respectivamente de fazendas e cidades.

DEPENDÊNCIA DE JOGOS ELETRÔNICOS

DEFINIÇÃO E EPIDEMIOLOGIA

Desde o início da década de 1980,[4] alguns pesquisadores já alertavam para as semelhanças entre o uso excessivo de jogos de videogame e do computador, além de outras dependências comportamentais. Com a popularização da internet e dos jogos *online*, aumentaram também a quantidade e a qualidade das pesquisas sobre esse tema, apesar da complexidade do fenômeno e do ritmo muito acelerado da evolução tecnológica.

Embora ainda não exista um consenso sobre quais sintomas melhor definem os problemas ligados ao uso excessivo de jogos eletrônicos, sabe-se que este é um fenômeno global, que atinge entre 5 e 10% dos adolescentes, em sua maioria do sexo masculino. Os prejuízos mais comumente observados são: piora importante no rendimento escolar, isolamento social e conflitos familiares. Eles tendem a se manter ao longo do tempo para a grande maioria dos jovens, não sendo apenas uma "fase passageira" na vida do indivíduo.[3,5]

Enquanto isso, considerar a presença de prejuízo significativo na vida do indivíduo como um dos principais marcadores desse transtorno é um enfoque que, embora não tente explicar o motivo do uso problemático, permite ao profissional da saúde maior liberdade para formular uma compreensão diagnóstica e um plano de tratamento específicos para cada paciente.[6]

POR QUE OS JOGOS PODEM CAUSAR DEPENDÊNCIA?

Os jogos são desenvolvidos com base em pesquisas sobre os desejos e as necessidades do ser humano. A partir daí são vários os fatores que tornam os jogos eletrônicos extremamente envolventes e fazem que o uso intenso esteja associado com marcado prejuízo em diversas áreas da vida de alguns jogadores:

1. Possuem uma narrativa complexa, que muitas vezes permite ao jogador bastante liberdade para criar seu personagem ou definir o que fazer com ele, mas ao mesmo tempo proporciona muito mais definições e segurança do que normalmente temos em nosso dia a dia. O objetivo é propiciar um alto grau de imersão na realidade do jogo.

❷ Proporcionam um ambiente seguro o suficiente para que o jogador se sinta confortável para experimentação de diversas situações, sem praticamente nenhum risco, mantendo a frustração em um nível idealmente baixo.

❸ Baseiam-se em um sistema de gratificações bastante elaborado que tem como objetivo manter a continuidade do jogo. Valorizam-se praticamente todas as atitudes/conquistas do jogador, e essa valorização está no nível de experiência dele no jogo específico (seguindo a ideia de que jogadores mais experientes não têm os mesmos desejos e objetivos daqueles que estão começando). Mas isso não facilita muito a vida do jogador: muitos jogos, para que se consiga acompanhar minimamente os outros ou mesmo chegar a ter algum sucesso, exigem muita dedicação (geralmente mais relacionada ao número de horas de jogo do que à habilidade do jogador).

❹ A conexão com outros jogadores, proporcionada pela internet, permite que se recrie nos jogos *multiplayer* quase a mesma gama de fenômenos que existem nas relações cara a cara, sejam elas apenas entre duas pessoas ou em grupo. E, em um ambiente relativamente mais seguro para se relacionar com os pares, é possível demonstrar habilidades e capacidades, ser reconhecido e valorizado pelos amigos. Ao mesmo tempo em que se passa a ter mais destaque dentro do grupo, também se tem mais responsabilidade para com os companheiros, ficando muito mais difícil parar de jogar para dedicar-se a outras atividades (estudar, dormir, jantar com a família) a fim de não deixar os "outros na mão".

ESTUDOS EM NEUROBIOLOGIA

O primeiro estudo de neuroimagem realizado em dependentes de jogos eletrônicos utilizou tomografia por emissão de pósitrons em oito homens saudáveis e identificou que o ato de jogar libera quantidades similares de dopamina nos centros de recompensa mesolímbicos, como o que acontece em experimentos com uso de anfetaminas.[7]

Estudos utilizando *near-infrared spectroscopy* (NIRS) demonstraram alterações no consumo de oxigênio na região pré-frontal bilateral em decorrência do uso de jogos de videogame por crianças e adultos saudáveis.[8]

A partir de medidas eletroencefalográficas, foi demonstrado que jogadores excessivos, expostos a imagens relacionadas aos jogos eletrônicos, apresentavam maior reatividade cortical que jogadores moderados, o que se traduzia também em aumento de excitação.[9]

Estudo recente de ressonância magnética (RM) estrutural, avaliando a substância branca com o uso do *diffusion tensor imaging* (DTI), observou que sujeitos dependentes de jogos *online* apresentaram aumento de anisotropia fracionada, indicando maior integridade da substância branca no tálamo e no córtex posterior do cíngulo em relação aos controles saudáveis. Esse achado pode corresponder a uma exacerbação de função desse feixe de axônios. Quanto pior a dependência, maior a integridade da substância branca nessas regiões. Entretanto, por se tratar de um estudo transversal, não é possível estabelecer se esse achado neuroanatômico é decorrente da dependência .[10]

Outra pesquisa recente de RM funcional em estado de repouso (*resting-state*) evidenciou que dependentes de jogos apresentavam maior sincronia de atividade entre regiões cerebrais relacionadas à coordenação sensório-motora, além de menor sincronia nas regiões temporal, occipital e parietal (responsáveis pelas funções visuais e auditivas), quando comparados com controles saudáveis. Os autores sugerem que essa dessincronia possa significar um prejuízo nas habilidades visuais e auditivas, como uma sequela do hiperestímulo do processamento auditivo e visual decorrente do uso diário prolongado dos jogos (em geral, mais de 10 horas por dia).[11]

Sujeitos dependentes de *World of Warcraft* submetidos à RM funcional enquanto visualizavam imagens do jogo, apresentaram maior ativação no córtex orbitofrontal direito, no núcleo accumbens direito, no cíngulo anterior bilateral, no córtex frontal medial, no córtex dorsolateral pré-frontal direito e no núcleo caudado direito. A ativação dessas regiões estava positivamente correlacionada com os relatos de fissura e lembrança da experiência de jogo. Essas regiões são as mesmas que se mostram ativadas em situações de fissura nas dependências químicas, sugerindo que ambas compartilham bases neurobiológicas similares.[12]

Embora este seja um campo de estudo ainda bastante recente, as pesquisas que avaliam a dependência de jogos eletrônicos apontam para uma associação neurobiológica desta com os transtornos por uso de substâncias, indo além das semelhanças clínicas geralmente identificadas.

COMORBIDADES

Na grande maioria dos casos, a dependência de jogos eletrônicos apresenta-se acompanhada de outros problemas sociais, psicológicos ou psiquiátricos. As comorbidades psiquiátricas que mais frequentemente se associam são depressão, ansiedade social e transtorno de déficit de atenção/hiperatividade.[3,13,14]

Inicialmente se pensava que o uso intenso de jogos era uma maneira de aliviar os sintomas desagradáveis desses transtornos, uma espécie de "autotratamento", o que de fato acontece e está bem comprovado cientificamente. Entretanto, estudos prospectivos mais recentes têm apontado também para o mecanismo inverso: o uso intenso dos jogos poderia acabar levando o indivíduo a uma série de prejuízos (fracasso escolar ou no trabalho, dificuldades de relacionamento com outras pessoas, isolamento social, aumento de peso em decorrência do sedentarismo, etc.) e com isso propiciaria o desenvolvimento de problemas como depressão, ansiedade e agressividade.[3]

Independentemente da natureza do sofrimento, quando este gera intensa angústia e o indivíduo não se percebe capaz de lidar com isso, este pode lançar mão (geralmente sem se dar conta) de estratégias de evitação emocional, isto é, de tentar desviar ou "escapar" do problema. Nessas horas, os jogos de intensa imersão e sem fim podem acabar servindo como uma atividade com a qual o jovem consegue ocupar sua mente de modo a afastar de seu pensamento as coisas que estavam gerando intensa ansiedade. Na maioria dos estudos, o escapismo é apontado como uma das características mais associadas à dependência de jogos eletrônicos.[15,16]

JOGOS VIOLENTOS E AGRESSIVIDADE

Achados de estudos experimentais e observacionais (tanto transversais quanto longitudinais) confirmam que a violência de jogos eletrônicos pode aumentar significativamente comportamentos, pensamentos e sentimentos agressivos, além de aumentar a excitação psicológica (*arousal*) e diminuir a empatia e o comportamento pró-social, tanto em curto como em longo prazos, naqueles que utilizam muito esses jogos. Todavia, ainda não é possível falar universalmente de uma ligação causal entre a prática de jogos violentos e o aumento da agressividade. Eles funcionam, assim, mais como um fator de risco para agressividade, já que o fenômeno dos comportamentos agressivos é bastante complexo, envolvendo também outros fatores de risco ambientais (como maus-tratos na infância ou violência doméstica), psiquiátricos (presença de transtorno psiquiátrico) e psicológicos.

Com a exposição constante e crescente, em termos de horas por dia, o uso de jogos violentos pode ser extremamente prejudicial em crianças e adolescentes que apresentem outros fatores de risco. Os mecanismos desse fenômeno passam pelo aumento das atitudes positivas relacionadas à violência, uma tendência a perceber os comportamentos dos outros como agressivos, desensibilização à violência com diminuição das reações emocionais e fisiológicas a comportamentos violentos e uma diminuição da empatia e do sentimento de ajuda aos outros.[17]

SEDENTARISMO E OBESIDADE

O ato de jogar *games* é tradicionalmente uma atividade sedentária. Juntando essa característica com o crescente tempo disponibilizado para essa atividade, crianças e adolescentes têm estado cada vez mais sedentários e, consequentemente, desenvolvem mais quadros de obesidade. Em alguns casos, pode até haver uma relação causal, na medida em que ao jogar a pessoa se sinta mais ansiosa ou irritada e isso acabe levando a um comportamento alimentar mais compulsivo e desregrado. Contudo, provavelmente a maioria das situações passa pela troca de atividades físicas saudáveis, como esportes e brincadeiras ativas, por ficar em frente ao jogo, não gastando energia suficiente para evitar o aumento de peso. Na tentativa de diminuir as consequências negativas do sedentarismo e ir ao encontro da popularidade dos *games*, hoje há jogos que proporcionam a prática de exercício físico. Exemplos disso são jogos de dança ou de esportes nos consoles atuais, como Nintendo Wii e X-Box Kinect.

TRATAMENTO

O tratamento da dependência de jogos eletrônicos deve ter como base uma avaliação inicial minuciosa e completa, visando examinar, além dos problemas relacionados aos jogos eletrônicos, outras situações importantes na vida do adolescente. Uma abordagem diagnóstica multiaxial tem como objetivo identificar, e ao mesmo tempo descartar, a presença de transtornos psiquiátricos, avaliar características de personalidade e o nível de inteligência, fazer um levantamento de possíveis doenças clínicas e também avaliar aspectos sociais e funcionamento geral do indivíduo.

O período da avaliação inicial é também fundamental no estabelecimento de um vínculo terapêutico de confiança, que servirá como base para a intervenção motivacional e a terapia propriamente dita.

Até o presente momento não há medicação comprovadamente eficaz no tratamento específico da dependência de jogos eletrônicos. O uso de psicofármacos está indicado quando existe alguma comorbidade psiquiátrica passível de ser tratada com essa abordagem.[18,19] O tratamento psicoterapêutico (cognitivo-comportamental, psicodinâmico, interpessoal ou outro) deve ser escolhido de modo individualizado e de acordo com o perfil de cada paciente e outras variáveis, como, por exemplo, o tipo de comorbidade associada. Em situações nas quais o adolescente não reconhece o problema e não se apresenta motivado para o tratamento, a psicoterapia familiar pode ser particularmente útil. De modo geral, os objetivos do tratamento são:

- estabelecer confiança mútua;
- trabalhar motivação para mudança;
- tratar as comorbidades;
- trabalhar o uso "mais saudável" dos jogos eletrônicos;
- retomar o funcionamento acadêmico, social e familiar;
- trabalhar prevenção de recaída.

CONCLUSÃO

Os jogos eletrônicos são uma das principais atividades de lazer de crianças e adolescentes, e sua importância deve aumentar à medida que as novas tecnologias seguem evoluindo. Enquanto a grande maioria desses jovens consegue fazer um uso bastante benéfico dos jogos, apenas uma minoria desenvolve consequências negativas relacionadas a essa atividade.

O risco de uso excessivo ou mesmo dependência não deve servir como base para uma declaração de guerra contra os jogos. Da mesma forma que já aconteceu com outras tecnologias no passado (rádio, telefone, televisão), a "demonização" dos jogos eletrônicos é apenas mais uma manifestação da velha tradição humana de identificar como externos os seus problemas, quando esses são, de fato, internos.

Acreditamos que o conhecimento das características dos jogos que aumentam as chances de dependência e a identificação das situações de vulnerabilidade (nas quais o fenômeno se manifesta com maior frequência e gravidade) sejam essenciais para se entender, identificar e lidar com esse tipo de situação.

REFERÊNCIAS

1. Panksepp J. Affective neuroscience: the foundations of human and animal emotions. New York: Oxford University; 2004.

2. Griffiths M. Video games and health. BMJ. 2005;331(7509):122-3.

3. Gentile DA, Choo H, Liau A, Sim T, Li D, Fung D, et al. Pathological video game use among youths: a two-year longitudinal study. Pediatrics. 2011;127(2):e319-29.

4. Soper WB, Miller MJ. Junk-time junkies: an emerging addiction among students. School Counsellor. 1983;31:40-3

5. Tao R, Huang X, Wang J, Zhang H, Zhang Y, Li M. Proposed diagnostic criteria for internet addiction. Addiction. 2010;105(3):556-64.

6. Abreu CN, Karam RG, Góes DS, Spritzer DT. Internet and videogame addiction: a review. Rev Bras Psiquiatr. 2008;30(2):156-67.

7. Koepp MJ, Gunn RN, Lawrence AD, Cunningham VJ, Dagher A, Jones T, et al. Evidence for striatal dopamine release during a video game. Nature. 1998;393(6682):266-8.

8. Nagamitsu S, Nagano M, Yamashita Y, Takashima S, Matsuishi T. Prefrontal cerebral blood volume patterns while playing video game: a near-infrared spectroscopy study. Brain Dev. 2006;28(5):315-21.

9. Thalemann R, Wölfling K, Grüsser SM. Specific cue reactivity on computer game-related cues in excessive gamers. Behav Neurosci. 2007121(3):614-8.

10. Dong G, DeVito E, Huang J, Du X. Diffusion tensor imaging reveals thalamus and posterior cingulate cortex abnormalities in internet gaming addicts. J Psychiatr Res. 2012;46(9):1212-6.

11. Dong G, Huang J, Du X. Alterations in regional homogeneity of resting-state brain activity in internet gaming addicts. Behav Brain Funct. 2012;8:41.

12. Ko CH, Liu GC, Hsiao S, Yen JY, Yang MJ, Lin WC, et al. Brain activities associated with gaming urge of online gaming addiction. J Psychiatr Res. 2009;43(7):739-47.

13. Lo SK, Wang CC, Fang W. Physical interpersonal relationships and social anxiety among online game players. Cyberpsychol Behav. 2005;8(1):15-20.

14. Chan PA, Rabinowitz T. A cross-sectional analysis of video games and attention deficit hyperactivity disorder symptoms in adolescents. Ann Gen Psychiatry. 2006;5:16.

15. Kuss DJ, Louws J, Wiers RW. Online gaming addiction? Motives predict addictive play behavior in massively multiplayer online role-playing games. Cyberpsychol Behav Soc Netw. 2012;15(9):480-5.

16. Li D, Liau A, Khoo A. Examining the influence of actual-ideal self-discrepancies, depression, and escapism, on pathological gaming among massively multiplayer online adolescent gamers. Cyberpsychol Behav Soc Netw. 2011;14(9):535-9.

17. Prot S, McDonald KA, Anderson CA, Gentile DA. Video games: good, bad, or other? Pediatr Clin North Am. 2012;59(3):647-58.

18. Han DH, Renshaw PF. Bupropion in the treatment of problematic online game play in patients with major depressive disorder. J Psychopharmacol. 2012;26(5):689-96.

19. Han DH, Lee YS, Na C, Ahn JY, Chung US, Daniels MA, et al. The effect of methylphenidate on Internet video game play in children with attention-deficit/hyperactivity disorder. Compr Psychiatry. 2009;50(3):251-6.

CAPÍTULO 9

OUTROS RISCOS PSIQUIÁTRICOS E DA SAÚDE MENTAL

MARCO ANTÔNIO CHAVES GAMA

Os adolescentes do século XXI vivem momentos de muita pressa e competitividade e, às vezes, com comportamentos sem uma explicação lógica. O novo contexto do mundo pós-moderno traz novos problemas, como:

- **Mundo *delivery*** – os adolescentes estão crescendo em um mundo de relações descartáveis, de soluções imediatas e na falta de espaço para a espera e o amadurecimento.
- **Geração *fast*** – tudo tem de acontecer rápido e pronto para consumo imediato. Como exigir algo desses adolescentes, que têm tudo à mão, se essas facilidades são proporcionadas principalmente pelos próprios pais?
- **Supressão do pensamento do paradigma "Impulso-Pensamento-Ação"** – devido à baixa tolerância à frustração, à dificuldade em adiar a realização de desejos e liberar seus impulsos, o adolescente tem agido sem pensar, movido frequentemente pelo impulso seguido da ação,[1] tendo como exemplos a banalização do sexo e da relação sexual, que acontece cada vez mais precocemente e desprovida de afeto, e a violência com mortes por motivos banais durante assaltos ou discussões no trânsito.
- **Cibernose** – é o estrangulamento dos canais de comunicação das relações intra e interpessoais.
- **Isolamento e desmembramento familiar** – o pai está na internet, o filho jogando no videogame e a mãe assistindo novela na televisão. Ninguém mais se comunica ou troca afeto e carinho. Reina um ambiente de frieza completa.[2]

Entender como é o adolescer ajuda muito o adolescente a compreender suas mudanças físicas e psíquicas e a melhorar em suas relações de afeto e também na elaboração das suas frustrações. Nessa fase, eles apresentam alterações comportamentais normais em seu processo evolutivo, mas, aos olhos do mundo adulto, parecem anormais. Essa forma de comportamento é chamada de "síndrome da adolescência normal"[3] descrita como um conjunto de comportamentos de perdas da infância e sintomas apresentados na fase da adolescência. A adolescência não tem início ou término preciso. O adolescente busca sua identidade pessoal e, para isso, experimenta uma diversidade de emoções. Nessa fase, uma transformação biológica vai se impondo, com aumento dos hormônios promovendo mudanças físicas e psíquicas que vão ocorrendo de forma natural. É o momento de novas descobertas do prazer e também de perdas significativas – os lutos. Esses lutos podem produzir características defensivas nos comportamentos diários. A dor, a ambivalência, a confusão de lidar com mudanças inevitáveis levam o adolescente a construir defesas contra as transformações físicas e psíquicas. Às vezes, essa dor é pouco percebida pelos pais, o que torna esse processo ainda mais difícil. É um período de contradições, confuso, ambivalente, doloroso, caracterizado por atritos com o meio familiar e social. Esses conflitos conscientes e inconscientes levam os pais a ignorar ou a não compreender a evolução do filho. A hostilidade do adolescente em relação aos pais e ao mundo externo se manifesta na desconfiança, na ideia de não ser compreendido e na rejeição da realidade. Com frequência a solução da crise está no refúgio da fantasia e na sensação de não precisar do mundo externo. É constante a flutuação do humor. A sociedade de consumo impõe novos modelos estéticos que influenciam muito o adolescente, podendo levá-lo ao sofrimento e ao excesso, como o desenvolvimento de anorexia e bulimia nervosas ou o uso de anabolizantes.

A internet tem contribuído com muitos benefícios, mas também traz alguns problemas às famílias e aos adolescentes por seu uso indiscriminado.[2]

RISCOS À SAÚDE MENTAL

Timidez – é um processo psicológico comportamental inibidor de ações em um indivíduo. O tipo mais frequente é o situacional, em que o indivíduo é tímido em determinadas ocasiões, como, por exemplo, ao pedir alguém em namoro, falar em público, expor um trabalho. Características e sintomas do tímido: grande e inexplicável ansiedade, insegurança e medo de ser rejeitado, fracassar ou ser ridicularizado, preocupação excessiva com a opinião e o julgamentos alheios, perda do raciocínio lógico e/ou esquecimentos ao se comunicar, como falar e/ou escrever, vergonha e/ou dificuldade ao se apresentar provocando até vermelhão no rosto; baixa autoestima; autoimagem negativa; necessidade de se isolar. O adulto tímido foi uma criança tímida. Timidez na adolescência: o rápido crescimento por que passa pode fazer com que o adolescente crie uma autoimagem desfavorável de seu corpo, do todo ou de parte dele, mesmo que essa imagem distorcida não corresponda à realidade. Em uma fase da vida em que a aceitação pelo grupo é essencial, essa distorção gera no jovem a insegurança de não ser bem visto pelos demais e favorece o reforço da timidez. O adolescente tímido não necessariamente foi uma criança tímida. A timidez tem de ser tratada, pois tanto a criança como o adolescente tímidos sofrem muito. O agravamento desse quadro pode evoluir para um transtorno psiquiátrico. Diante dessa dificuldade social, o adolescente passa a desenvolver interesse pelo mundo virtual não só para se divertir, mas também para se relacionar com outras pessoas, pois esse mundo é "capaz" de mudar sua aparência e, em caso de constrangimento, basta desconectar-se. Isso pode levar o tímido a desenvolver a dependência de internet. Peter e colaboradores[4] mostraram, em seu trabalho, que os adolescentes tímidos fazem mais amizades *online* do que os extrovertidos, a fim de compensar a falta de habilidade social.

Alteração do sono – o sono é um estado alterado da consciência, complementar ao da vigília ou ao estado desperto, caracterizado pela suspensão temporária da atividade perceptivo-sensorial e motora voluntária. No ser humano, o ciclo completo é dividido em cinco estágios, com duração média de 90 minutos e se repete 4 ou 5 vezes durante um sono normal. Os estágios 1 a 4 do ciclo, compõem o período chamado de NREM (non rapid eye movement ou movimento não rápido dos olhos) e o último estágio, o de REM (rapid eye movement ou movimento rápido dos olhos). O tempo ideal de sono nas 24 horas varia conforme a idade, de modo que 75% são de sono NREM e 25% de REM. Com 5 anos, são 11 horas de sono; com 10 anos, 9,7 horas; e, na adolescência, são 8,5 horas.[5] Com a diminuição das horas de sono, a produção de diversos hormônios pode ficar alterada, como: melatonina; cortisol; hormônio do crescimento; **leptina**, responsável pela sensação de saciedade; **interleucinas**, que ajudam o organismo a se defender de infecções; e a **insulina**, que processa a glicose e previne a obesidade e o diabetes.[6] No trabalho de mestrado da psicóloga Gema Mesquita, foi realizada uma pesquisa na cidade de Alfenas, em Minas Gerais, com 160 adolescentes entre 15 e 18 anos. Nessa pesquisa foi observado que 35% dos jovens não usavam computadores à noite. Dos 65% que utilizavam, 75,96% o faziam nos dias de semana, entre 18 e 6 horas, e 90,38% nos fins de semana, das 17 às 3 horas. Para avaliar o sono, foi usado o Índice de Qualidade de Sono

Pittsburgh (IQSP). Segundo a pesquisa, 65% dos adolescentes que utilizaram a internet durante a noite tiveram sonolência diurna, prejudicando a qualidade do sono e afetando o rendimento escolar.[7] Os adolescentes com redução do sono noturno podem ter dificuldade na capacidade de acumular conhecimento, comprometendo a criatividade, a atenção, a memória, o aprendizado e a concentração, levando a alteração do humor, cansaço, sonolência durante o dia e comprometimento do sistema imune.

RISCOS PSIQUIÁTRICOS

Os riscos psiquiátricos são transtorno de ansiedade, fobia social, transtorno obsessivo-compulsivo (TOC), transtorno de déficit de atenção/hiperatividade (TDAH), depressão e suicídio.[8]

Transtorno de ansiedade – o indivíduo apresenta sintomas como medos e preocupações exageradas em relação a várias situações. Qualquer situação é ou pode ser provocadora de ansiedade. Os adolescentes apresentam queixas somáticas sem causa aparente e sinais de hiperatividade autonômica, como palidez, sudorese, taquipneia, taquicardia, tensão muscular, inquietude, fadiga fácil, dificuldades de concentração ou sensação de "branco" na mente (frequente durante a realização de provas), irritabilidade e transtornos do sono· Estima-se que aproximadamente 10% de todas as crianças e adolescentes em algum momento terão pelo menos um transtorno de ansiedade.[9] Muitas vezes a internet é usada para aliviar essas tensões, e, se o tempo de uso for sendo aumentado, pode-se chegar ao quadro de dependência de internet. Outras vezes pode acontecer o inverso, que se inicia com jogos, *chats* e *e-mails*, evoluindo para um uso cada vez maior, passando o adolescente a desenvolver ansiedade quando está longe da internet ou no aguardo de *e-mails*. Em um estudo conduzido por Young e Rodgers,[10] a média do uso semanal daqueles que preencheram os critérios para dependência foi de 38 horas, sem qualquer finalidade acadêmica ou laboral, mas apenas uma navegação virtual. No estudo, 54% apresentavam uma história prévia de depressão, e outros 34% sofriam de transtorno de ansiedade. O maior tempo de uso de internet está relacionado com a diminuição da qualidade das relações interpessoais e o aumento da quantidade de sintomas de ansiedade segundo Lo e colaboradores.[11]

Fobia social – é caracterizada pela ansiedade e pelo medo persistente de contatos sociais ou de atuação em público, por temer que essas situações resultem em constrangimentos. Esses estímulos provocam sintomas autonômicos, como palpitação, rubor, sudorese e tremores musculares. A criança pode se expressar com choro, raiva, imobilidade ou afastamento da situação. A internet pode oferecer a essas pessoas vínculos interpessoais dissociados da realidade, como viver em um mundo virtual com mais conforto e segurança. *Sites* como Facebook, Orkut ou Twitter são canais que trazem prazer e preenchem uma lacuna na vida daqueles que vivenciam a falta de contato com outras pessoas. Com isso, é possível que a rede contribua para que o usuário permaneça mais tempo isolado e faça desse ambiente virtual sua fuga. A dependência de internet não é identificada apenas pela quantidade de tempo gasto na rede, mas também pelas atividades de rotina que foram deixadas de lado para que o usuário permanecesse conectado. Caplan[12] mostra, em um estudo, que universitários com dificuldades nas relações sociais são especialmente propensos a preferir a interação social *online* à comunicação face a face, apresentando uso excessivo de internet.

Transtorno obsessivo-compulsivo (TOC) – surge frequentemente na infância. As crianças tentam ocultar seus sintomas. O TOC além de prejudicar a educação e o desenvolvimento das amizades pode se tornar incapacitante e crônico. Caracteriza-se pela presença de obsessões (pensamentos, impulsos, que invadem a mente e são acompanhados de ansiedade ou mal-estar) e rituais (atos mentais voluntários e repetitivos, realizados para reduzir a angústia que acompanha as obsessões).[13] As obsessões são pensamentos involuntários, que persistem de forma incontrolada na consciência, associados ou não a rituais obsessivos destinados a neutralizar os sintomas; já as compulsões são comportamentos conscientes repetidos, que a pessoa executa a fim de reduzir a ansiedade causada por uma obsessão. Os sintomas emocionais da abstinência são semelhantes nos comportamentos compulsivos e na dependência de internet, como tremores, sudorese, taquicardia, o caráter compulsivo e repetitivo das atitudes, a importância que essas atitudes ocupam na vida da pessoa, o comprometimento na qualidade da vida familiar, profissional, afetiva e social. O comportamento compulsivo está cada vez mais frequente nos jogos de azar *online*, sexo *online* ou pornografia, comércio *online* e na verificação de *e-mails*, levando ao uso excessivo de internet. Sintomas obsessivo-compulsivos foram associados com o uso excessivo da internet em uma pesquisa feita por Yang e colaboradores[14] com 328 estudantes do ensino médio entre 15 e 19 anos na Coreia.

Transtorno de déficit de atenção/hiperatividade (TDAH) – é um transtorno neurobiológico, com predisposição genética, que surge na infância e frequentemente acompanha o indivíduo por toda a vida. Trata-se de uma síndrome caracterizada por desatenção, hiperatividade e impulsividade, que causa prejuízos ao indivíduo e aos demais em pelo menos dois contextos diferentes: em casa e na escola.[13] Alguns estudos confirmam que a associação entre TDAH e dependência de internet agrava os sintomas do TDAH. Este, por sua vez, foi mostrado como um preditor significativo de dependência de internet, sendo a impulsividade o principal preditor em meninos, e o transtorno de atenção, o principal preditor em meninas.[15] Um estudo feito por Han e colaboradores[16] mostrou que crianças com TDAH e dependência de internet, quando tratadas com medicamento prescrito por médicos, como o metilfenidato, apresentaram melhora das duas patologias. A maioria dos jogos é construída com uma ação de imediatismo, incentivo com recompensa, e as mudanças frequentes de telas são características que agradam aos adolescentes que têm TDAH. Dessa forma, sintomas de TDAH e dependência de internet podem partilhar de uma relação bidirecional, de modo que os sintomas de TDAH tornam o jogo atraente, e este agrava os sintomas de TDAH. Um estudo feito por Yen e colaboradores[8] com 2.114 estudantes do ensino médio de Taiwan mostrou que a dependência de internet está associada com sintomas de TDAH e a impulsividade ocorreu apenas em adolescentes masculinos.

Depressão – é uma síndrome caracterizada por alterações do humor e da psicomotricidade, associada a uma variedade de distúrbios somáticos e neurovegetativos. Sintomas de depressão na adolescência são: humor deprimido, perda de energia, desmotivação, transtornos de apetite, sentimentos de desesperança e/ou culpa, alterações do sono, isolamento social, dificuldade de concentração, prejuízo no desempenho escolar e baixa autoestima, ideação e tentativas de suicídio e problemas graves de comportamento.[17] Brezing e colaboradores[18] constataram em uma pesquisa que o uso excessivo de internet está associado com depressão, mas não se sabe se os usuários tornam-se deprimidos pelo abuso da internet ou se passam a ser dependentes de internet por causa da depressão. Lam e colaboradores[19] entrevistaram 1.041 adolescentes chineses, entre 13 e 16 anos, que não tinham sinais de depressão no início do estudo. Após nove meses, aqueles que fizeram uso excessivo de internet desenvolveram depressão duas vezes mais frequente do que os que fizeram uso moderado. A dependência de internet se torna evidente durante o período da abstinência com os sintomas de depressão, insônia e irritabilidade. A comorbidade pode piorar a dependência de internet; da mesma forma que esta pode piorar ou iniciar doenças psicológicas.[8] Um estudo feito pela Universidade de Notre Dame, da Austrália, com 1.618 adolescentes na China, demonstrou que os estudantes muito dependentes de internet eram cinco vezes mais propensos a praticar gestos autoagressivos do que os não dependentes.[19]

Suicídio – o suicídio é a terceira principal causa de morte de adolescentes na Coreia do Sul e nos Estados Unidos. Jovens do sexo masculino são muito mais propensos a suicidar-se. Um estudo foi feito por Ryu e colaboradores[20], com 1.670 estudantes do ensino médio em uma cidade urbana, para identificar o estado de dependência de internet e suas relações com a depressão e a ideação suicida em adolescentes. O resultado mostrou que 38,1% dos participantes eram considerados como nas fases iniciais de dependência de internet e 1,5% relataram dependência severa. O *Diagnostic Interview Schedule for Children* (DISC-MDD-SQ) foi o instrumento usado para medir a depressão e a ideação suicida nesse estudo. Com base nesses resultados, a pesquisa demonstrou uma correlação significativa entre a dependência de internet, depressão e ideação suicida em adolescentes. Em Hefei, na China, o Centro de Estudos Epidemiológicos avaliou um total de 3.507 estudantes adolescentes urbanos com dependência de internet e comportamento suicida. O resultado mostrou que 5,2% foram diagnosticados como dependentes de internet, desses, 27,4% relataram ideação suicida, 9,5% tinham um plano e 2,6% fizeram uma tentativa, concluindo que a dependência de internet no adolescente parece estar associada com ideação e planejamento suicidas, possivelmente mediados pela depressão.[21] Os conteúdos de *sites* na internet parecem também ter importante influência no suicídio. Existem vários *sites* que encorajam abertamente atos e comportamentos suicidas. As pessoas mais vulneráveis, com problemas sociais e psicológicos, têm acesso fácil a esses conteúdos. Biddle e colaboradores[22] realizaram um estudo em que analisaram o resultado de várias pesquisas em *sites*, incluindo Google, Yahoo!, MSN e ASK, ao entrar palavras-chave e frases como, por exemplo, "suicídio", "métodos suicidas" e "como se matar". Do total de 480 *sites*, um pouco menos da metade trazia informações sobre métodos usados em suicídios. Desses, 90 eram de *sites* dedicados principalmente ao suicídio, sendo que metade deles, segundo os autores, "encorajava, promovia ou facilitava" o ato. Os *sites* pró-suicídio muitas vezes forneciam um fórum aberto para discutir métodos e planos para cometer o ato real. Suicídio-net, por exemplo, é um pacto de suicídio em que dois ou mais indivíduos concordam em suicidar-se juntos, em um local predeterminado e em um tempo designado. As informações sobre o pacto de suicídio são divulgadas na internet, incluindo a hora e o dia exato, bem como dados sobre os métodos que serão usados para completar o ato suicida. Em 2004, no Japão, um pacto de suicídio foi iniciado e acordado entre nove pessoas pela internet. Pactos de suicídio *online* também foram relatados em outros países, como Reino Unido, Noruega e Coreia do Sul.[23]

TRATAMENTO

É de grande importância o envolvimento de toda a família no tratamento de adolescentes com riscos de transtornos mentais. A abstinência ao uso de computadores e da internet pode ser uma ponte para a recuperação. Em alguns casos, talvez seja impossível ao adolescente parar totalmente de usar a internet, assim, segundo Beard,[24] torna-se importante ajudá-lo a aprender sobre o uso controlado. Simplesmente desligar o computador da tomada de uma vez pode tornar o adolescente agressivo e criar uma situação de risco, contra si ou pessoas próximas. Abordagens psicofarmacológicas usam inibidores seletivos da recaptação de serotonina (ISRSs), estabilizadores do humor, antagonistas de receptores de opioide e alguns antipsicóticos no tratamento da dependência de internet e das comorbidades.[18] Um estudo usando ISRSs para adolescentes com dependência de internet mostrou diminuição no tempo gasto *online*, diminuição da impulsividade e da compulsividade. A dependência de internet com comorbidade no adolescente deverá ter um tratamento individualizado pelo fato de envolver variáveis de intensidades diferentes, principalmente quanto à indicação e à dosagem dos psicofármacos.

CONCLUSÃO

A geração digital cresceu em um ambiente no qual a vida virtual nada mais é que parte de seu cotidiano. Segundo o Ibope NetRatings,[25] em outubro de 2011, eram 46.694.000 de usuários que acessavam regularmente a internet. Alguns trabalhos mostram que 10% de todos os usuários desenvolvem uma relação de dependência ou de patologia com a internet em algum momento de suas vidas.[18] O século XXI, com suas características de pressa e relações superficiais, estimula o binômio impulso e ação. Associada ao adolescente que dispõe de poucas ou nenhuma ferramenta para lidar com frustrações, com o excesso de competitividade, com o modelo escolar pouco sedutor e objetivo, com relações familiares difíceis, com pouco ou nenhum afeto, e em contato com essa mídia sedutora que o transporta para situações de prazer em um mundo virtual em que ele pode atuar da maneira que quiser, essa situação pode em alguns casos favorecer o desenvolvimento da dependência de internet e de outros problemas psiquiátricos. Em certos casos, é difícil saber se a dependência de internet desenvolveu uma comorbidade psíquica ou se esta favoreceu aquela.

O tratamento com terapias, principalmente a terapia cognitivo-comportamental e a familiar, e o uso de medicamentos, quando necessário, são importantes. A prevenção sempre é o melhor tratamento, sendo que os primeiros cinco anos de vida são fundamentais para a formação do afeto e dos limites. É importante que o mundo adulto tenha mais atitudes e compromissos com o diálogo e elimine o sentimento de culpa comum neste século devido ao pouco tempo disponível para os filhos, evitando, assim, as compensações; a relação não deve ser medida pelo tempo, mas pela qualidade. A maior prevenção seria estimular o uso do pensar e o construir uma relação de afeto importante desde os primeiros dias de vida. Juntamente com uma família estruturada, os adolescentes estarão preparados para viver e aproveitar as tecnologias da informação e comunicação (TICs). A maior proteção do adolescente está, na maioria das vezes, na qualidade de sua relação com a família.

Estimular os serviços e os profissionais da saúde a informar e conscientizar aos pais da importância da pubericultura (a puericultura do adolescente). Quando a adolescência se inicia, é importante que os pais e adolescentes recebam orientações sobre desenvolvimento e cuidados dessa fase.

São necessários estudos sistemáticos para que se possa melhor avaliar os riscos e os tratamentos em portadores de dependência de internet e comorbidades. O mais importante é que os adolescentes usem as tecnologias digitais, como a internet, mas que não sejam usados por elas.

REFERÊNCIAS

1. Outeiral J. Adolescer. Rio de Janeiro: Revinter; 2008. p. 120-1.

2. Weil P. A normose informacional. Ciênc Inf. 2000;29(2):61-70.

3. Aberastury A, Knobel M. Adolescência normal: um enfoque psicanalítico. Porto Alegre: Artes Médicas; 1981. p. 13-23.

4. Peter J, Valkenburg PM, Schouten AP. Developing a model of adolescent friendship formation on the Internet. Cyberpsychol Behav. 2005;8(5):423-30.

5. Nunes M. Sleep disorders. J Pediatr (Rio J). 2002;78 Suppl 1:S63-72.

6. Fernandes RMF. O sono normal. Medicina (Ribeirão Preto). 2006;39(2):157-68.

7. Mesquita G, Reimão R. Uso noturno de computador por adolescentes: seu efeito sobre a qualidade do sono. Arq Neuropsiquiatr. 2007;65(2B):428-32.

8. Yen JY, Ko CH, Yen CF, Wu HY, Yang MJ. The comorbid psychiatric symptoms of Internet addiction: attention deficit and hyperactivity disorder (ADHD), depression, social phobia, and hostility. J Adolesc Health. 2007;41(1):93-8.

9. Asbahr FR. Anxiety disorders in childhood and adolescence: clinical and neurobiological aspects. J Pediatr (Rio J). 2004;80(2 Suppl):S28-34.

10. Young KS, Rodgers RC. The relationship between depression and Internet addiction. Cyber Psychol Behav. 1998;1(1):25-8

11. Lo SK, Wang CC, Fang W. Physical interpersonal relationships and social anxiety among online game players. Cyberpsychol Behav. 2005;8(1):15-20.

12. Caplan SE. Problematic Internet use and psychosocial well-being: development of a theory-based cognitive-behavioral measurement instrument. Comp Human Behav. 2002;18(5):553-75.

13. American Psychiatry Association. Diagnostic and statistical manual of mental disorders: DSM-IV-TR. 4th ed. Washington: APA; 2000.

14. Yang CK, Choe BM, Baity M, Lee JH, Cho JS. SCL-90-R and 16PF profiles of senior high school students with excessive internet use. Can J Psychiatry. 2005;50(7):407-14.

15. Ko CH, Yen JY, Chen CS, Yeh YC, Yen CF. Predictive values of psychiatric symptoms for internet addiction in adolescents: a 2 year prospective study. Arch Pediatr Adolesc Med. 2009;163(10):937-43.

16. Han DH, Lee YS, Na C, Ahn JY, Chung EUA, Daniels MA, et al. The effect of methylphenidate on internet video game play in children with attention-deficit/hyperactivity disorder. Compr Psychiatry. 2009;50(3):251-6.

17. Grillo E, Silva RJM. Behavioral disorder, early diagnosis, child, adolescente. J Pediatr (Rio J). 2004;80(2 Supl):S21-S27.

18. Brezing C, Derevensky JL, Potenza MN. Non substance addictive behaviors in youth:pathological gambling and problematic internete use. Child Adolesc Psychiatr Clin N Am. 2010;19(3):625-41.

19. Lam LT, Peng ZW, Mai JC, Jing J. Factors associated with internet addiction among adolescents. Cyberpsychol Behav. 2009;12(5):551-5.

20. Ryu EJ, Choi KS, Seo JS, Nam BW. The relationships of internet addiction,depression, and suicidal ideation. Taehan Kanho Hakhoe Chi. 2004;34(1):102-10.

21. Yang LS, Zhang ZH, Hao JH, Sun YH. Association between adolescent internet addiction and suicidal behaviors. Zhonghua Liu Xing Bing Xue Za Zhi. 2010;31(10):1115-9.

22. Biddle L, Donovan J, Hawton K, Kapur N, Gunnell D. Suicide and the internet. BMJ. 2008;336(7648):800-2.

23. Westerlund M, Wasserman D. The role of the internet in suicide prevention. In: Wasserman D, Wasserman C, editors. The Oxford textbook of suicidology and suicide prevention: a global perspective. Oxford: Oxford University; 2009. p. 525-31.

24. Beard KW. Internet addiction: a review of current assessment techniques and potential assessment questions. Cyberpsychol Behav. 2005;8(1):7-14.

25. IBOPE/NetRatings. Dados de 2011 [Internet]. São Paulo: Abranet; c2006-2011 [capturado em 10 fev. 2013]. Disponível em: http://www.abranet.org.br/index.php/ibopenetratings/category/17-ibopenetratings-dados-de-2011.

PARTE IV

EDUCAÇÃO E A ESCOLA NA ERA DIGITAL

CAPÍTULO 10

A ESCOLA NA ERA DIGITAL

PATRICIA KONDER LINS E SILVA

Um novo ambiente emergiu com as tecnologias digitais, favorecendo invenções e descobertas científicas que vêm transformando a maneira de viver de modo rápido e surpreendente. Surgem novas referências que se misturam às existentes, estabelecendo o convívio de visões de mundo diversas, o que provoca conflito de ideias e de valores, em uma crise conceitual que prenuncia uma mudança de paradigma. Alvin Toffler,[1] em *Future Shock*, ainda no século passado, advertia para a rapidez e gravidade da mudança e para a necessidade de a sociedade aprender a lidar com ela.

TRANSIÇÃO ENTRE ERAS

O autor Thomas Kuhn,[2] no livro *A estrutura das revoluções científicas*, define o conceito de mudança de paradigma. Explica que revoluções intelectualmente violentas surgem entre intervalos de tempo conceitualmente serenos, quando o pensamento científico permanece unido à volta de um determinado eixo de ideias. Quando os questionamentos conceituais – "anomalias" – se acumulam e fogem ao controle, instala-se uma crise, que só se resolve com a adoção de um novo paradigma, a fundação de uma nova visão conceitual de mundo.

Hoje há sinais claros de mudança de paradigma. Uma disseminação de mudanças, com impacto global, conduz a sociedade mecânica, manufatureira e industrial para uma sociedade orgânica, baseada em serviços e centrada na informação.

Os momentos de mudanças de paradigma são conturbados e propícios à polêmica. Basta lembrar Galileu, que, ao afirmar que a Terra girava ao redor do

Sol, quase morreu em uma fogueira, por blasfêmia. Nas crises de paradigma, não se discute apenas uma ideia diferente, mas toda uma visão de mundo. No caso de Galileu, houve o questionamento da ideia de Deus, já que Ele era tido como o criador do mundo, com a Terra como centro do universo. Não é fácil aceitar teses que se contrapõem ao que se aceita como verdade em um determinado período. É difícil abandonar, sem muita objeção, fundamentos que serviram muito tempo como a fiel interpretação da realidade.

REVOLUÇÕES CIENTÍFICAS

A partir do início do século XX, a convergência da ciência e da tecnologia inaugurou uma "tecnologia científica", que determinou um avanço exponencial nas invenções e a descoberta de soluções para investigações e questionamentos sobre os fenômenos do mundo, o que leva à impressão de uma ilimitada possibilidade de aquisição e produção de conhecimento.

A atual sinergia entre ciência e tecnologia desencadeou, segundo o físico japonês Michio Kaku,[3] três grandes revoluções: a revolução da inteligência, a revolução biogenética e a revolução quântica. Todas com grande impacto nos caminhos da humanidade.

A revolução da inteligência, de que já se conhecem as possibilidades de transformação na vida cotidiana, muda a relação com o mundo. A chamada "internet das coisas", que permite controlar tudo por computadores – carros, estradas, máquinas, roupas, casa, óculos, saúde, corpo, animais e o que se puder imaginar – transformam a existência de modo insólito.

A manipulação genética, com a extensão do tempo de vida, a que se acrescenta qualidade de saúde, revoluciona as expectativas do modo de viver humano. A criação de formas de vida inexistentes, em uma evolução não darwiniana, traz questões éticas graves, que necessitam de discussão desde já.

A revolução quântica, que permite manipular a estrutura atômica, cria um mundo em que se pode transformar qualquer coisa em qualquer outra coisa, de modo que surgem novas formas de agir sobre a realidade e a necessidade de enfrentamento de problemas até então não imaginados.

Em um cenário com referências tão diferentes, o acesso à informação também mudou radicalmente. Nunca foi tão veloz e tão fácil e está tornando-se ubíquo, mudando as relações sociais, econômicas e políticas e as relações com o conhecimento.[4]

REVOLUÇÃO NAS RELAÇÕES SOCIAIS, ECONÔMICAS E POLÍTICAS

As relações pessoais cada vez mais se realizam nas redes, em contatos síncronos e assíncronos, dependendo das possibilidades e das necessidades. As redes sociais tornaram-se praças de encontro e reencontro e instalaram um esgarçamento da fronteira entre o público e o privado. Com as dificuldades contemporâneas, a vida na praça virtual trouxe novo alento a muitas relações sociais e fundou uma nova maneira de socialização. Pessoas conhecidas, amigos, pessoas de quem se tinha perdido contato, ou mesmo desconhecidos, encontram-se e estabelecem uma relação, muito mais frequentemente do que seria possível caso os encontros tivessem de ser pessoais ou via telefone.

O advento da internet acelerou as relações comerciais, e os chamados mercados de capitais penam para controlar e sustentar o tipo de economia que ainda prevalece no planeta. O *e-commerce* é uma realidade, com transações comerciais na rede e novas relações entre consumidor, produto e fornecedor. O modo de anunciar e vender o produto muda para atender às exigências do consumidor virtual. Há necessidade de formação de mão de obra com habilidades específicas para o relacionamento com o consumidor *online*.

As relações políticas se recolocam com as novas tecnologias, que permitem conexão direta entre milhares de pessoas por meio das redes sociais, com manifestos, divulgação de causas e convocação para ocupação imediata do espaço público, sem intermediação de partidos políticos. Trata-se de uma realidade política muito diferente da de alguns anos atrás, o que nos faz pensar sobre como se desenvolverá a democracia nas próximas gerações.

NOVAS RELAÇÕES COM O CONHECIMENTO

Como não poderia deixar de ser, em um cenário diferente surgem novas relações com o conhecimento. Passou a ser possível saber sobre qualquer assunto a qualquer hora e em qualquer lugar. Não é preciso esperar a biblioteca abrir ou encontrar um professor na escola ou algum especialista disponível para obter a resposta a alguma pergunta.[5] Os *sites* de busca proveem a informação em abundância, muito mais do que o necessário, em qualquer momento e em qualquer espaço, desde que se disponha de uma máquina com acesso à internet. E parece que logo isso também não será necessário. Com o desenvolvimento da tecnologia da "internet das coisas",[3] a informação se libertará da tela, e as respostas poderão aparecer nas paredes, nos objetos, nas pessoas, em qualquer lugar.

O acesso ao conhecimento, que se constrói na relação do sujeito com o objeto de conhecimento, tende a se modificar conforme a tecnologia que faz a mediação com a realidade. Pierre Lévy,[6] em *As tecnologias da inteligência: o futuro do pensamento na era da informática*, de 1990, sustenta que, quando o homem inventou a escrita, o cérebro precisou se adaptar à invenção. Sair da informação obtida pela oralidade para a informação escrita exigiu modificação nas ligações cerebrais. O mesmo está acontecendo agora com a tecnologia digital. Com outra mediação tecnológica, as conexões cerebrais sofrem novas mudanças.

Nunca o cérebro humano precisou lidar, em um intervalo tão curto de tempo, com uma quantidade tão grande de dados, tornando muito diferentes a filtragem, a decodificação, a reflexão e as relações entre as informações.

PERPLEXIDADE NA ESCOLA

Diante dos referenciais em plena transformação, a instituição escolar se encontra em um período de perplexidade, por sua própria natureza e função. A sociedade atribui à escola a função de educar as novas gerações para participar daquela sociedade (e não de outra). A escola deve transmitir, para os mais jovens, os *mores* da sociedade, que são os valores, saberes, modos de pensar e agir, os costumes, o acervo cultural daquele grupo. É uma função conservadora, segundo Wilbur Brookover,[7] sociólogo norte-americano. Diante das rápidas transformações sociais, a escola está sem saber para que sociedade deve formar seus alunos. Outra função da escola é a de renovação, que assegura o arejamento necessário à sobrevivência da sociedade, para evitar que ela se debilite. Na função renovadora, a escola atual pode vislumbrar um caminho para educar para o momento de transição, enquanto não se define um paradigma.

A estrutura da instituição escolar como se conhece hoje funcionou em um determinado tempo histórico. A escola do século XIX, um modelo ainda predominante, servia à formação de mão de obra para um mundo pós-revolução industrial. A escola do século XXI precisa achar um modo de educar as gerações para o tempo em que vão viver, definido pelas tecnologias digitais. O mundo mudou, e a escola vive os problemas e dilemas da transição de eras.

A discussão universal sobre a qualidade da educação escolar contemporânea, em que todos se queixam – pais, alunos, sociedade, a própria escola –, revela o desconforto provocado pela crise paradigmática.

Enquanto a escola permanece a mesma, os estudantes chegam a ela muito diferentes, não só nas brincadeiras, na fala, nas gírias, na expressão corporal, nas roupas, no estilo e nos *piercings*. A mudança é radical, houve um salto qualitativo, sem possibilidade de retorno. No entanto, os alunos encontram uma escola planejada com a tecnologia do passado como mediadora da realidade. Os alunos que chegam diferentes são das gerações que cresceram imersas na tecnologia digital, na internet. Computadores, *e-mails*, *ipads*, *ipods*, câmeras digitais, música, celulares, videogames, mensagens instantâneas são parte fundamental de sua vida. Não conheceram o mundo sem a interatividade que a tecnologia digital permite, que promove um modo de pensar e de processar informação diverso do das gerações anteriores. A imersão em um ambiente diferente faz apreender o mundo de modo diferente. Estruturam-se novas sinapses no cérebro, novos padrões de pensamento.[8]

NATIVOS DIGITAIS E IMIGRANTES DIGITAIS

Marc Prensky,[9] pensador norte-americano, chama de "nativos digitais" os que pertencem à geração que sabe falar a língua da tecnologia digital, com os computadores, os videogames, a internet. Os que começaram a usar essa linguagem mais tarde na vida, com mais ou menos entusiasmo, são os "imigrantes digitais".

O imigrante digital sempre conserva algum sotaque e tem lembrança da cultura anterior, em que foi socializado. Ainda lê manuais, imprime textos para ler, telefona para perguntar se o *e-mail* enviado foi recebido e outros tantos exemplos que denunciam outra cultura de formação. A escola lida com o problema complexo do encontro de dois grupos (os estudantes nativos digitais e os educadores imigrantes) que interpretam o real de modo diferente e usam línguas diferentes.

Os nativos funcionam conectados, acessam informação randomicamente e navegam tranquilamente nos hipertextos. Fazem várias coisas ao mesmo tempo, leem imagens e textos, absorvem rapidamente o que encontram e não se interessam pelos manuais.

Os imigrantes não reconhecem as novas habilidades dos nativos e acreditam que devem ensinar como aprenderam: devagar, um assunto de cada vez, do mais simples para o mais complexo, aulas expositivas, uma coisa depois da outra. O imigrante não realiza várias atividades ao mesmo tempo, como assistir à televisão, escutar música, falar ao telefone e fazer lições, e não acha possível aprender dessa maneira.

Os nativos digitais crescem na rapidez dos videogames, na instantaneidade do hipertexto, dos *downloads* de músicas e jogos, com celulares nos bolsos, bibliotecas de *e-books* e mensagens instantâneas. Conectados o tempo todo, têm pouca paciência para aulas expositivas, lógicas passo a passo e instruções para testes. Os atuais estudantes não são mais os de antes.[9] É preciso admitir que não são melhores nem piores, são diferentes, resultado de outra mediação tecnológica com a realidade.

Com os novos aprendizes, impõe-se a reinvenção do que se faz na sala de aula e é preciso reconsiderar metodologia e conteúdo. Mas, sem um novo paradigma definido, como planejar uma ação diferente? Com a tarefa de transmitir os *mores* de uma sociedade para as novas gerações, como a escola vai educar para uma realidade mutante, sem referencial definido? Não existe consenso sobre a educação necessária para uma sociedade em mutação.

O desconforto que se sente em relação à escola permite perceber que o conhecimento chamado fundamental ou básico, provido por ela, não parece mais nem fundamental nem básico em uma realidade com novos parâmetros de relacionamento e de acesso à informação. Os atuais programas e conteúdos em que se apoia a educação escolar estão nos *sites* de busca, podendo ser acessados facilmente pelos alunos, sem necessidade de uma aula com um professor. A geração de nativos digitais não precisa frequentar a escola para ter acesso ao conhecimento instituído. Em casa ou em qualquer lugar, a qualquer hora, acessa-se a informação desejada.

A PASSAGEM DA ESCOLA PARA A ERA DIGITAL

A escola precisa exercer um novo papel em uma realidade radicalmente transformada. Em vez de doar conteúdos, passa a instigar a curiosidade do aluno e sua capacidade de aprender, orienta a busca de soluções para problemas reais, propõe a construção de valores éticos, formula questões eticocognitivas para reflexão. As disciplinas fragmentadas dão lugar aos problemas transdisciplinares, em que todos os professores orientam na busca de informação relevante para apoiar soluções. O importante é desenvolver a habilidade de refletir para encontrar respostas inovadoras para temas significativos. Os temas são questões relevantes da realidade, como água, alimentação, transporte, energia, sustentabilidade do planeta, manipulação genética, nanotecnologia e tantos outros. Na escola, deve-se aprender como determinar e definir um problema, para resolvê-lo, sabendo trabalhar em times para a busca de soluções. A escola ainda educa para o trabalho individual, para a solidão das soluções, sem estimular a escuta do outro, e chega, inclusive, a proibir as trocas cognitivas entre os colegas, esquecendo que a aprendizagem avança na discussão e na crítica.

Usar a tecnologia digital não é apenas trocar um material, como caderno e caneta, por um computador. A mudança é muito mais profunda e extrema. O mundo futuro vai exigir habilidades além das capacidades básicas de memória, atenção e concentração, que foram suficientes para a escola do século XIX. Será preciso desenvolver competências superiores de lógica, reflexão, questionamento, argumentação, generalização, abstração, síntese.

Os nativos digitais não esperam aprender para fazer. Aprendem enquanto fazem.

Na escola do século XXI, o professor lidera o desenvolvimento de seus alunos, orientando a busca de soluções, a pesquisa e a filtragem das informações. Assim como seus alunos, trabalha em colaboração com outros professores e outros alunos, todos tratando de problemas reais que necessitam de solução. A escola não é mais lugar de conteúdos engessados, mas de enfrentamento de desafios e obstáculos, que atravessam todas as áreas de conhecimento, onde tudo o que se aprende faz sentido.

A necessidade de educação ética é inquestionável diante de questões morais e existenciais consideráveis colocadas para as novas gerações, como a criação artificial de vida, a possibilidade de viver em duas dimensões, a real e a virtual, os avatares, as armas biológicas, o hackeamento, e tantas outras.

O foco da educação para o futuro é a aprendizagem. Todas as ações pedagógicas serão as que propiciam a melhor aprendizagem do aluno e serão adequadas à necessidade de cada um. O professor estudará epistemologia para entender as tendências de aprendizagem dos estudantes, em uma visão holística dos saberes. Adultos e alunos pensarão juntos – e resolverão – os muitos desafios que, certamente, advirão dos avanços da tecnologia e da ciência.

Para além do conteúdo básico, a educação escolar promove o desenvolvimento dos eixos fundadores do pensamento: o raciocínio lógico e a linguagem. O conhecimento como conteúdo é passível de mudança e pode ser datado, mas a capacidade de pensar logicamente e de usar a linguagem é perene, e se conserva em qualquer circunstância. A alfabetização científica é essencial[10] em um século em que as chamadas ciências físicas e biológicas se desenvolvem com consequências profundas para a civilização.

O conteúdo deixa de ser arbitrariamente determinado. Reconhecido como acervo de conhecimento construído pela humanidade, é olhado criticamente e é objeto de análise para solução de problemas. Não há mais necessidade de sua memorização *stricto sensu* porque a informação está nos *sites* de busca. O que importa é saber acessar a informação e saber o que fazer com ela para solucionar problemas.

Tornou-se inócua a discussão sobre o uso de dispositivos digitais, como, na matemática, o uso da calculadora e dos computadores. O importante é saber usá-los para desenvolver as habilidades e os conceitos-chave que apoiam o raciocínio. A digitação de textos torna a escrita manual desnecessária. O computador corrige os erros de concordância e grafia de palavras e só falta corrigir os erros de estilo, o que ninguém duvida que fará dentro de pouco tempo. O que tem importância é a capacidade de argumentação lógica, que se sobrepõe a saberes mecânicos e burocráticos.

Com a tecnologia digital, é preciso saber registrar ideias e conceitos e o que mais se queira nas diversas mídias: na escrita, nas imagens, nos sons. Faz-se necessário aprender a expor ideias nos diversos suportes tecnológicos, apurando também um olhar estético sobre o mundo.

Nas próximas décadas espera-se uma grande revolução no modo de pensar a educação escolar. Na era digital, os conteúdos emergem da vida, que se insere dentro da escola, sem barreiras que a contenham fora dos muros para assegurar a educação descontextualizada.

FORMAR GERAÇÕES PARA O TEMPO EM QUE VÃO VIVER

Mudar paradigmas implica renunciar a uma visão de mundo, de que resulta sofrimento e angústia. Transformar radicalmente a escola que se conhece e que formou os imigrantes digitais é doloroso. É difícil aceitar a ideia de abandonar a escola da erudição, enciclopédica, mesmo que se reconheça sua obsolescência. Afinal, muitas gerações se formaram na escola do século XIX. E ainda se formam. Mas o mundo atual aponta para a necessidade de formar as novas gerações de modo diferente.

As tecnologias digitais, que continuam se transformando por si próprias, trazem desafios diários aos educadores. Será necessário desapego à própria formação e a generosidade de aceitar outra estruturação da escola, em outro paradigma, mais significativo para as próximas gerações. São elas que vão descobrir os caminhos a trilhar, pois os imigrantes digitais não têm experiência da nova realidade. Mas os imigrantes digitais certamente podem ajudar naquilo que jamais deixará de ser necessário, seja qual for a situação: o estímulo à capacidade de pensar, refletir e solucionar os problemas do mundo real. A escola na era digital abandona a erudição do século XIX e se torna um espaço onde se aprende a refletir, a argumentar e a agir para solucionar problemas.

Infelizmente, em um país com a extensão do Brasil e com séria distorção na distribuição de renda e de acesso a uma educação escolar de qualidade, o cenário turvo de transição entre eras se torna mais opaco. Às dificuldades atuais de garantir a alfabetização de todas as crianças, com o significado estrito de saber ler e escrever, acrescenta-se a falta de acesso ao mundo digital, à nova realidade, instalando-se uma distância ainda mais profunda de oportunidades entre os alunos. Impõe-se um esforço político importante, de toda a nação, para investir na educação de todas as crianças brasileiras para a vida no século XXI.

REFERÊNCIAS

1. Toffler A. Future shock. New York: Bantam; 1984.

2. Kuhn T. A estrutura das revoluções científicas. 10. ed. São Paulo: Perspectiva; 2007.

3. Kaku M. Visions of the future [Internet]. London: BBC 4; 2007 [capturado em 10 fev. 2013]. Disponível em: http://www.youtube.com/watch?v=tZxc-FRxU4s.

4. Tapscott D. A hora da geração digital. Rio de Janeiro: Agir; 2010.

5. Papert S. A máquina das crianças: repensando a escola na era da informática. Ed. rev. Porto Alegre: Artmed; 2008.

6. Lévy P. As tecnologias da inteligência: o futuro do pensamento na era da informática. São Paulo: 34; 2004.

7. Brookover W. A sociology of education. Jefferson City: American Book; 1955.

8. Johnson S. The internet. In: Bauerlein M, editor. The digital divide: arguments for and against facebook, google, texting, and the age of social networking. New York: Penguin; 2011. p. 26-33.

9. Prensky M. Digital natives, digital immigrants. In: Bauerlein M, editor. The digital divide: arguments for and against facebook, google, texting, and the age of social networking. New York: Penguin; 2011. p. 3-25.

10. Venter JC. Uma vida decodificada: o homem que decodificou o DNA. Rio de Janeiro: Elsevier; 2008.

LEITURAS RECOMENDADAS

Bauerlein M, editor. The digital divide: arguments for and against facebook, google, texting, and the age of social networking. New York: Penguin; 2011.

Jones GR, editor. Cyberschools: an education renaissance. Colorado: Jones Digital Century; 1997.

Kaku M. Physics of the future: how science will shape human destiny and our daily lives by the year 2100. New York: Anchor; 2012.

Tapscott D. The eight net gen norms. In: Bauerlein M, editor. The digital divide: arguments for and against facebook, google, texting, and the age of social networking. New York: Penguin; 2011. p. 130-59.

Venter JC. A DNA-driven world [Internet]. London: BBC1; 2007 [capturado em 4 out. 2012]. Disponível em http://video.google.com/videoplay?docid=4893602463025557866.

CAPÍTULO 11

ANIMAÇÃO, SOCIEDADE, SAÚDE E NOVAS MÍDIAS SOCIAIS

CLAUDIA BOLSHAW
GAMBA JUNIOR

A linguagem da animação e seu potencial expressivo e pedagógico envolvem um precioso leque de possibilidades para o desenvolvimento educacional-profissional de indivíduos portadores de síndromes cognitivas. Aspectos envolvidos na produção da animação – como repetição, concentração, representação espacial, representação de tempo, perseverança, isolamento e capacidade de reprodução seriada – e suas relações com indivíduos com síndromes que são classificados como especiais estão associados. Dentro do universo amplo de síndromes, este capítulo terá como recorte os portadores de Asperger* e outras manifestações mais brandas de autismo.

Na produção em animação, a imagem é trabalhada em seus diversos recursos, decodificando e reconstruindo o tempo e o espaço, permitindo a compreensão e o estudo da origem da percepção do movimento e da composição gráfica. O nome dessa técnica, que provém do latim, é *Animus/anima*, e significa ar, respirar, vida, alma e mente, remetendo a sua origem histórica, cujo objetivo é pesquisar recursos que dão ilusão de movimento ao objeto inanimado a partir da manipulação da visualização de imagens em sequência.

No último século, a história da animação se confunde com a do cinema, mas, na origem, estas eram separadas pela seguinte especificidade: dar ilusão de movimento a objetos inanimados, no primeiro caso, e capturar o movimento,

* A síndrome Asperger é um transtorno do espectro do autismo, uma das cinco condições neurológicas caracterizadas por diferenças na aptidão para a comunicação, bem como padrões repetitivos ou restritivos de pensamento e comportamento.

no segundo. Assim, nessa ontologia, aparelhos ópticos e estudos sobre a persistência retiniana assumiam ora um enfoque maior na representação gráfica ou movimentação de bonecos (animação), ora na organização de sequência de fotos com foco na captura (cinema). Embora hoje as relações de distribuição e de difusão que encontramos tenham fundido vários elementos dessa história, para o âmbito do ensino e da produção ainda há muita relevância nessa distinção técnica.

Por conta dessa especificidade, a animação possui condições singulares em suas características de produção, que se reconhece como um trabalho detalhado, preciso e minucioso. Seja qual for a técnica aplicada, sempre será uma premissa da animação a necessidade de sequenciar imagens por transição de movimento, o que propicia um trabalho que ainda mantém uma demanda de introspecção, mesmo quando efetuado em grupo.

Sendo assim, é pertinente reconhecer que pessoas com habilidades especiais, ou mesmo com síndromes moderadas ou leves, podem ter nesse processo afinidades com a elaboração de uma animação.

Neste capítulo, apresentamos o projeto de animação desenvolvido pelo Núcleo de Animação da PUC-Rio (NADA), em parceria com o Instituto Helena Antipoff (IHA), que é o órgão da Secretaria Municipal de Educação do Rio de Janeiro responsável pela implementação de ações e acompanhamento do trabalho educacional junto aos alunos com necessidades educacionais especiais, assim como pela atualização profissional dos professores do ensino especial e do ensino regular que possuem alunos integrados. Fazendo parte da estrutura do IHA, existe o Centro de Referência em Educação Especial, que tem o intuito de produzir conhecimentos e recursos adaptados com vistas à atualização permanente dos professores, bem como ao desenvolvimento e aprendizado dos alunos.

Não será possível aprofundar aqui as reflexões teóricas e práticas dessa linha de pesquisa, mas introduziremos algumas questões que pensamos ser fundamentais para a compreensão das oficinas no IHA. Alguns aspectos inerentes à experiência narrativa como um todo, e outros pertinentes especificamente à técnica de animação, fazem parte do norte conceitual que não só sintetiza a experiência pregressa da pesquisa, como embasa o trabalho específico no IHA.

Os estudos sobre a relação da técnica de animação e algumas síndromes cognitivas são hoje parte de uma linha de pesquisa que vincula o NADA ao Laboratório de Design de Histórias (LaDeh), um laboratório de pesquisa do Programa de Pós-graduação da PUC-Rio.

Após três anos de experiência com as oficinas, em 2007 a professora Ana Elisabeth, do IHA, propôs uma parceria para aplicação das oficinas, agora no contexto da educação especial. Iniciou-se, assim, a parceria de oficinas com o

IHA, e, com o auxílio das professoras, psicólogas e assistentes sociais, implantou-se um pequeno espaço de trabalho para a execução das animações no Centro de Referência, para que o processo de criação pudesse estar presente como uma atividade contínua. O objetivo era construir aos poucos uma autonomia dos educadores em relação à administração da oficina – formando, portanto, juntamente os alunos e os professores do IHA e da PUC-Rio.

O início desse novo projeto teve como base encontros presenciais semanais durante seis meses, que resultaram na construção de mais animações, totalmente realizadas pelos alunos. Esse resultado foi continuado pelos professores que, já com a autonomia, continuaram a produzir novas animações, com novos roteiros, utilizando as técnicas de recorte e incluindo o uso da massa de modelar para a criação dos personagens.

A técnica de animação possui características de planejamento, produção e consumo com grande potencial de contribuição para a educação especial. A metodologia de ensino de animação desenvolvida pelo NADA e descrita neste capítulo envolve, inicialmente, a construção individual de personagens por meio do desenho e da experiência estética expressiva. Como segundo desafio, propõe-se realizar a organização ficcional narrativa para as ações desses personagens, discutindo-se o universo temático e as demandas de trama e ritmo narrativo. Desdobrando o roteiro, a técnica de animação é apreendida em suas especificidades, utilizando-se um recurso específico: animação com recortes capturados pelo *software* MUAN.

As aulas aplicadas em diversas turmas no IHA apontam resultados consistentes, agora no âmbito da educação especial. Assim, foi preparado um *site* como uma pesquisa de modelo de transmissão da metodologia, e organizada uma cartilha *online* para que multiplicadores possam valer-se, em outros contextos, desse recurso para o ensino especial. Os resultados da divulgação *online* desse material são apresentados neste artigo como indício da eficácia do empreendimento, para chamar a atenção dos educadores, psicólogos e da classe médica para essa nova possibilidade de interação da linguagem de animação compartilhada com a educação para pessoas com síndromes.

Introduziremos aqui, então, as questões que pensamos ser fundamentais para a compreensão do resultado das oficinas no IHA. Quanto à experiência narrativa, diversos autores, como Walter Benjamin[1] e Paul Riocuer,[2] são importantes para elaborar duas categorias fundamentais no vínculo da experiência narrativa com o paciente sindrômico:

❶ O intercâmbio de experiência – Como descrito por Walter Benjamin em *O narrador*,[3] o substrato da narrativa é o intercâmbio de experiências, que inclui alguns aspectos, como a legitimação e a autoridade do narrador, a alteridade ao fato narrado, o exercício de resgate mnemônico e a expressão estética.

2. A representação espaço-tempo – Para além da percepção das relações espaço-tempo, Ricouer[2] aponta que a criação narrativa demanda a manipulação subjetiva de sua representação autoral.

A compreensão de mecanismos culturais de representação do tempo aparece em *O narrador*, de Walter Benjamin,[3] na metáfora de "pássaro do tédio" – que distende nossa experiência contemporânea com o tempo – e na obra *Tempo e narrativa*, de Ricouer,[2] como uma dimensão filosófica complexa e historicamente diferenciada.

A comunicação narrativa vista como processo legitimador de uma experiência subjetiva, permitindo, por meio de sua expressão, identificar o valor de um indivíduo, é um ponto de partida para os presentes estudos, que têm, para além de uma série de preocupações educacionais, essa atenção psicossocial e de implicações políticas. Diversas ações expressivas podem ser encontradas nesse gesto de intercâmbio, tais como arrependimento, transferência, contratransferência e manifestação ideológica – funções essenciais no resgate da cidadania do paciente sindrômico.

Para síndromes que têm como déficit a percepção do alteritário, essa evocação permanente no gesto narrativo do que não é exclusivamente intrínseco à vivência intrassubjetiva é uma contribuição essencial, que junto com a dimensão mnemônica aponta para o próximo conjunto de elementos que envolvem a representação espaço-tempo. Pois, ao propor o deslocamento temporal da memória e dar concretude a essa experiência pelo seu registro estético, ajuda no déficit de representação dessa abstração conceitual. O tempo, agora vivido como representação cultural, demanda para sua documentação uma série de abstrações cognitivas que podem encontrar-se comprometidas em algumas síndromes. A vivência autoral como um *continuum* da experiência cultural de leitor potencializa o domínio de questões estruturais na representação simbólica do espaço e do tempo.

No âmbito da animação, essas características da produção narrativa se desdobram em questões específicas do uso da técnica: a concentração, a repetição e a "dissecção" do movimento. No caso da concentração necessária ao trabalho de animação (animação tradicional), o portador de síndrome tem apresentado um talento particular, tanto para a imersão, que exige o raciocínio da técnica, como para a dimensão repetitiva inerente ao conjunto de tarefas, que inclui a interpolação de quadros-chave.

Essas duas características apontam para uma terceira, em que a percepção da relação tempo-espaço estimulada pela experiência narrativa é concretizada pela visibilidade dessas relações. A técnica decupa o movimento em unidades que permitem identificar o processo de permanência retiniana e também vivenciar o movimento em uma relação espaço-tempo.

Assim, resumidamente, as oficinas de animação, no contexto da animação especial, visavam ao exercício prático de intercambiar experiências, vivenciar a alteridade, encontrar espaços para a autoexpressão, decupar as relações espaço-tempo e valorizar talentos singulares, como a imersão focal e a concentração.

AS OFICINAS NO INSTITUTO HELENA ANTIPOFF (IHA)

Com o objetivo de produzir animações com narrativas para auxiliar na aprendizagem da organização do campo cognitivo em pessoas com necessidades especiais, a partir da atividade de organização/sequenciamento de imagens, modificaram-se poucos aspectos das oficinas tradicionais e a prática ficou configurada como será descrito a seguir.

Quanto aos recursos técnicos, foi fundamental um planejamento que levasse em conta não só a acessibilidade às habilidades necessárias para a manipulação dos equipamentos, mas também o aspecto econômico, exigindo uma adequação ao contexto em questão – por isso, a opção pela utilização de recursos básicos de *hardwares* e *softwares* livres.

Para essas oficinas, definiram-se os seguintes recursos técnicos:

❶ Câmera digital – amadora – fotográfica ou filmadora.
❷ Computador com o sistema operacional Linux Ubuntu ou Windows.
❸ Programa de animação MUAN.
❹ Tripé ou suporte fixo para a câmera, mesa e fita adesiva.
❺ Material de desenho (lápis, canetas e papel) e material de recorte (tesouras).

A partir do conhecimento técnico e da viabilidade material para a execução de uma animação, que a cada dia se torna mais simples, acessível e de baixo custo financeiro, podemos ampliar as experiências dos alunos envolvidos criando recursos adaptados, meios e mediações diferenciadas que favoreçam outras formas de expressão, criação e conhecimento.

A técnica de animação de recortes de papel é uma das mais simples e rápidas de se realizar, sendo um ótimo veículo para a criação de histórias, pois possibilita, a partir de fotos sucessivas, uma vasta diversidade de movimentos em poucos segundos. Por isso incentivamos que seja essa a primeira técnica utilizada, para posteriormente possibilitar a prática com técnicas mais complexas como a *stop motion*.*

O processo de animação para pessoas especiais consiste, inicialmente, na construção individual de personagens por cada participante, que é feita a partir de seu desenho, com base em referências culturais e na imaginação. Essa construção se dá por meio do incentivo e do suporte da equipe de animadores, alunos e professores, e permite a cada pessoa tratar, pela fantasia, questões subjetivas, como sonhos, pulsões, frustrações e medos. Os alunos transferem para a ficção aspectos com que tenham limites de representação e lhes dão visibilidade na narrativa.

A partir desse contexto, as narrativas individuais são observadas e cruzadas, para, juntas, compor um roteiro comum para a animação. Nesse momento, é fundamental o diálogo entre os participantes da oficina e os oficineiros e professores. Aí se consolida uma organização coletiva, em que vivências subjetivas não só têm que ser compartilhadas, mas também estruturadas de maneira clara e desenvolvidas para adaptação ao contexto coletivo de construção da trama.

Antes mesmo do roteiro final organizado, essa vivência oral é importantíssima para as categorias descritas no referencial teórico. Aqui é possível ver que o prazer criativo, associado à liberdade do gesto autoral (com os limites e as vantagens de uma criação coletiva), é fundamental para a sedimentação do intercâmbio alteritário, a legitimação de sua experiência e expressão estética.

Ao inventarem uma história, ao continuarem a famosa frase "era uma vez...", os participantes fazem uma imersão em um método de criação em que sua potência expressiva é ampliada. Eles definem os personagens e o enredo e precisam encontrar soluções para os conflitos. A narrativa é um canal pelo qual podem estabelecer diversos nexos de sentido. Daí, a relevância dessas produções também como material de observação dos alunos pelos educadores e psicólogos.

Com a narrativa pronta, realiza-se uma documentação de suas diretrizes e parte-se para a reorganização visual dos elementos – já prototipados na primeira fase. Com o objetivo operacional de atender à narrativa e à técnica de representação, as imagens iniciais são agora organizadas para a produção de cenários, personagens, acessórios e elementos de movimento. Estes são recortados para criar articulações e sobreposições de personagens sobre cenários. Nesse ponto,

* *Stop motion* é uma técnica de animação para recortes, objetos – principalmente bonecos de massa de modelar – que são fotografados quadro a quadro.

o trabalho em grupo é incentivado e diferenças quanto às habilidades motoras são diluídas no processo colaborativo. O planejamento dessa fase nem sempre tem sua prospecção totalmente estruturada – o que permitiria prever o uso desses elementos de maneira planejada – mas, invariavelmente, essa percepção se concretiza no ato de captura e pós-produção, permitindo correções e ajustes não prospectados na fase anterior.

Após o desenvolvimento desse conjunto de elementos, partimos então para a captura de imagens. Para as pessoas portadoras de necessidades especiais, esse processo se torna ainda mais importante. Ele é um poderoso aliado para a organização do movimento e, como explicitado antes, para a percepção das relações espaço-temporais. O *software* escolhido possui uma ótima adequação ao público em questão e, após poucas tarefas, os alunos tornam-se relativamente autônomos no processo de captura.

A edição é feita de forma primária no próprio MUAN. A edição final, com adição de áudio e poucos recursos de pós-edição, é – nesse primeiro grupo de oficinas – desenvolvida por um técnico com o acompanhamento dos alunos. Realizada a etapa de captura das imagens, o arquivo de vídeo, quando necessário, é tratado em um programa de edição de vídeo para ajustes finais e finalização, como redimensionar o tempo e inserir intervenções sonoras, como narrações, músicas e ruídos.

De início, essa edição era feita pelos alunos da equipe do NADA, mas, aos poucos, os próprios professores do IHA foram dominando recursos básicos e desenvolvendo de forma independente o produto final. Esse passo foi fundamental para a autonomia do processo, que culminou com o *site* Animação Especial (Fig. 11.1). As narrativas desenvolvidas nas diversas oficinas surpreenderiam pela complexidade estrutural, pelo nível de abstração imaginativa e pelo extenso conteúdo simbólico representado.

Durante nossa permanência no IHA, foram realizadas três animações que estão disponíveis na galeria de filmes do *site*. Consolidado o trabalho, foram executadas mais duas animações depois que deixamos de frequentar as oficinas,

FIGURA 11.1 ***Site* animação especial.**
www.animacaoespecial.org

o que mostra não apenas que os alunos haviam conquistado o domínio da técnica, mas também o aperfeiçoamento quanto à complexidade da narrativa.

Em uma primeira análise do processo, foi possível, por exemplo, observar nessas oficinas no IHA que os alunos com síndrome de Asperger e síndrome de autismo ficaram mais envolvidos com o roteiro, enquanto aqueles com síndrome de Down estiveram mais presentes na hora da manipulação dos desenhos e da animação em si – associando especificidades das síndromes com características de cada momento de produção. A identificação dessas especificidades e o seu desdobramento em termos de visibilidade *online* é o foco neste capítulo.

A partir dessas experiências com o IHA, ampliou-se o projeto, e, por meio do registro das oficinas, resolveu-se levar ao domínio público o conhecimento produzido nesse trabalho. Foi então que a equipe reuniu todos os registros em um *site,* com o material técnico referente à experiência de todos os processos de produção, e os disponibilizou como laboratório para o registro e a avaliação dos resultados obtidos (Fig. 11.2). Essa iniciativa de disponibilizar o processo de criação das animações visa possibilitar o acesso à linguagem da animação, no contexto escolar, para outros alunos com necessidades especiais e para professores, além de promover a troca de informações e experiências, utilizando a *web* como veículo de comunicação.

Dessa forma, pensa-se em diminuir a desigualdade do acesso à informação de "como fazer" e demonstrar os ganhos obtidos na utilização da animação como recurso educacional capaz de trabalhar conteúdos para desenvolvimento pessoal e/ou de um grupo, permitindo o avanço da inclusão social.

O *site* Animação Especial (animaçãoespecial.org) foi então elaborado a partir de um fluxograma de fácil navegação, visando principalmente o acesso de professores de escolas públicas de ensino médio. O *site* tem uma preocupação com o acesso do público neófito, por isso um dos conteúdos disponibilizados é um tutorial para o próprio *site*.

O *site* apresenta grandes grupos de funções, explicitados no fluxograma: O PROJETO / TUTORIAIS / GALERIA / DEPOIMENTOS / CONTATO.

Além desse tutorial (Fig. 11.3), a estética do *site*, ilustrada com produções das próprias oficinas, ajuda a, intuitivamente, situar o usuário quanto às características técnicas das produções. O contato com os conteúdos internos aprofunda o conhecimento da práxis e permite não apenas a consulta das experiências já desenvolvidas, como um diálogo entre novos e antigos oficineiros, em que são trocadas experiências e novos recursos, permitindo que se tenha um fluxo de informações que podem vir a desdobrar as potencialidades desse trabalho.

A estrutura hipertextual permite que os conteúdos estejam interligados, facilitando o acesso orientado às necessidades da leitura e às especificidades do

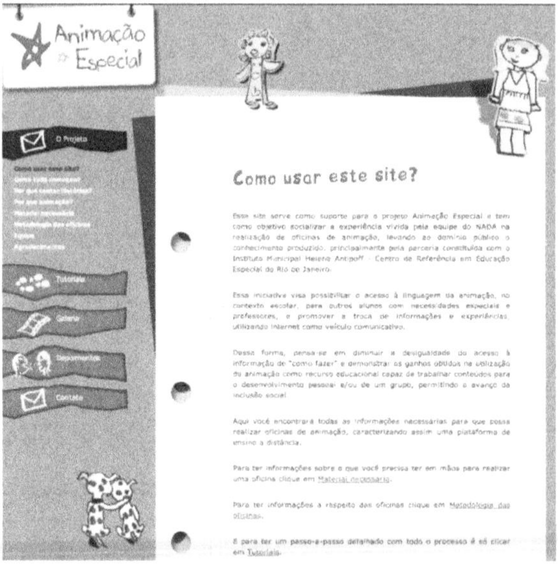

FIGURA 11.2 **Tutorial para o uso do *site*.**

leitor. Quanto aos conteúdos, vários projetos do Programa Institucional de Bolsas de Iniciação Científica (PIBIC) e de conclusão foram dedicados exclusivamente à criação das cartilhas para os *softwares*, pensando na organização de um manual voltado ao usuário, acerca de questões como adequação de linguagem gráfica e textual.

O projeto Animação Especial, por meio do *site*, que é o registro da metodologia do Ensino de Animação para pessoas com necessidades especiais, se propõe a levar o conhecimento gerado dentro da universidade para atuar diretamente na sociedade, quebrando as fronteiras de acesso e localização. As experiências coletadas pelo NADA em suas oficinas já documentam que a animação pode ser um meio poderoso para a educação especial, estimulando novos projetos.

Depois de cinco anos no ar, o *site* Animação Especial pode ser hoje analisado por seu relatório de tráfego, mostrando o volume surpreendente de consulta. Foi possível, a partir dos números, constatar que o *site* foi sendo gradualmente mais acessado, apesar de não haver nenhuma publicidade institucional. Acreditamos que esse fato ocorreu devido à procura dos professores das redes municipais de educação a partir de indicações diretas dos próprios professores do IHA.

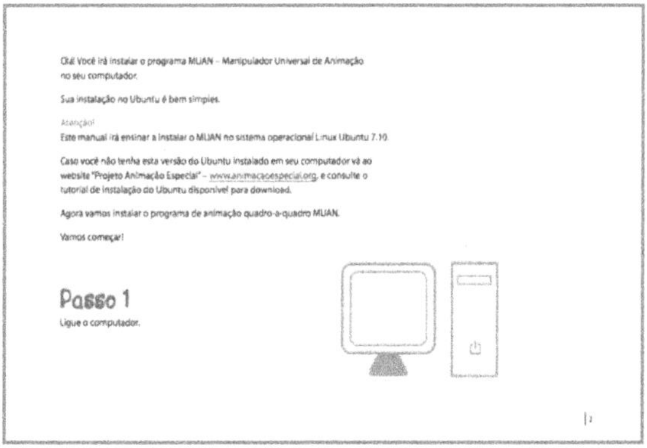

Olá! Você irá instalar o programa MUAN – Manipulador Universal de Animação no seu computador.

Sua instalação no Ubuntu é bem simples.

Atenção!
Este manual irá ensinar a instalar o MUAN no sistema operacional Linux Ubuntu 7.10.

Caso você não tenha esta versão do Ubuntu instalado em seu computador vá ao website "Projeto Animação Especial" – www.animacaoespecial.org, e consulte o tutorial de instalação do Ubuntu disponível para download.

Agora vamos instalar o programa de animação quadro-a-quadro MUAN.

Vamos começar!

Passo 1
Ligue o computador.

FIGURA 11.3 **Página do tutorial para a instalação do MUAN no Ubuntu.**

RELATÓRIO DE TRÁFEGO DO *SITE* ANIMAÇÃO ESPECIAL

A partir dos relatórios enviados mensalmente pelo provedor LOCALWEB, foi possível avaliar que a procura pelo *site* é maior nos meses de março e agosto, quando começam os períodos letivos. A média de acesso é de 500 pessoas por mês, tendo, em alguns períodos, a contagem de 12 mil acessos, o que para nós é considerado um número expressivo de visitantes, por se tratar de um assunto tão singular, ainda desconhecido da imprensa e sem nenhum tipo de anúncio institucional. A Figura 11.4 apresenta um exemplo de relatório.

CONSIDERAÇÕES FINAIS E DESDOBRAMENTOS

A visibilidade dos resultados aponta o valor das experiências da animação em seu redimensionamento para outras práticas. A solidez dos pressupostos teóricos das oficinas e o acompanhamento permanente com documentação e sistematização de análise corroboram para a consistência dos resultados, que não só se expressa no interesse e na possibilidade de multiplicação da experiência como também tem ecos na autonomia da oficina, hoje multiplicada com alto grau de independência no núcleo estruturante. O projeto e sua projeção também apontam para a relevância da discussão sobre *softwares* livres e políticas de acesso e inclusão digital.

Domínio: animacaoespecial.org

Relatório: **Resumo - animacaoespecial**
Intervalo: **2012-09-01 - 2012-09-30**

Totais	Visitas	12227
	Impressões de Página*	42565
	Hits*	47373
	Bytes Transferidos	554.56GB
Médias por Dia	Visitas	407.57
	Impressões de Página*	1418.83
	Hits*	1579.10
	Bytes Transferidos	22.15GB
Médias por Visita	Impressões de Página	3.48
	Hits	3.87
	Bytes	55.66MG
	Duração	859 s

Veja o relatório completo

FIGURA 11.4 **Exemplo de relatório.**

O fato de o ponto de partida ser formado por elementos estruturais da prática do *design*, e não por pressupostos pedagógicos e psicológicos, também acaba por constituir a originalidade da pesquisa, que inverte um vetor usual nos estudos sobre os portadores de síndromes. Elementos estéticos, operacionais, representacionais e técnicos propõem um enfrentamento das questões relacionadas ao portador de síndrome e, a partir deles (elementos), são estabelecidos diálogos com áreas como a psicologia e a pedagogia, propondo uma nova abordagem metodológica.

Como desdobramento da veiculação do *site* Animação Especial, já podemos vislumbrar um fórum mais dinâmico para o intercâmbio de experiências, incluindo a criação de uma proto-rede-social; a veiculação dos conteúdos de fundamentação teórica que ampliem o acesso do público – não só a técnica, mas também os conceitos implícitos; e a realização de entrevistas com os usuários do *site*, para redimensionar os números apresentados aqui com dados qualitativos.

REFERÊNCIAS

1. Benjamin W. Magia e técnica, arte e política. São Paulo: Brasiliense; 1994.

2. Ricoeur P. Tempo e narrativa. São Paulo: Cosac Naify; 2007.

3. Benjamin W. O narrador: considerações sobre a obra de Nikolai Leskov. In: Benjamin W. Magia e técnica, arte e política: ensaios sobre literatura e história da cultura. São Paulo: Brasiliense; 1994. p. 197-221.

LEITURAS RECOMENDADAS

Burk P. Uma história social da mídia. Rio de Janeiro: Jorge Zahar; 2006.

Coelho R. A arte da animação. São Paulo: Formato; 2000.

Flusser V. Pós- história: o mundo codificado. São Paulo: Cosac Naify; 2007.

Foucault M. Arqueologia do saber. 6. ed. Rio de Janeiro: Forense; 2000.

Kandel ER. The age of insight: the quest to understand the unconscious in art, mind, and brain: from Vienna 1900 to present. New York: Random House; 2012.

Lakatos EM, Marconi MA. Fundamentos da metodologia científica. 3. ed. São Paulo: Atlas; 1991.

Laybourne K. The animation book. New York: Crown Trade Paperbacks; 1979.

Williams R. The animator´s survival kit. London: Faber and Faber; 2001.

CAPÍTULO 12

ADESTRAMENTO OU PEDAGOGIA DIGITAL

LUIZ BARCO

Estou velho, porém, lúcido! Talvez a melhor definição de velhice seja: "Velhice é quando, ao perdermos a lucidez, ganhamos a convicção de estarmos lúcidos e, o que é ainda pior, a absoluta certeza de estarmos sempre certos".

Muito embora, com uma razoável formação em matemática, guardo ainda algumas dúvidas sobre a real importância da Curva de Gauss. Se você nunca ouviu falar dela, não perca tempo, pois os estatísticos são treinados para fingir que acreditam no que ela significa. Sabem, entretanto, que quando usada por engenheiros ou tecnólogos, em geral, ela nada significa, ou melhor, significa aquilo que eles querem que signifique. Quando usada por médicos, quer dizer que não estão seguros daquilo que estão falando e, assim, disfarçam as suas dúvidas com gráficos e números, muitos números e poucas certezas. Já os economistas e os advogados só consultam números quando eles vêm acompanhados de cifrões. Não se ofenda; e se você sentiu-se atacado por essas tolices, desculpe-me, não quis magoá-lo ou ofendê-lo, somente quis dizer que a instituição que atende pelo nome de Escola falhou com todos nós: prometeu a alegria do descobrir e conhecer, mas, quando muito, praticou adestramento. Isto é , você pensa que sabe o que está fazendo, às vezes desconfia do resultado, mas nunca descobriu o porquê. Lembra apenas que, quando praticou o que julgam ser o certo, ganhou um agrado, ou uma avaliação favorável, mas, quando não foi aprovado, ganhou uma bela "jornalada" no focinho, como se fosse somente um cachorro sendo adestrado.

Homens e cães fazem o mesmo percurso ao caminhar da gostosa infância para a muitas vezes insossa idade adulta, e passam boa parte da juventude dentro de instituições absurdas chamadas de Campo de Adestramento, ou Escola, as quais agora estão tornando-se digitais. Curioso: besteira, quando digital, continua besteira, só que mais rápida.

Um senhor chamado Kropotikin,* infelizmente pouco conhecido, e o velho Dr. Charles, felizmente bastante conhecido, por caminhos diferentes e extraordinariamente férteis chegaram à saborosa ideia de evolução. Não reclame, eu não esqueci, somente quis brincar – ainda lembro que o sobrenome do Dr. Charles é Darwin.** Se o que eles disseram for mesmo correto, não sei como serão os meninos e as meninas que nascerão nos próximos milênios, mas adivinho como serão os humanos que nascerão depois de alguns trilhões de anos: não terão pernas, nem serão capazes de se imaginar correndo atrás de algo. Gênios como Messi e Neymar, atuais jogadores de futebol, serão considerados, a partir de velhas anotações históricas, como estranhos monstros que corriam atrás de um objeto inútil chamado bola, nome vulgar da esfera do espaço tridimensional euclidiano. Os seres desse novo tempo terão, muito provavelmente, várias mãos, com um crescente número de dedos para apertar botões, ou, paradoxalmente, serão apenas um cérebro a comandar botões virtuais.

Você deve estar se perguntando: não terão coração? Como viverão sem ele? Para responder a essas perguntas não será necessário aguardar trilhões de anos, bastam uns poucos bilhões.

Carregamos dois sistemas distintos que possuem um *nó* batizado de coração. Um deles é conhecido por sistema circulatório, ou cardiovascular, e, pelo jeito, por muito tempo, não funcionaremos sem ele. O outro sistema rege os nossos sentimentos e metaforicamente tem um *nó* central que chamamos também de coração. Este está se tornando inútil. Muitos de nós já conseguimos sobreviver sem ele. Uma das funções da Escola pragmática parece ser ensinar-nos a viver sem ele. Está achando loucura? Dê uma olhada nos meios de comunicação de massa, a seguir apanhe um globo terrestre e tente colocar o dedo em uma região do planeta onde, para se viver, é necessário ter coração nesse sentido

* Kropotikin, Piotr Alexeyevich – 8/12/1842, Moscou – 8/02/1921, Dmitrov. Um dos mais eminentes pensadores do anarquismo no final do século XIX e do início do século XX. Chegou à ideia da evolução estudando "sociedades" cooperativas (formigas, cupins, abelhas, corais, etc.) – ajuda mútua ou mutualismo.

** Darwin, Charles Robert – 12/02/1809, Sherewsbury – 19/04/1882, Downe, Kent. Naturalista britânico, famoso ao convencer a comunidade científica da ocorrência da evolução, explicando-a ao propor a teoria da seleção natural e sexual – naturalismo.

metafórico. Encontrou? Eu também não! Ah! Você achou? Não saia por aí dizendo isso. Pelo menos não diga perto de um psiquiatra, ele pode ficar tentado a interná-lo.

CAIU NA REDE É PEIXE

Tenho a presunção de considerar-me um educador, embora, na atualidade, eu não saiba muito bem o que de fato isso signifique. Porém, no sistema educacional brasileiro, após completar setenta anos, você deixa de ser professor. Ninguém fala, mas você vira sucata acadêmica, não reciclável. Espere, tenha calma antes de apressadamente imaginar que eu esteja reclamando. Nada disso! Sucata de luxo, adquiri muitos privilégios: o melhor deles é ser considerado fora de moda. Isto é, no mundo digital, ser capaz de dar apenas algumas braçadas, não mergulhar, ou seja, manter a cabeça fora da onda. Ter o poder de criar cursos atrevidos, como um que desenvolvo na Engenharia – "Humanismo, Tecnologia e Inovação" – ou um que propus para área de Ciências Médicas – "O Diálogo Médico-Paciente: um Grave Problema de Comunicação". Em ambos atrevo-me a declarar que é fácil formar advogados, economistas, médicos, engenheiros, etc., mas é muito difícil formar *gente*.

Tal enigma não é novo, porém, no passado, somente os loucos e os poetas, que são um tipo maravilhoso de louco, pareciam perceber isso. Aos poucos os físicos, os químicos e os biólogos começaram a tropeçar na nascente ciência da complexidade. Justiça seja feita: há mais de dois milênios e meio, os gregos já haviam tropeçado e defenderam um olhar pleno, uma visão holística. Em todo esse tempo, em quase todas as culturas, vez por outra se ouve: "O todo é maior que a soma de todas as partes". Fomos capazes de estudar minuciosamente todas as partes. Como diz Barabási,[1,*] em seu belo livro *Linked*:

> [...] por conseguinte, durante décadas fomos obrigados a ver o mundo por suas partes constitutivas. Fomos instruídos a estudar os átomos e as supercordas para entender o universo; as moléculas para compreender a vida; os genes individuais para entender

[*] Barabási, Albert – László, nascido em 30/03/1967 – físico de origem húngara, autor do livro *Linked* (Conectado), foi traduzido para o português pela Leopardo Editora, 2009. Seu trabalho tem recebido repercussão importante em diversos campos, como ecologia, biologia molecular, ciência da computação, medicina e física quântica.

o complexo comportamento humano; os profetas para ver as origens de modismos e religiões.

Agora estamos prestes a saber praticamente tudo que há para saber acerca das partes. Estamos, porém, tão longe quanto sempre estivemos de entender a natureza como um todo.

Para que não se imagine que essa necessidade de olhar para o todo, que agora explode devido aos recursos a nós disponibilizados nestas duas décadas pelo "mundo digital", eu os convido a ler o livro nove da coleção *O homem e a ciência*, que as editoras Itatiaia e da Universidade de São Paulo traduziram e publicaram em 1979, de autoria de Conrad Hal, Waddington (1905-1975), cujo título é *Instrumental para o pensamento*.[2]

Verão que a convicção do físico dinamarquês Niels Bohr de que o estudo da vida conduziria à descoberta de novas leis da física era fértil e profunda. Todos os gênios notáveis tiveram participação excepcional nas suas respectivas especialidades, mas, de alguma forma que ainda não foi inteiramente compreendida, ousaram olhar além das cercas do conhecimento específico. Talvez, como ressaltou o Doutor Carlos Fiolhais ao prefaciar a edição portuguesa do livro de Eigen e Winkler:[3] "As 'luas malucas' de Júpiter não são mais extravagantes que o pescoço das girafas. Pois, a não linearidade dos sistemas é uma fonte permanente de surpresas."

Em uma visão, aliás, nada modesta, concordamos com a generalizada opinião de que a educação brasileira é ruim. Discordamos, entretanto, que ela seja boa na Finlândia ou na Coreia. Ao que parece, elas talvez sejam apenas melhores, na verdade muito melhores. Mas, lá como cá, se assentam sobre paradigmas semelhantes: ensinam o aprendiz a dar respostas certas a perguntas já exaustivamente feitas e respondidas. Talvez devessem ensinar nossas crianças a compreender o mundo que as rodeia para, assim, fazerem novas e originais perguntas. Para tanto, teríamos que substituir o desgastado verbo ensinar pelo, nada novo, porém pouco usado, "compreender". E ser feliz com isso.

Se você leu este capítulo, talvez o mais curto que o livro contemplou, faça-me um grande favor: seja generoso, perdoe-me pelas ranzinzices, mas não deixe de ler e refletir acerca de uma metáfora sobre o mundo digital batizada de "A sala". Ela é o prólogo do livro de Powers.[4] Não fique somente com o prólogo, leia o livro todo, ele vale a pena e, se gostar, como eu imagino, leia também o de Shneiderman.[5] Com certeza, eles aprofundam as explicações que este velho ex-professor quis oferecer neste brevíssimo capítulo.

REFERÊNCIAS

1. Barabási AL. Linked: a nova ciência dos networks. São Paulo: Leopardo; 2009.

2. Waddington CH. Instrumental para o pensamento. Belo Horizonte: Itatiaia; 1979. v. 9.

3. Eigen M, Winkler R. O jogo: as leis naturais que regulam o acaso. Lisboa: Gradiva; 1989.

4. Powers W. O blackberry de Hamlet. São Paulo: Alaúde; 2010.

5. Shneiderman B. O laptop de Leonardo. Rio de Janeiro: Nova Fronteira; 2006.

CAPÍTULO 13

AS REDES SOCIAIS E A INTELIGÊNCIA COLETIVA

VERA MARIA MOREIRA

Comece tudo que pode fazer[1]

Antes do compromisso há hesitação,
a oportunidade de recuar,
a ineficácia permanente.

Em todo ato de iniciativa (e de criação),
há uma verdade elementar
cujo desconhecimento destrói
inúmeras ideias e planos esplêndidos:
no momento em que nos comprometemos de fato,
a providência age também.

Ocorre toda espécie de coisas para nos ajudar,
coisas que de outro modo nunca ocorreriam.

Toda uma cadeia de eventos surge da decisão,
fazendo vir em nosso favor todo tipo de encontros,
de incidentes e de apoio material imprevistos
que ninguém poderia sonhar que viria em seu caminho.

Comece tudo o que pode fazer,
ou que sonha que pode fazer.

Há gênio, poder e mágica na Ousadia.

Quando se fala em redes sociais, as pessoas pensam geralmente em plataformas como Facebook, Orkut, Twitter e outras, entretanto, redes sociais não são as plataformas, redes sociais são pessoas interagindo de forma distribuída. As plataformas servem de suporte para diversos processos cognitivos, informativos e afetivos que ocorrem entre pessoas reais, embora muito frequentemente sirvam de base para todo tipo de projeções.

Assim como o telefone não é a conversa, a plataforma não é a rede. Redes são feitas de pessoas que comunicam emoções, sentimentos, informações, comunidade de projetos. As redes sociais existem desde a aurora da humanidade e têm sido objeto de estudos há muito tempo.

Aristóteles,[2] em *A política*, diz que o homem é um animal político e, mais do que isso, diz que não é somente para viverem, mas para viverem felizes, é que os homens estabeleceram entre si a sociedade civil.

O estudo das redes sociais se refere à política. Hannah Arendt afirma que "[...] todas as atividades humanas são condicionadas pelo fato de os homens viverem juntos [...]".[3] Analisando o *bios polítikos* de Aristóteles, afirma que a ação *(práxis)* e o discurso *(lexis)* são as atividades necessárias e presentes nas comunidades humanas. Isso significa que as ações políticas não violentas são realizadas por meio das palavras adequadas no momento certo, e que a violência pura é muda. Aristóteles já havia dito em *A política* que o homem é o único animal que fala. Arendt mostra que o ser político decide tudo por persuasão e palavras, e não por força ou violência. Para os gregos, forçar alguém ou usar de violência para conseguir alguma coisa era ato pré-político. A autora mostra também a necessidade do outro para obtermos nossa própria identidade, já que o outro vê e ouve o mesmo que nós, garantindo-nos a realidade do mundo e de nós mesmos.

Todos sentem a necessidade de participar de um grupo social, de uma comunidade, sendo essa necessidade de pertença muito intensa nos adolescentes, porque faz parte do processo de crescimento e desapego da proteção do lar para iniciar a sua jornada em direção ao mundo adulto.

O estudo dos fenômenos que ocorrem nas redes sociais pode ajudar a compreensão do que ocorre nessa fase.

Vivemos não apenas em grupos sociais, mais do que isso, vivemos em rede.

REDES SOCIAIS

Quando falamos em rede distribuída, falamos em redes nas quais as pessoas ou nodos podem interagir livremente entre si, de forma democrática. Na verdade nenhuma rede é totalmente distribuída, mas quanto maior for o grau de distribuição, mais resistente ela se torna. Isso foi demonstrado em um estudo clássico de Paul Baran, em 1959, quando foi encarregado de desenvolver um sistema de comunicação para o governo dos Estados Unidos que sobrevivesse a um ataque nuclear.[4] Em 1964, Baran descartou um modelo de distribuição de informação centralizado em forma de estrela ou descentralizado em forma de várias estrelas conectadas, que poderiam ser muito vulneráveis, já que um ataque aos centros cortaria todas as comunicações. Dessa forma, propôs um sistema distribuído com nodos interconectados em malhas, em uma teia em que as informações fragmentadas fluíssem independentemente, de forma dinâmica, pela rede (Fig. 13.1). Caso um nodo fosse inativado, a informação procuraria um caminho alternativo, fluindo naturalmente pela rede, independentemente do que pudesse acontecer em qualquer parte do sistema. Dessa forma, ele começou a elaborar o modelo da internet.

Os militares não aceitaram suas ideias de fragmentar as informações em pequenos pacotes circulantes porque isso não podia ser feito com o sistema analógico da época. Baran propôs então migrar para um sistema digital, o que na época também não foi aceito.[4] Por isso dizem que a internet foi inventada originariamente para sobreviver a um ataque nuclear, e as ideias de Baran, recusadas na época, foram redescobertas mais tarde. Barabási diz que "[...]

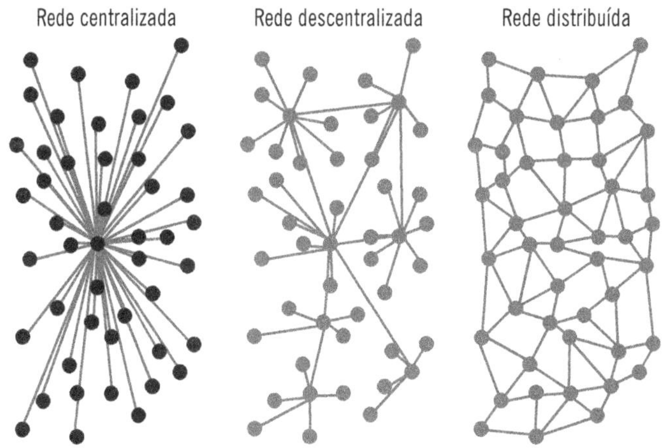

FIGURA 13.1 **Imagem adaptada das redes de Paul Baran.**
Fonte: Baran.[4]

estruturalmente, a internet está mais próxima de um ecossistema do que de um relógio suíço [...] não é apenas um problema de matemática ou engenharia".[6]

As redes sociais sempre existiram. A engenharia do laço social está inscrita em nosso DNA. Somos seres naturalmente sociáveis e cooperativos. Isso pode parecer estar em desacordo com as visões pessimistas sobre o mal provocado pelas redes sociais ou com as manchetes dos jornais, mas provavelmente foi a cooperação e não a competição que fez a espécie humana dominar a Terra. Temos milhares de anos de evolução como caçadores-coletores nômades, que tinham de andar 40 quilômetros por dia para obter alimento e dependiam da caça a presas bem maiores, tarefa que exigia trabalho em equipe, habilidades sociais e inteligência coletiva. A revolução agrícola ocorreu 10.000 anos a.C., exigindo da humanidade o desenvolvimento de outras habilidades, como a capacidade de pensar a longo prazo, de observar o tempo e as estações, de aprender a esperar, entre outras, mas trouxe também a competição pela propriedade da terra e pelas riquezas. No entanto, as emoções e a capacidade de reconhecê-las nos nossos semelhantes já estavam bem incrustadas no nosso cérebro mais antigo. A emoção antecedeu a linguagem. Somos não apenas capazes de sentir emoções, como de percebê-las no rosto de nossos semelhantes, e isso na aurora da civilização podia ser a diferença entre sobreviver ou cair nas garras de um predador.

As redes sociais humanas apresentam um padrão semelhante e irregular. Nunca são simétricas ou com pontos igualmente conectados. Há nodos altamente conectados e nodos com poucas conexões. No centro da rede, onde há mais conectividade, a informação flui com mais rapidez. Os nodos altamente conectados são chamados *hubs* e são visados para qualquer tipo de ação nas redes, como, por exemplo, as ações de saúde, como campanhas de vacinação e prevenção de doenças sexualmente transmissíveis. Para deter ou promover a propagação da informação pela rede é preciso atingir os *hubs*. No caso de uma rede social, *hubs* são pessoas que têm muitas conexões sociais e destacam-se como formadores de opinião.

OS SEIS GRAUS DE SEPARAÇÃO

Em um estudo clássico em 1967, Stanley Milgram, professor de Harvard, mostrou que qualquer pessoa está no máximo a seis graus de separação de qualquer outra pessoa no mundo, isto é, que não só estamos conectados, como vivemos em um mundo pequeno – *small world*.[5] Por exemplo, João conhece Lúcia (um grau de separação), que conhece o ex-técnico da seleção brasileira de futebol

Dunga (dois graus de separação), que conhece Nelson Mandela. Assim, João está a três graus de separação de um dos maiores líderes pacifistas do mundo.

Christakis[6] fez estudos sobre obesidade, felicidade, entre outros, mostrando que somos influenciados por pessoas que estão a até três graus de separação de nós, isto é, os amigos dos amigos dos nossos amigos, mesmo que não os conheçamos. Assim, temos mais chance de desenvolver obesidade se um amigo do amigo do nosso amigo for obeso. Na verdade, as pessoas que estão mais ao centro da rede social estão mais próximas de qualquer outra pessoa no mundo do que as pessoas que ocupam a periferia da rede. Os seis graus de separação expressam a densidade da rede social e a capacidade de comunicação no mundo moderno. O autor comenta que talvez isso ocorra porque em nosso passado hominídeo remoto ninguém estava a mais de três graus de separação de qualquer outra pessoa,[6] isto é, as comunidades sociais humanas eram pequenas. Na verdade, até poucos séculos atrás a maioria das pessoas nascia e morria sem sair de suas aldeias.

Se influenciamos e somos influenciados a até três graus de separação, isso significa que cada pessoa, mesmo na periferia da rede, está pelo menos na metade do caminho relacional para alcançar qualquer pessoa no mundo. Esses estudos[6] mostram que vários comportamentos, doenças e hábitos são influenciados por pessoas que às vezes nem conhecemos, mas que estão a três graus de separação de nós, com suas ações reverberando através da rede. Como não se pode colocar *chips* nas pessoas, movimentos rastreados de celulares foram usados para estudar a disseminação de SARS (do inglês, Severe Acute Respiratory Syndrome, ou síndrome respiratória aguda grave), gripes, etc. Várias doenças não contagiosas também se propagam pela rede, e agora temos, além do psicossomático, o social-somático, com verdadeiras "epidemias" de suicídios, violência, depressão, obesidade, bulimia e várias outras doenças. No ano de 2010, a cidade argentina de Salto foi palco de uma onda de suicídios de jovens devido a um jogo de asfixia que foi veiculado pela internet.[7]

Embora as pessoas digam às vezes que têm milhares de amigos nas redes sociais, na realidade os amigos de fato estão em torno de 150. Esse número é conhecido como Número de Dunbar,[6] que fez estudos de grupos sociais neolíticos e atuais e mostrou que a complexidade do nosso cérebro social suporta uma interação com aproximadamente 150 pessoas. Algumas tribos, quando seu número de pessoas aumenta muito, espontaneamente se dividem, porque para grupos de até 150 pessoas a coerção social é suficiente para manter a ordem, mas para grupos maiores é necessária uma força policial e alguma forma de hierarquia.[6]

A análise de redes sociais mostra que elas não são regulares. Existe um centro fortemente conectado e uma periferia com um número menor de conexões.

Assim, os pobres não são pobres só por si mesmos, mas porque todos os seus amigos também são pobres. Para combater a pobreza, são mais importantes programas que mantenham em conexão pessoas de várias partes da rede, por meio da prática de esportes e da utilização de *lan houses*, por exemplo, do que simplesmente atuar sobre alguns indivíduos na periferia.

A rede apenas amplia o que se põe nela: se estamos estudando a felicidade, todos desejamos estar no centro da rede. Se a rede estuda a propagação de um vírus mortal, todos gostariam de ficar na periferia. Christakis chama a atenção para o fato de que existem redes de tráfico e outras redes criminosas, mas existem também redes que propagam a bondade e a cooperação.[6] O ideal seria então oferecer a nossos jovens a possibilidade de pertencer a redes mais saudáveis. No Rio de Janeiro, a Secretaria de Educação desenvolveu o Projeto Ensina,[8] pelo qual jovens das melhores universidades foram chamados para dar aulas de reforço a crianças de escolas públicas. Oito escolas participam do projeto desde 2009. O programa é baseado em um projeto de sucesso implantado nos Estados Unidos e em outros 13 países, o Teach for All, e, depois de dois anos no Rio de Janeiro, prepara uma parceria com a Secretaria Estadual de Educação para chegar a São Paulo. No Rio, devido a limitações legais, a Teach for All precisou adaptar seu modelo para se dedicar a aulas de reforço no contraturno de escolas da rede municipal.[9]

Apesar das dificuldades iniciais, o Ensina! teve resultados positivos nas 14 escolas municipais cariocas em que atuou, todas em áreas de baixa renda. Dados preliminares de 2011 mostram melhoria nas avaliações de desempenho em todas as áreas,[9] e os resultados são tão positivos que a Secretaria de Educação resolveu estender a experiência a 90 unidades da rede. Isso possibilita mais do que a simples transmissão de conhecimentos, já que a diversidade e a interação de realidades sociais diferentes promovem o crescimento de todos. As crianças e os jovens de classe média e alta, que geralmente vivem mais isolados uns dos outros em seus apartamentos e condomínios, são beneficiados pela convivência com crianças e jovens de comunidades mais pobres, onde a rede social é mais densa e a interação entre as pessoas também. O programa foi um sucesso, oferecendo melhorias não só para as crianças pobres, mas também para os universitários.

A valorização da diversidade, do trabalho interdisciplinar, da flexibilidade e da persistência está de acordo com o pensamento sistêmico e com as modernas técnicas de formação de equipes capazes de aprender e trabalhar em rede na criação de diferentes cenários de futuro, resolução de problemas complexos e desenvolvimento pleno das potencialidades humanas. Peter Senge[10] mostra como a construção de comunidades que aprendem foi usada pela Organização das Nações Unidas (ONU) ao fundar o Global Compact, política estratégica que procura conciliar os interesses dos empresários com direitos humanos, direito do trabalho, meio ambiente e combate à corrupção. O mesmo autor ressalta o valor da diversidade na elaboração do pensamento sistêmico: "O lado obscuro de uma comunidade é a panelinha, ou mesmo uma seita que ocorre quando as pessoas se ligam a outras iguais a elas e com quem concordam em quase tudo."[10] A diversidade faz com que possamos entrar em contato com visões diferentes das nossas e dá margem ao surgimento da inteligência coletiva, possibilitando a inovação social. Os problemas sistêmicos exigem soluções coletivas, porque um sistema é perfeitamente desenhado para produzir o que vem produzindo, e se continuarmos a ter o mesmo tipo de ação, obteremos os mesmos resultados.

INTELIGÊNCIA COLETIVA

Inteligência coletiva é um conceito elaborado por Pierre Lévy a partir da observação e do estudo das redes sociais, principalmente com o advento das novas tecnologias da informação: "É uma inteligência distribuída por toda a parte, incessantemente valorizada, coordenada em tempo real, que resulta em uma mobilização efetiva das competências."[11]

A inteligência coletiva é distribuída por toda a parte, o que quer dizer que ninguém tem todas as informações, mas cada pessoa tem informações e competências próprias que, quando mobilizadas em conjunto, produzem um resultado muito maior do que a soma de suas partes. Isso é extremamente valorizado no mundo de hoje. Não se trata simplesmente de trabalhar juntos, mas de pensar juntos.

Dejours[12] já havia observado o prazer no trabalho quando existe espaço para a criatividade, para o surgimento de uma inteligência prática e astuciosa, que os gregos tinham como uma inteligência do corpo e expressavam pela palavra Metis, a deusa da habilidade e da astúcia, que deu origem ao francês *métier* (trabalho). A inteligência prática descrita por Dejours, que se desenvolve quando o trabalhador vê sentido no seu trabalho, não apenas organiza a atividade produtiva como também desenvolve a cooperação e a sociabilidade. Assim, o trabalho não se limita à produção, mas também ao convívio social.

A inteligência coletiva tem um caráter sistêmico que necessariamente acolhe a diversidade, porque nenhuma parte detém o saber do todo.

Um dos sinais de que a inteligência coletiva está em ação é a sincronicidade: parece que tudo dá certo, que o universo, como se diz comumente, conspira a nosso favor. Como tem um caráter sistêmico, não vemos todas as suas partes e conexões, e pequenos movimentos podem causar grandes modificações. É como se fosse um conjunto de ilhas e continentes, que parecem separados uns dos outros, mas fazem parte do mesmo relevo, que tem uma base submersa. Como não vemos as partes submersas, consideramos que não existe ligação.

A inteligência coletiva aparece, de forma mais simples, até mesmo nos animais: bandos de pássaros que voam em formação para diminuir a resistência do ar, trocando de posição para evitar o cansaço dos primeiros do grupo.

Também são comuns cardumes de pequenos peixes que parecem formar uma parede sólida contra a qual esbarram os predadores e que se desfaz e refaz com grande velocidade.

É simples demonstrar como as pessoas facilmente fazem uma "ola" em um estádio de futebol, organizando-se espontaneamente. Físicos que estudam ondas na superfície dos líquidos resolveram estudar a "ola" nos grandes estádios de futebol e verificaram que ela geralmente tem o sentido horário e uma velocidade de vinte cadeiras por segundo.[6] Também, em competições para adivinhar o peso de um boi ou o número de feijões que há dentro de um vidro, a média de resposta é muito próxima ao número exato. Se as pessoas sabem as decisões dos outros, tendem a fazer a mesma coisa. Assim, depois que uma massa crítica de pessoas toma uma decisão em sequência, em determinado ponto ela se torna irreversível. A partir de um determinado ponto crítico, o fenômeno parece obedecer às leis de potência.[4] Um exemplo disso foi a eleição de Zapatero na Espanha, que mudou em um dia o resultado das pesquisas, com as pessoas se comunicando por mensagens de celulares. Outros exemplos aconteceram na chamada "Primavera Árabe", quando governos centralizadores caíram diante de coletivos comunicantes anarquicamente organizados.

A internet possibilita que os fenômenos que ocorrem nas redes sociais tenham muito mais visibilidade e possam ser estudados atualmente por todo tipo de pesquisadores, como físicos, matemáticos, psicólogos e sociólogos, entre outros. Fenômenos como a Wikipédia demonstram a capacidade da inteligência coletiva. Qualquer pessoa pode agregar informação à Wikipédia (plataforma da internet que é aberta à postagem de informação a respeito dos mais variados tópicos) e também modificar ou retirar seu conteúdo. Seria de esperar que fosse uma confusão completa, mas na verdade a Wikipédia é bastante exata e confiável. Christakis[6] diz que a razão de a Wikipédia funcionar tão bem é que "[...] as redes sociais emergem em torno de cada tópico.".[6] Essas redes são formadas por indivíduos colaboradores, punidores e oportunistas. Os colaboradores adicionam material, os oportunistas apenas se aproveitam da rede, e os punidores consertam as informações erradas.[6] Entretanto, o termo "oportunistas" não parece muito adequado para as pessoas que parecem estar na rede sem se pronunciarem. Quando resolvemos com um grupo de amigos criar uma plataforma virtual para compartilhar conhecimentos sobre Primeira Infância e Cultura de Paz*, começamos a estudar as redes sociais, entrando em um mundo totalmente novo e fascinante. Já havíamos participado de uma lista mundial de 15 mil pessoas em que apenas 150, aproximadamente, escreviam e chamavam os outros de *lurkers* (espiões). Outras redes observam o mesmo fenômeno, no qual poucas pessoas inscritas de fato se manifestam. Não se sabe bem a função dessa maioria calada, mas isso faz lembrar a fala de Pierre Lévy[11] sobre os "justos" que sustentam o mundo. Ele diz que a quantidade de bem que existe no mundo é maior do que a quantidade de mal, ou já teríamos sido destruídos, mas que o mal tem muita visibilidade, enquanto os "justos" do bem se ocultam, permanecem discretos durante a tecedura do laço social. Na nossa Rede Criança e Paz, que atualmente conta com 1.109 membros, tivemos um exemplo disso ao fazer uma campanha para enviar material de desenho para as crianças de Teresópolis, Rio de Janeiro, atingida por tempestades que deixaram mortos e muitos desabrigados. Várias pessoas que nunca tinham falado na rede enviaram material e continuaram caladas.

A linguagem foi uma aquisição fundamental para a espécie humana. Vivemos não apenas em grupo, mas em rede. Em algum momento no desenvolvimento do homem primitivo houve um aumento do cérebro, especialmente no lobo frontal, e o aparecimento da fala, que permitiu a grupos dispersos se comunicarem uns com os outros, o que se tornou uma vantagem evolutiva decisiva. A vida em rede social propiciou o aparecimento da linguagem, possibilitando a comunicação e diminuindo a violência.

A comunicação evoluiu à medida que os humanos se tornaram mais numerosos. Hoje somos 8 bilhões de seres humanos sobre a Terra e podemos falar com alguém do outro lado do mundo ou ler as palavras de amigos que viveram há séculos, mas temos sérios problemas a resolver para manter a vida humana no planeta. Para Lévy,[11] estamos diante de um desafio tão grande quanto o que enfrentaram os nossos antepassados ao inventar a linguagem. Diz o autor: "Poderíamos viver um desses momentos extremamente raros em que uma civilização inventa-se a si própria deliberadamente.".[11] Não mudaremos significativamente a nossa maneira de nos comunicarmos se usarmos a internet simplesmente como mídia, apenas trocando ou divulgando conhecimentos. Mais do que isso,

* http://redecriancaepaz.ning.com.

temos que aprender a pensar juntos, a elaborar, como chama Lévy, [11] a *super-língua* dos coletivos inteligentes. Diz ainda que vivemos um momento histórico em que precisamos construir um espaço de saber, uma *utopia* (um não lugar) que sempre existiu.[11] E como fazer isso? Não sabemos, temos de descobrir juntos.

ASPECTOS DA INTELIGÊNCIA COLETIVA

A inteligência coletiva tem cinco aspectos: ético, econômico, tecnológico, político e estético.[11]

O aspecto ético trata da construção de laços sociais sólidos, partindo do acolhimento da diversidade.

O econômico gira em torno das competências para trabalhar de modo sistêmico, em velocidade estonteante, em que tudo se transforma a cada momento e é necessário que nos transformemos junto com o que construímos – "*Cash flow follows skill flows*",[11] o fluxo do dinheiro segue o fluxo das competências.

O aspecto tecnológico é a infraestrutura comunicante necessária para a interação coletiva, esteticamente projetada para possibilitar o volume de construções coletivas, de vias comunicantes do que Lévy chama "o cérebro coletivo, do hipercórtex de comunidades vivas".[11]

Essa infraestrutura tecnológica apresenta inovações muito rápidas. No momento, os programadores estão aderindo ao Git,[13] um sistema de controle de versão distribuído, aberto, que se caracteriza pela segurança e pela velocidade. O Git foi desenvolvido inicialmente por Linus Torvalds, criador do Linux, que é um sistema operacional gratuito que permite aos desenvolvedores uma interação sem precedentes, com tudo registrado em um histórico que sempre pode ser revisto. Em 2008 foi lançado o Github,[13] que é uma espécie de rede social de programadores e serve de repositório de projetos e compartilhamento de códigos. Essas ferramentas permitem trabalho em equipes por todo o mundo em grande velocidade.

O aspecto político da inteligência coletiva vem sendo demonstrado nos movimentos de populações inteiras que passam a interagir política e efetivamente a partir do momento em que podem se comunicar entre si. A inteligência coletiva não pertence a ninguém, ela surge dessa interação e organiza processos de modos jamais imaginados.

O livro de Wael Ghonim,[14] *Revolution 2.0*, mostra como o movimento espontâneo das populações, cada qual exercendo suas competências, anarquicamente organizadíssimas, possibilitou a queda do governo do Egito. No subtítulo de seu livro, ele diz: "The power of the people is greater than the people in power" (O poder das pessoas é maior do que as pessoas no poder). A leitura desse livro mostra como surgem milagrosamente pessoas com as competências necessárias para os diversos tipos de mobilização. Wael é egípcio, estudou computação nos Estados Unidos e trabalhava no Google quando o ambiente político no Egito começou a fervilhar. Ele fez anonimamente uma página no Facebook sobre um jovem egípcio chamado Khaled Mohamed Said que havia sido barbaramente espancado e morto pelo governo. A página dizia: "Eu sou Khaled Said" e logo teve um grande número de seguidores. Outras entidades se organizaram por toda a parte. E um governo não consegue acabar com uma revolução que não têm dirigentes. Os governos centralizados são incapazes de inteligência coletiva.

CONCLUSÃO

A escola deve informar aos alunos que o uso da internet não é só uma questão de tecnologia, mas de aprender juntos, valorizar a diversidade, trabalhar em rede, ou ficarão usando a internet apenas como mídia. Para trabalhar a rede social na escola, é preciso envolver todos de forma democrática e aprender a conhecer os *hubs*, que são professores, alunos, funcionários ou moradores locais com muitas e fortes ligações sociais. Essas pessoas podem ser identificadas por meio de questionários simples, com perguntas do tipo:

— Quem você procura quando tem alguma dificuldade?
— Você busca a opinião de quem quando tem de tomar uma decisão?
— Qual é a pessoa que mais o ajuda quando você precisa?

E outras, dependendo da finalidade.

São importantes conselhos mistos, em que os alunos tenham representação. Vivemos uma época especial, na qual temos de construir juntos alguma coisa que não sabemos o que é. Todos já tivemos oportunidade de ver a inteligência coletiva em ação. É quando trabalhamos junto com outras pessoas e tudo converge, tudo parece dar certo e, então, alguma coisa acontece, para muito além de tudo o que sonhamos. Por isso o poema de Goethe no início do capítulo.

Para Lévy[11] a mensagem da inteligência coletiva é a Paz. Talvez a tenhamos perdido quando em algum ponto do caminho começamos a colocar cercas e defesas no que antes era livre. Nossa geração acompanhou um mundo de grandes mudanças. Agora temos de salvar a mensagem de Paz para as crianças que estão tornando-se superconscientes. Segundo Senge: "Os verdadeiros cidadãos sistêmicos têm, em sua maioria, menos de 20 anos.".[10]

Há perigos e maravilhas nesse caminho.

Que possamos ajudá-los, confiando que a inteligência coletiva nos guiará para um futuro construído coletivamente!

REFERÊNCIAS

1. Goethe J. Comece tudo que pode fazer [Internet]. Campinas: nicholasgimenes. blogspot.com.br; 2009 [capturado em 10 fev. 2013]. Disponível em: http://nicholasgimenes.blogspot.com.br/2009/02/comece-tudo-que-pode-fazer-frase-de.html.

2. Aristóteles. A política. São Paulo: Escala; 2006. p. 13.

3. Arendt H. A condição humana. 6. ed. Rio de Janeiro: Forense Universitária; 1993. p. 31-60.

4. Baran P. On distributed communications: I. introduction to distributed communications networks. Santa Monica: The Rand Corporation; 1964. Memorandum RM-3420-PR, August 1964.

5. Barabási AL. Linked: a nova ciência dos networks. São Paulo: Leopardo; 2009. p. 131.

6. Milgram S. Small world problem. Psychol Today. 1967;1(1):60-7.

7. Christakis NA, Fowler JH. O poder das conexões: a importância do networking e como ele molda nossas vidas. Rio de Janeiro: Elsevier; 2010. p. 242.

8. Pastrana CF. El juego suicida que mató a cuatro chicos. La Nación [Internet]. 2010 jun. 16 [capturado em 10 fev. 2013]. Disponível em: http://www.lanacion.com.ar/1275586-el-juego-suicida-que-mato-a-cuatro-chicos.

9. Gomes R. ONG seleciona recém-formados para dar aulas de reforço em favelas por até R$ 2.500. O Globo [Internet]. 2012 ago. 08 [capturado em 10 fev. 2013]. Disponível em: http://oglobo.globo.com/educacao/ong-seleciona-recem-formados-para-dar-aulas-de-reforco-em-favelas-por-ate-2500-2966588#ixzz2PEVdutX2.

10. Universia Brasil. Universitários de São Paulo vão dar aulas na rede pública [Internet]. São Paulo: Universia Brasil; 2012 [capturado em 10 fev. 2013]. Disponível em: http://noticias.universia.com.br/destaque/noticia/2012/05/30/938260/universitarios-so-paulo-vo-dar-aulas-na-rede-publica.html.

11. Senge PM. A quinta disciplina: arte e prática da organização que aprende. 26. ed. Rio de Janeiro: Best Seller; 2010. p. 399-461.

12. Lévy P. A inteligência coletiva: por uma antropologia do ciberespaço. 6. ed. São Paulo: Loyola; 2010. p. 25, 28, 60.

13. Dejours C. Subjetividade, trabalho e ação. Rev Produção [Internet]. 2004 [capturado em 10 fev. 2013];14(3):27-34. Disponível em: http://www.scielo.br/pdf/prod/v14n3/v14n3a03.pdf.

14. Silvestre H. Git e GitHub: conceitos básicos [Internet]. Belo Horizonte: Henrique Silvestre; 2012 [capturado em 10 fev. 2013]. Disponível em: http://www.slideshare.net/HenriqueSilvestre1/git-e-github-conceitos-bsicos.

15. Ghonim W. Revolution 2.0: the power of the people is greater than the people in power: a memoir. New York: Houghton Mifflin Harcourt; 2012.

CAPÍTULO 14

A ÉTICA, A ESCOLA E A FORMAÇÃO DA CIDADANIA DIGITAL

SOLANGE PALMA BARROS

A escola tem como um de seus principais objetivos a preparação dos cidadãos, tanto para o desenvolvimento de suas potencialidades como para a vida em sociedade. Não é difícil perceber o dinamismo da sociedade atual, já que as mudanças são constantes em todos os aspectos. O que era indispensável há algum tempo pode não mais ser importante na sociedade do amanhã. Sendo assim, as necessidades dos indivíduos, sejam de adaptação, de aprendizado ou de preparação para essa vida dinâmica, precisam ser supridas na escola, que necessariamente deve acompanhar o ritmo da sociedade em mudança. O grande desafio imposto aos educadores deste novo século é a formação de cidadãos críticos, engajados, éticos e autônomos para desempenharem seus papéis na sociedade do conhecimento. Muito mais do que ensinar os conteúdos e o domínio das técnicas da modernidade, a escola deve preparar cidadãos capazes de agir, atuar e se posicionar ante as adversidades com ética e sabedoria. O cenário em que se inserem a escola e a vida de seus jovens alunos é permeado pela tecnologia, em especial pelo uso dos computadores e da internet, que amplia as possibilidades de comunicação, interação e produção de conteúdos, entre tantas outras. É nesse cenário que podem surgir atitudes que destoam do considerado "ser ético" e que também se estabelece o contato com informações, pessoas e problemas intrínsecos à era digital. A escola moderna é uma das responsáveis pela busca de caminhos de integração entre os jovens e a tecnologia, preparando cidadãos conscientes, livres de perigos e ameaças oriundas da tecnologia.

A VIDA NO MUNDO PÓS-MODERNO

Pós-modernismo é o nome atribuído ao conjunto de mudanças que aconteceram em diversas áreas do conhecimento e na própria sociedade no final do século XX. Inúmeros fatos notoriamente conhecidos, como, por exemplo, a conquista do espaço extraterrestre, a descoberta dos códigos genéticos e a universalização da tecnologia digital, colaboraram para a caracterização desta nova era.

A pós-modernidade está intimamente relacionada ao antitradicional, ou seja, à busca pelo novo. Convenções, crenças e a lógica determinística cederam seu lugar para a ruptura de paradigmas e o estabelecimento de novos valores e de novas formas de vida. A ciência e a tecnologia fizeram e fazem crescer, de forma intensa, a valorização das coisas, provocando também intervenções de formas variadas no meio ambiente e na vida das pessoas. Os espaços íntimos foram invadidos; os destinos individuais e os rumos da sociedade, influenciados; e as opiniões e a vontade das pessoas, amplamente manipuladas.[1]

De fato, a sociedade vive um constante processo de transformação, já que o sujeito nunca está "pronto", diferentemente dos objetos, que estão prontos e acabados. O sujeito trabalha, transforma a natureza, aprende, ensina e também prepara os demais para a continuidade do desenvolvimento e do conhecimento humanos, em busca daquilo que se denomina progresso.[2]

De acordo com o pensamento e o *modus vivendi* pós-moderno, pode-se estabelecer uma lista de suas ideologias intrínsecas, como segue:[3]

1. **Materialismo**: a valorização do "ter" em detrimento do "ser".
2. **Heedonismo**: a busca pelo prazer a qualquer preço.
3. **Permissivismo**: a possibilidade de realização de qualquer coisa, acima de qualquer propósito ou ideal.
4. **Relativismo**: a transformação de tudo em subjetividade, sem regras ou absolutismo.
5. **Consumismo**: a necessidade de substituição e aquisição constante de bens e serviços, que alimenta a cultura do desperdício.
6. **Niilismo**: a desvalorização do sentido e da finalidade das coisas.

Acrescente-se a esse cenário o domínio da tecnologia, que é condição indispensável para a aquisição do saber e que é sustentado pela comunicação e pela semiótica. A linguagem simbólica é a que impera na vida pós-moderna, cujo universo de imagens, produzido pelas redes de informação, impacta diretamente na reorganização dos saberes e da vida acadêmica. Essas imagens muitas vezes estabelecem confusões e geram questionamentos entre o natural e o artificial, entre o imaginário e o real, entre o verdadeiro e o falso. A produção digital está transformando muito mais do que a aparência das imagens. Ela está modificando a forma de representação das coisas e também a própria noção de tempo e espaço.

ÉTICA E VALORES NO MUNDO PÓS-MODERNO

Por viver em comunidade, o homem tem-se preocupado em determinar padrões para o que é certo e o que é errado, o que é bom e o que é ruim. A ação humana consiste basicamente na escolha entre um desses dois lados. A distinção entre o certo e o errado é definida por uma série de fatores que envolvem desde aspectos culturais até questões históricas. Uma coisa é certa: é a conduta humana que rege os caminhos e os rumos da sociedade. A ação dos indivíduos é normalmente baseada em padrões aceitos pela sociedade, de forma a permitir o convívio harmonioso entre as pessoas.

De acordo com Marilena Chaui,[4] o sujeito ético é "[...] um ser racional e consciente que sabe o que faz, um ser livre que decide e escolhe o que faz e um ser responsável que responde pelo que faz [...]". Destaca-se aqui o conflito existente entre a autonomia do sujeito na escolha de suas ações e os padrões impostos pela sociedade. De fato, a sociedade padroniza determinados comportamentos, que são seguidos pelas pessoas. Sendo assim, o sujeito ético age, não em conformidade com suas convicções, mas de acordo com a moral e os valores ditados pela sociedade. Marilena Chaui[4] afirma que a única forma de se resolver esse conflito é "[...] o agente reconhecer os valores morais de sua sociedade como se tivessem sido instituídos por ele, como se ele pudesse ser o autor desses valores [...]", e que isso o torna autônomo em relação às escolhas de suas ações.

Por ser a Ética a teoria que se preocupa com as escolhas dos indivíduos e com os valores individuais, por serem os balizadores dessas escolhas, faz-se necessário introduzir esses dois elementos nas discussões sobre o mundo pós-moderno. Sabe-se que, quando se trata de ética e valores, nem sempre há correspondência entre a teoria e a prática, já que aquilo que se prega nem sempre é aquilo que se faz. Há a necessidade de se diminuir a distância que separa a Teoria da Ética da ação dos indivíduos. Para tanto, faz-se necessária uma educação ética, que vise "[...] um certo disciplinar das vontades, um controle continuado dos instintos e da expressão das determinações externas [...]",[5] já que a ética só pode ser manifestada de forma prática.

Não se pode dissociar a prática da educação ética da figura da escola tradicional. Sendo assim, cabe à escola ter o conhecimento das coisas e das situações, já que a possibilidade de organizar eticamente a conduta das pessoas se dá a partir desse conhecimento: quando se sabe como as coisas são, sabe-se o que pode acontecer com elas e a partir delas. Pedro Goergen,[6] em seus estudos sobre educação e valores no mundo contemporâneo, mostra que a ética ocupa um espaço muito pequeno na atual estrutura curricular das escolas, ficando restrita a "recortes" ou a atividades transversais.

É nesse contexto que se insere a necessidade de a Escola conhecer profundamente as questões associadas ao uso indiscriminado da tecnologia e, em especial, ao uso da internet. Sabe-se que existem consequências que estão associadas ao "mau uso" do computador e da internet, e a escola, como formadora de cidadãos, não pode abster-se do debate sobre essas questões.

A INTERNET – UM DIVISOR DE ÁGUAS

O surgimento da internet comercial, nas últimas décadas do primeiro milênio, pode ser considerado um marco da vida em sociedade. Enquanto a geração de imigrantes digitais viveu em uma época em que as relações interpessoais se davam quase que exclusivamente de forma presencial, a geração digital passa a maior parte do tempo conectada e realiza a grande maioria das atividades por intermédio da internet.

A rápida incorporação da digitalização na vida das pessoas não permite reflexões prolongadas. O lapso de tempo entre o lançamento de um aparato tecnológico e outro é tão pequeno que não há um período de transição ou de adaptação. O volume das novidades é tão grande que faz muitos equipamentos eletrônicos "perecerem" rapidamente, tornando-se "velhos" e "fora de moda" em curto espaço de tempo.

De fato, o atual patamar tecnológico em que a sociedade vive permite a utilização de alguns recursos que antes eram inimagináveis. Porém, a sociedade não pode ficar "cega" a ponto de não reconhecer os problemas que podem ser consequência de um uso desenfreado e indiscriminado da internet.

A incorporação da tecnologia na vida das pessoas trouxe alguns reflexos negativos para a sociedade, como, por exemplo:

- o desemprego (perdas associadas à automação)
- a diminuição na capacidade de comunicação (perda decorrente das novas formas de interação)
- a diminuição dos espaços individuais (perdas associadas ao excesso de controle e consequente invasão de privacidade)[7]

- o acirramento das diferenças sociais entre aqueles que têm acesso à tecnologia e aqueles que vivem à margem da informatização.[8]

Outra questão importante que precisa ser considerada quando se fala a respeito dos problemas advindos do universo virtual é o grande aumento no volume das informações e sua consequente massificação. Como uma pessoa pode direcionar sua atenção para o universo informacional de forma coerente, se, em média, cada busca realizada na internet retorna, no mínimo, milhares de resultados? A atenção que uma pessoa pode dedicar para pesquisas na internet é resultante de uma equação que envolve a quantidade de informação disponível na rede (ilimitada) e o tempo que essa pessoa tem para consulta (limitado). É fácil perceber que a atenção tende a zero, já que a quantidade tende ao infinito. Como selecionar o melhor resultado de uma busca entre milhões de opções apresentadas? É preciso diferenciar, portanto, informação e conhecimento.

Acrescente-se a esse cenário o fato de os estudantes (de todos os níveis) utilizarem a internet como primeira opção para a realização de suas pesquisas e trabalhos acadêmicos. É fundamental que os jovens estudantes iniciem sua vida acadêmica preparados para esta difícil tarefa: selecionar o que tem qualidade.

A ESCOLA E A FORMAÇÃO DA CIDADANIA DIGITAL

Diversas questões de cunho ético e comportamental advêm do mundo virtual e estão diretamente relacionadas com o tipo de uso que se faz da internet. O Quadro 14.1 apresenta a relação das principais questões.

Vive-se um momento único na história em relação ao uso das tecnologias digitais: a atual geração de pais e educadores é a última geração que conheceu o mundo sem a influência dos computadores e da internet. Essa geração viveu em um tempo em que a escola, os bancos, os serviços públicos, as relações interpessoais e o lazer estavam dissociados das máquinas.

Não se prega aqui um saudosismo ou um retrocesso no modo de vida atual. O que se pretende é demonstrar que é necessário muito discernimento, para pais e educadores, no que se refere a aprender e utilizar o maquinário de forma construtiva, sobretudo o que há de novo, trazido pela evolução técnico-científica. Ao mesmo tempo, deve-se tentar perpetuar o que havia de bom na cultura antes da existência dos computadores e da internet.

A Figura 14.1 apresenta o posicionamento da atual geração de pais e educadores em relação à criação da internet e em relação à vida dos jovens da geração digital (nascidos à sombra da internet).

QUADRO 14.1 **AS PRINCIPAIS PROBLEMÁTICAS ASSOCIADAS AO USO INDISCRIMINADO DA INTERNET**

Acomodação. As facilidades oferecidas pela internet e pela tecnologia tendem a tornar as pessoas mais acomodadas e sedentárias.
Apostas *online*. Facilita o vício em jogos de azar, já que o jogo está disponível 24 horas por dia.
Cyberbullying. A falsa sensação de anonimato estimula a prática de ofensas, agressões e humilhações por meio da rede.
Divulgação de boatos, mentiras e apologias. Não existe controle sobre aquilo que é publicado, portanto, a incitação e a apologia a crimes são comuns.
Exposição à pornografia. A "indústria da pornografia" é uma das mais lucrativas do novo milênio e é uma das responsáveis pela deturpação da natureza humana.
Exposição da imagem e dos dados pessoais. A exposição do mundo privado e a valorização do "eu" fornecem, a quem se interessar, muitas informações a respeito de uma pessoa.
Invasões virtuais. Os chamados "vândalos" da era digital têm alto conhecimento de tecnologia e facilmente invadem as redes de bancos, empresas e órgãos públicos.
Pedofilia. Os predadores se utilizam da internet para estabelecer contato com as crianças e cometer o crime de pornografia infantil.
Questões da saúde. A postura, a audição e a visão de uma pessoa são afetadas diretamente pela intensidade e forma de acesso à internet.
Spam. Mensagens não autorizadas são enviadas para as caixas postais particulares e exigem uma nova forma de administração do tempo.
Vício. O tempo que uma pessoa fica conectada à internet tem aumentado cada vez mais. Muitas vezes as vidas pessoal e profissional são deixadas de lado por conta do vício no uso da internet.
Violação do direito autoral. As indústrias de música e de filmes estão tendo de repensar suas formas de distribuição de conteúdo por conta da facilidade no acesso a arquivos protegidos por direitos autorais.
Vírus. O *download* indiscriminado de conteúdos e a falta de conhecimento a respeito da proteção têm feito com que os vírus sejam disseminados de forma intensa.

Fonte: Barros e colaboradores.[9]

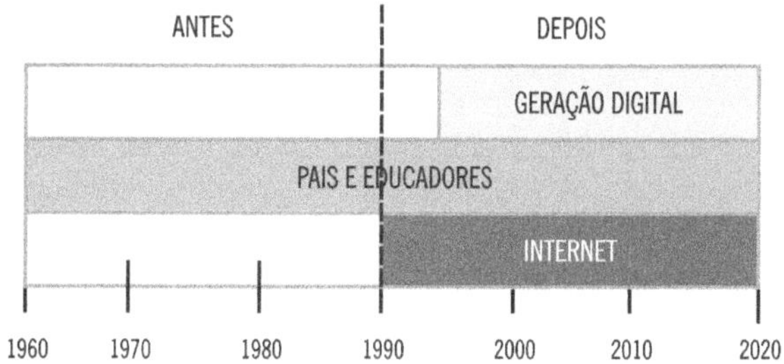

FIGURA 14.1 **Linha do tempo: a internet e as gerações.**
Fonte: A autora.

A responsabilidade na formação da cidadania digital dos jovens deve ser dividida entre pais e escola. Porém, devido ao fato de nem todos os pais estarem preparados e tecnologicamente inseridos no contexto do universo virtual, atribui-se primeiramente à escola essa incumbência.

A escola, que tem o importante papel de orientadora da sociedade, é tida como fundamental na formação de sujeitos responsáveis, conscientes, críticos e engajados na sociedade do conhecimento, inclusive na dimensão virtual que permeia a vida dos jovens.

Para tanto, visando a formação da cidadania digital, existem cinco importantes ações que a escola deve priorizar:

1. Incluir em suas grades a formação ética de seus alunos na dimensão virtual.
2. Mostrar que a internet não é a única opção de atividade na vida dos jovens.
3. Apresentar as inúmeras possibilidades construtivas de crescimento, aprendizado e entretenimento sadio que a internet oferece.
4. Promover a formação dos professores quanto ao uso da tecnologia e às implicações de seu mau uso.
5. Promover a formação dos pais que desconhecem as questões virtuais e seus problemas intrínsecos.

A introdução dessas práticas na dinâmica escolar atinge, ao mesmo tempo, alunos, pais e professores, que, atuando de forma integrada, conseguem alcançar patamares desejáveis em termos de formação da cidadania. A escola é uma instituição social hábil para inserir em seu programa de ação atividades de formação moral e reflexão ética sobre o uso das tecnologias, seja entre o corpo docente, seja entre pais e estudantes.

A organização curricular de uma escola deve ser baseada nas necessidades e experiências sociais do aluno. A vida escolar divorciada da experiência de vida direta do jovem pode ser fútil. Essa dinamicidade permite que o aluno seja capaz de resolver problemas sociais e de satisfazer suas necessidades sociais.

PROGRAMAS DE APOIO PARA ESCOLAS – INSERÇÃO DA ÉTICA DIGITAL NO CURRÍCULO

De acordo com a pesquisa realizada pelo Laboratório de Estudos em Ética nos Meios Eletrônicos (LEEME),[9] da Universidade Mackenzie em São Paulo, cerca de 99% dos alunos de escolas públicas e privadas da região central da cidade de São Paulo sabem que existem perigos e riscos no uso da internet.

Esses mesmos alunos foram questionados sobre "como ficaram sabendo dos riscos e perigos originados a partir da internet". Os resultados mostraram que a principal fonte de informação é a mídia (televisão, jornais, revistas e a própria internet), seguida de pais e familiares e, em terceira posição, da escola.

A grande diferença entre a mídia e a escola é o papel que cada uma exerce na sociedade: enquanto a mídia tem como principal objetivo a informação, a escola atua na formação dos indivíduos. E esse é exatamente o caso da formação da cidadania digital, que deve ter suas bases na educação escolar.

Obviamente, as diferentes mídias servem de suporte às escolas para seus programas de formação da cidadania digital. Porém, de forma isolada, os materiais produzidos pelas mídias pouco podem fazer em prol de crianças e adolescentes.

Infelizmente não existe espaço no currículo escolar da educação formal brasileira para que essa temática seja tratada da forma adequada: em todos os níveis de ensino e abordando as diversas questões que envolvem ética e internet. O que normalmente acontece é que, de forma transversal, os temas são tratados em leitura, produção de texto e pequenas pesquisas.

Não só o espaço no currículo é necessário, como também são necessários programas governamentais de apoio. Como já foi dito, nem todas as escolas têm profissionais preparados para lidar com esse assunto de forma adequada com os alunos. Isso significa que, muitas vezes, a escola terá que buscar apoio externo para a preparação de aulas e para a confecção de materiais específicos para os estudantes de cada faixa etária.

Em primeiro lugar, é necessário montar uma "grade curricular" específica para a formação da cidadania digital. Essa grade deve contemplar uma pluralidade de assuntos, divididos em todos os níveis de ensino (fundamental I, fundamental II e ensino médio). O Quadro 14.2 apresenta uma sugestão de conteúdos que podem ser utilizados para essa formação.

No Brasil existem grupos de pesquisa em universidades, associações e organizações não governamentais que produzem conteúdos em diferentes mídias e que podem servir de suporte às escolas interessadas em introduzir a formação da cidadania digital em suas grades.

QUADRO 14.2 **CONTEÚDOS PARA A FORMAÇÃO DA CIDADANIA DIGITAL**

Assunto	Conteúdos
O lado positivo da internet	O que existe além das redes sociais – cultura mundial – serviços – entretenimento
Proteção *online*	Questões da saúde – riscos e benefícios do contato com as pessoas via internet
Segurança *online*	Senhas – *spam* – vírus – compras *online* – proteção de dados e imagem pessoal – fraudes
Vida digital	Cidadania digital – responsabilidade digital – uso ético dos meios eletrônicos – cibercultura
Privacidade e rastros digitais	Preservação da imagem pessoal – eternização das informações na internet
Identidade *online*	Autoexpressão na internet – *fake* – real – virtual
Propriedade intelectual	Questões legais – direitos autorais – plágio – tipos de licença
Pesquisas na *web*	Utilização dos diferentes buscadores de forma eficiente – construção de textos a partir de pesquisas
Avaliação de *sites*	Reconhecimento da veracidade das informações – qualidade dos *websites* – inteligência coletiva

Fonte: A autora.

Como exemplo, pode-se citar os dois livros didáticos produzidos pelo LEEME. Os livros são gratuitos e estão disponíveis para *download* no *site* do grupo de pesquisa:[10]

❶ *De bem com a internet* – é voltado para o ensino fundamental II (6º ao 9º ano) e aborda de forma clara e divertida todas as problemáticas associadas ao uso indiscriminado da internet.

❷ *O uso legal da internet: ética e valores para jovens da era digital* – é direcionado para o ensino médio. Apresenta linguagem um pouco mais densa e aborda as problemáticas associadas ao uso indiscriminado da internet, apresentando propostas para reflexão que podem ser feitas em conjunto com pais ou educadores.

A segurança de crianças e adolescentes na internet tem sido uma preocupação constante em todo o mundo. Diversos países já inseriram oficialmente em suas grades curriculares o ensino de Ética e Cidadania Digital. Nesses casos, o próprio governo desenvolve ações e materiais de apoio para as escolas.

Na Europa existe a rede Eurydice, que fornece subsídios para as escolas em diversos aspectos, inclusive quanto à questão da formação da cidadania digital. De acordo com seu último relatório temático anual[11] sobre o ensino da segurança na internet, países como Portugal, Espanha, França, Reino Unido, Alemanha, Polônia, Noruega e Finlândia são exemplos de introdução desses conteúdos no currículo do ensino primário e secundário de forma compulsória.

De acordo com o mesmo relatório,[11] o currículo de segurança na internet inclui informações sobre os potenciais riscos que as crianças podem enfrentar *online*, *cyberbullying*, controle da privacidade e capacitação para utilizar a internet e os telefones celulares de forma responsável.

Já nos Estados Unidos, as escolas podem contar com o programa governamental OnGuard Online,[12] que, por meio de um *site* e de materiais didáticos, como o livro *Net Cetera*, distribui conteúdos sobre o uso responsável do computador e da internet.

São muitos os países onde as escolas podem contar com o apoio governamental em suas práticas educacionais para a formação da cidadania digital. Além dos países da Europa e os Estados Unidos, o Egito, a Austrália e a Nova Zelândia também se enquadram nessa sistemática.

CONCLUSÃO

Partindo-se do princípio de que não existe retrocesso para a cultura digital na qual o mundo está inserido, todas as gerações futuras serão gerações de nativos digitais. Ser um nativo digital significa utilizar a internet desde tenra idade, de modo que, a partir de então, atividades escolares, lazer e trabalho ficam intrinsecamente ligados ao mundo virtual e suas diferentes possibilidades.

Não se sabe ao certo quais serão as consequências desse uso "intensivo" da internet pelos nativos digitais. O que se sabe é que o bem e o mal, o certo e o errado, sempre coexistirão, seja na vida real, seja no mundo virtual. Se as relações presenciais entre as pessoas são passíveis de problemas, mentiras e fraudes, as relações estabelecidas via internet são potencialmente mais suscetíveis a essas ocorrências. Essa afirmação baseia-se no fato de que a falsa sensação de anonimato induz muitas pessoas a agirem no mundo virtual de forma diferente da que agem no mundo real.

Educar para o mundo digital significa educar para a vida, que cada vez mais se apropria do universo virtual. O mais importante é estabelecer os limites da relação existente entre o homem e a máquina, que deixou de ser simplesmente uma questão de subordinação, e hoje é essencialmente uma questão de dependência e de construção do aprendizado de muitas particularidades na vida de cada indivíduo.

A tecnologia existe para agregar melhorias para a vida humana e isso não pode ser diferente para uma das maiores invenções da humanidade: a internet. Seu uso precisa ser direcionado para o bem, pois não se quer que os jovens sejam vítimas. Ao mesmo tempo, não se deseja que eles sejam autores de práticas ilegais ou antiéticas. A educação e a regulamentação para o uso da internet são as únicas formas de coibir práticas indesejáveis no universo virtual.

REFERÊNCIAS

1. Goergen P. Pós-modernismo, ética e educação. Campinas: Autores Associados; 2003. p. 26-9.

2. Barros SDPS, Rodrigues CCL. Importância da formação ética no ensino fundamental e o uso construtivo da computação na era da internet. Rev Eletr Comunic: Cad Ética Educ [Internet]. 2006 [capturado em 10 fev. 2013]:79-102. Disponível em: http://www.mackenzie.br/fileadmin/Pos_Graduacao/Mestrado/Ciencias_da_Religiao/caderno_educacao.pdf.

3. Barth WL. O homem pós-moderno, religião e ética. Teocomunicação [Internet]. 2012 [capturado em 10 fev. 2013];42(2);94-6. Disponível em: http://revistaseletronicas.pucrs.br/veritas/ojs/index.php/teo/article/viewFile/1775/1308.

4. Chaui M. Ensaio: ética e violência. Teoria e Debate [Internet]. 1998 [capturado em 10 fev. 2013];11(39). Disponível em: http://www.fpabramo.org.br/o-que-fazemos/editora/teoria-e-debate/edicoes-anteriores/ensaio-etica-e-violencia.

5. Boto C. Ética e educação clássica: virtude e felicidade no justo meio. Educ Soc [Internet]. 2001 [capturado em 10 fev. 2013];22(76):121-46. Disponível em: http://www.scielo.br/scielo.php?script=sci_arttext&pid=S0101-73302001000300008&lng=en&nrm=iso.

6. Goergen P. Educação e valores no mundo contemporâneo. Educ Soc [Internet]. 2005 [capturado em 10 fev. 2013];25(92):983-1011. Disponível em: http://www.scielo.br/scielo.php?script=sci_arttext&pid=S0101-73302005000300013&lng=en&nrm=iso.

7. Leal F. Ethics in fragile: goodness is not. AI & Society. 1995:9(1):29-42.

8. Werthein J. A sociedade da informação e seus desafios. Ci. Inf [Internet]. 2000 [capturado em 10 fev. 2013]:29(2):71-7. Disponível em: http://www.scielo.br/pdf/ci/v29n2/a09v29n2.pdf.

9. Barros SDPS, Rodrigues CCL, Cymrot R, Moraes UC. Uma análise das questões ético-computacionais e suas consequências: como formar cidadãos conscientes e engajados na Sociedade do Conhecimento. São Paulo: Universidade Presbiteriana Mackenzie; 2008. p. 36-142.

10. Laboratório de Estudos em Ética nos Meios Eletrônicos [Internet]. São Paulo: Universidade Presbiteriana Mackenzie; c2012 [capturado em 10 fev. 2013]. Disponível em: http://www.mackenzie.com.br/leeme.html.

11. Eurydice. Education on online safety in schools in Europe [Internet]. Brussels: EACEA P9 Eurydice; 2010 [capturado em 10 fev. 2013]. Disponível em: http://eacea.ec.europa.eu/education/Eurydice/documents/thematic_reports/121EN.pdf.

12. OnGuard Online. [Internet]. Washington: Federal Trade Comission; c2012; [capturado em 10 fev. 2013]. Disponível em: http://www.onguardonline.gov.

CAPÍTULO 15

CIDADANIA E ÉTICA DIGITAL

PATRICIA PECK PINHEIRO

A Sociedade Digital transformou a forma como as pessoas se relacionam para sempre. Além disso, mudou o modelo de riqueza, que passou a estar baseado em ativos intangíveis, especialmente conhecimento, informações. Todo e qualquer indivíduo tem o poder de se expressar em tempo real para o mundo, gerando conteúdos que se perpetuam na internet. No entanto, sem educação, o que seria algo positivo pode gerar muitas coisas negativas, de ofensas digitais à prática de plágio, além de outros crimes digitais.

A internet trouxe a rua para dentro de casa. Muitos dos pais que passam o dia no computador chegam em casa e não querem ver nada de tecnologia. Assim, acabam por não se inteirar da rotina de vida digital dos seus filhos. Delegam a orientação para o "grande oráculo Google" ou para a "Wikipedia". É importante refletir sobre isso, pois os principais riscos digitais são muito parecidos com os do mundo real. Tem a ver com falar com um desconhecido, com sofrer um assédio, com ter acesso a um conteúdo inapropriado para a idade, passar por situação de exposição de intimidade ou mesmo ser vítima de uma ofensa.

A criança deve ser assistida no uso de tecnologia e adquirir mais autonomia após conquistar confiança e demonstrar responsabilidade. Segurança é papel da família! Os pais precisam fazer parte do processo de iniciação de seus filhos no ambiente eletrônico, especialmente quando envolver redes sociais. Assim como, ao comprarem um videogame, os pais vão instalar, mostrar como funciona, jogar uma partida juntos com os filhos, o mesmo deve ocorrer em relação à *web*. Hoje, o jovem acaba por acessar sozinho, falta a "assistência" inicial necessária para ensinar a usar do jeito certo e sem riscos.

Tem aumentado a quantidade de incidentes envolvendo jovens na internet, principalmente relacionados a uma "má educação digital". Usam o conhecimento de tecnologia para fazer o mal a outras pessoas, muitas vezes colegas de escola, professores e até desconhecidos. Além de se exporem excessivamente na *web*, também expõem os familiares, colocando fotos que podem ridicularizá-los e até gerar o risco de atrair bandidos, sequestradores.

Um pai que dá um celular com câmera para um filho tem que explicar que ele não pode tirar foto dos outros sem autorização e publicar na internet. A criança deve ser assistida no uso de tecnologia e, conforme conquista confiança, responsabilidade, vai tendo mais autonomia. Quando aprendemos a usar o telefone fixo, a maioria de nós foi ensinada a não falar com estranhos e a não passar informação da família. Com relação ao automóvel, também somos advertidos dos riscos. Por que, então, quando se trata de computador, não há orientação? O menor cria uma comunidade no Orkut, publica informação que coloca em risco sua segurança e ninguém está vendo isso? Os pais são responsáveis por orientar e vigiar seus filhos no mundo digital, sem fronteiras e em tempo real.

Os pais precisam atuar diretamente no problema crescente brasileiro de "delinquência digital". A nova geração é repleta de filhos nascidos e criados com mimos tecnológicos, superprotegidos. O mundo real inseguro os induz a levar uma vida mais virtual, na internet, com amigos em redes sociais, mas que também exige cuidados.

QUADRO 15.1 **O QUE CONFIGURA *CYBERBULLYING* NO ÂMBITO DA ESCOLA?**

Uso de imagem não autorizada de colega (foto ou vídeo) na *web*, associando a conteúdo ofensivo ou vexatório, que exponha parte do corpo deste com o objetivo de ridicularizá-lo (p. ex., nariz e chamar de narigudo, orelha e chamar de orelha de abano, entre outros).
Associação do nome de uma pessoa (colega, professor, terceiro) com bichos (por uso de imagem, som, outros efeitos) com o objetivo de expô-la a constrangimento público.
Redação de conteúdo dirigido a alguém (seja colega, professor, terceiro) em tom agressivo, de ódio, de ameaça, discriminação, perseguição, falar mal ou denegrir a família da pessoa e o seu contexto social.
Incitação à prática de violência de uma ou mais pessoas contra uma pesssoa especificamente (basta a menção de detalhes que possam gerar a identificação desta, mesmo que não haja citação do nome, para a configuração do delito).

Fonte: A autora.

Escolas e professores, sejam formados na era digital ou na analógica, precisam orientar sobre a boa conduta digital. Dar ferramenta sem educar é um grande perigo. Mais do que usar a tecnologia em sala de aula, é fundamental ensinar sobre as regras do jogo, sobre as leis vigentes, sobre a ética no mundo que está cada vez mais digital.

A liberdade de expressão exige responsabilidade. Vide caso da estudante de Direito que fez comentários sobre "nordestinos". Lastimável. O Judiciário Brasileiro tem punido severamente os casos que vão à Justiça,* em geral condenando a indenizar, com valores ao redor de 15 mil reais, dependendo do caso, além de aplicar medida socioeducativa com base no Estatuto da Criança e do Adolescente. Mas a sequela fica na vida da vítima! Dinheiro nenhum vai limpar o nome e a honra dela na internet, nem apagar os danos psicológicos de quem sofre com *cyberbullying*, por exemplo.

Por tudo isso, a disciplina "Cidadania e Ética Digital", que pode ser ministrada de forma independente ou no contexto de outras disciplinas (com temas discutidos em aulas de história, geografia, biologia, computação, inglês, entre outras), tem a finalidade de trazer o fundamento comportamental necessário para um indivíduo exercer ao máximo sua liberdade e cidadania na era digital, de forma ética, segura e legal. Ou seja, visa permitir o máximo uso da tecnologia com o menor risco social possível. Não podemos deixar que a internet vire uma "terra sem lei" ou vamos retroceder para o "estado de natureza", a lei do mais forte. Tecnologia não pode estar dissociada de ética e leis, sob pena de sabotarmos a próxima geração.

* Professor ofendido pelo Orkut obtém indenização de pais. A Justiça de Rondônia condenou 19 pais de estudantes a pagar indenizações a um professor de matemática de Cacoal (500 km de Porto Velho) que, somadas, resultam em R$ 15 mil. O professor foi alvo de ofensas dos alunos no Orkut. Eles criaram, em 2006, a comunidade virtual "Vamos Comprar uma Calça para o Leitão", ilustrada com a foto e o nome do professor Juliomar Reis Penna, 33. Na comunidade, dez alunos da oitava série, com idades de 12 a 13 anos, escreveram ofensas, piadas, questionaram notas e ameaçaram o professor. "Eu ajudo a furar os pneus do Vectra dele [...] Vamos quebrar os vidros, jogar açúcar dentro do tanque de gasolina" foram alguns dos recados deixados pelos alunos. [...] Denunciados pelo professor ao Juizado da Infância e da Juventude, os alunos reconheceram a criação da página e a autoria dos recados. Como medida socioeducativa, oito estudantes tiveram de apresentar palestras para adolescentes sobre o uso responsável da internet.
Fonte: Agência Folha.[1]

Conforme pesquisa feita pelo Movimento Família Mais Segura, na internet, em 2012,[2] 48% das escolas no Brasil já tiveram incidente de *cyberbullying*. Muitas já disponibilizam internet sem fio, mas ainda não educam sobre o uso ético, seguro e legal da tecnologia.

A mesma pesquisa apresenta o seguinte Panorama de Educação Digital no Brasil:

❶ O uso do computador em sala de aula já se tornou essencial para o processo pedagógico de ensino no Brasil.

❷ A maioria das escolas brasileiras já conta com computadores, acesso à internet e *wireless* (sem fio).

❸ Ainda não é feito um treinamento formal dos professores sobre o tema de Educação em Cidadania, Ética e Segurança Digital, apesar de ser considerado extremamente importante pela maioria dos entrevistados.

❹ Uma boa parte das escolas já teve algum incidente digital, seja uso indevido de celular em sala de aula e até *cyberbullying*.

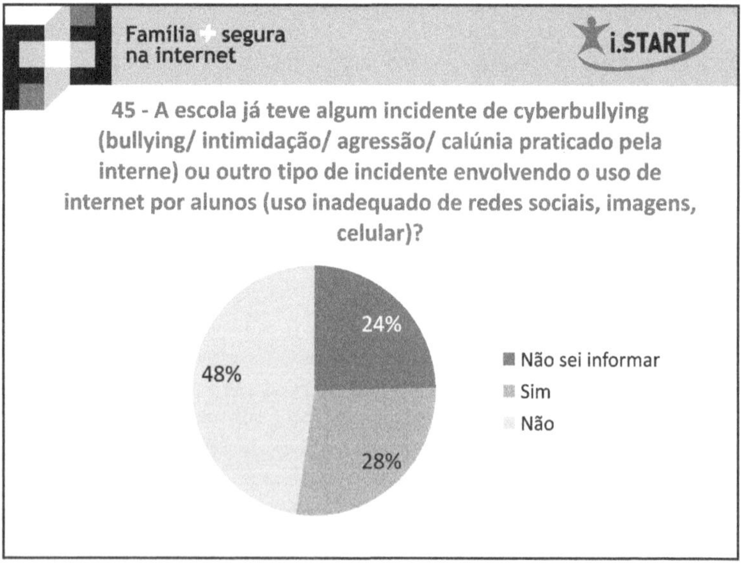

Fonte: Família mais segura na internet.[2]

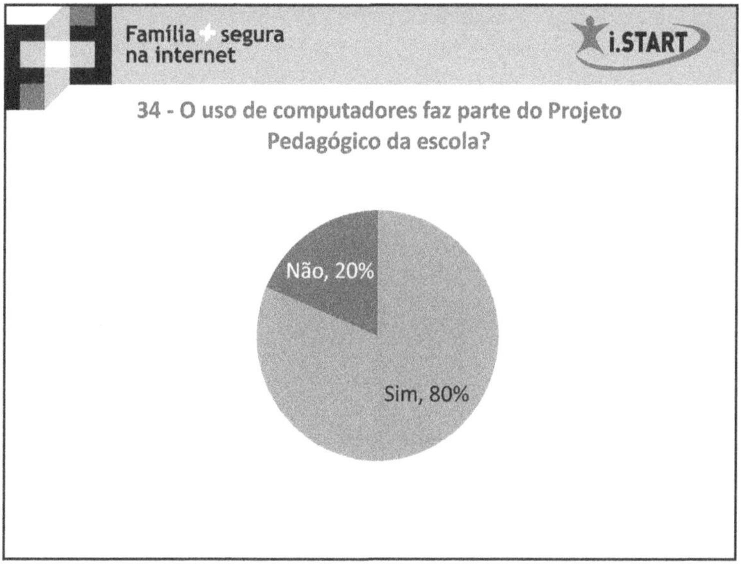

Fonte: Família mais segura na internet.[2]

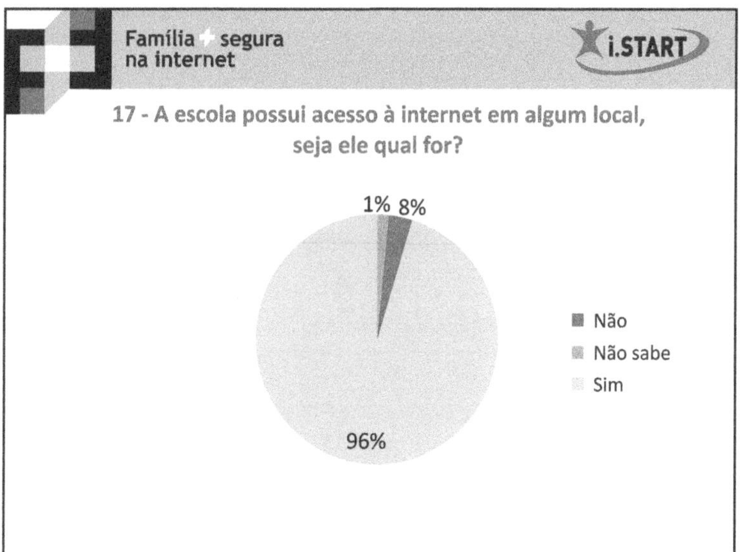

Fonte: Família mais segura na internet.[2]

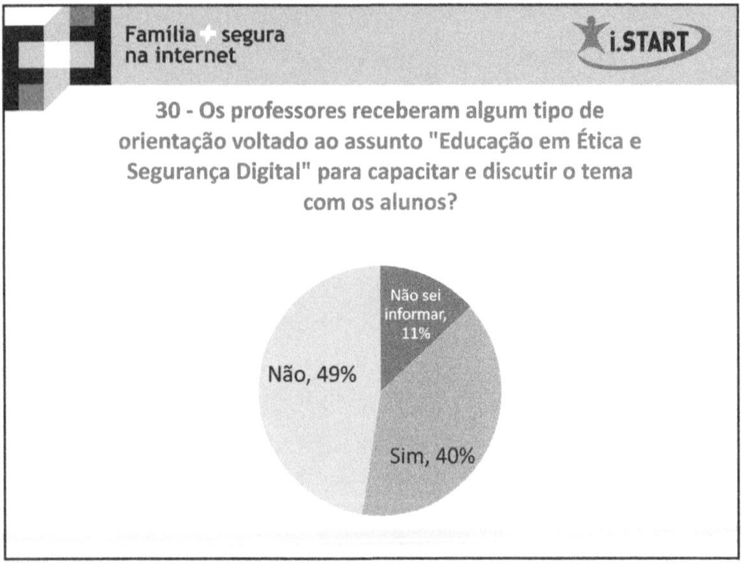

Fonte: Família mais segura na internet.[2]

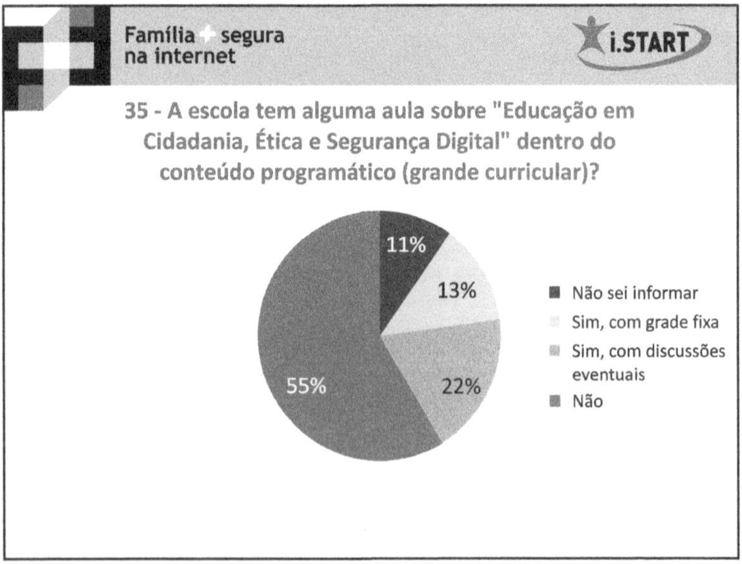

Fonte: Família mais segura na internet.[2]

Precisamos formar uma geração digital com foco na construção do positivo e não no uso da tecnologia para fins ilícitos e de má-fé. A internet tem o poder de perpetuar o conteúdo. Os jovens que vivenciam essa realidade já sentem seus reflexos diretos em sua vida digital. Esse é o papel e o propósito do movimento "Criança Mais Segura na Internet",* que tem como missão formar jovens, professores e pais no uso ético, seguro e legal da tecnologia. Inclusive, é possível que a escola agende uma palestra gratuita, bem como que os interessados realizem o curso de formação de Voluntários a Distância, com orientação e recebimento de material didático e pedagógico para disseminação do conhecimento.

Os pais precisam fazer parte do processo de iniciação de seus filhos no ambiente eletrônico, especialmente quando este envolver redes sociais (Quadro 15.2). Hoje, o jovem acaba por acessar sozinho, falta a "assistência" inicial necessária para ensinar a usar do jeito certo e sem riscos.

Além disso, é fundamental o uso de um *software* de controle parental. Isso não resolve o problema, mas diminui o risco de os próprios pais serem responsabilizados por *culpa in vigillando*. Como a internet não tem programação de conteúdo por faixa etária e horário, como ocorre em outras mídias, cabe aos pais definir quais os *sites* que entendam adequados para navegação dos filhos sob a sua supervisão. Claro que, se o jovem quiser burlar a medida de segurança, ele conseguirá: pode acessar pelo celular, da casa de amigos, até de *lan house* ou cibercafé, mas quando isso ocorrer, estará claro que houve a intenção de descumprir a regra estabelecida. Assim, não há como dizer que os pais não estavam cumprindo com seu dever de zelo e orientação.

Nesse sentido, diálogo é fundamental. Deve-se ensinar o jovem a ter visão crítica, a enxergar que a "moda passa e o conteúdo fica na internet", que as atitudes de hoje, na *web*, refletem-se no futuro do indivíduo. O trabalho conjunto de apoiar o início (assistência), usar *software* de controle parental (monitorar) e ensinar o uso certo (discernimento) permite reduzir grande parte dos incidentes.

Temos de agir! Passamos a ter uma reputação *online* a zelar. O que antes era limitado em tempo e espaço agora ocorre sem fronteiras, espalha-se pelo mundo rapidamente. Por isso, devemos ensinar a prática da prevenção: formar, muito mais do que informar. Já vivemos em rede, todos conectados. Para que isso seja saudável, é essencial assumir um pensamento comunitário (oposto aos últimos anos de individualismo exarcebado), com foco no cuidado com o outro,

* Para saber mais acesse: www.istart.org.br.

QUADRO 15.2 **DICAS PARA PAIS DE ADOLESCENTES EVITAREM A DELINQUÊNCIA DIGITAL**

Dar assistência no uso das ferramentas tecnológicas (ensinar sobre as regras do jogo, ética e leis em vigor).
Usar um *software* de controle parental.
Criar perfis no computador quando usado por mais de um integrante da família para saber quem está fazendo o que (isso permite também dar maior liberdade a quem tem mais maturidade e idade).
Fazer busca periódica na internet com o nome dos filhos (inclusive busca por imagem).
Frequentar a vida digital dos filhos (falar com eles pelo comunicador instantâneo, visitá-los nos *blogs* e comunidades de que participam).
Orientar sobre excesso de exposição (especialmente para que evitem publicar fotos íntimas e de situações de família que possam gerar riscos e insegurança).
Ensinar velhos conselhos que se aplicam ao mundo digital: não falar com estranhos na *web*; não pegar carona em qualquer comunidade; não cobiçar e copiar o conteúdo do próximo; não fazer aos outros o que não gostaria que fizessem com você; só usar fotos autorizadas pela pessoa fotografada; e "diga-me com quem navegas que te direi quem és".

Fonte: A autora.

no meio ambiente, na própria postura em redes sociais, que deve fazer parte da prática diária de cidadania.

Todas as famílias no Brasil deveriam receber orientações sobre Direito e Ética, como uma medida educacional e preventiva para nortear melhor as decisões e os comportamentos das pessoas na sociedade digital. Não adianta criar leis de crimes eletrônicos se não houver uma atuação mais eficaz do Poder Público, dos pais e das escolas na formação do jovem "Geração Y ou Z". Vivemos um cenário atual crescente de "delinquência digital".

Essa nova geração de filhos nascidos e criados com mimos tecnológicos, superprotegidos, foi levada, pelo mundo real inseguro, a uma vida mais virtual, na internet, com amigos em redes sociais, mas que exige também cuidados, não apenas para não se tornem vítimas, mas principalmente para que não sejam infratores. Mãos a obra, ou melhor, mãos na máquina!*

REFERÊNCIAS

1. Agência Folha. Professor ofendido pelo Orkut obtém indenização de pais. Folha de São Paulo [Internet]. 19 ago. 2008 [capturado em 10 fev. 2013]. Disponível em: http://www1.folha.uol.com.br/folha/informatica/ult124u446656.shtml.

2. Família mais segura na internet [Internet]. São Paulo: i.START; c2013 [capturado em 10 fev. 2013]. Disponível em: http://familiamaissegura.com.br/.

LEITURAS RECOMENDADAS

Baú AL, Grisard LA. Gestão escolar integrada. Curitiba: Positivo; 2010.

Buchanan M. O átomo social. São Paulo: Leopardo; 2010.

Papert S. A máquina das crianças: repensando a escola na era da informática. ed. rev. Porto Alegre: Artmed; 2008.

Pinheiro PP. Direito digital. 4. ed. São Paulo: Saraiva; 2011.

Pinheiro PP, Sleiman C. Tudo o que você precisa ouvir sobre direito digital no dia a dia. São Paulo: Saraiva; 2009.

Pondé LF. Contra um mundo melhor: ensaios de afeto. São Paulo: Leya; 2010.

* Para ser um voluntário acesse www.familiamaissegura.com.br.

CAPÍTULO 16

EDUCAÇÃO PARTICIPATIVA EM SAÚDE E TECNOLOGIAS DE COMUNICAÇÃO COMUNITÁRIA

FLAVIO WITTLIN

Fala-se muito de educação em saúde, ou, de modo mais abrangente, de Educação em Saúde e Saneamento Ambiental (ESSA), sua importância e imprescindibilidade, sem contudo esclarecer como e com que caráter e alcance fazê-la. Do mesmo modo, exaltam-se bastante as modernas tecnologias de comunicação, sua formidável expansão, não obstante elas sejam exploradas de modo quase sempre verticalizado, unidirecional e excludente. Neste capítulo, apresentaremos a fusão da ESSA com tais tecnologias, sob renovado ponto de vista: o enfoque participativo e comunitário.

Acreditamos muito na "química" de interação das comunidades com os técnicos da saúde; é dela que podem nascer as melhores e mais criativas soluções para dramas estruturais que afetam a saúde do povo brasileiro e mundial, tanto nas cidades quanto no campo.[1]

Este capítulo realça os aspectos positivos do uso de uma tecnologia social inovadora, pautada no "ativismo visual". A prática compreende a utilização, a um só tempo, técnica, informada e cidadã, de tecnologia digital de comunicação por ativistas da comunidade, a quem temos certificado como Agentes Visuais de Educação em Saúde (AVESs). Por sua natureza, a chamamos de Tecnologia de Comunicação Comunitária (TCC), por sugestão do professor Sergio Bonato, do Departamento de Comunicação Social da PUC-Rio, uma vez que pressupõe, obrigatoriamente, envolvimento participativo da comunidade. O que se pretende aqui é deixar ao cientista o domínio técnico do microscópio, que descortina o mundo dos germes, e delegar o manejo das câmeras de vídeo e de foto aos moradores da comunidade, que melhor do que ninguém podem desnudar a vulnerabilidade das suas condições históricas de moradia e de vida em geral.[2]

BREVE HISTÓRICO SOBRE O ATIVISMO VISUAL

Metodologia posta em prática, desde meados da década passada, em aldeias remotas do Kirguistão, junto a refugiados congoleses na Inglaterra, ou aplicada por grupos de mulheres migrantes em Ottawa, o ativismo visual tem-se mostrado capaz de atravessar países e culturas bem diversas no campo da ESSA.

Seu embasamento teórico resulta da práxis empreendida pelo sociólogo irlandês e ativista internacional Vincent O'Brien, coordenador do Curso de Mestrado em Saúde Internacional da Universidade de Cumbria (Reino Unido) e criador da Visible Voice Social Network.[3] Um traço inovador desse método é que todo o processo de criação dos materiais audiovisuais, produzidos para fins de ESSA, pertence primordialmente aos membros da comunidade-alvo do esforço educacional.

No século XXI, não podemos esquecer que, se buscamos alavancar os esforços em favor da emancipação das comunidades excluídas ao redor do mundo, os recursos digitais de comunicação visual são ferramentas poderosas e de grande serventia hoje ao seu alcance.

A partir de 2007, por meio da Organização não governamental Viramundo*, entidade disposta a colaborar com o resgate da saúde pública no Brasil e no mundo, produziu-se uma significativa contribuição ao aperfeiçoamento teórico e prático do ativismo visual, partindo de interações com a população da Rocinha, no Rio de Janeiro (que é estimada em 95 mil habitantes).[4]

Desde então, os resultados qualitativos (p. ex., significativa participação comunitária) nos parecem promissores, embora mensurações dos resultados quantitativos ainda devam ser feitas à medida que a metodologia do ativismo visual se propague e se acumule mais experiência.

RAÍZES DA METODOLOGIA DO ATIVISMO VISUAL NA COMUNIDADE

Na favela da Rocinha, a iniciativa da Viramundo, denominada simplesmente "Vozes Visíveis na Rocinha", veio estabelecer ações interativas inéditas em nível local, a partir de vídeos e galerias de fotos criados pelos AVESs, com base em agenda de temas de ESSA, definidos de modo compartilhado com os próprios agentes.

* www.viramundo.org.

Reinventada, a dialética empregada romperia com a absolutização de modelos tipo "de cima para baixo" (*top-down*) ou "de baixo para cima" (*bottom-up*), vindo a representar uma síntese de ambos.

Com efeito, por meio de encadeamento metodológico apropriado, os AVESs foram encorajados a apresentar pensamento crítico a respeito das questões postas pela ESSA. No caso, esta foi implementada como interação educacional por meio da qual os agentes e os demais moradores das comunidades, de diversas faixas etárias, compartilharam conhecimentos e experiências, de modo a reconstruir saberes destinados à promoção da saúde e do saneamento ambiental e à prevenção de doenças. Nesse processo, os AVESs foram capacitados para empregar habilidades cognitivas, que

1. permitiram interações comunitárias mais amplas, visando a resolução de problemas complexos de saúde e saneamento ambiental;
2. estimularam a composição de uma agenda de saúde compartilhada e inclusiva, capaz de refletir inquietações, desejos e necessidades reconhecidas pelos próprios membros da comunidade;
3. instrumentalizaram a si mesmos, por meio de meios visuais digitais, para a obtenção dos resultados desejados.

PRINCÍPIOS DA METODOLOGIA DO ATIVISMO VISUAL NA ESSA

A iniciativa Vozes Visíveis da Rocinha partiu da convicção de que todos os seres sociais merecem exercer com plenitude os direitos humanos; que as soluções para os maiores desafios sociais do homem hão de vir da inventividade popular mais do que da cabeça de "gênios iluminados"; e que o ativismo visual é uma tecnologia social adaptável a diferentes temas sociais, culturas e países.

Assim, ao replicar princípios internacionais da rede, a iniciativa Vozes Visíveis resultou de esforços em prol de uma união avessa à discriminação e ao preconceito. União nascida de um grupo de residentes que moram na minúscula parte urbanizada da cidade, a chamada "turma do asfalto", com um círculo de moradores da macroesfera da favela, a "galera da comunidade", que se encontra predominantemente condenada à mais cruel e renitente invisibilidade, ou então a uma visibilidade estereotipada.

Fica sublinhado que a motivação maior para essa aliança de ativistas não compactuou com a mera piedade social, nem com a tradicional tutela que círculos letrados costumam deitar sobre o povo da favela; tampouco com a crença de que haveria uma espécie de "receita de bolo" capaz de transformar realidades diferentes onde quer que seja.

COMO FOI IMPLEMENTADA A TECNOLOGIA SOCIAL EM TELA?

Por meio do uso de mídia digital (basicamente vídeos e fotos produzidos com câmeras, celulares e computadores de edição), tocada por seus moradores, com a finalidade de tornar visível a sua própria agenda de direitos nos campos da Saúde e do Saneamento Ambiental, ponto de partida para a defesa de outros direitos humanos. Ou seja, lidando com aspectos da saúde e da vida cotidiana, os AVESs, por meio de suas lentes, estimularam mais residentes, por assim dizer, "a voar" com eles, ajudando-os a identificar seus demais direitos nos campos culturais, esportivos, educacionais e ambientais, assim como o seu direito à segurança pública com paz e justiça social.

Convém salientar que a iniciativa Vozes Visíveis teve e tem a comunicação social como um meio e não um fim. A produção de imagens está a serviço da mobilização comunitária e da emancipação cidadã das comunidades socialmente excluídas.

ATIVISMO VISUAL: O CAMINHO FAZ-SE AO CAMINHAR

No curso dos anos, as iniciativas Vozes Visíveis na Rocinha têm atraído dezenas e dezenas de pessoas em reuniões comunitárias, com o envolvimento participativo de homens e mulheres, crianças, adolescentes e idosos, incluindo gente que vive nos sub-bairros mais pobres. Realizado pelos AVESs, em 2009, o vídeo "Mobilização Comunitária & Ativismo Visual" (uma espécie de *making of* disponível no YouTube), quer por seu conteúdo em si, quer pela audiência alcançada, é uma clara evidência do potencial de participação comunitária, por ter proporcionado um rico debate a respeito de problemas como o lixo e a infestação maciça de ratos na comunidade.

Os adolescentes estão especialmente contemplados no Vozes Visíveis, quando influem na escolha de temas específicos, quando criam vídeos e fotos, quando são personagens dos produtos visuais, ou quando fazem parte da audiência destes. Em sua coletânea, os jovens AVESs da Rocinha já criaram vários vídeos e galerias de fotos, cobrindo desde os assuntos mencionados, passando pela elevadíssima taxa local da tuberculose, até os efeitos do preconceito entre asfalto e favela sobre a saúde física e mental. A *expertise* desses adolescentes na feitura de galerias de fotos (técnica conhecida no exterior como *photovoice*[5]) tem recebido crescente reconhecimento nacional e internacional, seja tomando parte em pesquisas, seja sendo exibida em exposições.

Antes, sua iniciativa já inspirara o lançamento do Curso de Educação em Saúde (CES) na PUC-Rio,[2] cujo projeto foi acolhido com entusiasmo pelo Centro de Ciências Biológicas e Medicina e pela direção dessa prestigiada universidade. Logo em sua primeira edição, o curso ganhou o reconhecimento do Ministério da Saúde (MS), que o contemplou com o Prêmio Victor Valla de Educação em Saúde (menção honrosa), ao considerá-lo uma das 10 melhores iniciativas audiovisuais da área no País.

Do mesmo modo o fizera Margaret Ledwith, professora emérita da Universidade de Cumbria (RV), em seu *best-seller Community Development. A Critical Approach*, publicado na Inglaterra, em 2011, que descreveu a singularidade da ação da ONG Viramundo na iniciativa Vozes Visíveis na Rocinha.[1]

CURSO DE EDUCAÇÃO EM SAÚDE DA PUC-RIO: REINVENÇÃO FREIRIANA

Nascido do trabalho de ESSA com a comunidade da Rocinha, o Curso de Educação em Saúde (CES) da PUC-Rio é um desdobramento inspirado nas ideias de Paulo Freire, um pensador de tipo orgânico e que sempre identificou os "demitidos da vida"[6] como fonte inesgotável de saberes – não obstante tais saberes serem predominantemente produzidos e consumidos *in natura*, mas, ainda sim, muitas vezes suscetíveis de dialogar com a ciência tida e dita erudita das academias.

Particularmente na área educacional em saúde, também desponta outra gigante do pensamento crítico: Hortênsia Hurpia de Hollanda. Em sua inspiradora e luminosa trajetória nos anos 1940 e 1950, no Brasil e no exterior, Hortênsia deixou um legado de ideias e abordagens inovadoras e inclusivas no campo da educação em saúde.[7]

Como Freire, ela vislumbrou a otimização do saber humano por meio do estímulo ao envolvimento participativo das comunidades. No caso de Hortênsia, a legião de usuários dos serviços de saúde. E ambos incentivaram a inovação e a multidisciplinaridade no processo educativo participativo como princípios da pretendida interação educacional.

A inovação a ser exercida e compartilhada por enfoques profissionais e comunitários diversos, a partir de codificações distintas (desenho, poesia, música, teatro, meios audiovisuais, etc.), foi convertida em regra de ouro dos preceitos dos dois expoentes da educação participativa. Anos depois, no que diz respeito particularmente à codificação audiovisual, Eymard Mourão Vasconcelos avançou considerações e práticas correlatas nessa mesma direção, contribuindo com a expansão do uso de vídeos como instrumentos educativos em saúde no Brasil.[8] Do mesmo modo o fez Vincent O'Brien, da Universidade de Cumbria (Reino Unido), com o lançamento do *Visible Voice*, que buscou ampliar a participação comunitária por meio da exploração de meios audiovisuais a serem manejados pelos próprios membros das comunidades.

A METODOLOGIA DO CURSO DE EDUCAÇÃO EM SAÚDE DA PUC-RIO E O *FEEDBACK* NA COMUNIDADE

O CES, ora em andamento no Centro de Ciências Biológicas e Medicina da PUC-Rio, é aberto a graduados e graduandos de qualquer área do conhecimento que se identifiquem e explorem interfaces com a educação em saúde e saneamento ambiental.

O curso tem particularidades metodológicas inovadoras, dentre as quais se destacam:

1. cada edição do CES inclui uma parcela de moradores da comunidade da Rocinha, que são selecionados com bolsa integral;
2. um terço do curso é realizado diretamente na comunidade, em trabalho de campo por meio do qual os estudantes são chamados a aplicar seus aprendizados teóricos (de orientação freiriana) e técnicos (aprendidos nas aulas e oficinas de tecnologia de comunicação);
3. os produtos audiovisuais finais expressam a mediação dos pontos de vista dos habitantes da Rocinha, assim como a contribuição dos demais participantes do curso que moram fora da comunidade.

Entre os terços intermediário e final do curso, com os módulos teóricos e de treinamento em tecnologia de comunicação já adiantados, a turma é dividida em grupos. (Nota: fica assegurada a presença de pelo menos um bolsista da Rocinha em cada um deles.)

Com a divisão, cada grupo deve selecionar temas de educação em saúde (ou em saneamento ambiental) que expressem magnitude ou transcendência na comunidade, sejam aprofundados pelos membros do grupo, tenham seus aspectos educacionais "extraídos" e sejam apresentados em linguagem coloquial apropriada.

Descrevemos agora, de modo muito simplificado, os cinco passos que caracterizam a parte prática do CES:

1. Reunido em oficina, cada grupo deve escolher um tema de educação em saúde (ou saneamento ambiental) para um vídeo de curta duração (4' a 6'), e um outro tema para compor uma galeria de fotos.
2. Os grupos vão a campo (comunidade) para capturar imagens do lugar, sua gente e suas condições de vida, realizar entrevistas, registrar conversas, costumes, etc., conforme os temas escolhidos no primeiro passo.
3. Eles retornam à oficina e retomam o debate interno de modo a selecionar as fotos que constarão das galerias, e as cenas a serem editadas nos vídeos.
4. Elaboram título e inserem comentários às fotos que comporão a respectiva galeria (método conhecido como *photovoice* ou fotovoz); aos vídeos imprimem trilhas sonoras, animações, comentários em *off,* créditos, etc.
5. Programam e fazem a exibição de seus produtos visuais na comunidade, com vistas a ampliar o debate comunitário e potencializar o envolvimento participativo dos moradores nos temas escolhidos.

Aqui, sublinhamos que a estação final do CES não é a feitura da fotovoz ou dos vídeos participativos, mas a sua exibição ampliada na comunidade (e, por extensão, nas escolas e nos locais de trabalho). Baseando-se na pertinente magnitude e transcendência dos temas na comunidade, no protagonismo de seus habitantes e na evidenciação de seus aspectos educacionais em linguagem coloquial, os participantes do curso criaram diferentes produtos visuais. A saber, cobrindo prevenção da dengue, tuberculose, alcoolismo, prevenção da cárie, lixo, águas na comunidade, gravidez precoce, hipertensão e diabetes, doenças mentais, automedicação, espaços de brincar, etc. Em suma, temas a respeito dos quais sempre é possível trazer novos e genuínos enfoques, no caso, facilitados pela TCC, que tem o dom de varrer a mesmice e o lugar comum, dado o seu apelo intrínseco à criatividade.

CONCLUSÕES

A tecnologia digital, um universo em incessante expansão, tem unido duas pontas aparentemente antagônicas: por um lado, a sofisticação tecnológica, que cobre uma parafernália cada vez maior de equipamentos digitais. Por outro, a massificação de seu consumo, que alcança as mais amplas camadas da sociedade mundial, socializando de modo inédito o acesso a celulares, computadores, câmeras de vídeo e foto, *laptops* de edição, etc.

Há, nesse contexto a um só tempo sofisticado e massificado, aspectos de mau uso[9] reconhecidamente negativos, alienantes e mesmo perigosos. No entanto, como demonstrado anteriormente, existem possibilidades de grande alcance pessoal, grupal e social na exploração desses recursos digitais.

Aplicar TCC de modo a promover uma educação audiovisual participativa e inclusiva em saúde e saneamento ambiental. Eis o exemplo positivo, salientado ao longo deste capítulo, que podemos extrair do mundo digital que nos cerca nos dias atuais.

Nesse sentido, ganha especial relevância o subprojeto, ora em incubação na PUC-Rio, de criar uma variante do Curso de Educação em Saúde, desenhada com componentes curriculares destinados a estudantes de Medicina do Brasil e demais países do mundo. Trata-se de iniciativa local, em caráter de colaboração internacional, que visa dar ao binômio ESSA/TCC importância equivalente à formação biomédica do aluno da escola médica.

O que buscamos é protagonizar um movimento com vistas a estabelecer um novo paradigma na graduação médica local e global, para que ela agregue o referido binômio como valor, a partir de uma abordagem biopsicossocial e cultural.

Esse movimento conta com o apoio de expoentes nacionais e internacionais (Estados Unidos, Itália, Inglaterra, Canadá e Kirguistão), desde a área da assistência à saúde, passando por redes sociais envolvidas com a ESSA participativa e inclusiva, até sociedades profissionais e centros universitários.

Na área assistencial, há a perspectiva de abraçar todo o espectro de profissionais envolvidos com a atenção primária à saúde, hoje materializada no País na Estratégia de Saúde da Família, de modo a incorporar a ESSA como efetiva política pública do Ministério da Saúde, assim como das Secretarias de Saúde, com o mesmo *status* das práticas assistenciais. Nesse ponto, o engajamento dos técnicos de saúde é fundamental, tanto quanto o dos agentes comunitários de saúde, posto que moram nas comunidades e, a eles, o Ministério da Saúde, por meio de portaria, atribui missões de promoção da saúde e prevenção de doenças.[10]

Compor um círculo capaz de abranger profissionais e agentes de saúde, comunidades, ambientes de trabalho e ambientes estudantis, a academia, redes virtuais e movimentos sociais reais no Brasil e no exterior, compartilhando o *know-how* acerca do binômio ESSA/TCC, eis o movimento que queremos imprimir em nível local/global para contribuir com o resgate da saúde pública, para que ela não eclipse em nossas vidas.

REFERÊNCIAS

1. Ledwith M. Community development: a critical approach. 2nd ed. Bristol: The Policy; 2011. p. 127

2. Pontifícia Universidade Católica do Rio de Janeiro; Universidade de Cumbria. Proposta de curso de extensão de educação em saúde. [Internet]. Rio de Janeiro: PUC Rio; 2012. [capturado em 10 abr. 2013]. Disponível em: http://www.cce.puc-rio.br/educacao/projeto_final.pdf.

3. O'Brien V, Djusupov K, Wittlin F. Visible voices, shared worlds: using digital video and photography in pursuit of a better life [Internet]. Melbourne; 2007 [capturado em 10 abr. 2013]. Disponível em: http://www.academia.edu/164487/Visible_voices_shared_worlds_using_digital_video_and_photography_in_pursuit_of_a_better_life.

4. Projeto Canteiro Social do Programa de Aceleração do Crescimento (PAC) 1. Fórum Comunitário de Desenvolvimento Sustentável da Rocinha. Rio de Janeiro: PAC; 2009. p. 18.

5. Wang C, Burris M. Photovoice: concept, methodology, and use for participatory needs assessment. Health Educ Behav. 1997;24(3):369-87.

6. Freire P. Pedagogia do oprimido. Rio de Janeiro: Paz e Terra; 1968. p. 20

7. Schall V. Alfabetizando o corpo: o pioneirismo de Hortênsia de Hollanda na educação em saúde. Cad Saude Publica. 1999;15 Supl. 2:149-60.

8. Vasconcelos EM. Educação popular e a atenção à saúde da família. 2. ed. São Paulo: Hucitec; 1999. p. 234-8

9. Eisenstein E, Estefenon SGB, organizadores. Geração digital: riscos e benefícios das novas tecnologias para as crianças e adolescentes. Rio de Janeiro: Vieira Lentz; 2009

10. Brasil. Ministério da Saúde. Portaria nº 648/GM, de 28 de março de 2006. Aprova a Política Nacional de Atenção Básica, estabelecendo a revisão de diretrizes e normas para a organização da Atenção Básica para o Programa Saúde da Família (PSF) e o Programa Agentes Comunitários de Saúde (PACS) [Internet]. Brasília: MS; 2006 [capturado em 10 abr. 2013]. Disponível em: http://dtr2001.saude.gov.br/sas/PORTARIAS/Port2006/GM/GM-648.htm.

PARTE V

ESPECIALIDADES MÉDICAS E O USO DAS TECNOLOGIAS DE INFORMAÇÃO E DA COMUNICAÇÃO

CAPÍTULO 17

CRESCIMENTO BIOPSICOSSOCIAL VIRTUAL

EVELYN EISENSTEIN

"Qual o programa que eu tenho que baixar para crescer mais rápido? Antônio,14 anos

Por que demora um ano todo para crescer somente 6 centímetros? Mário, 15 anos

É muito chato ter que dormir todas as noites em vez de ficar jogando *online*! Ana, 17 anos

Prá que pensar nisso ou naquilo... se o Google tem sempre a resposta? Renata, 16 anos

Vou inventar um computador prá tomar banho de chuveiro comigo! Jorge, 13 anos"

Crianças não são miniadultos, e adolescentes não são mais crianças, nem são adultos ainda. E todos estão aí, convivendo com as tecnologias e com o uso dos computadores e videogames no dia a dia, globalmente. Os desafios mudaram, e os enigmas e tantos segredos das histórias das gerações de seus avós e de seus pais estão acessíveis em um *click* ou no digitar de um botão na tela da internet. Mas as perguntas e as dúvidas são quase sempre as mesmas, básicas e características do período da adolescência:

— Será que sou normal?
— O que está acontecendo comigo?
— Como aguentar tantas mudanças?
— O que poderia ser diferente para passar logo o tempo?

A adolescência é um período de transformações que deixa marcas indeléveis em todos nós, com muitas boas lembranças, mas também muitas crises, conflitos e riscos que precisam ser assumidos para se alcançar o mundo adulto. E atualmente a tecnologia faz parte desse processo irreversível de mudanças que vai influenciando os comportamentos de todos na sociedade. O que é ser adolescente nestes tempos? Entender o que é a adolescência é o primeiro passo para avaliar os comportamentos dessa geração digital ante as novas tecnologias que estão possibilitando o futuro. O futuro vem chegando aos borbotões na sequência das imagens e dos movimentos das telas de tantos equipamentos e aplicativos lançados e disponíveis para o consumo de todos, em uma nova superestrada da vida, que é real e virtual, conectada e anônima.

CRESCIMENTO E DESENVOLVIMENTO

A adolescência é o período de transição entre a infância e a vida adulta, caracterizado pelos impulsos do desenvolvimento físico, mental, emocional, sexual e social e pelos esforços de cada indivíduo em alcançar os objetivos relacionados às expectativas culturais da sociedade em que vive. A adolescência se inicia com as mudanças corporais da puberdade e termina quando a pessoa consolida seu crescimento e sua personalidade, obtendo progressiva independência econômica, além da integração em seu grupo social.[1]

Os limites cronológicos da adolescência são definidos pela Organização Mundial da Saúde (OMS) entre os 10 e os 19 anos de idade (*adolescents)* e pela Organização das Nações Unidas (ONU) entre os 15 e os 24 anos (*youth)*, critério mais usado para fins estatísticos e políticos. Usa-se também o termo "jovens adultos" para englobar a faixa etária de 20 a 24 anos de idade *(young adults).* Mais por conveniência, agrupam-se ambos os critérios para se denominar *adolescência e juventude* (*adolescents and youth).* Esse termo classificativo é usado nos programas internacionais e também nas políticas de saúde do governo brasileiro e nos programas comunitários. Incluem-se aí os jovens universitários e os que participam das forças armadas ou em projetos de suporte social, *o programa jovem ou protagonismo juvenil*, delimitando essa faixa etária, entre os 10 e os 24 anos, pela intensidade das mudanças biopsicossociais.[2] A atual geração digital, também denominada de geração Y, por ter nascido entre os anos de 1990 e 1995, quando se iniciou o uso de telefone celular (1990) e quando foi implantada a internet no Brasil (1995), é a que mais teve acesso facilitado e quase gratuito às tecnologias da informação e comunicação (TICs).

Muito mais do que as gerações anteriores, a geração Y teve oportunidade de convivência com as TICs em sua rotina diária.

Puberdade é o fenômeno biológico que se refere às mudanças morfológicas e fisiológicas (forma, tamanho e função) resultantes da reativação dos mecanismos neuro-hormonais estimulados pelo eixo cerebral hipotalâmico (hipofisário, suprarrenal e gonadal). Essas mudanças corporais são parte de um processo contínuo e dinâmico que se inicia durante a vida fetal e termina com o completo crescimento ósseo e aumento do tamanho corporal, com ganho de peso e desenvolvimento das características sexuais secundárias, com a completa maturação da mulher e do homem e de sua capacidade de fecundação, por meio da ovulação e da espermatogênese, permitindo assim a perpetuação da espécie humana. Isso tudo ocorre devido ao desenvolvimento mental e cerebral, que permite a reprodução e a sobrevivência no meio ambiente e no contexto social que nos cercam. O aumento cerebral ocorre durante toda a infância e até durante a puberdade e, depois, por um processo de maturação e de especialização dos neurônios e das conexões neuronais, hormonais e dos neurotransmissores, que asseguram a adaptabilidade necessária à sobrevivência. Assim evoluímos, pois o cérebro humano é também um cérebro social, que aprende tarefas complexas para seu desenvolvimento e progressivamente conquista o mundo externo à sua volta.[3]

É importante observar que ocorre uma enorme variabilidade no tempo de início, duração e progressão do desenvolvimento puberal, com marcantes diferenças entre os sexos e entre os diversos grupos étnicos e sociais de uma população, inclusive de acordo com o estado nutricional e com fatores familiares, ambientais e contextuais. Na média, podemos considerar o período entre os 11 e os 11,6 anos como o início das mudanças corporais, com o máximo da aceleração da velocidade de crescimento. Ou podemos considerar o "pulo" de altura das meninas entre os 12 e os 12,6 anos e o dos meninos entre os 14 e os 14,6 anos e o término do crescimento em torno dos 15 a 16 anos para o sexo feminino e dos 18 a 19 anos para o masculino. Portanto, o crescimento e o desenvolvimento são uma progressão de mudanças corporais e cerebrais/mentais com uma evolução de 4 a 5 anos para o sexo feminino, e média de crescimento entre 7 e 8 centímetros por ano, enquanto para o sexo masculino a evolução é de 6 a 7 anos e a velocidade média é mais intensa, de 8 a 10 centímetros por ano.

Além do crescimento geral somático ou corporal, ocorrem também especificidades no crescimento das estruturas cerebrais até os 20 anos de idade, principalmente do córtex pré-frontal, onde se estabelecem circuitos que irão influenciar os comportamentos cognitivos, de julgamento, de controle de impulsos e de planejamento de decisão e recompensas, passando pelo sistema límbico das emoções e pela região mais primitiva das reações impulsivas da amígdala cerebral. O desenvolvimento do volume total da matéria cinzenta cortical ocorre ao máximo aos 11 anos nas meninas e aos 13 anos nos meninos, aproximadamente. O volume da matéria cortical branca aumenta durante toda a puberdade, refletindo a mielinização progressiva que auxilia no aumento da conectividade e da integração do circuito cerebral para a produção das diferentes tarefas corporais exigidas para a evolução e a adaptabilidade do ser humano aos desafios do mundo externo.[3]

Nada é instantâneo ou automático como se fosse o ligar/desligar de uma máquina, pois a produção hormonal ocorre em ciclos pulsáteis e circadianos, isto é, de acordo com a luz do Sol e a escuridão da noite. Todo esse processo evolutivo do crescimento é influenciado individualmente no tempo e no ritmo por fatores internos/genéticos e externos/ambientais, como fatores alimentares/nutricionais, horas de sono/descanso, atividades/exercícios ou sedentarismo/doenças. Tudo isso é modificado pelo estresse que ocorre cada vez mais frequentemente em uma época tecnológica que se torna cada vez mais digital e global, fluida e acelerada. Todos querem pertencer aos perfis e ter bonecos ou *avatares* criados para o consumo de produtos e que são padrões "universais", como se o crescimento biológico fosse um simples elástico ou um alvo num jogo virtual *online*.[4]

ASPECTOS PSICOLÓGICOS

A adolescência é um período de vida cheio de obstáculos e exigências, em que os indivíduos se confrontam e ao mesmo tempo querem mudar o mundo e superar o controle dos pais, prontos para assumir seus encargos na produção e na reprodução, sem medir riscos e limites, em um aprendizado constante da realidade.

Os psicanalistas Erik Erickson, pioneiro norte-americano na descrição das bases dos cuidados de saúde mental durante a adolescência,[5] e Arminda Aberastury e Maurício Knobel, pioneiros latino-americanos,[6] descreveram as principais fases de desenvolvimento psicológico como uma síndrome da adolescência normal, com as perdas da infância na conquista da identidade adulta. Seu trabalho contém as premissas básicas utilizadas até hoje na prevenção dos problemas comportamentais nessa faixa etária:

1. Busca de si mesmo, de autonomia e de identidade: um difícil trabalho de autoconhecimento, na busca da intimidade e do controle sobre o próprio corpo, para responder à pergunta-chave: "Quem sou eu?".
2. Separação progressiva dos pais: a busca do próprio caminho é um momento de ambivalências duplas com si próprio e a família e que acrescenta mais tensão e conflitos entre as gerações.
3. Tendência a estar em grupos: aproximação com o grupo de colegas e amigo(s), que surge como uma proteção para as angústias, temores e incertezas dessa fase transitória.
4. Deslocação do tempo: ocorre certa desorientação temporal. De um lado, tudo é urgente, aqui e agora. É o imediatismo conhecido como a impulsividade da adolescência e a supervalorização do presente. De outro lado, o tempo demora a passar e tudo parece demorar a mudar e a acontecer.
5. Necessidade de fantasiar: mudança do pensamento concreto para o abstrato diante de um universo de expectativas infindáveis e incertezas sobre o futuro e sobre as escolhas a serem feitas.
6. Desenvolvimento da sexualidade: o início da fase exploratória de si mesmo e do outro na busca do erotismo e dos desejos para a construção de sua autoestima e autoimagem e dos novos papéis sexuais.
7. Condutas contraditórias e crises: instabilidade e variação rápida do humor, entre momentos de ansiedade, depressão, choros e angústias, euforia e ambivalências que se alternam no dia a dia. As confusões e os conflitos são vivenciados ao extremo.
8. Atitudes sociais conflitantes: desafio das regras e limites nas contradições entre as possibilidades materiais, em que tudo pode ou poderia, e padrões sociais impostos pela moral e por questões éticas e de valores da realidade, que sofrem o maior impacto dos jovens.

Revendo essas principais características psicológicas que foram descritas a mais de 40 anos por esses cientistas pioneiros no estudo dos comportamentos na adolescência, entende-se o porquê das motivações dos adolescentes e seu perfeito engajamento no novo mundo digital, que foi construído por jovens estudantes universitários e engenheiros de computação que desafiavam os limites das tecnologias e que até hoje ainda querem ir além! Percebe-se que os adolescentes são curiosos e impulsivos, perdem a noção do tempo, tendem a se comunicar nas redes e grupos sociais ou clãs nos jogos de videogames, descrevem suas crises emocionais e desejos sexuais em mensagens contraditórias de *sexting*, precisam fantasiar e criar novos *avatares* na busca constante de novas identidades e novos desafios. Mas a principal característica é que eles revolucionam os padrões e as regras sociais, por meio das redes de relacionamento, desbancando

QUADRO 17.1 **CARACTERÍSTICAS DOS ADOLESCENTES NA ERA DIGITAL**

Características dos adolescentes	O universo digital
Desafiam limites e transgridem regras e horários.	Tudo é sem fronteiras, sem limites, simultâneo e imediato.
Fantasias e imaginação na criação de outro mundo e a busca por alternativas ao *status quo* da realidade.	O anonimato garante a possibilidade de se inventar e mentir sobre qualquer coisa ou assunto.
Todos querem ter novos amigos e pertencer a um grupo e sofrem a pressão positiva ou negativa de seus pares em novas atitudes e comportamentos.	Mundos real e virtual se confundem e são criados novos códigos de relacionamento. Aumento das redes de relacionamento social e a busca de novos comportamentos.
Tornam-se alvos preferidos do consumismo e da globalização de produtos comerciais.	Alvos de vendas *online*, mas também da pirataria digital e acesso facilitado aos conteúdos "proibidos" e dos *hackers*.
Enfrentam crises de valores e confrontos com seus pais e professores para chamar atenção sobre o que é "realmente" importante no aqui-agora e no dia a dia.	Tudo é permitido e livre, sem padrões sobre valores do que é "virtualmente" importante, pois tudo é (quase sempre) "real" em todos os momentos.
Busca por sua própria identidade e autonomia, de modo que o nome e os dados da pessoa são importantes.	Construção de várias versões da identidade ou *avatares*. O nome é substituído por senhas, códigos ou *login*.
Crescer e desenvolver demora muito tempo.	Tudo é rápido e imediato, sem noção de tempo.

Fonte: Eisenstein e Estefenon.[7]

o "poder" dos pais e das autoridades de governos pelo acesso livre e global às informações e ao conhecimento sobre o mundo social e também sobre a sexualidade e outros tópicos considerados de risco.

Os horizontes e amplitudes se expandiram em todas as direções com uma liberdade nunca vivenciada em outros tempos. Mas os confrontos entre as gerações ainda continuam, e também os confrontos entre os mundos real e virtual, pois ainda faltam aos computadores o toque mágico da confiança sobre o amor e o afeto, e o calor da atenção humana e espiritual, consciente e inconsciente, com integração dos valores das sensações e percepções. Mesmo que muitos aplicativos falem e se movimentem ao deslizar dos dedos, transmitam música, imagens e filmes ao comando da voz ou ao apertar dos botões e cliques, algo fica "faltando" ou exige sempre mais e mais de cada um. As tecnologias trouxeram muitos benefícios, mas não são, ainda, a panaceia universal e a solução de todos os problemas psicológicos da adolescência. Há cada vez mais, de acordo com o que vem sendo descrito na literatura científica e em outros capítulos deste livro, problemas comportamentais, como isolamento, queda do rendimento escolar, disforias ou alternâncias do humor, exploração sexual comercial e distúrbios sexuais e conjugais, dependência da internet, e ainda os clássicos conflitos com a geração dos pais, agora denominados de imigrantes digitais, em oposição aos adolescentes que (quase) dominam essas tecnologias e são agora conhecidos como nativos digitais.

ASPECTOS SOCIAIS

A adolescência pode ser também classificada em três importantes fases:

1. Inicial, com o despertar das mudanças corporais, em torno dos 11 aos 14 anos.
2. Média, com a fase das experimentações e crises na busca da identidade, em torno dos 15 aos 17 anos.
3. Tardia ou final, quando as principais escolhas de vida e decisões são feitas, em torno dos 18 aos 24 anos.

O processo da independência econômica e separação parcial ou total do convívio familiar vai consolidar a maturação da personalidade e a integração no meio social, cultural, contextual e político. Esse adulto emergente, a partir dos 18 anos, é então responsável por seu comportamento legalmente. Mas as tecnologias atuais expandiram essas fronteiras geográficas e do saber sem limites para todas as idades e todos podem alcançar a celebridade global via internet em questões de segundos e *megabytes*.

Desde o nascimento e durante toda a infância, o diálogo estabelecido entre pais e filhos é a ponte essencial da comunicação familiar e vai sendo expandindo para outros vínculos sociais durante o período escolar. Se a atenção e o afeto são transmitidos em quaisquer mensagens, usando valores como respeito, compreensão e tolerância, no desenvolvimento da criança ou adolescente estarão sendo inculcados os fundamentos ou princípios da construção de um elo de confiança positivo e saudável entre as gerações. Se, ao contrário, esse diálogo não existe ou é bloqueado por abandono, falta de tempo ou atenção devido às correrias do dia a dia, estresse contínuo, relações ou episódios de violência e mesmo a constantes abusos que vão desde gritos, ameaças ou castigos corporais (usados como atos de disciplina), a comunicação vai sendo interrompida e formando um vácuo que muitas vezes se transforma em um quase-abismo nos relacionamentos familiares.

Em muitas famílias, o convívio foi substituído pela televisão, que se transformou na babá eletrônica e que fica ligada inclusive na hora do jantar, depois de ter ficado ligada o dia todo, preenchendo o silêncio da casa. Atualmente, outros meios de comunicação vão surgindo, mais rápidos e portáteis, e muitas famílias estão enviando mensagens de texto via celular, *e-mail,* redes *ou blogging*, e que são ainda mais simplificadas por meio de abreviaturas, gírias digitais e *emoticons,* nos vários computadores ou *tablets* e *iPads* de cada um. Mas o abraço, o olho no olho, o toque do afeto no convívio diário vão fazendo uma enorme falta na construção do amor. Assim, em vez de as tecnologias simplificarem a comunicação em uma ponte social entre abismos familiares, acabam tornando-se um pantanal de ruídos, imagens e mensagens que são entrecortadas, mal-interpretadas, confusas ou mesmo muitas vezes nem entendidas! O jogar bola no quintal, que era não só um exercício físico, mas uma expressão social e um exercício de amizade entre pais e filhos ou entre amigos da turma, vai sendo substituído pelo jogar videogame, muitas vezes com outras pessoas estranhas, por falta de disponibilidade de atenção, falta de melhores alternativas ou vínculos familiares e sociais mais importantes.[8]

Além da comunicação intrafamiliar, as crianças e a seguir os adolescentes vão desenvolvendo seus círculos de comunicação social com os colegas das vizinhanças, das escolas, das universidades e de outros locais culturais e espaços de lazer que frequentam. Assim, aumentam sua sociabilidade e aprendem comportamentos, atitudes e regras sociais de relacionamento, incluindo a linguagem, o modo falar e responder em público, usando a correta expressão corporal, e outras características que contribuirão para a formação de sua identidade e estilo de vida, até começar a época da procura de emprego e independência econômica, além de tantas outras escolhas e decisões sobre o modo de vida com a total integração possível ao seu meio social.

Em todas essas etapas e fases da vida, o poder da mídia social é exercido a cada minuto via propagandas transmitidas pelos meios de comunicação, de cartazes públicos a jornais, revistas e livros, programas de televisão, filmes, cinema, vídeos e, atualmente, também baixados via computadores, celulares, *iPhones, iPads* e em todos os equipamentos de tecnologia digital. A mídia social influencia os estereótipos dos comportamentos e as questões de saúde/doença de todos, mas principalmente a formação dos hábitos das crianças e adolescentes. Questões envolvendo hábitos alimentares, obesidade, sedentarismo, violência, agressividade, uso de cigarros, álcool, drogas, sexualidade, transtornos da imagem corporal, depressão, transtornos do sono, hiperatividade e transtornos da conduta social estão associadas ao tempo de uso e às mensagens transmitidas pela mídia social. Apesar de a mídia social não poder ser acusada como causa principal em nenhuma dessas questões, ela exerce uma pressão e uma contribuição substancial em todos esses comportamentos de risco.[9]

A mídia também pode exercer tanto um efeito antissocial quanto um efeito pró-social ao transmitir comportamentos e atitudes que são aprendidos e imitados na vida real. Existem teorias da comunicação social que tentam explicar esses comportamentos, pois as crianças e os adolescentes aprendem observando e imitando modelos e papéis atraentes exercidos por celebridades, principalmente quando são vistas em novelas ou *reality shows* e quando existe qualquer tipo de recompensa. Há também a influência exercida pelos *scripts* em que adolescentes desempenham papéis e comportamentos sexuais em situações diferentes e bastante distantes do usual, como em comédias e programas bizarros. Victor Strasburger descreve, desde 1995,[9] a teoria da superpressão de amigos para se iniciar comportamentos de consumo considerados normais para a idade, como, por exemplo, beber em festas. Quase todos nós, adultos ou adolescentes, sofremos ainda o efeito da terceira pessoa, que se dá quando todos pensam que a mídia social só influencia aos "outros" e não a nós mesmos – até estarmos sendo afetados pelo mesmo comportamento que os demais, que passa a ser incorporado em nossas rotinas diárias.

Além do aprendizado dos comportamentos sociais de comunicação e a construção da teia de novos relacionamentos, durante a progressão do desenvolvimento social são transmitidos valores e princípios que irão nortear as condutas morais e éticas de cada indivíduo em sociedade. Tem-se aqui a moral como o conjunto de regras e deveres que fazem parte do padrão mais aceito no grupo social, e a ética como o conjunto de valores de existência e modelos de vida, como a benevolência (bons tratos) e a justiça social (tratar os outros com o respeito que gostaria/deveria ser tratado). Atualmente as questões dos direitos humanos e dos direitos da criança e do adolescente estão contempladas em convenções internacionais, como o Convention on the Rights of Children (CRC)[10] e o nosso Estatuto da Criança e do Adolescente (ECA), Lei nº 8069/90,[11] em que constam os artigos 240 e 241, que foram alterados pela Lei nº10.764/03[12] para incluir a ilicitude da conduta e a segurança no âmbito da internet.[7]

Vale ressaltar que a proteção social da criança e do adolescente é uma questão considerada prioridade absoluta no artigo 227 da nossa Constituição Federal,[13] que lista inclusive as responsabilidades e os deveres dos pais, da família e da sociedade. A responsabilização dos pais ou responsáveis perante o Juízo da Infância e Adolescência parte do pressuposto legal de que filhos menores de 18 anos têm garantido o direito à saúde, que engloba o desenvolvimento psíquico e social, e que, portanto, inclui também a utilização de quaisquer meios de comunicação e informação e todos seus equipamentos, aplicativos, jogos, programas e demais materiais acessíveis por meio das tecnologias digitais. Cidadania, direitos e responsabilidades se aprendem na família, na escola e a cada momento de convívio com outros no contexto social.

DESENVOLVIMENTO DA SEXUALIDADE

Sexualidade é o processo evolutivo que dura toda a vida, pelo qual nascemos e nos reproduzimos, e está intimamente associado ao desenvolvimento biológico, psicológico e social, contribuindo para a formação da personalidade e a realização pessoal.

A transição da adolescência é marcada pelo desenvolvimento da sexualidade, desde as mudanças no corpo e nos comportamentos até o início dos relacionamentos sociais, como o namoro e outros compromissos afetivos, inclusive sexuais, até o acasalamento e a possibilidade de reprodução. A socialização e a sexualização são interdependentes durante a adolescência e desencadeiam processos que passam por desejos, buscas, dúvidas, ansiedades, intimidades, medos, vacilos, incertezas, muitos riscos e muitas encruzilhadas. A sexualidade ocupa um espaço essencial na formação de todos os indivíduos e grupos sociais, por que tem relação com a continuidade evolutiva e o poder reprodutivo, bem como com a busca do prazer do corpo, a imaginação e as fantasias. Por tudo isso, envolve o respeito às necessidades e atitudes individuais e coletivas, mas também uma busca por informações básicas sobre o que acontece nas percepções de cada um e trocas de saberes nas redes sociais. Os impulsos da sexualidade são marcados por limites que desafiam os riscos da impulsividade e da liberdade, assim como as regras de proteção e os códigos morais e éticos que operam tanto subjetiva quanto socialmente. O desenvolvimento da sexualidade, assim,

QUADRO 17.2 **CARACTERÍSTICAS DA SEXUALIDADE DURANTE A ADOLESCÊNCIA NA ERA DIGITAL**

Características do desenvolvimento da sexualidade e comportamentos sexuais durante a adolescência	**O universo digital**
Mudanças corporais da puberdade e maturação sexual com tempo médio progressão de cinco anos.	Aqui e agora. Tudo se transforma em um passe de mágica, a partir de um de clique ou *login* em algum *site* ou rede.
Desenvolvimento da autoimagem e da autoestima, com a valorização positiva ou negativa de si mesmo.	Imagem avaliada por desconhecidos e aprovada ou rejeitada ou deformada ou explorada à revelia.
Evolução do autoerotismo e experimentação sexual com novas sensações, na busca de novas percepções de si mesmo e de vínculo(s) afetivo(s).	Estímulo da libido e da atitude erótica *online* em um pragmatismo e uma superficialização do ato sexual, incluindo pornografia na relação sexual.
Encontros, namoros, ganhos e perdas no início das condutas sexuais, com ou sem proteção, como o uso de preservativos e contraceptivos.	Despersonificação das relações sexuais ou encontros com desconhecidos nas redes sociais de relacionamentos.
Descobertas íntimas.	Sexo supostamente seguro e virtual.
Desenvolvimento da identidade e do papel sexual.	Uma personalidade real e outra(s) virtual(is), o que pode gerar conflitos e motivar dissociações ou confusão mental.
Influências culturais sobre gênero, atitudes, crenças e valores morais e éticos.	Acesso facilitado à pornografia e ao pan-sexualismo, mensagens de *sexting*.

Fonte: Eisenstein e Estefenon.[7]

é um dos aspectos do desenvolvimento da personalidade humana e da socialização na adolescência, com a incessante e difícil busca do encontro de si mesmo e do par amoroso.[4]

Com o advento das novas tecnologias, estamos diante de uma revolução não só dos novos padrões de comunicação e de relacionamento social, mas da maneira com que se aprende e se manifesta a sexualidade, inclusive nas redes sociais. No isolamento e no anonimato de seu computador, em seu quarto ou em uma *lan house,* o adolescente inicia seu conhecimento sexual e seus relacionamentos com informações obtidas livremente de outras pessoas de todos os tipos e idades, cujas identidades reais, porém, lhe são desconhecidas. Relaciona-se de modo simultâneo e superficial e espera a "repercussão virtual" de sua imagem, muitas vezes transmitida via *webcam* em tempo real. Esse retorno traduz-se em manifestações variáveis, seja através de *fotologs*, comunidades virtuais ou *sites* de relacionamento, podendo fazer do adolescente uma *webcelebridade* ou podendo destruí-lo por atos de *cyberbullying.* Observa-se uma busca por experiência sexual que alguns sociólogos denominam de pan-sexualidade, em que tudo é possível. Seria a forma com que os adolescentes exercem sua sexualidade: como expressão de liberdade, vazio e rebeldia, que não depende de gênero e foge aos estereótipos culturais tradicionais; e, ainda, que não depende de envolvimento emocional e compromisso afetivo, mas mesmo assim assume riscos comportamentais, que vão desde a exploração sexual até dissociações mentais. As mensagens de texto, ou *sexting,* que são curtas, simples e diretas, fazem parte do novo idioma usado por meio da internet e dos celulares. A linha limite que separa o uso produtivo do uso patológico no desenvolvimento sexual e na busca de atenção e de afeto está cada vez mais tênue, e permanece também como uma divisória entre a saúde e os riscos de doenças futuras.[7,9,14,15]

CRESCIMENTO E DESENVOLVIMENTO VIRTUAL

Apesar das mudanças dos tempos e tecnologias, o processo biológico de crescimento e desenvolvimento ainda é o mesmo e cheio das mesmas incertezas no meio de tantas novidades, pois ninguém consegue prever o futuro da próxima geração nascida em plena época digital. As dúvidas são sempre os mesmos motivos de preocupações de pais, professores, educadores e profissionais das áreas da saúde. Como prevenir problemas? Como diminuir os riscos de doenças? Como proteger melhor as crianças e adolescentes no mundo digital? Como assegurar qualidade de vida para todos no meio do turbilhão do consumo tecnológico globalizado?

O mundo social foi transformando-se em um mundo virtual, produzido tecnologicamente, distante do que é real, verdadeiro, familiar e essencial ao crescimento e desenvolvimento de crianças e adolescentes. A exposição a esse novo mundo é diária e constante, quase sempre anônima, e globalizada em uma pressão da sociedade de consumo, sem limites ou fronteiras. Os meios de comunicação, via tecnologias, vão substituindo ou distorcendo o papel dos pais e da escola, que muitas vezes desistem ou abandonam suas responsabilidades na transmissão de valores e verdades, permitindo que "outros" invadam seus direitos de privacidade em sua própria família e casa.

Aprender a escrever com lápis e papel, usar uma caneta sem rabiscar toda a folha, misturar as cores na aquarela e desenhar com um pincel são desafios para a maturação psicomotora de qualquer criança. Ler um livro e contar a história, brincar com amigos ou jogar bola no time são exercícios ativos para o aprendizado social. Para a geração digital, o controle remoto e o *mouse* ou o próprio deslizar dos dedos em uma tela estão fazendo com que os dispositivos se tornem extensões dos dedos, o toque mágico para se entrar no mundo imaginário que vai cronificando a passividade, o imediatismo, a superficialidade, a submissão ao controle externo tecnológico e ao consumismo globalizado. Não há como acompanhar a cada instante as mudanças cerebrais e corporais de cada criança e adolescente. Os padrões de comportamento social são muitas vezes reações-espelho (refletem estereótipos da mídia), muitas vezes pós-traumáticas, de adaptação moral e cultural e de assimilação de novas informações, com a internalização de novos valores tecnológicos que permitem não só a sobrevivência, mas a facilitação do funcionamento nesse grupo social geracional. E por isso mesmo todos os adolescentes desejam agora ser internautas e, assim, viajar virtual e imediatamente para qualquer ponto das galáxias. As dúvidas apresentadas pelos adolescentes durante as consultas e descritas no início deste capítulo são exemplos das pequenas confusões e distorções que às vezes chegam a dissociações entre o mundo real e o virtual, e que ainda passam por superficialidades e estereótipos apresentados nos programas e nos aplicativos das mídias digitais.

Cabe à família manter o canal de diálogo com as crianças e os adolescentes sempre aberto e permeável, mesmo usando das tecnologias, e realizar um aprendizado mútuo de regras de respeito ao outro, respeitando o seu tempo de maturação e compreensão, tanto na família em si como na rede de convívio das amizades na escola. São tempos de novos desafios, mas que podem tornar-se mais um ganho de entrosamento na comunicação em vez de abrir um abismo intransponível de silêncios, riscos à saúde e ruídos dissonantes. Conversar sobre o mundo virtual e *online* e estabelecer regras claras e concordantes sobre o uso de computador, internet, videogame ou telefone celular fazem parte da rotina familiar atual no mundo tecnológico. Limites existem, e a melhor liberdade é a que respeita o uso de uma internet que seja ética, segura, saudável e educativa durante os períodos de crescimento e desenvolvimento das crianças e adolescentes. Cabe a todos nós, como sociedade, compreender e, assim, proteger a nova geração digital, sem banalizar os riscos e, ao contrário, sem superestimar os benefícios das tecnologias.

REFERÊNCIAS

1. Tanner JM. Growth at adolescence. 2nd ed. Oxford: Blackwell; 1962.

2. Eisenstein E. Adolescência: definições, conceitos e critérios. Adolesc Saúde 2005;2(2):6-7.

3. Giedd JN. The digital revolution and adolescent brain evolution. J Adolesc Health. 2012;51(2):101-5.

4. Eisenstein E, Ceccon C. Saúde, vida, alegria: manual para educação em saúde de adolescentes. Porto Alegre: Penso; 2000.

5. Erickson EH. Identidade, juventude e crise. Rio de Janeiro: Zahar; 1976.

6. Aberastury A, Knobel M. Adolescência normal: um enfoque psicanalítico. Porto Alegre: Artmed; 2003.

7. Eisenstein E, Estefenon SGB, organizadores. Geração digital: riscos e benefícios das novas tecnologias para as crianças e adolescentes. Rio de Janeiro: Vieira Lentz; 2009.

8. Eisenstein E, Estefenon S. Computador: ponte social ou abuso virtual? Adolesc Saúde. 2006;3(3):57-60.

9. Strasburger VC, Jordan AB, Donnerstein E. Children, adolescents, and the media: health effects. Pediatr Clin North Am. 2012;59(3):533-87.

10. Committee on the Rights of the Children. Monitoring children's rights [Internet]. Geneva: OHCHR; c1996-2011 [capturado em 10 fev. 2013]. Disponível em: http://www2.ohchr.org/english/bodies/crc.

11. Brasil. Presidência da República. Casa Civil. Lei nº 8.069, de 13 de julho de 1990. Dispõe sobre o Estatuto da Criança e do Adolescente e dá outras providências [Internet]. Brasília: Casa Civil; 1990 [capturado em 9 abr. 2013]. Disponível em: http://www.planalto.gov.br/ccivil_03/leis/l8069.htm.

12. Brasil. Presidência da República. Casa Civil. Lei nº 10.764, de 12 novembro de 2003. Altera a Lei nº 8.069 de 13 de julho de 1990, que dispõe sobre o Estatuto da Criança e do Adolescente e dá outras providências [Internet]. Brasília: Casa Civil; 2003 [capturado em 9 abr. 2013]. Disponível em: http://www.planalto.gov.br/ccivil_03/leis/2003/l10.764.htm.

13. Brasil. Presidência da República. Casa Civil. Constituição da República Federativa do Brasil de 1988 [Internet]. Brasília: Casa Civil; 1988 [capturado em 9 abr. 2013]. Disponível em: http://www.planalto.gov.br/ccivil_03/constituicao/constituicao.htm.

14. O' Keefe GS. CyberSafe: protecting and empowering kids in the digital world of texting, gaming and social media. Elk Grove Village: American Academy of Pediatrics; 2011.

15. CMCH mentors for parents and teachers. Internet Talk for teens: ages 13-19 [Internet]. Boston: CMCH; c2004-2008 [capturado em 8 abr. 2013]. Disponível em: http://www.cmch.tv/mentors_parents/Internet_teens.asp.

CAPÍTULO 18

EFEITOS NOCIVOS À SAÚDE DE CRIANÇAS E ADOLESCENTES PELO USO EXCESSIVO DAS TECNOLOGIAS DA INFORMAÇÃO E COMUNICAÇÃO

SUSANA GRACIELA BRUNO ESTEFENON

As evidências do uso crescente das tecnologias da informação e comunicação (TICs) por parte de crianças e jovens obrigam os profissionais, tanto da saúde e da educação como de outras áreas, ao estudo do impacto que esse uso pode provocar nos aspectos biológicos, psicológicos e sociais da saúde do indivíduo como um todo.[1]

Em estudo recente, de 2012, o Comitê Gestor da Internet,[2,3] realizou um levantamento com escolares, que determinou que uma média de 77% dos adolescentes brasileiros de 14 anos são usuários de internet. Segundo a Ibope-Nielsen,[4] em 2011, dos usuários de internet, 58%, ou 30 milhões, tinham perfil no Facebook, a maior rede social mundial, e, destes, metade eram usuários menores de 20 anos. Outro estudo realizado em 2011, no Rio Grande do Sul, com 1.500 adolescentes escolares, investigou o estilo de vida e o uso e abuso de TICs, mostrando números mais significativos ainda: 80% dos adolescentes estudados eram internautas, e destes, mais da metade se conectava à internet durante mais de duas horas diárias. Dos 80% que jogam videogames, ou outros jogos eletrônicos, 44% jogam mais de duas horas por dia.[5] Já em nível mundial, em países do Primeiro Mundo, como os Estados Unidos, sabe-se que quase metade das crianças menores de 6 anos são usuárias de computador.

IMPACTO NA SAÚDE PELO USO E ABUSO DAS TICs

Para melhor estudo, os riscos e danos à saúde de crianças e adolescentes pelo uso das TICs serão divididos de acordo com as seguintes áreas: crescimento e desenvolvimento; saúde mental; sexualidade; saúde física; saúde social/digital.[1]

QUADRO 18.1 **USO DAS TICs E EFEITOS NOCIVOS À SAÚDE**

Riscos à saúde de crianças e adolescentes pelo uso das TICs				
I. Crescimento e desenvolvimento	II. Saúde sexual	III. Saúde mental	IV. Saúde física	V. Saúde social /digital

Fonte: Eisenstein e Estefenon.[1]

RISCOS E DANOS AO CRESCIMENTO E DESENVOLVIMENTO

Os riscos ao crescimento e ao desenvolvimento do indivíduo nos âmbitos biológico, psicológico e social, já foram bem analisados no capítulo anterior. A seguir estão sintetizados, no Quadro 18.2, os riscos individuais, familiares e sociais e também os digitais, que comprovadamente podem interferir no processo pelo qual um indivíduo vulnerável, como a criança e o adolescente, pode transformar-se em um adulto saudável.

RISCOS E DANOS À SEXUALIDADE

Em muitos países, como nos Estados Unidos, tanto a televisão como a internet transformaram-se no verdadeiro educador sexual, ante a ausência da educação efetiva da sexualidade por parte dos pais e das escolas.

Os riscos na área de sexualidade,[1,6] já analisados em outros capítulos, serão resumidos a seguir:

1. Acesso fácil a pornografia e a conteúdo sexual inapropriado para a idade, como fator de risco para experiência sexual prematura e exercício da sexualidade sem proteção, múltiplos parceiros, gravidez na adolescência e doenças sexualmente transmissíveis (DSTs), como papiloma vírus humano (HPV).
2. *Sexting*, exposição da própria imagem, com possível lesão da autoimagem e da autoestima.
3. *Grooming*, pedofilia, abuso sexual virtual e/ou real.

QUADRO 18.2 **FATORES DE RISCO NO DESENVOLVIMENTO SAUDÁVEL**

Riscos individuais	Riscos familiares	Riscos sociais	Riscos digitais
Desnutrição e maus hábitos alimentares	Pobreza e analfabetismo e desemprego	Falta de vínculos ou envolvimento social ou comunitário	Mau uso do tempo livre e distorção de hábitos de sono e alimentação
Baixo rendimento escolar	Pais com alto nível de estresse e uso de drogas/álcool	Insegurança e falta de proteção social contra a violência	Tecnoestresse e riscos das multitarefas
Baixa autoestima	Falta de vínculos afetivos	Falta de perspectivas socioeconômicas	Sexualidade virtual problemática, pedofilia e pornografia digital
Conduta antissocial e agressividade	Maus-tratos, violência ou abuso sexual	Falta de políticas públicas e de fiscalização	
Deficiência física ou mental			
Uso de drogas	Abandono, morte ou separação traumática da mãe ou do pai	Desvios dos recursos públicos nas áreas de educação e saúde	Confusão entre os mundos real e virtual, com danos mentais
Transtornos mentais e comportamentais, depressão, ansiedade	Falta de valores é expectativas de futuro	Abuso do poder da mídia e dos canais de comunicação e de informação	*Cyberbullying* e violência *online*
	Transtornos mentais ou suicídio ou morte por homicídio	Falta de fiscalização dos servidores, provedorese do sistema de tecnologia digital	Acesso facilitado à ilegalidade e a crimes cibernéticos
			Danos específicos à saúde física

Fonte: Eisenstein e Estefenon.[7]

4. Difamação, calúnia, *cyberbullying* nos aspectos de identidade e conduta sexual.
5. Acesso *online* a drogas e métodos abortivos.
6. Estímulo ao turismo sexual, exploração sexual e tráfico humano sexual.
7. Sexo virtual obsessivo. Sexo *online* em prejuízo do exercício da sexualidade real ou de outras atividades habituais importantes.

RISCOS E DANOS À SAÚDE MENTAL

RISCOS E DANOS PSICOLÓGICOS

Sem dúvida, a digitalização das relações pessoais tem, na maioria das vezes, provocado isolamento, apatia e solidão.[1,8] O uso das tecnologias conectadas à internet nas multitarefas ou jogando videogames provoca ansiedade e estresse que deixam mais vulnerável ainda a autoestima dos adolescentes que estão formando sua identidade.

A confusão entre os mundos real e virtual é incrementada pelo estímulo à fantasia, característica própria da adolescência, assim como a necessidade de pertencer a um "grupo de iguais". No mundo virtual, a identificação é com amigos reais, virtuais e até com desconhecidos. E é dessa possibilidade de relacionamento com quem não se conhece que surge o risco de se identificar com grupos ou redes de tráfico de drogas, recrutamento em extremismo político, religioso ou até terrorismo, entre outros.

Numerosas pesquisas mostram que o uso de videogame aumenta a agressividade, a irritabilidade, estimula à violência, diminuindo também a tolerância à frustração.

RISCOS E DANOS PSIQUIÁTRICOS

1. Dependência de internet (ver Capítulo 6).
2. Dependência de celular (ver Capítulo 7).
3. Dependência de jogos eletrônicos (ver Capítulo 8).
4. Estímulo ou fixação de outros quadros psiquiátricos, como transtornos de ansiedade, transtorno obsessivo-compulsivo (TOC), transtornos de comportamento, condutas antissociais, depressão e suicídio (ver Capítulo 9).
5. Estímulo ao abuso e à dependência de álcool e outras substâncias psicoativas.[9]

RISCOS E DANOS À SAÚDE FÍSICA

Diferentes pesquisas mostram que a saúde física, especialmente a de crianças e de adolescentes, é afetada em maior ou menor grau pelo uso e abuso das novas tecnologias digitais de comunicação, informação e lazer.[10,11] A melhor maneira de estudar esse impacto é analisando as diferentes áreas médicas separadamente, como a seguir.

RISCOS NEUROLÓGICOS

As cefaleias e os distúrbios do sono, como mais frequentes, e os transtornos de atenção (TDA), induzidos pelo uso de videogames ou a realização de multitarefas, e a epilepsia fotossensível estão entre os efeitos nocivos em nível neurológico que serão abordados no Capítulo 19.

RISCOS AUDITIVOS

Os fones de ouvido usados como recurso de aparelhos como MP3, *iPod*, computador, videogames e o próprio celular, entre outros, podem causar lesão irreversível da audição. Essa perda definitiva da capacidade de ouvir por trauma acústico, que é provocado por níveis altos do volume, pode ser irreversível. Isso será mais bem analisado no Capítulo 20.

RISCOS OFTALMOLÓGICOS

Biologicamente, nosso olho está acostumado a olhar para objetos iluminados e não diretamente para fontes de luz, como são os monitores ou telas. A luz excessiva pode provocar fototoxicidade, que consiste na lesão das células da retina responsáveis por captar o sinal eletromagnético da luz e depois transformá-lo em informação para o cérebro. Além disso, anatomicamente estamos aptos para focar melhor a uma distância maior de um metro, a menos que soframos de alguma patologia específica.

As pessoas diante do computador ou videogame piscam muito menos do que exercendo qualquer outra atividade. A córnea é uma estrutura biológica transparente do olho, que deve se manter úmida e com os nutrientes celulares assegurados pelo filme lacrimal. Quanto menos se pisca, mais intensa se torna a evaporação lacrimal, diminuindo a lubrificação e consequentemente a proteção e acuidade visual. Assim é causada a chamada síndrome do olho seco (SOS), que se manifesta por meio de olhos vermelhos, sensação de corpo estranho ou areia, conjuntivites e infecção da córnea – as ceratites – e má qualidade da visão. Além de causas orgânicas, o uso abusivo do computador e a longa permanência em ambientes com ar-condicionado têm forte influência no aparecimento da SOS. A descrita síndrome do olho do computador (computer vision syndrome – CVS),[12] atinge aproximadamente 70% dos usuários de computador e videogames, e seus sintomas são: vista cansada, olho vermelho ou seco ou lacrimejando em excesso, e até dor de cabeça e sonolência.[12]

Segundo a Associação Americana de Optometria, as pessoas que gastam duas ou mais horas continuas em frente ao monitor digital têm maior risco de desenvolver CVS.[13]

Recomendações

- Os usuários que abusam das telas de computador, videogames, *tablets* e *smartphones* devem passar por avaliação oftalmológica periódica para testar a acuidade visual ou, se for o caso, corrigir eventuais problemas de refração ou lacrimejamento.
- Deve-se manter o monitor sempre limpo, regulado com mais contraste e menos luminosidade e uns 10 a 20 graus abaixo do nível dos olhos. A distância entre o monitor e os olhos deve ser de 60 cm. Usar protetor de tela.
- Evitar o excesso de luminosidade no lugar de uso de computador, *tablet* ou *notebook*.
- Os usuários de lentes de contato devem ter maior precaução com o tempo de exposição para evitar olho seco, vermelho ou lacrimejando, se for o caso, devem ser orientados por um profissional especializado.
- Recomenda-se fazer pausas periódicas para exercícios de relaxamento ocular: 5 a 10 minutos a cada hora.
- Ao usar uma tela digital, é importante lembrar de piscar voluntariamente.

RISCOS DE TRANSTORNOS DA ALIMENTAÇÃO

A mídia tem um papel crucial no modelo ideal de corpo e na formação da imagem corporal de pré-adolescentes e adolescentes e também tem responsabilidade na insatisfação dos jovens com o próprio corpo e as expectativas irreais ao transmitir estereótipos de magreza.

O culto ao corpo, indispensável para os jovens da sociedade de consumo, tem levado muitos adolescentes a condutas extremas, dietas rigorosas, excesso de exercícios físicos, vômitos provocados após as refeições, uso de anabolizantes, laxantes, diuréticos e outras substâncias. Tudo isso é muito estimulado na internet.

Em 2012, no Brasil, 10% dos adolescentes usuários de internet encontraram *sites* contendo indicação de formas para ficar muito magro, a ponto de tornar-se doente, segundo o Comitê Gestor da Internet.*

Atualmente, existem centenas de *sites* que estimulam a anorexia, como "Pro-Ana", "No food", "Anas e Mias", "Xanga.com".[14] Também existem *blogs,* como Carta de Ana, e comunidades, como Anagirls, que transformam transtornos da alimentação em forma de vida.

Portanto, o uso das TICs deve ser considerado como importante fator de risco para anorexia e bulimia.[15]

Recomendações

- Conscientizar da importância de uma alimentação saudável durante a infância.
- Fazer das refeições um momento de encontro familiar.
- Conversar com crianças e pré-adolescentes sobre a imagem corporal.
- Estimular a autoestima pessoal.

RISCO DE OBESIDADE

A obesidade representa um claro perigo para a saúde de crianças e de adolescentes. Sua prevalência tem dobrado nas últimas décadas e com isso também dobrou, desde 1980, uma complicação da obesidade, o diabetes. Em países desenvolvidos, como os Estados Unidos, existem mais pessoas com sobrepeso que com peso normal.

A relação entre as horas gastas em frente à televisão ou tela do computador ou do videogame e o ganho de peso está comprovada. E é diretamente proporcional: mais horas, maior índice de massa corporal (IMC); quer dizer, mais sobrepeso, mais obesidade e suas complicações. O tempo gasto em frente às telas é um tempo que não é usado para praticar atividades físicas, como brincar, andar de bicicleta, correr, caminhar ao ar livre ou praticar um esporte.

Um estudo sobre atividade física realizado em 122 países e coordenado por Pedro Hallal revela um índice assustador: 80% dos adolescentes do mundo são

* www.cgi.br.

sedentários, não praticam o mínimo de atividade física recomendada pela Organização Mundial da Saúde (OMS).[17,18]

É sabido que o sedentarismo hoje já é responsável por 10% das mortes; porém, existe um alerta de que, no futuro, esses índices serão muito maiores.

Além disso, estudos mostram que a mídia tem contribuído para o aumento da ingesta de alimentos não saudáveis e o consumo de mais calorias por adolescentes em restaurantes de *fast-foods*, dietas ricas em gorduras e refrigerantes, enquanto assistem televisão ou jogam videogames.[19]

A comorbidade ou problemas associados à presença da obesidade também são preocupantes, por exemplo: transtornos do sono, como apneia; cansaço e irritabilidade; complicações ortopédicas, como traumas de membros inferiores; distúrbios gastrintestinais, como halitose e refluxo gastresofágico; e distúrbios metabólicos, como níveis altos de colesterol, triglicerídeos e glicose, com maior risco de diabetes.[20]

Recomendações

- Na primeira infância, a dieta deve ser saudável e balanceada.
- Estimular 4 a 6 refeições balanceadas por dia.
- Não se alimentarem frente à televisão, computador ou videogame.
- Na adolescência, restrições impostas podem ter efeito contrário nos hábitos alimentares.
- Estimular a atividade física segundo o interesse de cada um.
- As atitudes dos pais e dos professores são importantes na educação e no exemplo sobre a boa alimentação e a prática de exercícios.

RISCOS CARDIOLÓGICOS

É sabido que a adoção de um estilo de vida sedentário, somada ao estresse da vida moderna, tem contribuído para uma epidemia de doenças crônicas, tais como obesidade, diabetes e hipertensão (pressão alta). Condições essas que podem levar a um conjunto de alterações metabólicas chamados de síndrome plurimetabólica (SP).[20] A SP representa o maior risco de doença cardiovascular e, por isso, é importante causa de mortalidade de adultos.[21]

Crianças e adolescentes que apresentam pressão alta ou sobrepeso têm triplicadas as chances de desenvolver a SP durante a vida adulta.

Fontes do Ministério da Saúde/SVS[22] informam que as doenças do aparelho circulatório representam mais de um terço das causas de óbito, o que significa que as doenças cardiovasculares, como infarto ou acidente cerebrovascular, representam a primeira causa de morte (32%) no Brasil em todas as regiões, na frente de doenças graves, como o câncer.

Recomendações

- A Academia Americana de Pediatria e a Sociedade Brasileira de Cardiologia[24] aconselham: uma criança ou adolescente não deve passar mais de duas horas por dia em frente ao computador, videogame ou televisão.
- Equilíbrio desde a infância entre o uso da tecnologia e o sedentarismo.
- Estimular atividades físicas e esportivas desde a infância.
- Controles médicos periódicos de crianças e de adolescentes com fatores de risco como sobrepeso, obesidade, pressão alta, níveis altos de colesterol, triglicerídeos ou antecedentes familiares destes.

RISCOS OSTEOARTICULARES

Desconforto ou dores lombares, no pescoço ou nos membros superiores são motivos de consultas frequentes ao médico em decorrência do uso prolongado de computadores e videogames. Tal uso acarreta disfunções posturais ou osteoarticulares em crianças, adolescentes e jovens, que serão tratadas no Capítulo 21.

A seguir, apresentamos um resumo dos mais importantes riscos osteoarticulares pelo uso prolongado de computador e videogame:

❶ Desvio de coluna, como hipercifose.
❷ Dor no pescoço, no braço e na mão, como cervicobraquialgia.
❸ Sensação de dormência, no braço e na mão.
❹ Dor lombar.
❺ Dor nas articulações das mãos: tenossinovite.
❻ Falta de cálcio nos ossos devido a carência de vitamina D por pouca exposição solar.

RISCOS À SAÚDE OCUPACIONAL

Os movimentos rápidos e repetitivos das mãos no teclado quando crianças e adolescentes estão no computador, jogam videogames ou enviam mensagens no celular propiciam o aparecimento de tenossinovite, tendinite ou bursite, que são distúrbios musculoesqueléticos diretamente relacionados ao esforço prolongado, com possível comprometimento posterior da função.[25] Essas lesões, conhecidas como lesões por esforço repetitivo (LER), são insidiosas e de difícil tratamento. Além de afetarem a capacidade funcional, principalmente na realização de atividades profissionais, domésticas e até de higiene pessoal, exigem adaptações na vida pessoal, profissional e familiar da pessoa lesionada.

Na última década, houve um significativo aumento nas manifestações de LER. Se uma das causas é o crescimento das ocupações informatizadas, o futuro ocupacional das crianças que hoje tão cedo começam com esforços repetitivos por períodos prolongados estará comprometido (ver Capítulo 21).

RISCOS POR AUTODIAGNÓSTICO E AUTOMEDICAÇÃO DIGITAL

As pessoas, sobretudo crianças, adolescentes e jovens, consultam a internet e os *sites* de busca à procura de informações sobre as doenças e seus sintomas, sobre os mais diversos tratamentos, ou sobre outras pessoas que vivem com problemas de saúde semelhantes.

Muitas informações existem, mas também muitas distorções, erros e meias-verdades, tornando-se necessário saber a origem ou os créditos da informação na área da saúde para poder assegurar a veracidade e a confiabilidade dessas fontes digitais.

Os resultados de um estudo realizado nos Estados Unidos pela North Westhern University, com indivíduos de 8 a 18 anos, mostram que 60% deles já consultaram informação *online* sobre saúde.

A Agência Nacional de Vigilância Sanitária (Anvisa)[26] e a Associação Médica Brasileira (AMB)[27] alertam sobre a venda ilegal de fármacos e medicamentos na internet, tanto os de venda proibida como os de comercialização controlada.

Também é possível comprar remédios para emagrecer, substâncias ilícitas ou contrabandeadas e muitas outras drogas proibidas ou não sem controle algum. É muito difícil fiscalizar a venda de substâncias proibidas que sejam realizadas *online*, via internet.

Recomendações

- Confira se a fonte é fidedigna para obter informações sobre saúde ou doença na internet, por exemplo: revistas científicas ou *sites* de sociedades profissionais ou de especialização médica.
- Não compre fórmulas ou medicamentos manipulados na internet.
- Não acredite em promessas de cura miraculosa por meio de medicamentos vendidos na internet.

- Prefira farmácias reais em vez de virtuais; no entanto, se optar por comprar via internet, compre em *sites* disponibilizados por farmácias conhecidas e que são registradas comercialmente no mundo real.
- Ante sintomas ou sinais de doença, consulte um médico ou especialista em vez do "Dr. Google".

RISCOS E DANOS À SAÚDE SOCIAL-DIGITAL

Na era das tecnologias da informação e comunicação (TICs), nasce o conceito de mundo digital e, com isso, o de inclusão e exclusão digital.

A inclusão digital surge da necessidade de pertencer a esse mundo digital, ser parte do grupo dos internautas ou das redes sociais, que para os adolescentes representam grupos de pertença ou "supergrupo de iguais", formado por pessoas de qualquer idade, cultura, etnia, país, religião e até condição econômica.

Apesar de os 10% mais ricos do planeta terem 56% do acesso à internet, os 10% mais pobres só representam 1% do acesso à rede. Surge então a exclusão digital, que coincide, em muitos casos e países, com a exclusão social, situação que, na época da comunicação e da informação, é geradora de violência individual, social e virtual. A primeira exclusão digital é, sem dúvida, a sofrida pelos adultos que não conseguem acompanhar ou se adaptar às novas tecnologias. Geralmente são também pais e professores na paradoxal situação em que jovens, adolescentes e até crianças ostentam o conhecimento e a manipulação dos recursos das TICs.

RECOMENDAÇÕES GERAIS PARA EVITAR EFEITOS NOCIVOS À SAÚDE PELO USO EXCESSIVO DAS TICs

Cuidar do binômio formado pela criança ou adolescente e o uso das TICs é sem dúvida um dos maiores desafios enfrentados pelos profissionais da saúde e da educação nesta nova era digital. Cuidado esse que consiste tanto em evitar os riscos e danos à saúde decorrentes do uso ou abuso das novas tecnologias digitais[29,30] como no estímulo de hábitos de vida saudáveis,[28] para tirar o máximo proveito dessa relação cada vez mais estável e duradoura. Para concluir, vale a pena listar algumas recomendações gerais da Academia Americana de Pediatria sobre o uso das TICs (Quadro 18.3).

QUADRO 18.3 **RECOMENDAÇÕES GERAIS**

- Uso máximo diário de televisão, computador e videogames: duas horas
- Não permitir o uso de TICs a crianças menores de 2 anos
- Manter o quarto das crianças livres de computadores, televisão e celulares
- Informar-se sobre as novas tecnologias e o uso *online* que as crianças e adolescentes fazem delas
- Compartilhar com o filho/aluno o uso das novas TICs

Fonte: Gentile e colaboradores.[28]

REFERÊNCIAS

1. Eisenstein E, Estefenon SGB, organizadores. Geração digital: riscos e benefícios das novas tecnologias para as crianças e adolescentes. Rio de Janeiro: Vieira Lentz; 2009

2. Comitê Gestor da Internet do Brasil. TIC kids online 2012 [Internet]. São Paulo: CGIB; 2012. [capturado em 10 abr. 2013]. Disponível em: http://www.cetic.br/usuarios/kidsonline/2012/criancas.htm.

3. Comitê Gestor da Internet do Brasil. Links [Internet]. São Paulo: CGIB; 2012. [capturado em 10 abr. 2013]. Disponível em: http://www.cetic.br/links/.

4. Ibope-Nielsen [Internet]. São Paulo: Ibope; c2005-2012 [capturado em 10 abr. 2013]. Disponível em: www.ibope.com.br.

5. Argimon IIL, Campana A, Estefenon S. Estilo de vida e o uso e abuso de substâncias psicoativas e de TICs. Porto Alegre: PUCRS; 2012. Estudo piloto.

6. Boyer R, Levine D, Zensius N. Techsex USA: youth sexuality and reproductive health in the digital age. Oakland: Isis; 2011

7. Eisenstein E, Estefenon SGB. Geração digital riscos das novas tecnologias para crianças e adolescentes. Rev Hosp Univ Pedro Ernesto. 2011;10 Supl. 2:40-52

8. Strasburger VC. Adolescents and the media: medical and psychological impact. Thousand Oaks: Sage; 1995

9. Committee on Environmental HealthHealth; Committee on Substance Abuse; Committee on Adolescence; Committee on Native American Child. From the American Academy of Pediatrics: policy statement-tobacco use: a pediatric disease. Pediatrics. 2009;124(5):1474-87.

10. Kappos AD. The impact of electronic media on mental and somatic children's health. Int J Hyg Environ Health. 2007;210(5):555-62.

11. O'Keefe GS, Clarke-Pearson K; Council on Communications and Media. Clinical report: the impact of social media on children, adolescents, and families. Pediatrics. 2011;127(4):800-4.

12. Abelson MB. How to fight computer vision syndrome. Rev Ofthalmol. 1999;114-6.

13. American Optometric Association, Computer vision syndrome (CVS) [Internet]. St. Louis: AOS; c2006-13 [capturado em 10 abr. 2013]. Disponível em: http://www.aoa.org/x5374.xml.

14. Borzekowski DL, Schenk S, Wilson JL, Peebles R. e-Ana and e-Mia: A content analysis of pro-eating disorder Web sites. Am J Public Health. 2010;100(8):1526-34

15. Levine MP, Murnen SK. "Everybody knows that mass media are/are not [pick one] a cause of eating disorders": a critical review of evidence for a causal link between media, negative body image, and disordered eating in females. J Soc Clin Psychol. 2009;28:9-42.

16. Brownell KD, Schwartz MB, Puhl RM, Henderson KE, Harris JL. The need for bold action to prevent adolescent obesity. J Adolesc Health. 2009;45(3 Suppl.):S8-17.

17. Hallal PC, Andersen LB, Bull FC, Guthold R, Haskell W, Ekelund U. Global physical activity levels: surveillance progress, pitfalls, and prospects. Lancet. 2012;380(9838):247-57.

18. World Health Organization. Diet and physical activity: a public health priority [Internet]. Geneva: WHO; c2013 [capturado em 10 abr. 2013]. Disponível em: http://www.who.int/dietphysicalactivity/en/.

19. Hardy LL, Denney-Wilson E, Thrift AP, Okely AD, Baur LA. Screen time and metabolic risk factors among adolescents. Arch Pediatr Adolesc Med. 2010;164(7):643-9.

20. Mark AE, Janssen I. Relationship between screen time and metabolic syndrome in adolescents. J Public Health (Oxf). 2008;30(2):153-60.

21. Stamatakis E, Hamer M, Dunstan DW. Screen-based entertainment time, all-cause mortality, and cardiovascular events: population-based study with ongoing mortality and hospital events follow-up. J Am Coll Cardiol. 2011;57(3):292-9.

22. Brasil. Ministério da Saúde. Secretaria de Vigilância em Saúde (SVS) [Internet]. Brasília: MS; c2013 [capturado em 10 abr. 2013]. Disponível em: http://portalsaude.saude.gov.br/portalsaude/index.cfm?portal=pagina.visualizarArea&codArea=376.

23. Healthy Children. Family life: media [Internet]. Elk Grove Village: American Academy of Pediatrics; c2013 [capturado em 10 abr. 2013]. Disponível em: www.healthychildren.org/English/family-life/Media/Pages/default.aspx.

24. Sociedade Brasileira de Cardiologia [Internet]. Rio de Janeiro: SBC; c1996-2010 [capturado em 10 abr. 2013]. Disponível em: http://www.cardiol.br/.

25. Carter JB, Banister EW. Musculo skeletal problems in VDT work: a review Ergonomics. 1994;37(10):1623-48.

26. Brasil. Ministério da Saúde. Agência Nacional de Vigilância Sanitária [Internet]. Brasília: Anvisa; c2005-2009 [capturado em 10 abr. 2013]. Disponível em: http://portal.anvisa.gov.br/wps/portal/anvisa/home.

27. Associação Médica Brasileira [Internet]. São Paulo: AMB; c2012 [capturado em 10 abr. 2013]. Disponível em: http://www.amb.org.br.

28. Gentile DA, Oberg C, Sherwood NE, Story M, Walsh DA, Hogan M. Well-child visits in the video age: pediatricians and the American Academy of Pediatrics' guidelines for children's media use. Pediatrics. 2004;114(5):1235-41.

29. Center on Media and Child Health [Internet]. Boston: CMCH; c2004-2010 [capturado em 10 abr. 2013]. Disponível em: http://www.cmch.tv/.

30. Christakis DA, Zimmerman FJ. Media as a public health issue. Arch Pediatr Adolesc Med. 2006;160(4):445-6.

CAPÍTULO 19

TECNOESTRESSE E O CÉREBRO EM DESENVOLVIMENTO

EDUARDO JORGE CUSTODIO DA SILVA
EMMALIE TING

TECNOESTRESSE

Imagine-se nas seguintes situações:

1. No dia mais quente do ano, o ar-condicionado ou ventilador param de funcionar.
2. Você acabou de comprar um CD novo, mas o aparelho de som não o reconhece.
3. A máquina de lavar roupas parou de funcionar.
4. É o capítulo final de seu programa favorito, que não será reprisado, e a imagem da televisão insiste em falhar.
5. A bateria do celular está prestes a acabar, não haverá como recarregá-la em breve e o dia está apenas começando. Ou pior, o celular foi esquecido em casa, e você só percebeu quando já era tarde demais para voltar e buscá-lo.
6. Você precisa enviar um documento com urgência máxima, mas o *e-mail* de seu computador nem abre, pois a internet está extremamente lenta.
7. Retornando de férias do lugar mais interessante que já visitou, você descobre que, acidentalmente, deletou todas as fotos recém-tiradas.
8. Seu computador quebra inusitadamente e você não tem qualquer tipo de *back-up*.
9. Ao realizar uma compra pela internet, o pedido e o pagamento foram feitos em duplicata e você não consegue entrar em contato com a empresa responsável.

A cada avanço tecnológico que incorporamos ao nosso dia a dia, seja a antiga cafeteira elétrica, o aparelho de secretária eletrônica ou o equipamento de videocassete, ao mais moderno *smartphone*, *tablet* ou televisão digital, mais sujeitos estamos a nos frustrar com falhas ou problemas técnicos.

Ao mesmo tempo, a possibilidade de estarmos "24 horas conectados" nos impõe jornadas de trabalho cada vez maiores; a possibilidade de podermos comprar, consultar, pesquisar tudo *online* e instantaneamente nos torna menos pacientes e tolerantes uns com os outros, pois é cada vez mais difícil competirmos com a eficiência, rapidez e personalização fornecidas pela tecnologia digital.

O tecnoestresse pode ser caracterizado pelo desejo incontrolável de estar ligado, plugado ou "conectado" o tempo todo, sem conseguir realizar cada tarefa separadamente e com a devida atenção e concentração. É como se o cordão umbilical estivesse ainda ligado matricialmente ao aparelho ou equipamento de tecnologia digital e se tentasse realizar múltiplas tarefas ao mesmo tempo. Alguns exemplos comuns são: o desejo incontrolável de verificar constantemente o correio eletrônico ou os programas de mensagens instantâneas; estar sempre atento ao toque do celular, às vezes tendo dois ou mais celulares no mesmo bolso ou mesma bolsa, todos ligados; desejo de brincar no computador ou no celular em todos os momentos livres, por não saber mais como ficar nenhum momento sozinho, só pensando ou refletindo sobre a vida (aliás, sem saber mais o que significa pensar ou refletir sobre a existência com mais profundidade de sentimentos e percepções).

Nos últimos anos, temos observado um ritmo de "penetração" de novas tecnologias nunca antes visto. Veja-se o tempo que as tecnologias precisaram para atingir a marca de 50 milhões de usuários: o rádio levou 38 anos; o telefone, 20 anos; a televisão, 13; a *World Wide Web*, 4; o Facebook, 3,6; o Twitter, 3; o iPad, 2; e o Google+, 88 dias.[1]

Tudo isso nos leva às seguintes perguntas: o que será das crianças que estão sendo criadas nesse contexto, já que seus cérebros ainda estão em formação? E os adolescentes, serão também afetados?

O CÉREBRO EM DESENVOLVIMENTO

A velocidade máxima de crescimento do cérebro se dá até os 3 anos de idade e, então, vai diminuindo até os 12 anos, aproximadamente, quando atinge seu tamanho máximo. Aos 6 anos, o cérebro já atingiu 90% do seu tamanho final.[2] Por causa disso, pensava-se que ele já estaria pronto para atuar como o de um adulto, aguardando somente o estímulo hormonal que chegaria com a puberdade.

Esse conceito ultrapassado nos levava à falsa conclusão de que, após esse estágio, poucas alterações ainda seriam possíveis e de que a "idade mágica" dos 3 anos fosse a data limite para que a criança ainda pudesse sofrer influências da família, do ambiente e da sociedade.[3]

Pesquisas contemporâneas demonstram que, apesar de o cérebro crescer muito pouco após a infância, durante a adolescência ele sofre mudanças em sua constituição e plasticidade (capacidade de se remodelar), reformulando suas conexões em função de suas experiências e necessidades. O aumento da substância branca, que é rica em mielina, uma bainha que envolve partes do neurônio tornando mais rápida e eficiente a transmissão de impulsos nervosos, ocorre no cérebro em desenvolvimento, em detrimento da substância cinzenta, que comporta os corpos dos neurônios e fibras amielínicas. Sendo assim, com o aumento da mielinização, o sistema de condução de impulsos nervosos torna-se progressivamente mais integrado, veloz e eficaz. Por sua vez, a substância cinzenta, ao regredir, inicia um processo de "limpeza sináptica", enfraquecendo as sinapses (locais de conexão entre neurônios) menos utilizadas. Esse processo de perda de sinapses, embora possa parecer danoso à saúde, é um processo evolutivo importante, que faz com que tenhamos menos sinapses, mas especializadas, ao contrário de várias obsoletas, que é o que ocorre em certos tipos de retardo mental, como, por exemplo, na síndrome do X frágil.[3] Estudos utilizando métodos avançados de imagem conseguiram mostrar a microestrutura e o direcionamento dos neurônios na substância branca. Concluiu-se que os indivíduos que apresentam neurônios não apenas bem mielinizados, mas também agrupados de forma direcionada, possuem uma comunicação neuronal mais eficiente, resultando em maiores habilidades cognitivas do que as dos portadores de neurônios dispostos de forma mais aleatória. Essa é outra evidência de que em maior número de neurônios (e indiretamente, de sinapses) não significa maior inteligência, pois a maneira como estão dispostos também é de fundamental importância.[4]

Outro aspecto que comprova a plasticidade do cérebro é o fato de ele não se desenvolver de forma uniforme. Diferentes áreas se desenvolvem em diferentes períodos da vida. O cérebro tem de acompanhar todas as mudanças que ocorrem em nosso corpo, de diversas maneiras.

Se alguém lhe pedisse, neste momento, para fechar os olhos e descrever sua posição: "Como estão suas pernas? Dobradas? Cruzadas uma sobre a outra? Qual está por cima? E seus braços? E suas mãos?", você poderia responder a essas perguntas graças a uma função que seu cérebro desempenha, chamada propriocepção. Ela permite a um indivíduo, mesmo de olhos fechados, ter percepção de seu corpo e de suas partes, bem como da atividade muscular e dos movimentos das articulações.[5]

Mas reflita um instante: o cérebro que carrega hoje ainda é o mesmo de quando você era um bebê, uma criança, um adolescente. E ele já o informava sobre o seu corpo da mesma forma que o informa hoje, apesar de todas as mudanças pela quais seu corpo já passou. Na verdade, ao longo do seu crescimento e desenvolvimento, o cérebro remodelou sua configuração para se ajustar às mudanças que foram ocorrendo ao seu corpo e também ao tipo de tarefa que você passou a praticar, com maior ou menor intensidade. Ele continua a fazer isso ao longo de toda a sua vida. É o que explica, por exemplo, porque os cegos geralmente têm paladar, tato, olfato e audição mais aguçados do que os não cegos. Outro exemplo é o de pessoas que perdem a movimentação dos braços e das mãos, e que, após um tempo de prática, passam a desempenhar muito mais tarefas utilizando as pernas e os pés. Seguindo o mesmo modelo, o que será das pessoas que dedicam tanto tempo à realização de apenas um tipo de atividade, como usar o computador?

É sabido que o crescimento do corpo humano não se dá de forma proporcional: adolescentes passam por um período "desajeitado", com mãos, pés e extremidades mais avantajados que o resto do corpo, o que causa muita falta de coordenação psicomotora durante essa fase da vida. Esse "desajeito" é explicado pela não "atualização" do cérebro ante tais mudanças corporais da puberdade. E o cérebro responde a isso tratando de *amadurecer* logo seu córtex somestésico (do latim: *soma* = corpo e *aesthesia* = sensibilidade), a parte do cérebro responsável por sentir e reconhecer o próprio corpo – olha a plasticidade entrando em jogo! Daí a importância, nessa fase da vida, de o jovem usar seu corpo para fazer exercícios diários, até para se conhecer melhor (lembrar da imagem do menino fazendo "muque" na frente do espelho para se sentir mais forte). Atividades físicas em geral (esportes, danças, lutas) auxiliam nessa autopercepção e no desenvolvimento da imagem corporal na busca pela identidade ("quem eu sou?"). Por sua vez, crianças sedentárias, que passam o dia todo entretidas por televisão, *videogame* ou computador, deixam de estimular essas importantes sinapses, que, como vimos, podem atrofiar-se se forem pouco utilizadas. Os vários *avatares* que cada criança pode criar e vivenciar no computador podem confundir seu processo de desenvolvimento de identidade e personalidade.

É natural que os estágios do crescimento cerebral e da reorganização cortical se sobreponham aos ganhos do desenvolvimento nas funções cognitivas e emocionais. Existe também uma correspondência na progressão das habilidades que as crianças e os adolescentes adquirem ao longo desse desenvolvimento. Ou seja, da mesma forma que o córtex somestésico, outras áreas relacionadas ao córtex pré-frontal, ao sistema límbico e à região hipotalâmica vão amadurecendo e influenciando as fases do desenvolvimento do interesse sexual, do controle do tédio, dos impulsos, a busca por riscos e novidades, o raciocínio lógico e abstrato e capacidade de assumir as consequências pelos próprios atos, que amadurecem gradualmente, culminando com o início da vida adulta.[3,6]

TECNOESTRESSE E O CÉREBRO EM DESENVOLVIMENTO

No estágio inicial do estresse causado pela tecnologia, a pessoa é estimulada pela frustração, que pode ter um efeito inclusive positivo (conseguir imprimir um relatório quando a impressora quebra, ou tentar vencer um jogo *online*, inclusive driblando regras para *matar o inimigo*), fazendo com que se sinta realizada e satisfeita consigo mesma por atingir seu objetivo.

Em um estágio intermediário, as crises de raiva diante da impossibilidade de lidar o tempo todo com a tecnologia se tornam mais frequentes e começam a surgir sintomas como dores de cabeça (cefaleias) e tensão muscular.

Em um último estágio, o tecnoestresse torna-se crônico e a saúde fica seriamente comprometida, devido à liberação cada vez mais intensa de corticotrofina e dopamina, que são neurotransmissores cerebrais que agem na produção de outros hormônios atuantes em todo o corpo, como o cortisol produzido na glândula suprarrenal. Essa cadeia de estímulos hormonais atua nas diferentes regiões e sistemas corporais com repercussão sobre o processo de crescimento e desenvolvimento durante a adolescência e deixará marcas a seguir, na vida adulta.[7]

Todos esses mecanismos do sistema de estresse são complexos e mediados pelas interações de outros três elementos do sistema nervoso central (SNC):[6]

1. sistemas dopaminérgicos mesocortical e mesolímbico – incluem o córtex pré-frontal e o *nucleus accumbens* e estão envolvidos nos fenômenos de reforço antecipatório e motivacional e também nos mecanismos de recompensa;
2. complexos do hipocampo e da amígdala – estão envolvidos com os estressores emocionais, como o medo condicionado;
3. neurônios do núcleo arqueado secretores dos peptídeos opioides – alteram a sensibilidade à dor e influenciam o tônus emocional.

Assim, as respostas de adaptação ao estresse generalizado ocasionam a desregulação cerebral e causam vários distúrbios clínicos, dependendo de sua

QUADRO 19.1 **MANIFESTAÇÕES DO ESTRESSE CRÔNICO E DO TECNOESTRESSE**

- Dores musculares e de cabeça
- Dificuldades de relaxar e de dormir à noite
- Ansiedade
- Depressão e transtorno obsessivo-compulsivo
- Angústia
- Dificuldade de concentração
- Cansaço crônico
- Aumento do consumo de álcool e drogas
- Disforia e alterações do humor e agressividade
- Alterações cardiovasculares
- Alterações do ritmo respiratório
- Reações de medo, confusão mental e sintomas dissociativos, incluindo desmaios e crises epilépticas fotossensíveis
- Risco aumentado de transtornos da alimentação
- Distúrbios do sono/sono agitado

cronicidade e de sua intensidade.[7] Estudos sugerem que o cérebro de adolescentes dependentes de internet apresenta alterações específicas na substância branca frontal e no sistema hipocampal, áreas relacionadas a transtornos obsessivo-compulsivos.

SITUAÇÕES ESPECIAIS E O USO EXCESSIVO DE TECNOLOGIA DE TELAS

Algumas pessoas que sofrem de enxaqueca têm hiperacuidade visual (enxergam detalhes que escapam aos outros) e se sentem fisicamente agredidas por imagens em cores berrantes ou de alto contraste de luminosidade, como monitores de LCD com contraste e brilho no ajuste máximo.

Pacientes epilépticos também podem ser prejudicados pelo uso excessivo de computador. A suspensão abrupta da medicação anticonvulsivante, a fadiga física, a privação do sono, a hiperventilação (respiração forçada) e as emoções fortes são situações frequentemente experimentadas durante as maratonas de jogos eletrônicos *online* e podem desencadear convulsões. O estímulo luminoso, um atrativo presente não só nos jogos, mas também em vários *websites*, pode provocar convulsões em portadores de uma forma rara da doença: a epilepsia fotossensível, que atinge cerca de 3% de todos os adolescentes com epilepsia.[8]

A despeito do transtorno de déficit de atenção (TDA), conhecido desde o século passado, existe uma síndrome denominada *déficit de atenção induzido.* Realizar várias tarefas simultaneamente, como atender ao celular no meio de outra conversa; abrir *e-mails* e respondê-los imediatamente, mesmo sem tempo para isso ou durante a realização de outras tarefas; ou perder-se na internet quando em busca de uma informação específica são ações ou multitarefas que podem levar crianças e adolescentes a um quadro de estresse, com irritabilidade, distração, ansiedade e diminuição da produtividade escolar. Essa síndrome foi descrita por Edward Hallowell em 2002.[9]

Exames comparativos feitos com imagens de ressonância magnética comprovam que o cérebro humano só consegue processar uma tarefa de cada vez, enquanto as outras aguardam na fila para serem executadas. Isso explica a quantidade de erros cometidos por quem costuma fazer várias coisas simultaneamente ou está estressado por motivos diferentes, sem conseguir se concentrar ou, pior ainda, sem conseguir dormir com qualidade.[10]

CONCLUSÃO

A tecnologia tem avançado em velocidade nunca antes vista. Nossa postura, até o momento, tem sido bastante passiva, absorvendo e incorporando as enormes vantagens fornecidas pelo mundo digital. Muitas vezes isso nos é exigido de forma tão natural que nem percebemos que fomos levados a depender de mais um aparato tecnológico para nossa subsistência. Por exemplo, quando nos é exigido portar um Blackberry 24 horas por dia para estarmos disponíveis ao trabalho, ou quando é exigido da criança que tenha seu próprio iPad para ingressar em uma escola. E o pior é que, se não entrarmos na ciranda, corremos risco real de ficarmos de fora do mercado de trabalho.

Vimos ao longo deste capítulo que o cérebro continua a se desenvolver muito além da primeira infância, ao contrário do que se acreditava antigamente. Inclusive, tem-se mostrado, cada vez mais, que a adolescência é a fase de consolidação de valores de fundamental importância para a vida em sociedade, como a empatia, a tolerância e a responsabilidade.

Tomar ciência da interação desses dois fatores é o primeiro passo para podermos agir em prol do bem-estar das futuras gerações. Temos que nos conscientizar que, nesse "novo mundo" em que a tecnologia nos permite acesso a qualquer parte do globo e vice-versa, nos deparamos com um poder nunca antes disponível. Qualquer clique que damos em um vídeo do YouTube contribui para que esse vídeo entre na lista dos mais assistidos, e que, então, seja ainda mais assistido, por milhares e quiçá por milhões de outras pessoas. De forma mais positiva, vemos também a criação de organizações como a Avaaz, que mobiliza pessoas do mundo inteiro pela internet e promove campanhas nas quais a sociedade civil consegue influenciar a política global. O próprio Facebook tem servido como veículo propagador de informações sobre política e situações revoltantes que antes não eram evidenciadas e que hoje, após serem várias vezes compartilhadas, acabam levando os usuários a se organizarem e combinarem protestos ou abaixo-assinados.

Temos que prestar atenção ao modo como nos portamos também *offline*. Crianças que crescem vendo os adultos constantemente checando seus celulares, comendo em frente à televisão, conversando ao telefone enquanto participam de uma refeição, incorporarão esses modelos e perpetuarão esses hábitos.

Assim como grande parte da geração atual ignora o que é um documento mimeografado, nunca utilizou uma máquina de escrever ou nem saberia o que é rebobinar uma fita VHS, será que a próxima geração saberá ler um mapa? Ou saberá por que existe uma biblioteca pública, já que nós provemos cada vez mais de leituras digitais e de aparelhos com GPS?

Ante todos esses questionamentos, resta uma esperança: que, apesar de todos os avanços tecnológicos, não percamos a noção de como nos relacionarmos como simples humanos e mortais, *Homo sapiens*, e que não sejamos como os estereótipos descritos na mídia tecnológica digital.

REFERÊNCIAS

1. Giedd JN. The digital revolution and adolescent brain evolution. J Adolesc Health. 2012;51(2):101-5.

2. Brasil. Ministério da Saúde. Secretaria de Políticas de Saúde. Saúde da criança: acompanhamento do crescimento e desenvolvimento infantil [Internet]. Brasília: MS; 2002 [capturado em 10 fev. 2013]. p. 15. Disponível em: http://bvsms.saude.gov.br/bvs/publicacoes/crescimento_desenvolvimento.pdf.

3. Herculano-Houzel S. O cérebro em transformação. Rio de Janeiro: Objetiva; 2005

4. Giedd JN. The teen brain: insights from neuroimaging. J Adolesc Health. 2008;42(4):335-43.

5. Machado A. Neuroanatomia funcional. 2. ed. Rio de Janeiro: Atheneu; 2001.

6. Dom LD, Chrousos GP. The endocrinology of stress and stress system disorders in adolescence. Endocrinol Metab Clin North Am. 1993;22(3):685-700.

7. Stratakis CA, Chrousos GP: Neuroendocrinology and pathophysiology of the stress system. Ann N Y Acad Sci. 1995;771:1-18.

8. Lauda EE, Albuquerque M, Nascimento CL, Campos CJR. Epilepsia fotossensível: relato de dois casos. Arq Neuro-Psiquiatr. 1990;48(3):348-50.

9. Hallowell E, Reiter F. Driven to distraction: recognizing and coping with attention deficit disorder from childhood through adulthood. New York: Touchstone; 1994.

10. Eisenstein E, Estefenon SGB, organizadores. Geração digital: riscos e benefícios das novas tecnologias para as crianças e adolescentes. Rio de Janeiro: Vieira Lentz; 2009.

LEITURAS RECOMENDADAS

Eisenstein E. Traumas e suas repercussões na infância e na adolescência. Adolesc Saúde. 2006;3(2):26-8.

Eisenstein E, Estefenon S. Computador: ponte social ou abuso virtual? Adolesc Saúde. 2006;3(3):57-60.

CAPÍTULO 20

BBZZZ, VOCÊ ESTÁ OUVINDO?

TERESA CRISTINA DOS REIS CARVALHO QUAGLIA

O ouvido humano é extremamente vulnerável à ação de ruídos (Fig. 20.1). Como decorrência da exposição de curto e médio prazo a estes, as pessoas estão sujeitas a desenvolver desde um simples estado de neurotização passageira até lesões irreversíveis no aparelho auditivo, com marcadas consequências, principalmente crianças e adolescentes, que são mais vulneráveis. Nesse sentido, o uso indiscriminado de fones de ouvido em volumes acima do tolerável vem repercutindo negativamente na integridade da audição, e configura-se, portanto, como um modismo que merece atenção especial na era digital.

CONSIDERAÇÕES SOBRE AUDIÇÃO E PERDA AUDITIVA

O SOM

A frequência da onda sonora é dada pelo número de ciclos que ela apresenta por segundo (c/s ou Hz, abreviação de Hertz). O ouvido humano é capaz de perceber ondas sonoras cujas frequências se acham compreendidas entre 16 Hz e 20.000 Hz (timbre ou qualidade do som). O campo auditivo humano compreende três zonas: zona grave (frequências entre 16 e 512 Hz), zona média (entre 512 e 2.048 Hz – zona da palavra articulada) e zona aguda (2.048 a 20.000 Hz). A intensidade sonora está na dependência da energia usada para produzir o som e é expressa em decibéis (dB).

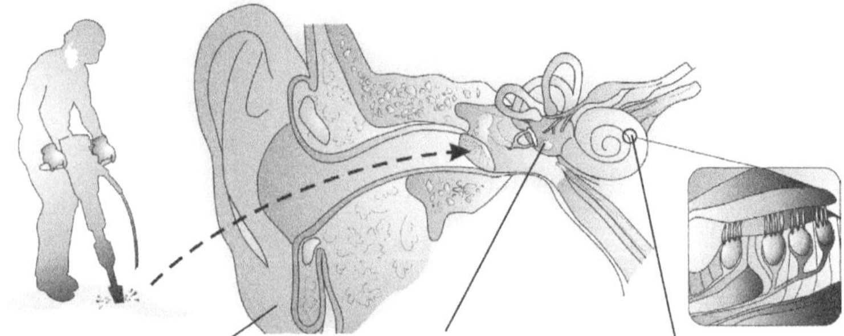

A orelha externa coleta e conduz as ondas sonoras ao longo do conduto auditivo externo até a membrana timpânica.

A orelha média contém a cadeia ossicular que liga a membrana timpânica à orelha interna. Quando as ondas sonoras batem na membrana do tímpano, os ossículos conduzem as vibrações até a cóclea na orelha interna.

As células dentro da cóclea respondem às vibrações gerando impulsos elétricos que serão interpretados pelo cérebro.

FIGURA 20.1 **Estrutura da orelha humana.**

PERDA AUDITIVA

A perda auditiva é mensurada com base em um conceito numérico e pode ocorrer em qualquer frequência do espectro auditivo avaliado, quando o exame aponta um valor superior ao estabelecido convencionalmente como normal. Ela pode ser transitória ou definitiva, estacionária ou progressiva.

Quanto à intensidade, a perda auditiva pode ser classificada como:

1. mínima: entre 16 e 25 dB
2. leve: entre 26 e 40 dB
3. moderada: entre 41 e 65 dB
4. grave: entre 66 e 90 dB
5. profunda: superior a 90 dB

O ruído pode provocar perda auditiva por dois fatores:

1. Por exposição aguda = trauma acústico – importante concentração de potência sonora aplicada em um único momento (intensidade > 110 dB).

❷ Por exposição crônica = perda auditiva induzida pelo ruído (PAIR) – ação de energia aplicada de forma repetitiva durante longo período de tempo, com intensidade acima de 85 dB, acarretando uma deterioração auditiva, lentamente progressiva, não muito profunda (perda em torno de 40 dB em frequências médias e 75 dB em frequências médias e altas), quase sempre similar bilateralmente. É absolutamente IRREVERSÍVEL. Está sujeita a grandes diferenças devido à sensibilidade individual.

O uso contínuo de fones de ouvido de alta potência, isto é, a exposição duradoura a música alta, pode acarretar PAIR. O nível de intensidade de ruído de fones de ouvido varia de 60/70 dB a 110/120 dB. O nível confortável de ruídos para adultos (segundo a Agência de Proteção Ambiental) é de 80 dB. Para crianças e adolescentes o nível seguro é de 70 dB. Ruídos acima de 80 dB são considerados nocividade auditiva, enquanto o limiar da dor auditiva gira em torno de 120 a 140 dB.

A PAIR é irreversível porque compromete as células ciliadas do ouvido interno (cóclea), que não se regeneram.

SINTOMATOLOGIA

Pais e educadores devem estar alertas quando crianças e adolescentes tiverem dificuldade para perceber sons agudos como telefones e campainhas (frequências altas são as primeiras a serem alteradas), evoluindo para responderem a perguntas com "Hein? Hã? O quê? (acometimento da zona da palavra articulada). Outros sintomas auditivos podem surgir, como os zumbidos, que são uma ilusão auditiva, um som fantasma, produzidos na ausência de fonte externa geradora de som e que interferem na comunicação humana, principalmente em ambientes ruidosos. Outros sintomas não auditivos podem ocorrer, como transtornos de comunicação, gerando isolamento social, dificuldade de interação em nível familiar, no lazer, na escola, na vida social. É possível, ainda, que ocorram alterações do sono, causando irritabilidade, cansaço, dificuldades de concentração e atenção que afetam o aprendizado escolar e o humor, gerando distúrbios comportamentais e de imunidade.

CONDUTA

Inicialmente e com a maior brevidade possível, solicitar ao usuário do aparelho sonoro que o escute em volume mínimo, afastando-o do ruído intenso e contínuo,

A seguir, encaminhá-lo ao otorrinolaringologista para uma avaliação auditiva para a detecção precoce de possíveis perdas auditivas e correta orientação. A avaliação auditiva é realizada por meio de audiometria tonal e vocal e impedanciometria. Não existe tratamento para a perda auditiva, pois esta é irreversível. A reabilitação auditiva após a seleção, indicação e adaptação ao aparelho de amplificação sonora individual (AASI) é de extrema importância para o paciente portador de perdas auditivas moderadas e graves.

PREVENÇÃO

A informação e a educação são medidas que os profissionais da saúde e da educação devem transmitir aos jovens. São necessários investimentos em políticas públicas por meio de campanhas preventivas e produção de material educativo a ser distribuído aos jovens. Deve-se evitar exposição a ruídos intensos em ambientes sabidamente ruidosos e estar atento aos sintomas já mencionados. Esses são meios de prevenção e detecção precoce desse problema da nossa era digital.

LEITURAS RECOMENDADAS

Conselho Regional de Medicina do Estado do Rio de Janeiro. Câmara técnica de otorrinolaringologia [Internet]. Rio de Janeiro: CREMERJ; 2012 [capturado em 10 fev. 2013]. Disponível em: http://www.cremerj.org.br/skel.php?page=comissoes/listarParticipantes.php&idGrupo=260&dscGrupo=C%C2MARA%20T%C9CNICA%20DE%20OTORRINOLARINGOLOGIA.

Hungria H. Otorrinolaringologia. 8. ed. Rio de Janeiro: Guanabara Koogan; 2000.

Nudelmann AA, Seligman J, Ibañez RN. PAIR: perda auditiva induzida pelo ruído. Porto Alegre: Bagaggem Comunicação; 1997.

CAPÍTULO 21

ALTERAÇÕES POSTURAIS E RISCOS FUTUROS

DENISE DEL PELOSO

Como todos sabemos, com a vida moderna fomos nos tornando mais sedentários, menos ativos. Com isso também ocorreram mudanças na estrutura musculoesquelética e funcional de nossos corpos.

Há alguns anos era diferente, computadores eram utilizados principalmente para trabalhar, e celulares quase não existiam. Hoje estamos conectados 24 horas por dia. Será que percebemos como isso afeta nossa postura? As quase oito horas de trabalho em frente ao computador, somadas às horas de estudo e de entretenimento também em frente ao computador e outros dispositivos afins, acabam por comprometer a rigidez muscular e sobrecarregar as estruturas articulares. Essa realidade faz com que mesmo indivíduos muito jovens já apresentem sintomas e alterações de postura que têm de ser corrigidas o quanto antes.

Mas quando e como fazer isso? É aí que entra o fisioterapeuta, com a função de avaliar a postura e orientar posicionamentos que evitem sobrecarga, além de tratar as disfunções para que no futuro esse jovem não sofra limitações funcionais. É importante destacar que essa avaliação deve ser feita no início da puberdade.

Neste capítulo, serão descritas as principais alterações posturais, destacando-se a prevenção, que é a principal arma contra deformidades e lesões futuras. Esperamos contribuir para que tenhamos jovens mais saudáveis e que não sofram limitações no futuro. Ensinaremos a diferença entre a postura certa e posturas erradas e o porquê do cuidado com essa estrutura tão nobre, que nos faz sair da inércia e realizar movimentos simples e complexos em total harmonia e equilíbrio, bem como a usar a coluna da melhor forma.

CONHECENDO A COLUNA VERTEBRAL

A coluna vertebral é formada por 33 vértebras: 7 cervicais, 12 torácicas, 5 lombares, 5 sacrais e 4 coccígeas (Fig. 21.1).

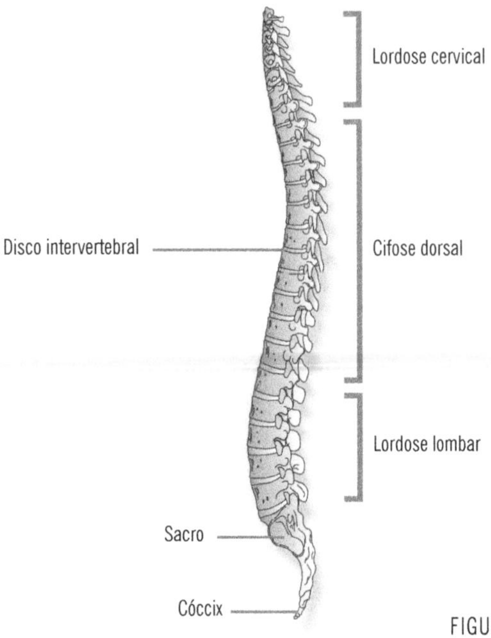

FIGURA 21.1 **Coluna vertebral.**

As curvas de uma coluna vertebral morfologicamente correta são:

1. Na cervical, curva em lordose
2. Na dorsal, curva em cifose
3. Na lombar, curva em lordose
4. Sacro e cóccix em cifose

Quando existem alterações nessas curvas (Quadro 21.1), as estruturas se tornam mais sobrecarregadas e instáveis, o que pode causar desgastes (Fig. 21.2).

QUADRO 21.1 **ALTERAÇÕES POSTURAIS DA COLUNA VERTEBRAL**

- Retificação ou inversão coluna cervical
- Cifose acentuada
- Lordose acentuada
- Desvios de bacia, ombros e escápulas
- Rotação do tronco
- Escoliose (mais importante no adolescente)

Obs.: Essas alterações podem evoluir até provocarem desvios da coluna vertebral durante o estirão do crescimento.

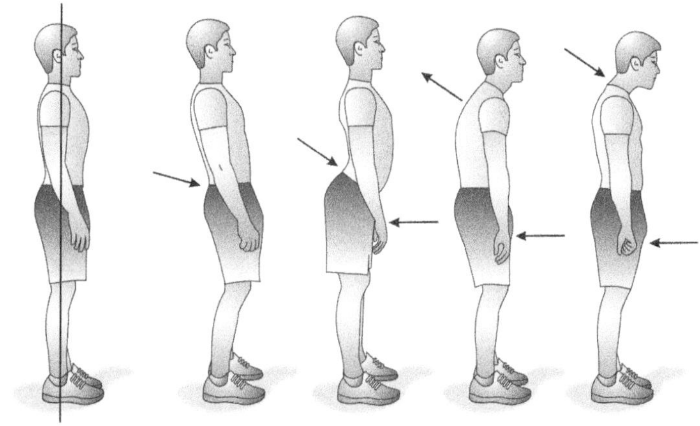

FIGURA 21.2 **Postura normal e alterações posturais.**

A ESCOLIOSE DO ADOLESCENTE – FATORES DE EVOLUÇÃO (FIG. 21.3)

Fora certas escolioses infantis, que podem ser resolvidas, toda escoliose apresenta um risco evolutivo. É indispensável saber avaliá-la o melhor possível, a fim de adaptar o tratamento a cada caso.

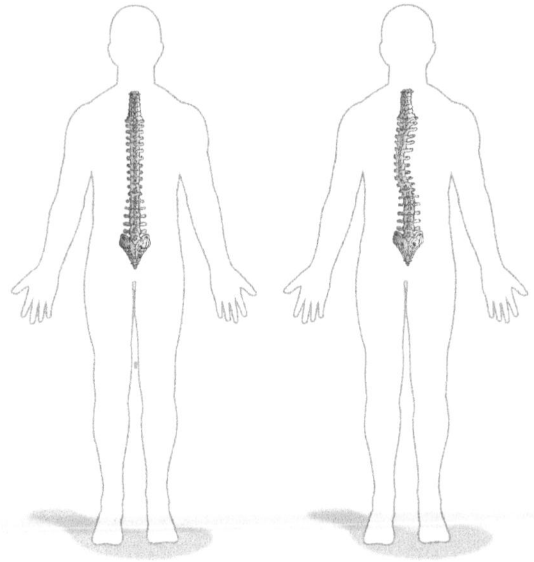

FIGURA 21.3 **Coluna normal e coluna escoliótica.**

Vejamos o que dizem alguns profissionais franceses a respeito:

1. Bunnel[1] destaca a importância da puberdade, já que 53% das escolioses diagnosticadas antes desse período irão agravar-se em mais de 10 graus. É a idade que, para ele, tem maior importância.
2. Já Min Metha[2] pensa que a escoliose é mais evolutiva nas meninas.
3. Phillipe Souchard F e Marc Ollier,[3] por sua vez, afirmam que, quanto mais jovem for o paciente (pré-pubertário), maior será o risco evolutivo. Os autores ainda alertam para a questão dos problemas sobrepostos. Segundo eles, se admitirmos que o corpo está sempre automaticamente à procura de conforto e mínimo esforço, fica evidente que um novo problema, sobreposto a uma escoliose já existente, pode agravá-la.

A localização desempenha um papel de destaque na evolução das escolioses, sendo maior o risco de evolução de escolioses torácicas e toracolombares, e menor o risco de evolução de escolioses lombares:

1. Abaixo do ângulo de 20 graus – menos de 70% das escolioses agravam-se em mais 5 graus, e menos de 44% agravam-se em mais 10 graus.
2. Entre 20 e 30 graus – 52% das escolioses agravam-se em mais 5 graus e 30% agravam-se em mais 10 graus.
3. Entre 30 e 40 graus – 67% das escolioses agravam-se em mais 5 graus e 48% agravam-se em mais 10 graus.
4. Entre 40 e 50 graus – 78% das escolioses agravam-se em mais 5 graus e 62% agravam-se em mais 10 graus.

AVALIAÇÃO POSTURAL DO ADOLESCENTE

O movimento do corpo depende de um sistema complexo, governado por frações matemáticas. Portanto, qualquer padrão de movimento envolve o corpo como um todo, e pequenas mudanças em uma área podem produzir grandes mudanças no sistema em geral, o que é especialmente marcante em sistemas em fase de crescimento, como é o caso dos adolescentes. Daí a importância da avaliação postural nessa faixa etária:

1. A avaliação inicial deve ser feita com o paciente de pé, observando-se o apoio dos pés, os ângulos da bacia, dos ombros e da cabeça.
2. Também devem ser feitos testes articulares e musculares, tanto com o paciente em pé quanto sentado. Com o paciente deitado, deve-se observar as alterações mais gritantes.
3. Radiografia panorâmica deve ser solicitada para acompanhar o Índice Risser (Fig. 21.4), que detecta o quanto a coluna ainda vai crescer. Esse índice é muito importante sobretudo nas escolioses citadas anteriormente, e também para verificar alterações das curvas fisiológicas.
4. É necessário realizar nova radiografia caso o paciente tenha estirão de crescimento. Vale ressaltar que, se a curva permanecer a mesma nesta nova radiografia, já houve resultado no tratamento.

TRATAMENTOS PARA CORREÇÃO POSTURAL

Podem-se adotar os seguintes tratamentos para correção postural:

1. **Reeducação postural global (RPG)** – técnica francesa criada por Phillippe Souchard.[3] Tem como focos o reequilíbrio muscular e a correção postural.

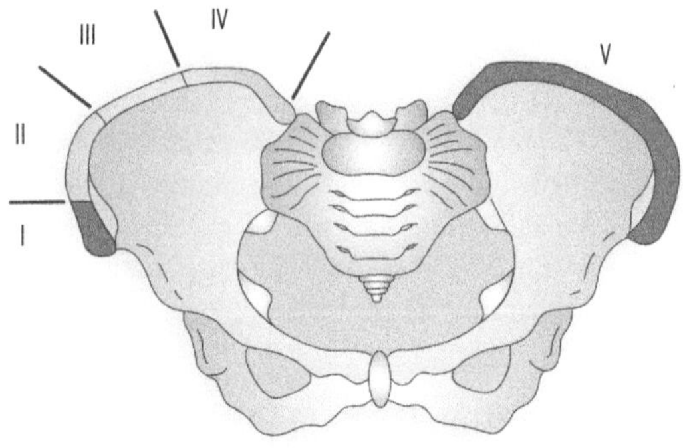

FIGURA 21.4 **O Índice Risser avalia o potencial de crescimento ósseo. É de fácil aplicação e comprovação, tendo boa correlação com a maturidade óssea. Avalia o crescimento do ilíaco de medial para lateral – I a V.**

Feita em sessões individuais, uma vez por semana, trabalha posturas e manobras associada à respiração (Fig. 21.5).

❷ **Estabilização segmentar vertebral** – habilidade de controlar o movimento e de prevenir movimentos indesejáveis ao redor de um ponto fixo. Por exemplo, prevenir o cisalhamento, movimento em direção não funcional, durante movimento funcional.

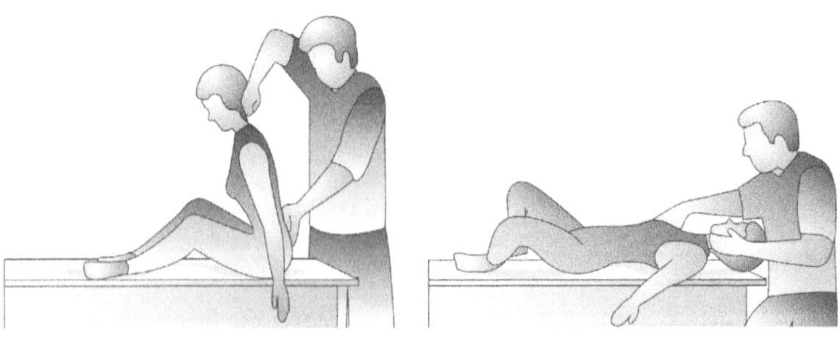

FIGURA 21.5 **Reeducação postural global.**

❸ **Controle de equilíbrio de todo o corpo** – uma adaptação do centro de gravidade para reestruturar o equilíbrio do controle intervertebral. Controle de translação e rotação intervertebral. Utilização do aparelho *biofeedback*: unidade pressórica para treino dos músculos estabilizadores (Fig. 21.6).

FIGURA 21.6 **Controle do equilíbrio.**

Poderíamos citar inúmeros tratamentos para correção postural, mas é importante ressaltar que, hoje, com o avanço das técnicas de fisioterapia manual, os trabalhos de recuperação funcional estão cada vez mais individualizados, visando tratar o paciente como um todo, e não apenas o sintoma. Com isso obtêm-se melhores resultados.

Também é fundamental incentivar a prática de atividade física, pois os esportes são muito importantes para o desenvolvimento físico e social do adolescente (Quadro 21.2).

QUADRO 21.2 **ESPORTES RECOMENDADOS PARA ADOLESCENTES**

- Natação
- Futebol
- Dança
- Alongamentos e exercícios para fortalecer músculos e ossos, como Pilates (Fig. 21.7)

FIGURA 21.7 **Pilates: bons exercícios que trabalham força, alongamento e equilíbrio.**

PREVENÇÃO DE LESÕES NA CRIANÇA E NO ADOLESCENTE

Posicionamentos errados pioram a estabilidade da coluna vertebral, aumentam os desgastes e agravam as alterações nas curvas da coluna vertebral.

As Figuras 21.8 e 21.9 apresentam exemplos de posturas inadequadas.

FIGURA 21.8 **Sentar flexionado piora a sustentação da coluna.**

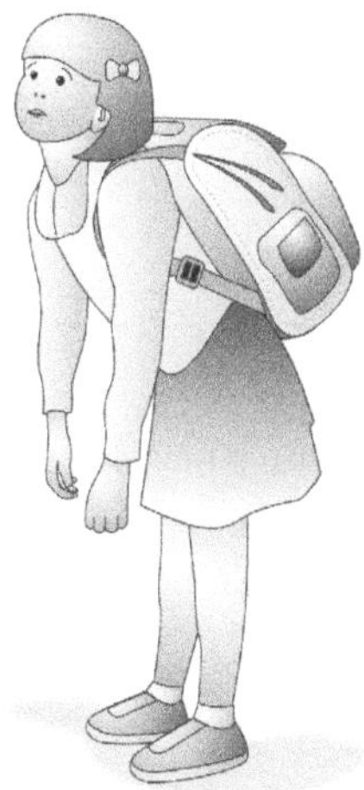

FIGURA 21.9 **Carregar mochila pesada com o tronco flexionado encurta os músculos e provoca alterações nas curvas.**

Recomenda-se sempre alongar a coluna ao carregar peso ou permanecer mais de uma hora sentado (Fig. 21.10)

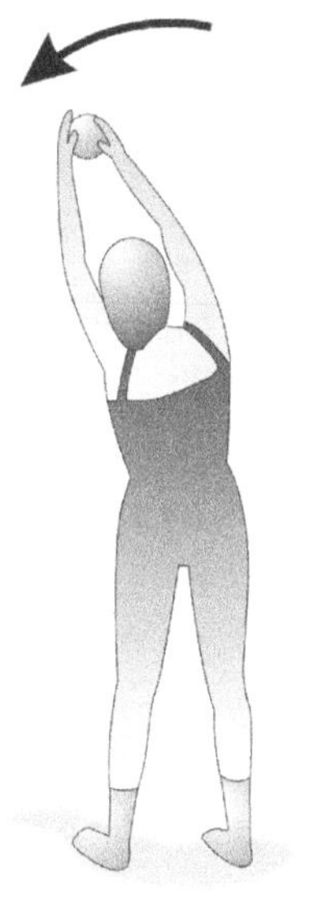

FIGURA 21.10 **Exemplo de alongamento.**

A Figura 21.11 mostra a postura correta a ser adotada nas situações mencionadas nas Figuras 21.8 e 21.9.

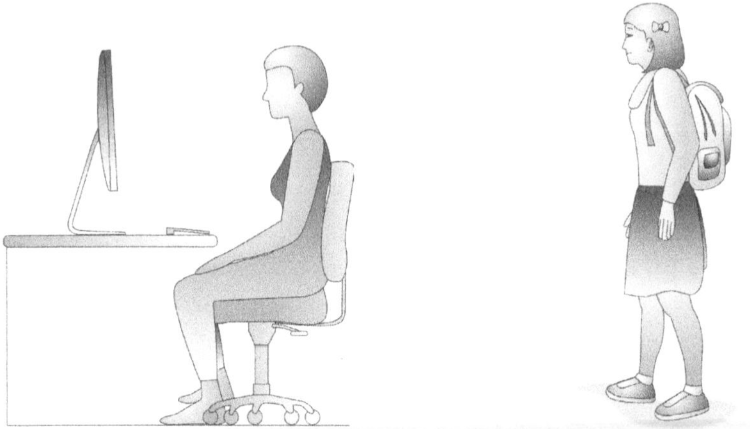

FIGURA 21.11 **Posturas corretas. Nestas posturas ocorre menor esforço da coluna vertebral e há menos alterações nas curvas e mais sustentação.**

Algumas dicas simples e importantes para a boa saúde postural são:

- Evite carregar muito peso nas mochilas. É importante dividir o peso usando pastas ou deixar o material no armário da escola.
- Use calçados confortáveis, isso evita alterações no apoio dos pés.
- As mochilas devem ficar justas nas costas, como mostrado na Figura 21.11.
- Evite cruzar as pernas e fazer a rotação do tronco quando estiver sentado.
- A cabeça também deve estar na mesma angulação dos ombros, como visto na Figura 21.11, evitando sobrecarga nos músculos destes últimos.
- Em casa, adote medidas de prevenção, evitando assistir televisão ou jogar *games* deitado.
- Procure estudar sentado à mesa, com boa iluminação e em cadeira adequada.
- Durma de lado, em colchão ortopédico, com o travesseiro posicionado na altura adequada.

Na era digital, é fundamental aprender o bom posicionamento em frente ao computador. Então, seguem algumas dicas específicas para essa situação (Fig. 21.12):

- Mantenha a tela sempre na horizontalidade do olhar.
- Deixe a cabeça na angulação dos ombros.
- Mantenha os ombros relaxados.
- Permaneça com antebraços e punhos apoiados.
- Sente bem encostado, com a bacia no eixo.
- Mantenha os joelhos semiflexionados.
- Utilize apoio para os pés.
- Regule a altura da cadeira e do encosto.
- Utilize mesa com altura adequada.
- No caso de *notebook*, use suporte para o apoio do computador.
- Mesmo com todos esses cuidados posturais, não fique sentado por muito tempo.

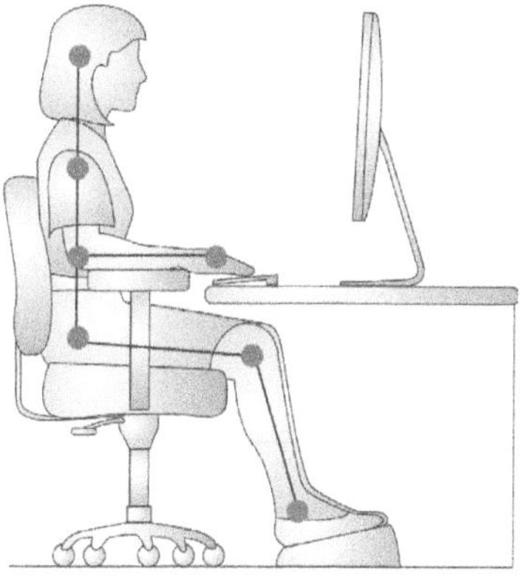

FIGURA 21.12 **Exemplo de boa postura em frente ao computador.**

CONCLUSÃO

Segundo a Organização Mundial da Saúde, 85% da população já apresentaram algum tipo de sintomatologia na coluna vertebral. Em alguns países, como nos Estados Unidos, 38% dos adolescentes já têm problemas posturais e sintomas estatisticamente iguais aos da população idosa.

Podemos concluir, com isso, que a prevenção é de suma importância para que os adolescentes tenham uma postura correta e possam ter um futuro sem dor e deformidades.

Assim, não esqueça: o ser humano não foi feito para ficar parado muito tempo em uma mesma posição. Portanto, mexa-se sempre que puder. Sua coluna agradeçe!

REFERÊNCIAS

1. Bunnell WP. Selective screening for scoliosis. Clin Orthop Relat Res. 2005;(434):40-5.

2. Scoliosis Association (UK). Min H. Mehta [Internet]. London: SAUK; c2010. [capturado em 04 abr. 2013]. Disponível em: http://www.sauk.org.uk/about-us/structure/min-h-mehta.html.

3. Souchard P, Olivier M. As escolioses: seu tratamento fisioterapêutico e ortopédico. São Paulo: Realizações; 2001.

LEITURAS RECOMENDADAS

Myers TW. Trilhos anatômicos: meridianos miofásciais para terapeutas manuais e do movimento. 2. ed. Rio de Janeiro: Elsevier; 2010.

Olivier J, Middleditch A. Anatomia funcional da coluna vertebral. Rio de Janeiro: Revinter; 1998.

Pedriole R. A escoliose. São Paulo: Andrei; 1985.

PARTE VI

SEGURANÇA NA REDE

CAPÍTULO 22

REDES SOCIAIS, PRIVACIDADE, USO SEGURO DAS TECNOLOGIAS DE INFORMAÇÃO E COMUNICAÇÃO

JORGE FLORES FERNÁNDEZ

REDES SOCIAIS

AS REDES SOCIAIS COMO AMBIENTE DE RISCO

Surgiram novos riscos com a aparição das redes sociais?

Para começar, é conveniente assinalar que as redes sociais não são as culpadas pelo ambiente de risco, como se tende a apontar. Não em última análise. Trata-se simplesmente de uma evolução da internet, de onde confluem uma série de serviços que já existiam anteriormente, como as mensagens instantâneas e a edição de *blogs* (com *Messenger* e *Fotolog* encabeçando). O que ocorre é que há outras novas opções de alto valor agregado, mas em essência estamos falando de dados pessoais, de contato com outras pessoas e de edição de conteúdos. Nada que fosse novo antes de existirem as redes sociais. A internet não é nada mais que uma rede social muito grande, e as redes sociais são um subconjunto dela.

O que é certo é que, por sua finalidade, essas plataformas convidam à participação ativa, isto é, a conhecer outras pessoas (formando a rede), a "subir" conteúdos (cada vez mais audiovisuais) tanto próprios como alheios, que vão traçando os perfis e interesses de cada um. E, em muitas ocasiões, priorizam "seu negócio", colocando-o à frente do interesse de seus usuários, em especial dos menores, buscando ter mais dados para vender e cruzar, intensificando ao extremo as opções de "conectar-se com outras pessoas", inclusive de forma que transparece para o usuário, impondo condições abusivas de uso, potencializando indiscriminadamente as afiliações automáticas para obter impactos publicitários graças ao volume de usuários. E nesse ponto seria necessário mencionar o "interesse superior do menor", promovido pela Convenção dos Direitos da Criança e a responsabilidade legislativa das instituições, junto com termos como responsabilidade social corporativa, que as entidades, com legítima ânsia de lucro, deveriam observar. Porém, o estabelecimento de limites é um grande debate e, nesse sentido, teríamos de voltar a usar a controvertida palavra "autorregulação".

Sou de opinião que a essência da rede é a mesma de cinco anos atrás e os usuários também. Os problemas ou riscos para os menores são os mesmos que acompanham a internet desde o início. No entanto, a forma como as redes sociais funcionam pode incrementar a prevalência das situações de risco, bem como a gravidade de suas consequências.

Como as redes sociais afetam a segurança dos menores?

Pode-se dizer que as probabilidades de risco se intensificaram de acordo com as características que são comuns à maioria das plataformas:

- **Perda do critério de referência**. As redes promovem as relações entre as pessoas a partir de outras pessoas, fazendo com que se perca o controle direto da referência. Assim, o critério de seleção ou confiança usado se dilui conforme os elos se distanciam. Ampliar relações é em si positivo, mas pode ter um efeito negativo quando não se pode usar o próprio critério de filtro, apenas um induzido, digamos "transitivo". Por exemplo: por cortesia ou costume, aceito em minha rede qualquer amigo de amigo que me faz a solicitação. O resultado é que tenho de retroceder três níveis para ver como ele entrou na "minha rede" e, com isso, o critério de filtro se desvirtuou várias vezes.
- **Excesso de operatividade sem intervenção direta e consciente do usuário**. As redes dispõem de funções automáticas excessivas que o usuário novato desconhece. Essas funções ajudam a aumentar a rede, e, em teoria, a função relacional buscada pelos usuários, mas também potencializam a própria plataforma. Por exemplo: eu me registro na rede X e, a não ser que fique atento para impedir (se é que sei como fazê-lo), serão convidados de maneira automática a fazer parte da minha rede (aceitem ou não, já saberão pelo menos que eu me registrei) todas as pessoas registradas em meu serviço de correio eletrônico (como hotmail, gmail, etc.). Isso graças a acordo entre as respectivas companhias, que provavelmente autorizei ao aceitar sem ler as suas condições gerais.
- **Funções excessivamente potentes e de efeitos desconhecidos *a priori***. Existem inúmeras possibilidades avançadas para que possamos compartilhar todo tipo de coisas. Estes "favores" que o programa nos prepara podem

ser um grave problema, sobretudo para quem desconhece seu funcionamento. Por exemplo: se lhe marcam em uma fotografia (coisa que você desconhecia que se pudesse fazer) e você tem o perfil mais ou menos aberto, é como se você mesmo tivesse colocado a foto à vista de muitas pessoas. Isso significa que alguém decidiu por você o que tornar público e, além disso, resolveu compartilhar, porque também está ou não nessa fotografia.

- **Concentram o universo de relações de maneira intensiva**. Como se não bastasse, conhecemos a escassa perspectiva que os menores têm sobre a repercussão e o alcance que pode ter o que publicam (quem diz isso é alguém que conversou com muitas centenas deles). Qualquer coisa na rede pode ter um eco brutal. Se isso afeta a "minha rede", o efeito pode ser devastador, como o de um veneno concentrado, seletivo. Por exemplo: uma calúnia em uma página da *web* pode ter mais ou menos eco, porém, se cai no contexto da sua rede, o efeito é muito mais rápido e doloroso, mesmo que não possa ser vista por tantas pessoas.
- **Guardam, explicitamente ou não, informações muito precisas**. As redes baseiam as relações no perfil, nos interesses e na atividade dos usuários, razão pela qual lhes solicitam muitos dados e registram suas ações dentro da própria rede. O usuário é vítima de um rastreio intensivo (atenção, como por exemplo, nos videogames e em outras atividades *online* que requerem identificação prévia), que, se for tratado adequadamente, pode criar uma informação de muito mais valor do que a explicitada. Por exemplo: desde o momento em que entro na rede, podem ficar registrados meus movimentos e interesses de todo o tipo, muito mais do que apenas as informações do perfil que prestei de forma voluntária (de onde estou teclando, com quem falo, quanto tempo dedico, etc.).
- **Apresentam ao usuário as opções de uma maneira demasiadamente interessada, o que pode implicar perda de privacidade**. Por trás de uma suposta intenção de ajudar e agilizar, é política comum das plataformas de redes sociais ajudarem a si mesmas. Assim sendo, elas darão muito pouca ênfase para que o usuário configure as opções de privacidade dos dados e insistirão para que completemos perfis com todo o tipo de perguntas. Por exemplo: ao acessar, perguntam-me dados os mais variados, sem os quais não permitirão que eu me registre, após o que poderei começar a utilizar a rede sem ter configurado de forma explícita com quem e que tipo de dados pessoais ou de atividade quero compartilhar.
- **Oferecem maior resistência à supervisão**. São ambientes mais fechados, que dificultam a supervisão e o acompanhamento que os pais e educa-

dores devem proporcionar nas idades mais precoces de iniciação da vida social digital.

Creio que esses são os principais fatores diferenciais em matéria de uso seguro da internet produzidos pela irrupção das redes sociais. Não serão abordados aqui temas genéricos, como o controle por idade, as medidas de segurança, a supervisão dos dados e as comunicações que já faziam parte da internet anteriormente às redes sociais, onde já proliferavam efeitos como *cyberbullying* e *grooming*.

Principais desafios das redes sociais: privacidade e convivência

As redes sociais não trouxeram novos riscos para nós que usamos a internet, visto que esta já era uma rede social. Entretanto, é possível destacar duas contribuições relevantes desses contextos *online* que podem comprometer nosso bem-estar:

- **Perda da privacidade**. É um fato constatado que as redes sociais, por girarem em torno de pessoas identificadas e identificáveis, comprometem a privacidade daqueles que as utilizam. O comprometimento da privacidade é um dano por si só, efetivamente uma perda. Supõe, além disso, um fator de risco ou catalisador em outras circunstâncias desagradáveis, considerando que, quanto mais se sabe sobre uma pessoa, sem dúvida mais vulnerável ela se torna. Pensemos no assédio de um pedófilo, em um caso de *cyberbullying* ou em um traumático fim de uma relação pessoal. Outro efeito derivado e pouco desejável relacionado à perda de privacidade é a conformação de uma identidade digital mais complexa, composta por mais informações, e mais discordante, na medida em que depende daquilo que as demais pessoas mencionam a nosso respeito.
- **Maior exigência para a ciberconvivência**. As redes sociais, podemos dizer, são as "verbenas* da internet". Usufruímos, mas estamos todos mais juntos, roçamos mais, inclusive nos damos cotoveladas ou empurrões sem intenção, tropeçando uns nos outros. Isso gera, como nas verbenas, mais amores e mais brigas. O nível de exigência para a convivência é elevado nas redes sociais porque estas, efetivamente, nos "socializam" em muitas ocasiões de forma abusiva e sem que o percebamos.

* N. de T.: Festa popular ao ar livre, com música.

PRIVACIDADE

PRIVACIDADE NAS REDES SOCIAIS: NÓS, AS OUTRAS PESSOAS E A REDE SOCIAL

Nossa privacidade depende cada vez menos de nós mesmos e mais das outras pessoas e das redes sociais.

Está em nossas mãos publicar uma determinada informação ou imagem, mas essa decisão nem sempre é tomada de maneira adequada, justamente porque não somos conscientes de onde essa informação poderá chegar, porque desconhecemos o funcionamento da rede social ou porque configuramos de maneira inadequada as nossas opções de privacidade.

Não obstante, é muito mais frequente que sejam as pessoas com quem geralmente compartilhamos momentos quem mais afetam a nossa privacidade. Ter participado ou ser testemunhas de algo faz com que se achem no direito de espalhar aos quatro ventos, e o problema é que a informação corre não como um, mas como milhares de rastros de pólvora entrelaçados. Um caso especialmente lesivo é o das marcações nas fotos das redes sociais mediante as quais alguém, sem aviso prévio nem permissão, identifica uma pessoa em uma imagem associando-a ao seu perfil. Esse ato, aparentemente tão leve, supõe algo tão grave como torná-la visível na fotografia, o que significa, em muitos casos, dizer o quê, com quem, como e onde a pessoa se encontrava. É a nossa vida contada por outras pessoas sem nenhum critério.

Sem dúvida, quem tem mais capacidade de salvaguardar nossa privacidade nas redes socais são as próprias redes, isto é, o *software* que as gerencia e quem decide como a plataforma funcionará, mas, em geral, não fazem isso bem. É claro que há exceções e graus, mas o Facebook, a referência, não se caracteriza pelo zelo no assunto. Sua missão parece muito mais ser deixar abertos aos olhos dos demais os nossos dados e atos, o que, por sua vez, gera um efeito dominó. Por isso, aqui se aplica a frase já conhecida "se você não é o cliente, é o produto". Analisemos algumas das práticas que podemos observar em redes sociais:

- Movimentam informação, que é agitada, ampliada, multiplicada. Aproveitam qualquer oportunidade para providenciar que as pessoas saibam algo novo sobre os seus contatos: uma imagem nova, um comentário, uma "curtida", um novo contato.
- Insistem para que você participe com mensagens que incitam a opinar, a fazer marcações... o que, por sua vez, gera visibilidade sobre o que você faz.

- Dispõem de determinadas funções cujo alcance nos custa imaginar e que, em geral, implicam socialização da informação que vai além do esperado. Apresentam-se como uma forma de facilitar as coisas, de ajuda, ou funcionam diretamente, sem aviso prévio, em um discreto, mas efetivo, segundo plano. Um exemplo tão claro quanto extremo disso é a função de reconhecimento facial que alega ter a intenção de nos poupar o trabalho de registro manual.
- Analisam com precisão nossos interesses, dados, contatos e atividades dentro da rede social e, em função destes, traçam nosso perfil para atuar sobre ele de forma interessada ou oferecendo-o segmentado a empresas de terceiros.
- Permitem a entrada de aplicativos externos, como pequenos jogos ou programas, que, ainda que sejam de uso voluntário e gratuito, estão tendo acesso a dados, muitas vezes desnecessários, dos usuários sem que estes sejam devidamente avisados.
- Realizam mudanças importantes em sua forma de funcionamento ou propriedades, inclusive em aspectos tão importantes como a privacidade, sem avisar aos usuários para que possam se adaptar às novas condições. Nesse sentido, provocam certa sensação de premência e temporalidade que leva os usuários a finalmente desistirem: "para que revisar se não tenho tempo; não sei muito bem como funciona agora, não entendo totalmente o que vai mudar e quem sabe quando vão voltar a reajustar".

Pessoalmente, acredito que algumas redes sociais não têm nenhuma intenção de que controlemos nossa privacidade. Pela pressão das autoridades, especialmente na Europa, e dos usuários, elas vão fazendo pequenas mudanças que, ainda que sejam avanços, nunca compensam as concessões que conseguem em outras áreas, motivo pelo qual o saldo no momento é cada vez mais negativo para o usuário. Se as redes anunciarem mudanças, alcançarão três objetivos:

- Fazer com que acreditemos na possibilidade de chegarmos a gerir nossa privacidade e que o assunto tem importância para elas.
- Entreter-nos enquanto falamos disso ou tentamos saber em que consistem, de fato, as mudanças.
- Fazer com que desistamos de conhecer como funciona seu meio ou então criar confusão sobre um modo de operar ao qual já estávamos acostumados.

Vendo que apenas pequena parte do controle de nossa privacidade está em nossas mãos, a proteção dos dados pessoais desenvolvidas pelas autoridades deve se completar com a nossa proteção pessoal, proativa e compartilhada, dos dados.

Memorando de Montevidéu sobre a proteção de dados pessoais e a vida privada de meninos, meninas e adolescentes nas redes sociais

O Instituto de Investigación para la Justicia* criou, dentro do Seminário "Derechos, Adolescentes y Redes Sociales en Internet", um instrumento para o avanço na proteção da infância e da adolescência na internet. Embora date de julho de 2009 e esteja dirigido especialmente aos países da América Latina e Caribe, pode-se dizer que boa parte de suas indicações e a totalidade dos princípios que o inspiraram também são de plena aplicabilidade hoje na Espanha e Europa.

São identificadas cerca de uma centena de linhas de ação em forma de recomendações agrupadas em quatro eixos principais:

- Para os Estados e entidades educacionais para a prevenção e educação de meninos, meninas e adolescentes.
- Sobre o marco legal e a aplicação das leis.
- Em matéria de políticas públicas.
- Para a indústria.

Não obstante, além desse conjunto de orientações, é de especial interesse destacar duas ideias presentes em sua fundamentação:

- Utiliza como referencial normativo principal a Convenção das Nações Unidas sobre os Direitos da Criança (CRC, do inglês Child Rights Convention) e, em diversas ocasiões, recorda a necessidade de que todas as medidas que se tomem priorizem o interesse superior de meninas, meninos e adolescentes, mantendo um equilíbrio entre as necessidades de proteção contra a vulnerabilidade de seus direitos e o uso responsável dessas ferramentas que representam formas de exercício dos seus direitos. Com muita frequência, a observação do "interesse superior do menor" é ignorada em um contexto em que aparece exposto a circunstâncias de enfrentamento complexo devido à sua pouca idade.

* http://www.iijusticia.org.

- Destaca o trabalho preventivo e proativo que os agentes implicados devem adotar. "Os organismos multilaterais deverão incluir em seus documentos diretrizes ou recomendações referentes a meninas, meninos e adolescentes como sujeitos especialmente protegidos e vulneráveis no que diz respeito ao tratamento dos seus dados pessoais. Da mesma forma, deverão direcionar esforços para promover ou fortalecer uma cultura de proteção de dados de meninas, meninos e adolescentes."

Nesse ponto, de acordo com PantallasAmigas,* voltamos a insistir em dois aspectos que a experiência e, na prática, o trabalho direto com meninos, meninas e adolescentes nos revelou como primordiais:

- Cuidado com os dados pessoais e cuidado pessoal com os dados.
- Privacidade inferida e por conta alheia.

Ambas as questões poderiam ser resumidas com esta frase: "proteja a sua privacidade, mas cuide também da minha privacidade, enquanto eu cuido da sua como se fosse minha".

DESAFIOS DA PRIVACIDADE NA VIDA DIGITAL

Privacidade e *smartphones*: *malware*, apps e geolocalização

Sem nos darmos conta, temos um computador no bolso, o *smartphone*. Um computador que serve para mantermos conversas telefônicas, mas com o qual também fazemos muitas outras coisas, como acessar nosso correio eletrônico, interagir nas redes sociais ou nos orientarmos, usando-o como bússola ou navegador quando dotado de GPS. Também se trata de um computador ao qual agregamos novos programas baixados da internet, os apps (abreviatura de apli-

* PantallasAmigas (www.pantallasamigas.net) é uma iniciativa internacional cujo objetivo é a promoção do uso seguro e saudável da internet, além do fomento à cidadania digital responsável na infância e adolescência. Essa iniciativa surgiu em 2004, e algumas de suas principais atividades são a criação de recursos didáticos, pesquisas e sessões e jornadas formativas; com ênfase na prevenção do *cyberbullying*, do *grooming* ou aliciamento, da ciberperseguição, do *sexting*, da sextorsão e a proteção da privacidade nas redes sociais. Em português, visite o endereço www.telasamigas.com.

cativos). Ao mantê-lo sempre atualizado, o dotamos de novas funcionalidades que podem ser úteis e guardamos nele informações muito pessoais.

No entanto, essas usos trazem consigo problemas que não chegamos a valorar sua verdadeira medida e que podem afetar nossa privacidade. Mencionamos a seguir alguns desses problemas:

- *Malware*: como computadores que são, estão sujeitos a *software* malicioso que, entre outras coisas, pode espionar nossos dados e senhas de acesso.
- Apps: são programas que instalamos em nosso terminal, mas nem sempre temos garantias de que respeitarão o que podem encontrar ali.
- Geolocalização: dispõem das coordenadas de posição a cada momento e nem sempre estamos conscientes do que esse dado pode gerar, em especial em combinação com outras informações.

Outras situações, ainda que de índole diferente, em que podemos nos ver em apuros é em caso de perda ou roubo, em especial se as senhas de acesso estão gravadas e sem proteção.

O rastro da navegação e o valor agregado de dados combinados

Os *cookies* são pequenos arquivos que vão sendo gravados em nosso disco quando navegamos na internet. São pistas, dados muito diversificados que as páginas consultadas vão deixando. Em certas ocasiões, identificam-nos para facilitar o uso de nossos programas e para que não tenhamos, por exemplo, que teclar o usuário e a senha a cada vez que entramos no Facebook. Também ajudam para que nos seja exibido um ambiente personalizado, inteligente. Em outros casos, servem para indicar onde estamos e o que fazemos ao navegar. Um uso inadequado ou abusivo dessas informações pode criar problemas de segurança e privacidade.

Em março de 2012, o Google começou a aplicar sua nova política unificada de privacidade. As consequências não custaram a surgir, e na União Europeia é posto em dúvida se são cumpridas as normas comunitárias de proteção de dados ao serem combinadas as informações dos clientes em seus diferentes serviços (ferramenta de busca, rede social, correio eletrônico). Trata-se de informações que, convenientemente cruzadas, contribuem com uma nova dimensão de conhecimento sobre a identificação, os hábitos e o âmbito relacional dos usuários. Mais uma vez, a indústria justifica um atentado contra a nossa privacidade com a desculpa de oferecer um serviço mais personalizado.

O direito ao esquecimento

A partir da Comissão Europeia, está sendo preparada uma série de alterações na legislação em matéria de privacidade e proteção dos dados pessoais, incluindo o que se passou a chamar "o direito ao esquecimento". Isso se concretiza nas palavras da própria Comissária de Justiça: "os dados pertencem às pessoas, e se um usuário quer retirar do serviço os dados que colocou, deve poder fazê-lo".

A memória eterna que a rede tem ou as bases de dados dos serviços, incluindo as ferramentas de busca, representam em determinadas ocasiões, pela evocação de dados não pertinentes muito antigos, caducos e inclusive incertos, uma intromissão em nossa privacidade, honra e imagem.

Recomendações para uma vida digital mais privada

- A privacidade começa por impedir a entrada de *malware* no computador ou dispositivo móvel.
- Use senhas de acesso que não sejam fáceis de descobrir, não as entregue a ninguém e troque-as periodicamente.
- Escolha e configure seu navegador tendo em conta o controle dos *cookies*.
- Preste atenção às opções de privacidade das redes sociais. Assegure-se de que você sabe o que significam e revise-as de vez em quando. Tenha um interesse especial nas opções relativas às marcações.
- Sua privacidade depende das pessoas com quem você se relaciona na rede social. Tenha isso sempre em mente e contribua para uma cultura de uso responsável das informações pessoais.
- A defesa da sua privacidade deve ser proativa. Você deve deixar sua postura clara a esse respeito para evitar equívocos e zelar para que seja respeitada.
- Preste atenção ao serviço de geolocalização e aos metadados nas fotografias.
- Bloqueie o acesso ao seu *smartphone* com um código de segurança.
- Antes de instalar um app no telefone móvel ou de dar permissão de acesso a um aplicativo no ambiente da rede social, avalie se realmente vale a pena e a que tipo de dados este terá acesso.
- Pequenos dados e detalhes vão se acumulando e conformando o seu perfil ao longo do tempo. Leve isso em conta e limite o que informa.

Seis recomendações para a proteção da privacidade dos adolescentes nas redes sociais

Partimos da premissa de que não podemos controlar o que os outros sabem sobre nós, mas podemos influir sobre isso. Portanto, na atividade de PantallasAmigas nunca colocamos ênfase na configuração correta das opções de privacidade por duas razões fundamentais:

- Pode transmitir uma mensagem de falso controle e autocomplacência: "configuro a privacidade e tudo pronto".
- As opções e seus efeitos são complicados e variáveis.

Em realidade, pensamos que é preciso enfatizar o fato de que podemos controlar apenas uma parte da nossa privacidade e que, em grande medida, esta depende dos demais usuários e das próprias redes sociais (entendidas como o *software* que rege o seu funcionamento). Então... podemos fazer alguma coisa?

A proteção da privacidade no geral e nas redes sociais em particular deve ser tema relevante na formação de crianças e adolescentes que, segundo estudos, inclusive antes dos 11 anos, começam a flertar com esses ambientes. Para tanto, são detalhados seis objetivos a serem incentivados e as competências e atitudes que devemos ser capazes de estimular em crianças e adolescentes.

❶ **Conhecer e configurar de maneira detalhada as opções de privacidade**. Trata-se de um conselho-chave, mas em geral mal assumido. Ensinar a configurar as opções de privacidade é importante, porém considero que o fundamental é ajudar a conhecer como funcionam e os possíveis efeitos de uma má configuração, assim como as limitações dessas opções.

❷ **Identificar as funções e os efeitos de cada ação**. É muito frequente equivocar-se e colocar em lugar errado alguma informação. Além do mais, ainda que a ação ocasione o efeito buscado, com frequência se desconhece que outras implicações ou consequências ela tem. Trata-se de um terreno onde a iniciativa corre por conta da rede social. O mesmo acontece no processo de registro, em que convém assinalar que as condições apresentadas são de especial importância e afetam como e onde podem usar os nossos dados, razão pela qual é necessária uma leitura detalhada.

❸ **Proteger os dados pessoais**. Trata-se de dados essenciais e sua relevância especial deve ser prioritária para dotá-los de uma proteção especial. Nesse trabalho, as leis nos amparam, ainda que, apesar do grande caminho percorrido, nem sempre sejam eficientes ou aplicáveis.

❹ **Proteger pessoalmente os dados**. Este é um aspecto-chave. Os dados (imagens, informações, etc.), ainda que de formas muito diferentes, podem ter origem em nós mesmos. Esse é o primeiro filtro. Parece evidente, mas dizemos coisas demais sobre nós mesmos sem refletir sobre sua oportunidade em diferentes momentos ou contextos. É preciso ter em mente que as redes sociais não são precisamente lugares privados ou seguros, dado que a chave de entrada às zonas privadas não é única, mas compartilhada, e pode ser emprestada ou roubada e usada a partir de qualquer terminal e em qualquer lugar, especialmente com os acessos feitos por meio de *smartphones*.

❺ **Manter uma atitude proativa na defesa dos dados pessoais**. Nas redes sociais, são abundantes os dados que algumas pessoas informam sobre as demais e, lamentavelmente, e em especial na adolescência, é muito comum que o façam de maneira inconsciente, negligente, compulsiva ou inclusive temerária. Ante isso, preciso manter uma atitude proativa em defesa da privacidade, o que supõe três ações:

- informar aos demais sobre nosso critério a esse respeito;
- supervisionar o que é publicado sobre nós;
- exercer, se for preciso, nosso direito a eliminá-los.

A marcação nas fotografias é um exemplo muito ilustrativo.

❻ **Avaliar as atitudes e as condições de privacidade dos contatos**. Os contatos, a quem as redes sociais chamam de "amigos", são fator-chave em relação à própria privacidade. No entanto, é sabido que os adolescentes podem adicionar com facilidade várias centenas de amigos que terão critérios a respeito de desconhecidos e díspares. Além de sua atitude, mais ou menos considerada, é importante conhecer as condições nas quais usam as redes sociais. Essas condições fazem referência a seus conhecimentos e competências, e, em relação a essas, a suas configurações de privacidade. Assim sendo, um contato que pode ser considerado respeitoso pode, de maneira involuntária, afetar nossa privacidade com uma configuração e/ou ação inadequada. Na base de tudo isso está a cultura da privacidade: é preciso valorizá-la e aprender a cuidá-la. Nesse sentido, as agências de proteção de dados estão fazendo um trabalho destacável que, mais do que a proteção de dados pessoais, realizam campanhas de conscientização a respeito.

Marcações nas imagens das redes sociais, não sem permissão prévia

Somos responsáveis pela privacidade das demais pessoas. Devemos sempre ter presente a ideia de que comentários ou publicações da vida particular de outras pessoas podem comprometê-las. Por acaso, nunca nos demos conta, por exemplo, depois de uma "tuitada", de que talvez tenhamos nos equivocado ao darmos informações sobre a nossa própria vida? Como isso vai ocorrer com as "tuitadas" de outras pessoas? Devemos ser cuidadosos, porque, além do mais, podemos ter responsabilidade legal por isso, especialmente se falamos de fotografias.

O que pressupõe fazer uma marcação? Além de práticas de tipo *spam* e outros usos alternativos, as marcações são para identificar pessoas em fotografias. Até aí, nada de mais! No entanto, nesse caso, o dito de que uma imagem vale mais que mil palavras assume mais sentido do que nunca. Marcar uma fotografia tem sua importância, pois esta deixa de ser uma entre centenas de um determinado álbum. O que tem relevância real para fins de privacidade é que esteja identificada, relacionada com um ou vários perfis de usuários. Certo é que as marcações podem ser eliminadas *a posteriori* e que, por exemplo, o Facebook permite algumas restrições enganosas a respeito.

Consequências negativas das marcações para a privacidade e a convivência. Além de práticas de tipo *spam* e outros usos alternativos, as marcações servem para identificar pessoas em imagens. Pessoas sim... em um momento, situação, atitude, companhia e lugar determinado. É muita informação excessiva, seja ela bem ou mal interpretada. Além disso, o mero fato de publicar uma imagem marcada pode supor um conflito entre quem a marca e quem a protagoniza pela inconveniência da mesma ou por ser inoportuna. Indo mais além, é muito comum a publicação e a marcação de imagens para causar dano de forma expressa a alguém, como forma de instigação.

Quem é responsável? A imagem – o rosto que nos identifica – é um dado pessoal e, como tal, protegido pela legislação em um número crescente de países. Simplificando, cada um tem poder de decisão sobre o uso que se faz da sua imagem. Ligando isso às marcações, é formada uma combinação explosiva. A ação de marcar é realizada por um usuário, mas quem permite que isso se realize? Quem publica essa marcação? Quem armazena esse dado que liga parte de imagem e a identificação? Quem notifica aos demais usuários que essa marcação existe e, em consequência, deixa "exposto" esse dado privado? Não há uma autorização expressa por parte da pessoa marcada. Inclusive, enquanto não se conectar, não poderá receber notificação a respeito.

O que podemos fazer enquanto isso? Consideramos que as redes sociais devem dar um passo à frente nesse sentido e assumir a sua responsabilidade. São muitas as pessoas, adolescentes e adultas, incomodadas, prejudicadas com as marcações que são colocadas sem consentimento prévio. Realmente, pedir permissão antes da sua publicação é apenas uma alteração tecnológica mínima e evitaria muitos problemas de *cyberbullying*, além de melhor salvaguardar à privacidade dos usuários.

Concluindo, as marcações sem permissão prévia nas fotografias das redes sociais são um exemplo claro de como nossa privacidade é ameaçada por outras pessoas e pelas próprias plataformas de *software*. Também deixa claro que, de acordo com o ponto de vista legal, segue havendo espaços de abordagem complicada e que, nesse sentido, as redes sociais buscam o seu benefício amparando-se em determinados comportamentos dos usuários, os quais, por sua vez, são reiteradamente estimulados com mensagens do estilo "você não vai marcar ninguém nesta foto?".

USO SEGURO DAS TECNOLOGIAS DA INFORMAÇÃO E COMUNICAÇÃO (TICS)

DEZ CHAVES PARA A PROTEÇÃO *ONLINE* DA INFÂNCIA E DA ADOLESCÊNCIA

A promoção de um contexto *online* mais respeitoso e seguro para os menores é um desafio diário e exigente. As intervenções diárias são necessárias, porém é imprescindível a reflexão sobre o modelo e as diretrizes que guiam esse trabalho a médio e longo prazos e, sobretudo, como conseguir a maior eficiência.

Desde 2004, em PantallasAmigas temos trabalhado nesse âmbito com a visão voltada para países que nos superavam quanto ao grau de penetração da TIC na sociedade (Canadá, Estados Unidos, Austrália, Reino Unido, Finlândia, Suécia) e nas políticas que, em matéria de uso da internet sem riscos, eram promovidas pela Comissão Europeia, iniciadas com o Programa "Safer Internet" (Internet Mais Segura) desde 1999. Essa experiência e o trabalho de campo nos levam a dizer que ainda nos resta muito a fazer e que pode ser feito de maneira mais eficiente.

❶ **Deixar de considerar as crianças e os adolescentes unicamente como vítimas passivas dos riscos da rede e torná-los elementos ativos**. Eles são agentes ativos e fazem parte do problema porque, em muitas ocasiões, estão na origem deste e, sobretudo, fazem parte de sua solução, uma vez que podem prestar extraordinárias colaborações quantitativas e qualitativas no trabalho de sensibilização e formação a esse respeito.

❷ **Evoluir das soluções de urgência baseadas no uso das TICs por parte dos menores para apostas estratégicas para a vida digital**. Inicialmente as crianças usavam a rede, agora vivem com naturalidade esse ambiente que é real, não virtual, mas digital. Por isso, além de promover o uso seguro e saudável das TICs, é preciso o impulso de estratégias que formem cibercidadãos ativos e responsáveis.

❸ **Abandonar a abordagem baseada nos eixos tecnológicos (internet, telefonia celular, videogames) para centrar-se no substancial e transversal**. Com a convergência de aplicativos e dispositivos, cada vez tem menos sentido realizar uma análise separada, por exemplo, das dependências ou do *cyberbullying* em relação a um determinado canal ou eixo tecnológico. É preciso deixar de tomar a dependência à internet como um problema e falar do desafio que supõe o uso abusivo das redes sociais, à margem do dispositivo ou do contexto no qual ele se produza. Outra questão diferente é que nos trabalhos direcionados para a cidadania é preciso falar de coordenadas concretas para uma aprendizagem mais significativa.

❹ **Apostar de forma sistemática e curricular nas tarefas de sensibilização e formação desde uma idade precoce, evitando as ações esporádicas**. A velocidade com que acontecem as mudanças sociológicas e educativas ligadas às TICs nos levou à adoção de medidas pontuais, fracionadas e isoladas. É preciso, devido à relevância da questão, realizar um esforço de planificação e de sistematização, incluindo nas aulas, de maneira formal e regular, momentos para que seja realizado esse trabalho.

❺ **Incorporar os pais e as mães ao novo contexto digital para que compreendam e acompanhem melhor a vida dos seus filhos**. Não é fácil abordar esse aspecto devido à enorme heterogeneidade das situações e perfis que podem aparecer. No entanto, é preciso ter claro que a vida *online* dos filhos e das filhas é cada vez mais intensa e se inicia em idades mais precoces, e que unicamente a partir de uma posição próxima a esta é que podemos atuar com a diligência e o acerto desejáveis como pais e mães. Estes devem ser capazes de tomar e adequar as suas próprias decisões no trabalho de prevenção, proteção e educação, fugindo da busca de soluções padronizadas.

❻ **Deixar de pressupor que meninos, meninas e adolescentes desejam estar à margem das ações que nós adultos empreendemos quanto à sua relação com as TICs e permitir-lhes e ajudá-los a se envolverem.** Em muitas ocasiões, pensa-se que filhos e filhas desejam manter uma relação com a tecnologia à parte dos adultos da família e, por isso, não lhes damos a oportunidade de compartilhar a sua vida e conhecimentos digitais. Algumas vezes é a própria insegurança que atua como barreira e, em outras, o mero comodismo. É necessário perguntar-lhes, dar-lhes a oportunidade de se aproximarem, escutá-los, incluí-los para que nos incluam.

❼ **Encurtar o tempo entre os trabalhos de investigação e a aplicação das conclusões às tarefas de educação e prevenção.** Dia a dia vemos a rapidez com que evoluem as tecnologias, os usos e os costumes em relação às TICs. É fundamental estudar esses fenômenos com rigor científico, porém não é menos importante atuar com diligência para que os resultados das investigações sirvam para ser aplicados antes que a realidade analisada se altere. Nesse sentido, também é importante coordenar estudos para obter valor agregado à sua planificação conjunta e complementar, apoiada em metodologias compatíveis. Por último, os objetivos e as hipóteses das investigações empreendidas deveriam ser colocados previamente à disposição das organizações que posteriormente irão utilizar os resultados finais em seu trabalho de prevenção, de modo que lhes permita antecipar certas variáveis e compassar suas ações.

❽ **Faz-se necessário compartilhar experiências e recursos, começando pelo seu registro prévio e sua caracterização e catalogação posterior.** Ainda que existam realidades distintas em cada país (idiossincrasia, grau de desenvolvimento, nível socioeconômico), as diferenças quanto ao uso das TICs são cada vez menores. Sendo a rede o espaço global por excelência, onde não existem distâncias nem limitações geográficas, é óbvio que compartilhar e colaborar são duas das opções mais adequadas, especialmente quando falamos de intervenções *online*.

❾ **Impulsionar uma adequação mais rápida das leis e os instrumentos de trabalho da justiça.** Os avanços realizados em questões relativas à proteção de dados pessoais, à adequação do código penal em relação ao *grooming* ou às solicitações de criação da figura do agente disfarçado são os primeiros e tardios passos de um caminho que se alonga em alguns momentos e que, no entanto, estamos obrigados a encurtar o quanto antes.

❿ **Insistir com a indústria, com a oferta, para que adote uma implicação maior e mais transparente.** As operadoras de telecomunicações, as redes sociais, entre outras, têm uma responsabilidade que em muitas ocasiões não lhes é exigida por lei. A tarefa de autocontrole ou regulação adequada e voluntária se mostra escassa, insuficiente e extremamente etérea. Sem a sua colaboração plena, constante e sincera, não são possíveis os avanços imprescindíveis para a proteção *online* da infância e da adolescência.

LEITURAS RECOMENDADAS

Instituto de Investigacion para la Justicia [Internet]. Buenos Aires: IIJusticia; c2013 [capturado em 8 abr. 2013]. Disponível em: http://www.iijusticia.org/.

Pantallas Amigas [Internet]. Bilbao: PantallasAmigas; c2003-2012 [capturado em 8 abr. 2013]. Disponível em: http://www.pantallasamigas.net/.

CAPÍTULO 23

PROJETO *NAVEGAR COM SEGURANÇA*

ANNA FLORA WERNECK
ERIKA KOBAYASHI
LETICIA BORN

> As redes constituem a nova morfologia de nossas sociedades e a difusão da lógica das redes modifica de forma substancial a operação e os resultados dos processos produtivos e de experiência, poder e cultura. [...] A sociedade em rede representa uma transformação qualitativa da experiência humana.
> **Manuel Castells**[1]

A EBULIÇÃO DA INTERNET NO NOSSO DIA A DIA

Nos anos 1990, o uso da internet deixou de ser exclusividade de acadêmicos e técnicos e entrou na casa de pessoas comuns, movimento que no Brasil ocorreu junto a um alto investimento em novas tecnologias. Apesar de o fenômeno ser relativamente recente, houve uma rápida incorporação da internet como mediador de relações pessoais. Entretanto, hoje, a grande discussão não está mais no caráter agregador e democrático da rede, que trouxe novos comportamentos e experiências, e sim no uso que se faz dessa ferramenta.

A incorporação da internet começou entre os adultos, mas já integra o cotidiano de nossas crianças e adolescentes. Atualmente, um terço da população mundial vive conectada e 14% desses dois bilhões de usuários ativos são crianças de 2 a 11 anos.[2] No Brasil, o acesso à internet já chega a 83,4 milhões de pessoas.[3] Dentre os adolescentes brasileiros entre 10 e 18 anos, 75% são usuários. A taxa cai para 47% na faixa etária de 6 a 9 anos.[2]

Uma das grandes vantagens da internet é ser um meio de comunicação rápido, econômico e eficiente, constituindo-se como uma forma de comunicação sem intermediários e sem barreiras de tempo e de espaço. Ela é uma ferramenta que facilita que pessoas façam compras, usem serviços bancários e façam negócios. A internet proporciona, também, o acesso a diferentes informações e a novos conteúdos de estudo, entre outras facilidades. Além disso, possibilita a comunicação entre pessoas de qualquer lugar do planeta e o compartilhamento de informações, ideias, mensagens, aumentando inclusive as possibilidades de integração de pessoas com necessidades especiais. Trata-se de um território livre, onde pessoas podem promover discussões e se mobilizar para diversas iniciativas sociais e políticas.

CRIANÇAS, ADOLESCENTES E A INTERNET

Porta de entrada para um mundo de informações, a internet se constitui como um importante espaço para o desenvolvimento de crianças e adolescentes. A informação circula de forma democrática, uma vez que muitos museus, bibliotecas e canais de notícias disponibilizam informações de qualidade para acesso gratuito. Assim sendo, a internet se coloca como um importante facilitador para os estudos, ao propiciar rapidez, diversidade e qualidade para pesquisas escolares, e também para a leitura, ao possibilitar o acesso a conteúdos acadêmicos, editoriais e literários.

Reflexo disso é o rápido aumento do uso dessa tecnologia em sala de aula. De acordo com Valente[4] "[...] na educação de forma geral, a informática tem sido utilizada tanto para ensinar sobre computação, o chamado *computer literacy*, como para ensinar praticamente qualquer assunto por intermédio do computador [...]". Algumas escolas da rede pública de ensino, por meio do programa Um Computador por Aluno, estão recebendo *laptops* para alunos e professores com o objetivo de promover a inclusão digital. E a tendência disso é que a tecnologia torne-se de fato um instrumento corriqueiro em sala de aula.

Nas duas últimas décadas, o número de crianças e de adolescentes internautas, com acesso a diferentes tecnologias da informação e comunicação, cresceu exponencialmente, e já temos as primeiras gerações de nativos digitais no Brasil. No entanto, permanece um *gap* geracional. Por um lado, crianças e adolescentes nascem em um mundo onde a internet faz parte do seu cotidiano, mas, por outro, muitos pais e responsáveis não têm domínio ou conhecimento sobre a internet, suas possibilidades e dimensão.

Uma das questões mais importantes é acreditar que existem realidades *online* e *offline* – quando, na verdade, existe uma realidade única. O considerado "mundo virtual" por outras gerações é o mundo real para crianças e adolescentes.

E, sendo um mundo real em que passam grande parte do seu tempo, interagindo, socializando e brincando, trata-se também de um espaço estratégico para promover e defender os seus direitos, preservando sua integridade física, psicológica e moral. É dessa forma que vem sendo desenvolvido o trabalho da Childhood Brasil, cujo compromisso contra a violação de direitos de crianças e adolescentes se expressa especificamente na questão da violência sexual, com uma história de enfrentamento há 13 anos no País.

ENTENDENDO A VIOLÊNCIA SEXUAL

A violência sexual é uma grave violação aos direitos humanos. Quando cometida contra crianças e adolescentes, prejudica o desenvolvimento saudável e pode causar danos muitas vezes irreversíveis. Essa violência acontece em todas as classes sociais, independentemente de gênero, raça e etnia, estruturando-se a partir de uma dinâmica arbitrária entre agressor e vítima, envolvendo a família e danificando todo o tecido social.

O enfrentamento desse problema passa por um entendimento detalhado de sua dinâmica. Na literatura, a violência sexual é dividida entre abuso e exploração.[5] Entender essa diferenciação e os pormenores de cada conceito é fundamental para identificar sua ocorrência e enfrentá-la.

Para a Childhood Brasil, o abuso sexual é qualquer ato de natureza ou conotação sexual em que adultos submetem menores de idade a situações de estimulação ou satisfação sexual, impostos pela força física, pela ameaça ou pela sedução. O agressor costuma ser conhecido da criança, e, muitas vezes, membro da família. Quando praticado na internet, é chamado de abuso *online*.

Já a exploração sexual de crianças e adolescentes pressupõe uma relação de mercantilização, em que o sexo é fruto de uma troca, seja ela financeira, de favores ou de presentes. Segundo Leal,[6] a exploração sexual de crianças e adolescentes

> [...] é um tipo de violência sexual, tida como crime pela legislação brasileira, que se realiza nas relações de produção e mercado (oferta/demanda) mediante a venda dos serviços sexuais de crianças e adolescentes pelas redes de comercialização do sexo, pelos pais ou tutores legais, ou pela via do trabalho autônomo. Essa prática é determinada não tanto pela violência estrutural (pano de fundo) como pela violência social e interpessoal. É resultado, também, das transformações ocorridas nos sistemas de valores arbitrados nas relações sociais, especialmente o patriarcalismo, o racismo e

a apartação social, antítese da ideia de emancipação das liberdades econômicas/culturais e da sexualidade humana.

Pela natureza complexa da exploração sexual, essa categoria tem diferentes formas de expressão. Além de pressupor uma relação de mercantilização do sexo, há uma dificuldade em estabelecer um consenso sobre suas manifestações específicas. A Childhood Brasil, em seus materiais de comunicação, usa a seguinte diferenciação:

1. Exploração sexual agenciada: é intermediada por uma ou mais pessoas ou serviços. No primeiro caso as pessoas são chamadas rufiões, cafetões e cafetinas e, no segundo, os serviços são normalmente conhecidos como bordéis, serviços de acompanhamento e clubes noturnos.
2. Exploração sexual não agenciada: é a prática de atos sexuais realizada por crianças e adolescentes mediante pagamento direto ou troca de bem, droga ou serviço.
3. Pornografia: produção, utilização, exibição, comercialização de material (fotos, vídeos, desenhos) com cenas de sexo explícito envolvendo crianças e adolescentes ou imagem com conotação sexual das partes genitais de uma criança.
4. Tráfico para fins sexuais: a prática envolve cooptação e/ou aliciamento, rapto, intercâmbio, transferência e hospedagem da pessoa recrutada para essa finalidade. O mais recorrente é que o tráfico para fins de exploração sexual ocorra de forma disfarçada por agências de modelos, turismo, trabalho internacional, namoro, matrimônio e adoção internacional.

A violência sexual é um fenômeno antigo, pode acontecer em vários locais (rodovias, grandes obras, boates, etc.) e ser facilitado por diversos contextos (turismo, grandes eventos, etc.). Com o surgimento e a popularização da internet, a violência sexual encontrou mais um espaço de manifestação. E nesse espaço específico, a violência sexual se dá principalmente pelo abuso *online* e pela pornografia infantojuvenil. De 2005 a 2012, a Safernet Brasil, organização que trabalha contra a violação de direitos na internet, recebeu e processou 1.263.253 denúncias anônimas de pornografia infantil.[7]

Com a internet, ficou mais fácil organizar grupos de pessoas com interesses em comum, o que tornou mais rápida e organizada a ação de possíveis abusadores. Existem *sites*, pessoas e redes criminosas que podem usar a internet para enganar, seduzir ou induzir crianças e adolescentes a acessar conteúdos inadequados, como pornografia, incluindo a infantojuvenil.

O contato de adultos com crianças ou adolescentes acontece principalmente por meio da criação de perfis falsos (usados como "iscas"). Esses perfis podem fazer contato com outras crianças por ferramentas de bate-papo, como *chats*, *e-mails* ou *sites* de relacionamento, para encorajá-las a enviar fotos e informações pessoais com propósitos duvidosos e convidá-las a participar de jogos *online* ou de encontros pessoais. São mensagens que podem esconder intenções de abuso e exploração sexual e cujas consequências podem ser extremas: existem casos de aliciamento, cooptação e rapto de crianças e adolescentes para fins sexuais, sendo levados de um local para outro com falsas ofertas de trabalho (p. ex., para se tornarem modelos ou jogadores de futebol).

Alguns menores de idade podem estar mais vulneráveis, principalmente aqueles que têm baixa autoestima, não têm com quem conversar e são pouco ouvidos pelos pais, ou, ainda, aqueles que não sabem com quem tirar suas dúvidas. Quanto mais se sentirem sozinhos, mais estarão sujeitos a entrar nesse jogo cruel de sedução. Mesmo se a criança ou o adolescente não ceder ou ficar na dúvida do que fazer, eles se veem diante de uma situação de medo ou constrangimento e sua tendência é reagir pela paralisia: não responder como faria em outro tipo de situação, dizendo "não quero" ou "não faço isso", e o abusador tira proveito disso.

Não se trata de criar uma cultura do medo. Reconhecemos e exaltamos as inúmeras vantagens da internet. Mas pensamos que, como qualquer espaço público, ela também apresenta riscos. Entender a rede como um espaço público ilimitado de convivência e troca é fundamental para navegarmos com ética e segurança.

CONTRA O ABUSO E A PORNOGRAFIA INFANTIL NA INTERNET: PROJETO *NAVEGAR COM SEGURANÇA*

> Depende de nós, humanos, transformar a tecnologia na tecnologia dos nossos sonhos, que nos transporta para viver a vida.
>
> **Sheryl Turkle,[8] professora de Social Studies of Science and Technology no MIT**

A Childhood Brasil começou a desenvolver em 2006 um trabalho de prevenção do abuso e da pornografia infantojuvenil *online*, quando foi lançada a primeira edição da cartilha *Navegar com Segurança*.[9] No mesmo ano, apoiou o desenvolvimento e a implantação da primeira Central de Denúncias de Crimes Cibernéticos da América Latina,[10] criada e coordenada pela organização Safernet.

A cartilha tem como objetivo orientar pais, professores e responsáveis para a prevenção do abuso *online* e da pornografia infantojuvenil na internet. A definição de adultos como público-alvo se deu por algumas questões: ausência de material direcionado para esse público, *gap* intergeracional de informação e conhecimento sobre a internet, a crença de que crianças e adolescentes estão seguras quando navegam na rede, e a importância de envolver a comunidade escolar em ações de prevenção.

A cartilha tem uma abordagem informativa e preventiva do assunto, mas não alarmista. Seu conteúdo aponta a internet como um ambiente positivo e perigoso e busca trabalhar a consciência dos adultos a respeito de seu uso ético e seguro, para que eles possam orientar crianças e adolescentes sobre o uso das tecnologias da informação e comunicação.

Muitas pessoas acreditam que seus filhos estão seguros porque estão brincando dentro de casa. Ou que podem ficar o tempo todo no computador sem o monitoramento dos pais porque há antivírus ou ferramentas de controle de conteúdo. Todavia, apenas colocar dispositivos no computador e deixar o filho com essa "babá eletrônica" não resolve o problema. Crianças e adolescentes não se conectam apenas em casa, e não há nenhuma garantia de que os outros locais tenham esses mesmos recursos. Sem contar que a atualização rápida de ferramentas tecnológicas torna impraticável o acompanhamento contínuo.

Não é preciso que adultos conheçam todos os aplicativos e novidades que surgem para orientar crianças e adolescentes sobre o uso seguro da internet, mas devem ter um mínimo de consciência sobre seus riscos e sobre como se relacionar com ética e respeito por si mesmo e pelo outro.

Assim, o Projeto *Navegar com Segurança*,[9] está ancorado nos seguintes pressupostos:

❶ A internet é um espaço público: bilhões de pessoas circulam por ele. Compreender essa dimensão pública é o primeiro passo para entender como crianças e adolescentes podem estar expostos a certos riscos nesse ambiente.

❷ Não existe condição *online* ou *offline* ou entre o real e o virtual para as novas gerações. O mundo virtual é o mundo real. Devemos ter na rede os mesmos cuidados que temos com as crianças e adolescentes fora dela.

3. A violência sexual contra crianças e adolescentes é uma gravíssima violação de direitos e deve ser enfrentada em locais vulneráveis à sua ocorrência.
4. O risco principal é que não sabemos, de fato, com quem estamos falando do outro lado do computador. As crianças, principalmente, não têm consciência disso – e muitos adultos também não.
5. Não se trata de gerar pânico, menos ainda de olhar a internet como um ambiente perigoso, mas de trabalhar a consciência dos adultos a respeito dos riscos para que eles possam orientar crianças e adolescentes sobre como usar as tecnologias de informação e comunicação de forma ética e segura.
6. A internet é o que fazemos dela.

A Childhood Brasil acredita que a melhor e mais eficaz forma de prevenção é o diálogo. Pais, responsáveis e educadores precisam falar abertamente sobre as experiências das crianças e adolescentes e por onde e como navegam.

O diálogo aberto, livre de julgamento ou repressão, abre um espaço para que possam compartilhar sem medo suas experiências e dão oportunidade para que os adultos possam orientar sobre comportamentos seguros ou até agir caso identifiquem uma situação de risco real.

CAPILARIDADE DA PREVENÇÃO

Em seis anos de projeto *Navegar com Segurança*, foram produzidas três edições da cartilha[11] e 1 milhão de exemplares foram distribuídos para mais de 200 organizações em todo o Brasil. A segunda edição foi concluída e atualizada em 2008, e a terceira, em 2012. A cada edição, busca-se atualizar os conceitos, melhorar a linguagem e dar novas informações sobre iniciativas de prevenção e proteção de crianças e adolescentes. Pela natureza do tema, a cartilha precisa estar sempre contemporânea aos avanços tecnológicos.

As novas edições incorporam termos ou mudanças de terminologia significativas na prevenção da violência sexual. Uma mudança importante da segunda edição foi a exclusão da palavra "pedofilia", até então usada como subtítulo da cartilha e a inclusão de uma explicação detalhada sobre o termo. Enquanto os meios de comunicação atribuem à pedofilia qualquer violação dos direitos sexuais, a Childhood Brasil tem alertado para o uso incorreto da expressão. De maneira geral, o pedófilo é uma pessoa que sofre de um transtorno psíquico que o leva a se sentir atraído sexualmente por crianças e adolescentes. A pedofilia é uma doença e não simplesmente uma perversão, podendo ou não levar ao abuso sexual de crianças e adolescentes. Nem todo pedófilo é abusador e nem todo abusador é pedófilo.

A demanda pela cartilha e por esse tipo de informação chega semanalmente à Childhood Brasil, via *e-mails* ou pedidos de palestras e parcerias. Para aumentar a divulgação e a disseminação do seu conteúdo, foi criada uma área específica no *site* institucional, chamada "Como Agir",[12] com dicas sobre prevenção do abuso *online* e da pornografia infantojuvenil para crianças, adolescentes, pais e responsáveis e comunidade escolar. Nessa área, disponibilizam-se diferentes materiais, desde o arquivo em pdf da cartilha *Navegar com Segurança*, até apresentações de apoio e outros materiais complementares de parceiros.

Em 2010, a Childhood Brasil organizou um projeto de formação de 120 professores da Secretaria Municipal de São Paulo. Esse grupo foi dividido em duas turmas e teve como trabalho de conclusão de curso a execução de um projeto sobre o uso ético e seguro da internet na sala de aula. Por meio de uma pesquisa com o grupo, descobrimos que a maioria dos professores não sabia que os alunos acessavam conteúdos impróprios na internet e alguns não tinham consciência do risco ao qual crianças e adolescentes estavam expostos, além de não saberem como orientá-los.

Independentemente da disciplina pela qual eram responsáveis, os professores usaram as suas aulas para discutir o tema nos seus diferentes aspectos: privacidade, segurança, uso ético e seguro da internet, riscos e oportunidades da rede. Boa parte das atividades elaboradas no curso passou a ser realizada ao longo do ano letivo. O projeto mostrou que muito se pode alcançar com atividades simples. Por meio de 120 professores formados, foram realizados 45 projetos, impactando 7.931 pessoas, entre professores, pais, responsáveis, crianças e adolescentes.

Desde que a organização começou a trabalhar na prevenção da violência sexual na internet, foi convidada por diferentes empresas para promover o tema entre seus funcionários e suas comunidades – entre elas Ericsson, Julio Simões, Atlantica Hotels International e Grupo Aldan. Nessas oportunidades, é feita uma distribuição qualificada da cartilha por meio de palestras, *banners* e pequenas campanhas em seus veículos de comunicação interna.

Os seis anos de trabalho permitiram que a Childhood Brasil acumulasse informação e conhecimento sobre o tema, incorporando o assunto de forma estratégica ao programa institucional de formação dos agentes públicos que integram o Sistema de Garantia de Direitos de Crianças e Adolescentes. Entender como a navegação na internet expõe menores de idade a alguns riscos é fundamental para que profissionais das diferentes áreas possam dar o atendimento adequado a cada caso.

CONSIDERAÇÕES FINAIS

A partir dessa experiência e da grande e constante procura pela cartilha *Navegar com Segurança*, percebemos que esse contexto de democratização de tecnologia, informações e relações pede um trabalho de conscientização de adultos, adolescentes e crianças a respeito do uso ético e seguro da internet.

O fato de as pessoas acessarem a internet não significa que elas tenham consciência do que representa esse ambiente e das mudanças que a nova mediação pode trazer para as relações interpessoais. Pelo contrário, temos a falsa ilusão de que, por já ser familiar, a internet dispensa novas informações e debates sobre seus usos e seus riscos. Ter acesso à internet não significa saber exercer a cidadania *online*.

É preciso também ter atenção constante para dedicar-se a reflexões atualizadas conforme novas ferramentas e plataformas são introduzidas. Se as tecnologias se renovam constantemente, é importante também renovar as discussões a respeito de seu uso, novos comportamentos e experiências que elas proporcionam. A evolução constante pode gerar e trazer novas oportunidades e riscos para crianças e adolescentes.

Nesse contexto, informar e conscientizar adultos para provocar uma reflexão acerca do próprio uso que eles fazem da internet, bem como estimular o diálogo e o autocuidado, são atitudes fundamentais para que o conhecimento, independentemente do *gap* geracional, seja repassado para crianças e adolescentes. E principalmente para que eles naveguem com ética e segurança como consequência de todo esse trabalho.

REFERÊNCIAS

1. Castells M. A sociedade em rede. São Paulo: Paz e Terra; 2011.

2. Passarelli B, Junqueira AH, coordenadores. Gerações interativas Brasil: crianças e jovens diante das telas [Internet]. São Paulo: Fundação Telefônica Brasil; 2012 [capturado em 18 abr. 2013]. Disponível em: http://www.telasamigas.com/descargas/2012-11-GERACOES-INTERATIVAS-BRASIL-CRIANCAS-E-ADOLESCENTES-DIANTE-DAS-TELAS.pdf.

3. G1. Acesso à internet no Brasil chega a 83,4 milhões de pessoas, diz pesquisa [Internet]. São Paulo: Globo; 2012 [capturado em 9 abr. 2013]. Disponível em: http://g1.globo.com/tecnologia/noticia/2012/08/acesso-internet-no-brasil-chega-834-milhoes-de-pessoas-diz-pesquisa.html.

4. Valente JA. Computadores e conhecimento: repensando a educação. Campinas: Unicamp; 1993.

5. Santos BR, Ippolito R. Guia de referência: construindo uma cultura de prevenção à violência sexual. São Paulo: Instituto WCF-Brasil; 2009.

6. Leal MLP. A mobilização das ONGs no enfrentamento à exploração sexual comercial de crianças e adolescentes no Brasil. SER Social. 2001;9:313-36.

7. SaferNet Brasil. Indicadores da central nacional de denúncias de crimes cibernéticos [Internet]. Salvador: SaferNet Brasil; c2005-2013 [capturado em 9 abr. 2013]. Disponível em: http://indicadores.safernet.org.br/.

8. Turkle S. Alone, together [Internet]. New York: TED Conferences; 2012 [capturado em 9 abr. 2013]. Disponível em: http://www.ted.com/talks/sherry_turkle_alone_together.html.

9. Childhood Brasil. Navegar com segurança [Internet]. São Paulo: Childhood Brasil; c2013 [capturado em 10 fev. 2013]. Disponível em: http://www.childhood.org.br/programas/navegar-com-seguranca.

10. Central Nacional de Denúncias de Crimes Cibernéticos [Internet]. Salvador: SaferNet Brasil; c2005-2013 [capturado em 9 abr. 2013]. Disponível em: http://www.safernet.org.br/site/institucional/projetos/cnd.

11. Vasconcellos AM. Navegar com segurança: protegendo seus filhos do abuso online e da pornografia infanto-juvenil na internet. 2. ed. São Paulo: Instituto WCF-Brasil.: 2008.

12. Childhood Brasil. Como agir [Internet]. São Paulo: Childhood Brasil; c2013 [capturado em 9 abr. 2013]. Disponível em: http://www.childhood.org.br/como-agir.

LEITURA RECOMENDADA

Terra. Mais de 90% dos brasileiros conectados acessam redes sociais [Internet]. São Paulo: Terra Networks Brasil; 2011 [capturado em 9 abr. 2013]. Disponível em: http://tecnologia.terra.com.br/noticias/0,,OI5360879-EI12884,00-Mais+de+dos+brasileiros+conectados+acessam+redes+sociais.html.

CAPÍTULO 24

SEGURANÇA NA NET E A CADEIRA DE 4 PERNAS

TITO DE MORAIS

Sempre que uma nova tecnologia ou um novo dispositivo tecnológico aparece nas nossas vidas, deparamo-nos com as habituais e naturais dificuldades iniciais em sua adoção.

Todos nós – uns mais, outros menos – já teremos enfrentado esses desafios. Em resultado disso, por vezes poderemos ser tentados a pensar que essa é uma nova realidade, quando, de fato, ela nada tem de nova. Trata-se geralmente de velhos problemas que apenas se colocam de novas formas. E isso é soberbamente ilustrado no vídeo[1] de uma dupla de comediantes noruegueses que aborda, de forma hilariante, o problema experimentado pelos monges nos conventos da Idade Média quando os rolos de pergaminho foram substituídos pelo livro!

Por vezes, podemos mesmo ficar com a impressão de que, quando finalmente aprendemos a acertar o relógio do vídeo gravador, a internet entrou-nos pela casa adentro, e quando começamos a dar os primeiros passos com o computador e a internet, eis os *smartphones*! Essa percepção pode levar-nos a focarmo-nos demasiado nos problemas, nos riscos, nos perigos, nas ameaças e nos danos que podem estar associados à utilização das tecnologias da informação e comunicação (TICs), particularmente por crianças e jovens, e a perdermos de vista a importância das oportunidades e dos benefícios que elas podem oferecer.

Daí que, mais do que falar sobre os riscos, sobejamente cobertos nos capítulos anteriores, neste capítulo focaremos nas soluções que podemos adotar para minimizar os riscos a que crianças e jovens podem estar expostos *online*, para que estes não resultem em dano e para que crianças e jovens, mas também adultos, possam maximizar os benefícios que as TICs têm para oferecer.

OPORTUNIDADES E BENEFÍCIOS

Ao falarmos de TIC é importante, então, não perdermos de vista as oportunidades e os benefícios. De forma resumida, geralmente os caracterizo nestas seis grandes categorias: informação, comunicação, comércio, educação, lazer e entretenimento.

Mas contrariamente ao que acontecia com a televisão e com as outras mídias tradicionais, hoje as TICs são interativas, vivem dos conteúdos gerados pelo utilizador, e isso faz com que crianças e jovens não sejam meros sujeitos passivos receptores de informação. Eles tanto podem ser receptores, participantes ou atores. De meros sujeitos passivos, crianças e jovens podem tornar-se seres intervenientes, sujeitos ativos e agentes de mudança nesta sociedade cada vez mais globalizada. E é isso mesmo que ilustra a classificação de oportunidades e riscos para crianças a que chegou o projeto EU Kids *Online*.[2]

RISCOS E AMEAÇAS

Mas, se é importante não perdermos de vista as oportunidades, não menos importante, mesmo que muito resumidamente, é termos bem presente o "outro lado da moeda", igualmente ilustrado pela classificação referida. No entanto, como facilmente podemos constatar, muitos dos riscos relacionados com a saúde pública e o bem-estar de crianças e jovens não estão presentes nessa classificação. Daí que seja oportuno relembrar aqui outra forma que adotei para classificar os riscos a que crianças e jovens podem estar expostos por intermédio das TICs, a que chamo "Os Cinco Cês":[3] Conteúdos, Contatos, Comércio, Comportamentos e *Copyright* (ou Direitos de Autor). No entanto, o maior risco poderá não ser aquele que se pensa. Foi para isso que procurei alertar no artigo "A Maior Ameaça à Segurança *Online* de Crianças e Jovens".[4]

O MARTELO DE MASLOW

Mas, se ter consciência dos riscos é importante, importa igualmente refletir sobre o que geralmente fazemos para mitigar esses riscos. Ou seja, aquilo que habitualmente refiro, os erros mais comuns, que desenvolvi no artigo "Os Cinco Erros Mais Comuns na Segurança *Online* de Crianças e Jovens".[5]

Mas, por vezes, a nossa vida, a nossa formação pessoal ou acadêmica e a nossa experiência profissional não nos ajudam a mitigar os riscos. De fato, tudo isso se conjuga para que olhemos sempre para os problemas da mesma maneira. Como diz Abraham Maslow em seu enunciado da "Lei do Instrumento", "se tudo o que tens é um martelo, então tudo se parece com um prego". Exemplificando, confrontado com um determinado problema, um jurista tenderá a pensar em uma solução jurídica. Um professor tenderá a pensar em uma solução educacional. Um informático, muito provavelmente pensará em uma solução tecnológica. O expoente máximo que já encontrei para ilustrar essa perspectiva é um vídeo[6] que, quando apresento nas conferências em que participo, suscita enormes gargalhadas. Ilustra como a tendência para a especialização que caracteriza a generalidade das sociedades desenvolvidas por vezes nos impede de encarar os problemas de uma forma abrangente, holística. Assim, buscamos "soluções" que na realidade não o são. Daí que por vezes fico com a sensação de que procuramos mitigar os riscos de segurança na internet à martelada! Ou a pontapé... e é a aplicação desse princípio à segurança *online* de crianças e jovens que procuro demonstrar na apresentação "O Martelo de Maslow",[7] para justificar a necessidade de uma abordagem holística.

A segurança *online* de crianças e jovens necessita de uma grande diversidade de perspectivas e competências. Para tal, além das próprias crianças e jovens, é importante o envolvimento de pais, encarregados de educação, professores e educadores, técnicos, investigadores e especialistas em vários domínios: jurídico, educativo, de saúde e ciências e serviços sociais, defensores dos direitos da criança, promotores da utilização das TICs, empresas (tecnológicas ou não), organizações não governamentais, agentes e/ou autoridades judiciais e/ou policiais, e legisladores. As perspectivas e competências de todos esses interessados são necessárias para a promoção da cidadania digital em geral e da literacia digital de crianças e jovens em particular. Precisamos não de uma abordagem especializada, mas de múltiplas abordagens especializadas. Daí nasce o conceito da cadeira de quatro pernas.

A CADEIRA DE 4 PERNAS

A segurança *online* deve ser como uma cadeira. Deve ter quatro pernas. Com três, não é uma cadeira, é um banco. Aguenta-se, mas, quanto menor a criança, mais instável será o equilíbrio. Com apenas duas pernas, dificilmente se aguenta de pé. Com apenas uma perna, é desastre certo. As quatro pernas correspondem a outras tantas abordagens: regulamentar, educacional, parental e tecnológica. Vejamos, então, cada uma delas.

ABORDAGENS REGULAMENTARES

Perante um semáforo, todos sabemos como proceder. Mesmo os que não possuem carta de condução. Até uma criança sabe que vermelho é para parar e que verde é para avançar. Por vezes hesitamos na luz do meio. Amarelo ou laranja? E há quem tenha dúvidas sobre se ela sinaliza abrandar ou acelerar! À semelhança do Código de Trânsito, que define as regras que orientam, entre outras coisas, a utilização dos semáforos, no que respeita à segurança *online* de crianças e jovens, as abordagens regulamentares definem os direitos, deveres e obrigações dos utilizadores. Definem o que se pode e o que não se pode fazer ao utilizar as TICs, e quais as consequências ou penalizações em que se pode incorrer ao violar as regras. As abordagens regulamentares definem ainda os processos, as políticas e os procedimentos, como devemos atuar e como determinadas situações devem ser tratadas. Sem processos, políticas ou procedimentos, não dispomos de uma estratégia de segurança. Pela simples razão de que estes são a base sobre a qual se constrói essa estratégia.

Em termos macro, as abordagens regulamentares vão da Constituição ao Código Penal, passando por Convenções Internacionais (Direitos Humanos, Direitos da Criança, Cibercrime, Tráfico de Pessoas, etc.) de que um dado país é signatário, Diretivas Comunitárias (no caso de Portugal e dos países da União Europeia) e Legislações nacionais (Federal e Estadual no caso do Brasil) em geral, incluindo legislação sobre proteção de dados e do consumidor e regulamentações de autoridades administrativas locais, como municípios e juntas de freguesia, que podem afetar a forma como usamos as TICs.

Por sua vez, as abordagens regulamentares podem incluir também princípios de autorregulação de empresas no domínio das TICs (e de outros setores de atividade com impacto na vida *online* e *offline* de crianças e jovens), códigos de conduta, cartas de compromisso e boas práticas de empresas e organizações, termos e condições de utilização e políticas de privacidade de *websites* e serviços baseados na *web*, acordos de licença de utilização por utilizadores finais em programas e aplicações, etc.

Em termos micro, as abordagens regulamentares aplicam-se à casa de cada um de nós, salas de aula, escolas, bibliotecas, espaços da internet ou *lan houses* e também a empresas e organizações. Em termos domésticos, podem assumir a forma de um contrato[8] entre pais e filhos que define regras[9] para a utilização das TICs no lar. Essas regras podem ir desde o local onde as TICs podem ser usadas, o tempo de utilização, o tipo de conteúdos a que se podem ou não acessar e outras indicações. Nos demais casos, geralmente assumem a forma de políticas, processos e procedimentos de segurança que tanto podem ser de caráter genérico, como as políticas de utilização aceitável, como podem ser mais específicas, ou seja, referindo-se a dispositivos tais como computadores, celulares, servidores, etc. Podem também abordar serviços tais como o *e-mail* e as redes sociais, ou comportamentos como o *cyberbullying* e outros.

Assim como há e haverá sempre adultos que ignoram os sinais vermelhos nos cruzamentos, as regras e as leis, independentemente das consequências e eventuais penalizações, com as crianças e jovens não é diferente, nem quando usam as TICs. Por isso, para não ficarmos "sem rede", são necessárias outras abordagens. E essas, tal como acontece com a segurança informática, implicam abordagens relativas às pessoas e às tecnologias.

Costuma-se dizer que as pessoas são o elo mais fraco da segurança. Por isso, depois das políticas, processos e procedimentos definidos pelas abordagens regulamentares, as pessoas são o componente mais importante de uma estratégia para a segurança *online* de crianças e jovens. E aí entram as abordagens educativas e parentais apresentadas a seguir.

ABORDAGENS EDUCATIVAS

Ao contrário do que acontecia em 2003, quando foi lançado o Projeto MiudosSegurosNa.Net,* 10 anos depois são inúmeros os recursos disponíveis em língua portuguesa que visam a sensibilização para a segurança *online* de crianças e jovens. No entanto, essas matérias ainda não fazem parte dos programas curriculares da generalidade dos níveis de ensino da maioria dos países lusófonos. E, quando o fazem, não são obrigatórias ou não abrangem os diversos níveis de ensino. Assim, se existem recursos quanto à sensibilização, ainda são escassos os recursos educativos disponíveis que permitam integrar essas matérias em sala de aula. Assim, a integração fica, em geral, dependente da vontade ou do empenho dos professores. Por essas razões, aos professores resta recorrer à adaptação de recursos em outros idiomas ou desenvolver os seus próprios recursos e atividades educativas nesse domínio. Sobre isso escrevi diversos artigos, dos quais destaco dois: "Segurança na Internet: Como Ensinar?"[10] e "Por Favor

* www.miudossegurosna.net.

Ensinem-me a Pensar".[11] Nessa perspectiva – desenvolvimento do pensamento crítico, da literacia mediática e da capacidade de avaliar criticamente a informação, seja ela *online* ou *offline* – existem metodologias e recursos interessantes em língua inglesa cuja consulta recomendo vivamente: *Six Thinking Hats*,[12] de Edward DeBono; *The Big6*,[13] de Mike Eisenberg e Robert E. Berkowitz e os sistema *4MAT*,[14] de Bernice McCarthy. Como professor, não deixe ainda de consultar o *Digital Literacy Tour*,[15] da Google, e *Critical Evaluation of Information*,[16] de Kathy Schrock.

ABORDAGENS PARENTAIS

Quando uma grande parte da vida dos nossos filhos passa cada vez mais pelas TICs, não podemos nos limitar a ser pais *offline*. Temos também de o ser *online*. E o mesmo acontece com a família. De outra forma, não participaremos de uma parte cada vez mais relevante da vida de nossos filhos. E quanto mais cedo começarmos a fazer isso, melhor. A utilização das TICs de forma partilhada se tornará algo natural à medida que forem crescendo. Não se deixe intimidar pelo fato de os filhos saberem mais sobre as TICs do que os pais. Deixe-os serem os seus professores.[17] Aproveite para aprender com eles, pois também lhe proporcionará oportunidade de ensinar-lhes outras competências, que eles ainda não possuem, assim como lhe permitirá transmitir a ideia de que os valores familiares são igualmente válidos *online*. No entanto, lembre-se sempre de lhes reservar o seu espaço. Afinal de contas, quando éramos adolescentes, também não gostávamos que nossos pais fossem à discoteca conosco. Mas éramos capazes de os tolerar como um sacrifício necessário. No entanto, a ideia de eles virem conosco para a pista de dança era um pesadelo que, a tornar-se realidade, redundava na humilhação suprema. Muitos dos artigos que tenho escrito ao longo dos últimos anos[18] incidem sobre abordagens parentais, incentivando pais, tios e avós a desenvolverem atividades[19] e a interagirem *online* com as crianças e jovens de sua família, fornecendo-lhes recomendações[20] e orientações[21] sobre como ser pai *online*. E quando achar que as TICs estão ocupando demasiado tempo da vida de seu filho, lembre-se que pode usá-las para estimular atividades ao ar livre.[22] Melhor do que me alongar nestas páginas sobre esse tipo de abordagens, é recomendar-lhe que visite o *site* do Projeto MiudosSegurosNa.Net, subscreva a *newsletter* e acompanhe as respectivas publicações na página do Facebook.*

---

* www.facebook.com/MiudosSegurosNa.Net.

ABORDAGENS TECNOLÓGICAS

Continuando a analogia com o trânsito de automóveis, assim como confiamos no cinto de segurança, no *air-bag* e em outras tecnologias para garantir uma viagem de automóvel agradável e segura, também existem diversas tecnologias de segurança na internet nas quais podemos e devemos confiar. Por isso é importante sabermos quais são, para podermos tomar uma decisão informada sobre se queremos ou não usá-las e, em caso afirmativo, sabermos quais escolher para proteger as crianças, os jovens e até os adultos.

Em termos tecnológicos, é indispensável manter atualizado o sistema operativo e todos os programas e aplicações instaladas no dispositivo, seja computador, *tablet*, celular ou outro. Com as últimas atualizações de segurança instaladas, o dispositivo ficará protegido contra a exploração de vulnerabilidades eventualmente existentes no *software*. Mas tal não é suficiente. É também essencial estar salvaguardado por outras medidas de proteção básicas. Para além de uma *firewall*, a segurança deve incluir outras ferramentas antimalware, que ofereçam proteção contra vírus, *worms*, cavalos de Troia, *rootkits* e *backdoors*, assim como contra *spyware*, tais como *keyloggers*, *browser helper objects* e *adware*.

Além dessas ferramentas básicas, os utilizadores poderão adotar outras ferramentas opcionais para se protegerem de outros conteúdos indesejáveis, tais como *spam*, *phishing* e *pharming*.

Essas são as ameaças tecnológicas mais comuns e que jogam com manobras de engenharia social, isto é, manobras de manipulação baseadas na psicologia e que geralmente levam as pessoas a agir de determinada maneira, geralmente para fins fraudulentos ou criminosos. Para fazer face a essas ameaças, existem programas integrados que nos protegem da maioria dos riscos associados a conteúdos indesejáveis, assim como existem programas especializados em combater cada uma das ameaças.

Por fim, existem ainda múltiplas ferramentas de segurança que podemos ou não adotar, tais como as de criptografia, geração e gestão de palavras-passe em segurança, proteção da privacidade, etc.

CONTROLES PARENTAIS

Em termos específicos de dispositivos utilizados por crianças e jovens, é válido considerar outros tipos de soluções de segurança opcionais: os chamados controles parentais.

Eles podem ser especializados por tipo de dispositivo (computador, *tablet*, celular,[23] console de jogos, etc.), por sistema operativo (Windows, Mac, Linux, etc.) e até por tipo de aplicação ou serviço (*e-mail*, programa de navegação na *web*, mensagens instantâneas, redes sociais, etc.). Para além de instalados em um dado dispositivo, os controles parentais podem ser independentes. Por exemplo, se instalados em uma rede informática, podem afetar todos os dispositivos que se liguem por meio dessa rede, como no caso de uma escola. Podem ainda funcionar para o operador de serviços de acesso à internet, de forma a abranger os clientes que subscrevam o respectivo serviço.

Em termos de funcionalidades, pode-se definir cinco grandes categorias:[24] restrições de acesso, filtragem de conteúdos, gestão de contatos, monitorização do acesso e proteção da privacidade.

Devemos ainda chamar atenção para os programas de navegação na internet,[25] programas de *e-mail*, redes sociais[26] e mundos virtuais[27] especificamente desenvolvidos para crianças.

Uma referência aos chamados "botões de pânico", designação preferida pela mídia, a que prefiro contrapor "botões de segurança",[28] cuja versão mais abrangente será, por ventura, a desenvolvida pelo Governo Australiano.[29]

Convirá ainda referir as duas tendências que se verificam em termos de soluções tecnológicas: o surgimento de ferramentas específicas, especializadas em mitigar riscos específicos, e o aparecimento de ferramentas do tipo "canivete-suíço", que integram diversos tipos de soluções. De todo modo, apesar dos esforços, tal como as demais abordagens, também a abordagem tecnológica, por si só,[30] de pouco serve.

E O MELHOR *SOFTWARE* DE SEGURANÇA NA INTERNET É...

Periodicamente, alguém me pergunta qual o melhor *software* de segurança na internet para crianças e jovens. Invariavelmente respondo que a melhor ferramenta de segurança na internet, não só para crianças e jovens, mas também para adultos, é uma que não precisamos comprar, baixar da internet, nem sequer instalar. Todos temos, já vem pré-instalada, e todos já usamos. Uns mais que outros, é certo. É compatível com todos os tipos de dispositivos, sejam computadores, *tablets*, consoles de videojogos ou celulares, com todos os sistemas operativos, seja Windows, iOS, Linux, etc., e com todo o restante de *softwares* existentes. Está em permanente atualização. Quanto mais a usamos, mais eficaz se torna. E melhor de tudo, quando se faz um *upgrade*, não precisamos comprar um dispositivo novo! Esse *software* milagroso é o nosso cérebro, ferramenta essencial ao pensamento crítico que nos pode proteger de todos os tipos de riscos aqui referidos.

A CADEIRA DE 4 PERNAS: UMA ESTRATÉGIA REDUNDANTE

Por vezes me perguntam: "E o que acontece se uma dessas abordagens falhar?". A questão não é "se", mas "quando". Se há uma coisa da qual podemos estar certos, é que haverá falhas. É a Lei de Murphy: "Se algo pode dar errado, dará". Por isso, em informática existe o conceito de "redundância". O termo é usado para descrever o componente de um computador, dispositivo, *software* ou rede que atua como sistema de reserva para ser usado alternativamente em caso de falha do sistema primário. Para uma estratégia de segurança *online* de crianças e jovens ser eficaz, tem de acontecer a mesma coisa. E, nesse sentido, a articulação das quatro abordagens garante essa tal redundância. Se uma abordagem falhar, existe a outra para compensar a falha.

CONCLUSÃO

Por fim, em função dos demais capítulos, o leitor poderá questionar-se: e a abordagem terapêutica? Essa, para ser eficaz, bem-sucedida e evitar "recaídas", terá obrigatoriamente de incluir as abordagens anteriormente referidas.

Por isso, a terminar, sempre que você ou as crianças e jovens a seu cargo se confrontarem com um problema de segurança na internet, pergunte-se: que abordagem regulamentar me pode ajudar? E que abordagem educacional? E em termos parentais, o que posso fazer? E sob o viés tecnológico? Da conjugação dessas quatro abordagens diferentes sairá a solução para o seu problema.

REFERÊNCIAS

1. Øystein og jeg. Helpdesk [Internet]. Norwegian: NRK; 2001 [capturado em 8 abr. 2013]. Disponível em: https://www.youtube.com/watch?v=jo3rl2kxB4g.

2. Staksrud E, Livingstone S, Haddon L, Ólafsson K, editors. What do we know about children's use of online technologies? A report on data availability and research gaps in Europe [Internet]. 2nd ed. London: EU Kids Online; 2009 [capturado em 08 abr. 2013]. Disponível em: http://www2.lse.ac.uk/media@lse/research/EUKidsOnline/EU%20Kids%20I%20(2006-9)/EU%20Kids%20Online%20I%20Reports/D11,secondedition.pdf.

3. Morais T. Riscos online para crianças e jovens: os cinco cês [Internet]. Porto: miudossegurosna.net; 2012 [capturado em 8 abr. 2013]. Disponível em: http://www.miudossegurosna.net/os-cinco-ces.html.

4. Morais T. A maior ameaça à segurança online de crianças e jovens [Internet]. Porto: miudossegurosna.net; 2003 [capturado em 8 abr. 2013]. Disponível em: http://www.miudossegurosna.net/artigos/2003-12-26-acapital.html.

5. Morais T. Os cinco erros mais comuns na segurança online de crianças e jovens. [Internet]. Porto: miudossegurosna.net; 2005 [capturado em 8 abr. 2013]. Disponível em: http://www.miudossegurosna.net/artigos/2005-04-22-acapital.html.

6. Police fail. [Internet]. 2011 [capturado em 8 abr. 2013]. Disponível em: https://www.youtube.com/watch?v=CI3iSMkqXdw.

7. Morais T. O martelo de Maslow [Internet]. Porto: Ignite Portugal; 2010. [capturado em 8 abr. 2013]. Disponível em: http://www.slideshare.net/TMorais/o-martelo-de-maslow.

8. Morais T. Contrato familiar sobre a utilização da internet [Internet]. Porto: miudossegurosna.net; 2003 [capturado em 8 abr. 2013]. Disponível em: http://www.miudossegurosna.net/artigos/2003-11-28-acapital.html.

9. Morais T. 7 Regras para a segurança online de crianças e jovens [Internet]. Porto: miudossegurosna.net; 2004 [capturado em 8 abr. 2013]. Disponível em: http://www.miudossegurosna.net/artigos/2004-11-05-acapital.html.

10. Morais T. Segurança na internet: como ensinar [Internet]. Porto: miudossegurosna.net; 2008 [capturado em 8 abr. 2013]. Disponível em: http://www.miudossegurosna.net/artigos/2008-04-02.html.

11. Morais T. Por favor ensinem-me a pensar [Internet]. Porto: miudossegurosna.net; 2010 [capturado em 8 abr. 2013]. Disponível em: http://www.miudossegurosna.net/artigos/2010-01-05.html.

12. de Bono E. Six thinking hats training course [Internet]. Des Moines: de Bono Consulting; c2013 [capturado em 8 abr. 2013]. Disponível em: http://www.debonoconsulting.com/Six_Thinking_Hats.asp.

13. Eisenberg M, Berkovitz RE, editors. The big six: information and technology skills for student success [Internet]. Pittsford: Big6; c2013 [capturado em 8 abr. 2013]. Disponível em: http://www.big6.com.

14. McCarthy B. 4MAT system [Internet]. Wauconda: About Learning; c2013 [capturado em 8 abr. 2013]. Disponível em: http://www.aboutlearning.com/what-is-4mat.

15. Google in education. Digital literacy tour. Mountain View: Google; c2013 [capturado em 8 abr. 2013]. Disponível em: http://www.google.com/edu/resources/digital-literacy.html.

16. Kathy Schrock's Guide to Everything. Critical evaluation of information. Eastham: schrockguide.net; 2012 [capturado em 8 abr. 2013]. Disponível em: http://www.schrockguide.net/critical-evaluation.html.

17. Morais T. Crianças e jovens: os novos professores [Internet]. Porto: miudossegurosna.net; 2007 [capturado em 8 abr. 2013]. Disponível em: http://www.miudossegurosna.net/artigos/2007-12-27.html.

18. Morais T. Manter a sua família segura na internet em 2005 [Internet]. Porto: miudossegurosna.net; 2004 [capturado em 8 abr. 2013]. Disponível em: http://www.miudossegurosna.net/artigos/2004-12-31-acapital.html.

19. Morais T. 7 coisas para fazer com os seus filhos na net [Internet]. Porto: miudossegurosna.net; 2008 [capturado em 8 abr. 2013]. Disponível em: http://www.miudossegurosna.net/artigos/2008-01-11.html.

20. Morais T. 10 recomendações de segurança na internet [Internet]. Porto: miudossegurosna.net; 2011 [capturado em 8 abr. 2013]. Disponível em: http://www.miudossegurosna.net/artigos/2011-10-11.html.

21. Morais T. Recomendações para a segurança de crianças e jovens na internet [Internet]. Porto: miudossegurosna.net; 2007 [capturado em 8 abr. 2013]. Disponível em: http://www.miudossegurosna.net/press-releases/2007-07-10-anexo.html.

22. Morais T. Geocaching: TIC e atividades ao ar livre [Internet]. Porto: miudossegurosna.net; 2009 [capturado em 8 abr. 2013]. Disponível em: http://www.miudossegurosna.net/artigos/2009-09-29.html.

23. Morais T. Controlo parental no iPhone, iPad e iPod [Internet]. Porto: miudossegurosna.net; 2012 [capturado em 8 abr. 2013]. Disponível em: http://www.miudossegurosna.net/artigos/2012-01-10.html.

24. Burt D. Parental controls product guide 2010 [Internet]. Seattle: davidburt.us; 2010 [capturado em 8 abr. 2013]. Disponível em: http://filteringfacts.files.wordpress.com/2010/03/productguide2010.pdf.

25. Morais T. Programas de navegação na web para crianças: parte II [Internet]. Porto: miudossegurosna.net; 2009 [capturado em 8 abr. 2013]. Disponível em: http://www.miudossegurosna.net/artigos/2009-03-03.html.

26. Morais T. 7 Redes sociais para crianças [Internet]. Porto: miudossegurosna.net; 2011 [capturado em 8 abr. 2013]. Disponível em: http://www.miudossegurosna.net/artigos/2011-03-04.html

27. Morais T. Mundos virtuais: os novos recreios infantis [Internet]. Porto: miudossegurosna.net; 2008 [capturado em 8 abr. 2013]. Disponível em: http://www.miudossegurosna.net/artigos/2008-01-03.html.

28. Morais T. Golfinho protege crianças na internet [Internet]. Porto: miudossegurosna.net; 2004 [capturado em 8 abr. 2013]. http://www.miudossegurosna.net/artigos/2004-12-03-acapital.html.

29. Australian Government. Department of Broadband, Communications and the Digital Economy. Cybersafety help button download page [Internet]. Canberra: DBCDE, c2010 [capturado em 8 abr. 2013]. Disponível em: http://www.dbcde.gov.au/online_safety_and_security/cybersafetyhelpbutton_download.

30. Morais T. A Tecnologia, por si só, não é solução [Internet]. Porto: miudossegurosna.net; 2007 [capturado em 8 abr. 2013]. http://www.miudossegurosna.net/artigos/2007-09-04.html.

PARTE VII

CIBERDELITOS E CIBERCRIMES

CAPÍTULO 25

DESAFIOS GERACIONAIS NA PROMOÇÃO DO USO ÉTICO DA INTERNET

RODRIGO NEJM
JOSÉ CARLOS RIBEIRO

A democratização do acesso à internet e às tecnologias da informação e comunicação (TICs) tem avançado no Brasil, permitindo que cada dia mais brasileiros tenham acesso ao universo de oportunidades disponíveis nos ambientes digitais. As inovações científicas, aplicadas aos dispositivos tecnológicos que facilitam a circulação de dados por meio da internet, chegam cada vez mais rápido aos consumidores e se tornam gradativamente "naturalizadas" na percepção de crianças e adolescentes, que as usam intensamente nas ações cotidianas.[1,*] No entanto, ao mesmo tempo em que as novas gerações ampliam a sua familiarização com o uso das TICs, as famílias e as escolas nem sempre parecem estar preparadas para servirem como referências – de conhecimentos, comportamentos e valores – no processo de orientação e mediação desse uso. Nesse ponto, parece-nos útil ressaltar a importância da educação para o exercício da cidadania e para o respeito aos direitos humanos como um dos caminhos sugeridos para conectar gerações e estimular a mútua aprendizagem no uso das TICs, fomentando a construção de posturas críticas sobre as experiências vivenciadas nos ambientes digitais.

* Os dados, de 2012, do Centro de Estudos sobre as Tecnologias da Comunicação e da Informação (CETTIC) apontam que 70% das crianças e adolescentes brasileiros entre 9 e 16 anos usam *sites* de redes sociais, 47% usam a internet todos os dias, sendo que entre adolescentes de 15-16 anos, 83% usam redes sociais e 56% usam a internet todos os dias. Entre as crianças de 5 a 9 anos de idade, 60% usam celulares e 27% já usaram a internet.

Nesse novo tipo de espaço público, cada vez mais se mostram necessários não só o exercício de comportamentos cidadãos e a adoção de medidas de segurança, como também a desmistificação do falso entendimento de que a internet é um "mundo paralelo", uma "terra sem lei e reino da impunidade absoluta". Quando pensamos nos desafios geracionais para uma apropriação ética e segura da internet na vida de crianças e adolescentes, não podemos deixar de considerar essas dimensões pública e social dos ambientes digitais.

Presenciamos profundas mudanças psicossociais na infância, na adolescência e na juventude contemporâneas, produzidas por muitos fatores além do uso intenso das tecnologias. Certamente, as TICs desempenham um papel de destaque na transformação das práticas de lazer, de estudo, de comunicação das novas gerações, mas as mudanças também são radicais no âmbito do universo de consumo, no conflito entre gerações, no mundo do trabalho, na conquista de direitos civis e mesmo políticos em algumas sociedades. Como aponta a pesquisadora Sonia Livingstone,[2] não podemos centrar a reflexão nas tecnologias sem levar em conta outras transformações do mundo do trabalho, da estruturação da família e do universo de consumo infanto-juvenil. Sem dúvida, há espaços privados nos mundos digitais, mas o uso intenso dos *sites* de redes sociais, *blogs*, câmeras e celulares está cada vez mais diluindo os limites entre o público e o privado, o que exige a reconfiguração também das referências éticas e dos princípios que costumam nortear as interações sociais nesses ambientes.

AMBIÊNCIAS DIGITAIS E DIFERENÇAS GERACIONAIS

Os ambientes digitais têm se apresentado como arenas e territórios simbólicos propícios ao desenvolvimento e à exploração de práticas e processos comunicativos particulares, que ampliam o leque de experiências existenciais e sociais dos indivíduos. A ampliação das mediações sociotécnicas está agregando, cada vez mais, dispositivos multimídia de áudio e de vídeo, possibilitando aos participantes a troca de mensagens por meio da escrita, da voz e da imagem. O aparecimento de programas que possibilitam a estruturação de redes públicas de conexões em formatos de *websites,* como os *sites* de redes sociais,[3] tem ampliado consideravelmente a navegação e a exploração dos ambientes digitais, popularizando os seus usos para as mais variadas finalidades e por diversas gerações de usuários.

Nesse percurso, várias experiências continuam sendo gradativamente incorporadas na configuração sociotécnica, compondo o *ethos* dessa vivência digital. As redes sociais móveis,[4] propiciadas pelo uso dos dispositivos comunicacionais móveis (em especial dos telefones celulares), e as redes sociais locativas,[5] com a utilização dos serviços e dispositivos de geolocalização (sistemas GPS*), são exemplos de algumas das novas possibilidades de conexão e experimentação dos ambientes digitais já em uso por crianças e adolescentes no Brasil.

Como reflexo da situação de mudanças tecnológicas e apropriação por parte dos usuários, uma dinâmica social acelerada vai sendo vivenciada pelos participantes, promovendo um processo de contínua readequação social em resposta às demandas proporcionadas pelas alterações dos aparatos tecnológicos e das infraestruturas técnicas e logísticas associadas. Com isso, as modificações vão se dando também na maneira e no formato de efetivação dos contatos interpessoais, nos quais se observa certa flexibilização dos padrões de atividades e práticas sociais rotinizadas e reguladas pelas percepções e acordos convencionais.[6,7] Assim, os encontros interpessoais são formatados, nesses ambientes, em bases e demarcações referenciais mais relativizadas e mais sensíveis às contingências associadas à plataforma interacional utilizada.[8] Se as TICs passam a atuar como mediadoras decisivas nas relações sociais, nas relações com a informação e até como mediadoras das relações que indivíduos têm com sua própria história (cada vez mais registrada e publicizada nos *sites* de redes sociais e aplicativos sociais), parece-nos vital que se estabeleça uma conexão maior entre as gerações, a fim de ampliar a reflexão crítica sobre as práticas sociais mediadas pelas TICs.

Diante desse cenário, uma questão costuma ser recorrente: existem diferenças de práticas e usos sociais dos ambientes digitais por parte de indivíduos de gerações diferentes? Alguns estudos apontam que a característica mais proeminente relacionada a esse aspecto é a presença de um gradativo processo de "naturalização", vivenciado intensamente pelas gerações mais novas, de um conjunto de experiências decorrentes de uma grande revolução nas formas e nos meios de comunicação e de sociabilidade.[9,10] Vale indagar ainda qual o tipo de concepção sobre os ambientes digitais que está sendo sedimentado com essa "naturalização".

As diferenças observadas entre as gerações de usuários se apresentam assentadas, por um lado, no grau de "familiaridade" com que manuseiam e controlam os dispositivos e aparatos tecnológicos,[11] e, por outro, na forma e na modalidade em que incrementam e aplicam essas ferramentas em suas atividades do dia a

* Global Positioning System (Sistema de Posicionamento Global): é um sistema de navegação por satélite que fornece a um aparelho receptor móvel a posição do mesmo.

dia.[12] No entanto, vale observar que crianças e adolescentes podem aprender muito rapidamente a usar os novos recursos digitais, sejam equipamentos ou serviços *online*; porém, a capacidade de uso crítico e ético dependerá de um processo mais amplo de educação cidadã, de transmissão intergeracional de valores e referenciais éticos que deem o suporte necessário para vivenciar esses novos ambientes de forma mais apropriada.

Perante os dois aspectos mencionados – a presença de um acelerado ritmo de mudanças na dinâmica social decorrente dos contínuos aprimoramentos nas configurações técnicas do ambiente; e a facilidade e a astúcia com as quais os indivíduos pertencentes às gerações mais jovens costumam lidar com esse fluxo de alterações – um outro conjunto de questões se faz emergente: de que maneira essas potencialidades expressivas, contextualizadas em ambientes digitais e caracterizadas pela presença de novos comportamentos sociais, são ancoradas em princípios e procedimentos éticos? Quais os riscos e as responsabilidades que podem ser prenunciados diante desse conjunto de situações singulares? Como considerar essas mudanças e esses processos como componentes essenciais na constituição de novos acordos sobre práticas sociais que contemplem os valores morais e os princípios ideais do comportamento humano?

ENTRE RISCOS E OPORTUNIDADES

Quanto mais distantes as escolas e as famílias estiverem de uma efetiva educação em direitos humanos para uso das TICs, maior a chance de os ambientes digitais serem apropriados como "paraísos da impunidade", palcos para inúmeras situações de risco, danos e práticas criminosas. É sabido que os crimes e as violações de direitos tendem a aumentar conforme aumentam o número e a intensidade de usuários da internet, trazendo mais um grande desafio às famílias, às instituições de ensino e ao sistema de garantia dos direitos das crianças e dos adolescentes. Como outros espaços públicos de relacionamento, a internet também é palco para a prática de crimes e/ou violações dos direitos humanos, como a exploração sexual de crianças e adolescentes nas redes de pornografia infantil, a humilhação pública (*cyberbullying*, difamação e calúnia), a apologia a crimes contra a vida, a manifestação de intolerância religiosa, étnica e de orientação sexual. Mesmo as vítimas que não chegam a ser presencialmente violentadas são seriamente afetadas pela violência da chantagem, dos conteúdos impróprios, da exposição e da autoculpabilização produzida após experiências traumáticas vivenciadas na internet. Com certeza, as situações de violência são reproduzidas também na internet, não por ela ser um ambiente mais perigoso ou inseguro, mas por ser ela reflexo da sociedade e fruto dos comportamentos sociais dos usuários.

Ainda é muito comum ouvir pais e educadores alegando que não pertencem ao mundo digital, que são imigrantes ou mesmo alienígenas quando o assunto é internet. Muitos pais se orgulham de dizer que seus filhos sabem muito mais do que eles sobre os recursos tecnológicos e sobre as inúmeras oportunidades de lazer, estudo e comunicação disponíveis nos ambientes digitais, realidade confirmada por pesquisas que apontam que a maior parte dos adolescentes (75%) afirma saber mais sobre internet do que seus pais.[1] No entanto, quando pais e educadores se posicionam como estrangeiros aos ambientes digitais, muitas vezes se distanciam das práticas de seus filhos/alunos e não atuam como referência ética para os representantes das novas gerações, que naturalizam o uso desses ambientes em seu cotidiano. Novamente, é preciso destacar que as habilidades técnicas não podem ser confundidas com as habilidades cognitivas e com o grau de amadurecimento para desenvolver um uso crítico, responsável e cidadão nesses ambientes. Aprender a clicar, navegar e mesmo criar conteúdos são atividades possíveis sem a mediação dos pais/educadores, mas a formação ética necessária para o exercício responsável e seguro da liberdade nos ambientes digitais depende de um permanente e intenso diálogo entre as diferentes gerações.

Enquanto for percebido como espaço paralelo às normas sociais válidas nas relações presenciais, os ambientes digitais tenderão a ser palcos privilegiados para as violações de direitos. Um dos desafios é conseguir minimizar os riscos e potencializar as oportunidades da internet, e demais TICs, para todas as faixas etárias da população, por meio de esforços conjugados de educação dentro e fora das escolas. No entanto, é vital que esses esforços educacionais e de prevenção aos cibercrimes sejam feitos para além do pânico moral que tende a associar os ambientes digitais aos crimes mais bárbaros de violência sexual e a espaços de completa imoralidade e impunidade. É importante salientar que a maior parte das práticas criminosas que vitimizam crianças e adolescentes na internet já está contemplada legalmente no Estatuto da Criança e do Adolescente (ECA)[13] e no Código de Processo Penal (CPP),[14] que norteiam as ações de combate aos cibercrimes.

Mesmo que ainda haja desafios jurídicos para lidar com a investigação e persecução penal de alguns crimes na internet, destacamos aqui a urgência do debate sobre as relações geracionais, no âmbito da prevenção e da educação, para ir além do simples enfrentamento aos cibercrimes. Algumas práticas dos adolescentes nos ambientes digitais chamam a atenção pelo grau de violência e pelo tipo de autoexposição aos riscos. Ao lado das intimidações e humilhações públicas que crianças e adolescentes produzem para ofender seus colegas (*cyberbullying*), podemos usar o fenômeno do *sexting* como sinal sintomático da falta de reflexão sobre a ética dos comportamentos no mundo digital. O *sexting* refere-se à criação e ao compartilhamento de conteúdos eróticos e sensuais entre adolescentes que produzem imagens e vídeos de seus corpos e de suas relações sexuais. Inicialmente associado às mensagens de texto com comentários picantes e eróticos, o *sexting* hoje é praticado com fotos e vídeos que podem ser disseminados em tempo real pelos celulares conectados. Essas brincadeiras arriscadas, que envolvem a própria sexualidade, muitas vezes feitas dentro da escola ou de casa, com a *webcam* no próprio quarto, merecem uma reflexão cuidadosa quando as relacionamos com o debate intergeracional sobre o uso responsável dos ambientes digitais.

Em muitos casos, o(a) adolescente que criou o conteúdo para se divertir com os amigos (ou como "prova de amor" ao parceiro afetivo) pode perder o controle sobre a circulação do material na rede. A perda de controle significa que as imagens e os vídeos íntimos podem persistir por tempo indeterminado, em grupos não previstos e ainda podem ser recuperados depois de muito tempo em outros contextos. Esses conteúdos podem, por exemplo, na vida adulta, retornar ao círculo social do adolescente quando estiver em contexto de família ou trabalho, sem que haja mais condição de reger os usos potenciais dos conteúdos por terceiros. Essa prática de envio e compartilhamento de conteúdos sexuais entre adolescentes (*sexting*) pode ser interpretada como violação aos artigos 241-A, B e E do Estatuto da Criança e do Adolescente (ECA),[13] mas traz à tona a complexidade do fenômeno, já que os adolescentes são aqui, ao mesmo tempo, vítimas e violadores em relação a si mesmos. Os casos de *sexting* evidenciam a complexidade do debate relativo à sexualidade, à reputação e às implicações éticas dos comportamentos nos ambientes digitais como espaços públicos de relacionamento. Essas questões apontam para as vulnerabilidades que estão além dos aspectos técnicos e que exigem ações educativas para consolidar novos acordos sociais e referencias, que possam balizar o uso que crianças e adolescentes fazem dos ambientes digitais.

CONECTANDO GERAÇÕES E TECNOLOGIAS NA PROMOÇÃO DO USO ÉTICO DA INTERNET

Sabendo que as novas gerações estão crescendo habituadas ao uso contínuo dos novos dispositivos tecnológicos, é fundamental que estes mesmos dispositivos sejam utilizados para educar, prevenir violências e orientar. Muitas crianças e adolescentes não encontram em suas famílias espaços suficientes para acolher suas dúvidas, inquietações, angústias e problemas relacionados ao uso da internet e às possíveis violações de seus direitos. É importante que, desde o primeiro clique, os pequenos internautas brasileiros possam contar com pais, educadores e irmãos para aprenderem a exercer sua cidadania e manterem-se seguros nos ambientes digitais. Como sugerido no início do capítulo, é preciso olhar para a internet como uma praça pública e, a partir daí, pensar nas orientações, cautelas e limites necessários para crianças e adolescentes, de acordo com cada faixa etária e cada contexto. Não podemos aguardar que os casos de aliciamento sexual pela internet, *sexting*, apologia ao suicídio ou *cyberbullying* aumentem em proporções assustadoras para, então, reagir.

Considerando-se esse cenário complexo, é vital que as organizações da sociedade civil, famílias, empresas e governos, somem esforços para maximizar a promoção dos direitos das crianças e dos adolescentes dentro e fora da internet, pois estamos falando da vida como um todo integrado, com espaços de interação mediados ou não pelas tecnologias. É necessário articular as diferentes políticas e iniciativas, ampliar os serviços de utilidade pública com o objetivo de aproveitar a própria tecnologia para potencializar as oportunidades, minimizar os riscos e fazer da internet no Brasil uma porta segura de entrada para que as crianças criem e desenvolvam relações sociais éticas, seguras e saudáveis.

Nesse sentido, há diferentes mobilizações em âmbito local, nacional e internacional, dedicadas à elaboração e à implementação de políticas públicas de promoção do uso seguro e responsável da internet. Exemplos de instituições diretamente ligadas a esse tema estão articuladas na rede Insafe,[15] rede da União Europeia que reúne organizações da sociedade civil, empresas e governos, na implementação das políticas públicas europeias. No Brasil, apesar de não haver políticas públicas específicas consolidadas nesse campo, há diferentes organizações da sociedade civil, universidades e servidores públicos buscando criar respostas adequadas ao cenário nacional. Entre as organizações brasileiras, podemos destacar as contribuições da SaferNet Brasil,[16] associação civil sem fins lucrativos diretamente dedicada ao uso ético, seguro e responsável dos ambientes digitais. Focada na criação e na articulação de respostas que possam contribuir com as políticas públicas nacionais, a SaferNet atua em cooperação com a Polícia Federal, o Ministério Público Federal, a Secretaria Nacional dos Direitos Humanos da Presidência da República, ONGs e redes internacionais dedicadas à proteção e à promoção dos direitos humanos na internet.

Além de operar a Central Nacional de Denúncias de Crimes Cibernéticos contra os Direitos Humanos[17] para contribuir no enfrentamento à difusão de imagens de abuso sexual de crianças e adolescentes (pornografia infantil), de conteúdos racistas e homofóbicos, a SaferNet Brasil atua na promoção do uso ético e seguro, criando recursos educacionais abertos e campanhas de prevenção para estimular pais, educadores e os próprios jovens internautas a participarem desse debate. São materiais pedagógicos, vídeos, cartilhas,[18] campanhas brasileiras do Dia Mundial da Internet Segura[19] e, mais recentemente, um Canal Piloto de Orientação Psicológica na própria internet, como alternativas para fortalecer o diálogo sobre o uso responsável e seguro dos ambientes digitais.[20]

No Canal de Orientação *Online*, os recursos de bate-papo e de *e-mail* são utilizados como instrumentos para oferecer um suporte psicológico especializado às dúvidas e inquietações de crianças e adolescentes que estão passando por situações de perigo na internet. Pais e educadores também podem usar o canal para organizar atividades preventivas por meio do plantão por bate-papo privado ou do canal de *e-mail* (24 horas). Essas iniciativas da SaferNet representam uma parte dos exemplos brasileiros (ao lado de outras iniciativas de pesquisadores, universidades e empresas) que utilizam as tecnologias como aliadas, e não vilãs, na promoção do uso ético e cidadão dos ambientes digitais.

CONSIDERAÇÕES FINAIS

Crianças e adolescentes têm direitos de se informar, de se divertir, de interagir e de brincar nos ambientes digitais com privacidade e liberdade, devendo toda sua singularidade de pessoa em desenvolvimento também ser preservada nesses espaços da internet (artigos 15, 16, 17 e 71 do ECA[13]). Por isso, precisamos orientá-las para um uso responsável, cidadão e seguro da rede, oferecendo condições suficientes para prevenir violações e garantir a proteção integral. As ações de prevenção precisam estar além da simples proteção, já que, como sujeitos de direitos, crianças e adolescentes podem participar ativamente da definição de seu próprio interesse.[21] Fenômenos como o *sexting* trazem à tona um complexo cenário no qual a internet dá um amplo poder aos adolescentes, surpreendendo familiares, instituições e adultos em geral. Ele evidencia uma condição da sexualidade reificada, espetacularizada e midiatizada ou apenas a livre expressão da sexualidade? Em tempos de hiperconexão, quais critérios para descrever a condição peculiar de uma pessoa em desenvolvimento devem ser adotados para delimitar os direitos de acesso à informação, à cultura, ao lazer e à privacidade na internet?

Nem sempre crianças e adolescentes conseguem avaliar as consequências de seus comportamentos "atrás da tela", evidenciando quão amplo é, por exemplo, o tema dos direitos sexuais na adolescência. Para garantir uma educação que promova a afirmação de direitos e a emancipação, precisamos rever reducionismos que desqualificam a voz e a vontade desses sujeitos em nome de uma suposta proteção por parte dos mais velhos. Precisamos ter em mente que crianças e adolescentes são, antes de tudo, sujeitos de direitos, e não apenas objetos de ações de proteção. Ou seja, devemos evidenciar também as leis que garantem, às crianças e aos adolescentes, autonomia e liberdade. Uma navegação segura para elas não precisa ser sinônimo de uma internet vigiada. Proteger, dentro ou fora da internet, coloca em evidência o desafio de equilibrar, entre as gerações, o exercício dos direitos à privacidade, à liberdade e ao acesso à informação com os limites previstos a fim de respeitar a singularidade de cada fase do desenvolvimento e de cada momento do ciclo vital.

Na internet, esse desafio torna-se ainda mais complexo, com fronteiras, limites e representações cada vez mais fluidas e dinâmicas. O caminho mais efetivo está muito além da restrição de liberdades ou da simples criminalização; ele depende de processos educativos e de diálogos intergeracionais que criem condições para uma navegação consciente e responsável. Nesse contexto, nosso maior desafio diante das TICs permanece tão antigo quanto a própria civilização: como promover a educação para que tenhamos condições dignas para desenvolver projetos de vida que respeitem os direitos humanos e favoreçam relações sociais mais justas e éticas?

REFERÊNCIAS

1. Centro de Estudos sobre as Tecnologias da Informação e Comunicação. TIC kids online Brasil 2012 [Internet]. São Paulo: CETIC; 2012 [capturado em 8 abr. 2013]. Disponível em: http://cetic.br/usuarios/kidsonline/2012/criancas.htm.

2. Livingstone S. Children and internet: great expectations, challenging realities. Cambridge: Polity; 2009.

3. Boyd, D, Ellison N. Social network sites: definition, history & scholarship. JCMC [Internet]. 2007 [capturado em 8 abri. 2013];13(11). Disponível em: http://jcmc.indiana.edu/vol13/issue1/boyd.ellison.html.

4. Green N, Haddon L. Mobile communications: an introduction to new media. New York: Berg; 2009.

5. Lemos A. Arte e mídia locativa no Brasil. In: Lemos A, Josgrilberg F, organizadores. Comunicação e mobilidade. Salvador: EdUFBA; 2009.

6. Blais J, Craig W, Pepler D, Connolly J. The importance of internet activity choices to salient relationships. J Youth Adolescence. 2008;37:522-36.

7. Underwood J, Kerlin L, Farrington-flint L. The lies we tell and what they say about us: using behavioural characteristics to explain Facebook activity. Computers in Human Behavior. 2011;27(5):1621-6.

8. Hu H, Wang X. How people make friends in social networking sites: a microscopic perspective. Phisica A. 2012;391(4):1877-86.

9. Turkle S. Alone together: why we expect more from technology and less from each other. New York: Basic Books; 2011.

10. Lemos A, Levy P. O futuro da internet. São Paulo: Paulus; 2010.

11. Tappscott D. Geração digital: a crescente e irreversível ascensão da geração net. São Paulo: Makron Books; 1999.

12. Raine L, Wellman B. Networked: The new social operating system. Cambridge: MIT; 2012.

13. Brasil. Presidência da República. Casa Civil. Lei nº 8.069, de 13 de julho de 1990. Dispõe sobre o Estatuto da Criança e do Adolescente e dá outras providências [Internet]. Brasília: Casa Civil; 2008 [capturado em 8 abr. 2013]. Disponível em: http://www.planalto.gov.br/ccivil_03/leis/L8069Compilado.htm.

14. Brasil. Presidência da República. Casa Civil. Decreto-Lei nº 3.689, de 3 de outubro de 1941. Código de Processo Penal [Internet]. Brasília: Casa Civil; 1941 [capturado em 8 abr. 2013]. Disponível em: http://www.planalto.gov.br/ccivil_03/decreto-lei/del3689.htm.

15. Insafe [Internet]. Brussels: European Schoolnet; c2013 [capturado em 8 abr. 2013]. Disponível em: http://www.saferinternet.org.

16. Safernet Brasil [Internet]. Salvador: SaferNet Brasil; c2005-2013 [capturado em 8 abr. 2013]. Disponível em: http://www.safernet.org.br.

17. Central Nacional de Denúncias de Crimes Cibernéticos [Internet]. Salvador: SaferNet Brasil; c2005-2013 [capturado em 8 abr. 2013]. Disponível em: http://www.safernet.org.br/site/institucional/projetos/cnd.

18. Nética.Educadores [Internet]. Salvador: SaferNet Brasil; c2005-2013 [capturado em 8 abr. 2013]. Disponível em: http://netica.org.br/educadores.

19. Dia da Internet Segura [Internet]. Salvador: SaferNet Brasil; c2005-2013 [capturado em 8 abr. 2013]. Disponível em: http://www.diadainternetsegura.org.br.

20. Helpline br [Internet]. Salvador: SaferNet Brasil; c2005-2013 [capturado em 8 abr. 2013]. Disponível em: http://www.safernet.org.br/site/webline.

21. Melo E. Direito e norma no campo da sexualidade na infância e na adolescência. In: Ungaretti MA, organizador. Criança e adolescente: direitos e sexualidades [Internet]. São Paulo: ABMP; 2010 [capturado em 8 abr. 2013]. p. 43-61. Disponível em: http://www.childhood.org.br/conteudo2011/Livro_Crianca_e_Adolescente_Direitos_Sexualidades_Reproducao.pdf.

CAPÍTULO 26

DIREITO AUTORAL E O MITO DE QUE "CAIU NA REDE É DE GRAÇA"

DEBORAH FISCH NIGRI

A internet revolucionou o mundo! Clichê! Isso todos já sabem. A grande questão é saber como tratar e lidar e, mais importante, diferenciar quais direitos se pretende proteger e quais informações podem circular livremente pela rede, sem qualquer embaraço. O assunto é extenso e palpitante. A tentação é grande para expor neste espaço tudo o que diz respeito aos vícios presentes da internet. Vícios dos adultos e vícios dos adolescentes!

O uso da internet em larga escala, como vem se desenvolvendo nos últimos anos, nos faz refletir sobre a relação do ser humano com o computador. Quando se trata de crianças e adolescentes que ainda não têm maturidade para discernir sobre os benefícios e os malefícios desse meio de informação/comunicação, a questão fica ainda mais séria, e alguns questionamentos pontuais são inevitáveis:

- Estaríamos viciados em internet?
- Quais os limites que devem ser traçados entre o positivo e o negativo de navegar na grande rede?
- Quais as consequências de ficar tanto tempo navegando na internet? Como explicar para os adolescentes que há consequências?
- E a ética? Ela existe na internet? Se, para os adultos, é difícil se afastar e fugir da tecnologia, que dirá para uma criança!

Nomes atrativos como Facebook, Twitter, Tumblr, YouTube, Google, Wikipedia, Kindle, MSN, Instagram, entre outros, surgem no mundo tecnológico a cada minuto. Como competir com esse universo tão atrativo que proporciona a troca cada vez mais rápida de informação, realização de atividades, jogos, aplicativos, leitura de livros, acesso a filmes, séries de televisão, entre outros tantos?

No caso da privacidade, como explicar a um adolescente que ele não deve expor sua vida pessoal, seus problemas, suas brigas, suas intrigas, aonde vai e aonde foi, para todos os seus "amigos" no Facebook, colocando em risco sua privacidade?

- Qual a real importância da privacidade nesse contexto?
- Por onde trafegam nossos dados pessoais? Nossos correios eletrônicos deixam rastros, celulares seguem nossos movimentos, nós mesmos nos colocamos em situação de risco ao menor clique de um *mouse*: compartilhamos (adultos e crianças) tudo na internet: fotos, vídeos, datas importantes, pensamentos, interesses comerciais, culturais, onde estamos e aonde vamos....! Somos, querendo ou não, monitorados 24 horas do dia. E por nossa livre e espontânea vontade.
- Outras perguntas surgem quanto ao uso da informação que circula na grande rede. Seria ela de livre utilização? A internet é mesmo um mundo sem lei? O mundo virtual é diferente do mundo real?

Nesse contexto, com o advento da exploração comercial da internet, o Direito passa a vivenciar um grande desafio: acompanhar a evolução tecnológica de forma a enfrentar as novas questões jurídicas que esse meio de comunicação (ou de disseminação de informações) passa a prover aos seres humanos. O ritmo de crescimento da internet tem sido exponencial, e as questões que o direito deve ou deveria enfrentar agigantam-se a cada dia.

A IMPORTÂNCIA DO DIREITO AUTORAL

No campo do direito autoral o assunto é ainda mais intrigante. Como explicar a uma criança ou a um adolescente que ele não pode "baixar" músicas da internet, reproduzir livros, fotos, imagens, sem o devido consentimento do titular daqueles direitos, pois, se essa utilização for não autorizada, o autor da música ou do livro não irá receber a justa remuneração a título de direito de autor, que muitas vezes é o seu "ganha-pão", o seu sustento?

A triste realidade é que, por vezes, os adolescentes agem incentivados pelos próprios adultos. Por que pagar pelo *download* se o livro está lá, disponível? Ninguém quer saber se foi disponibilizado na rede pelo seu autor ou seu editor ou por terceiros. No entanto, para lidar com a pirataria, os próprios autores chegaram à conclusão de que deveriam disponibilizar suas obras na rede, para, de certa forma, não "remar contra a maré." Mas vejamos: os próprios autores, assim, agiram liberando o uso de suas obras na internet. Ou seja, não houve violação de direito autoral, pois o autor de uma obra é o seu "dono", em termos técnicos o titular dos direitos. Um exemplo foi o que fez Paulo Coelho com a obra literária *O alquimista*. O autor resolveu publicar a obra em versão traduzida, na Rússia, para *download* gratuito em seu *blog*. As vendas explodiram, pois as pessoas leram, gostaram e compraram o livro.

No caso do direito autoral, o que não se pode confundir, e, por vezes, os que pregam a internet livre o fazem de forma proposital, é a possibilidade de livre circulação de informações na rede *vis a vis* a "livre circulação" de obras – livros, fotos, música, filmes, quando se trata de criações do intelecto. O que devemos ensinar como ético às crianças e adolescentes é que artistas, escritores, autores, diretores de filmes, escultores, fotógrafos são trabalhadores como outros quaisquer, e que vivem do pagamento dos direitos autorais de suas produções. Muitas crianças devem ter pais, mães ou familiares artistas, escritores, autores. Será que alguma delas já parou para se perguntar se a livre utilização dessas obras gera impacto na realidade vivida por elas próprias?

Como não existe um território delimitado no âmbito da internet, estaríamos diante de um instituto de alcance mundial totalmente "descontrolado", onde tudo pode?

Pessoas pregam a liberdade digital em todas as suas formas, mas pecam por entender que existem dois mundos, um virtual e outro real. O que não é verdade.

UM POUCO DE HISTÓRIA SOBRE O SURGIMENTO DO DIREITO AUTORAL

Quando se fala de direitos autorais, trata-se de proteção de conteúdo, e conteúdo original, pertencente ao seu criador.

A proteção ao direito de autor surgiu no Reino Unido, com o Estatuto da Rainha Ana (Copyright Act), em 1710. Era um privilégio concedido para a exploração da obra pelo seu titular. A partir de 1777, na França, as decisões do Conselho do Rei começaram a relacionar o direito do autor à criação, garantindo-se a remuneração ao autor por seu trabalho. Foi nessa fase que a proteção concentrou-se na atividade criadora do autor e não somente na materialidade do exemplar. Em seguida surgiram, em 1793, leis reconhecendo direitos exclusivos do autor, no sentido de permitir a execução de obras dramáticas e de propriedade dos escritos, de composições de músicas, de pinturas e de desenhos.[1]

Com a proteção concedida à criação propriamente dita, surgiu a necessidade de se delimitar o alcance da proteção, ou seja, se a tutela abrange a obra em si, ou se o que se pretende é proteger o autor.

A primeira lei sobre direitos autorais no Brasil data de 1973. A nova, que já se encontra em fase de revisão, data de 1998. A Lei nº 9.610/98 confere proteção às obras artísticas, científicas e literárias, desde que devidamente exteriorizadas em um suporte, seja ele tangível (físico, que se possa tocar) ou intangível (como a mídia digital). Essa proteção abrange qualquer mídia ou meio. O fato de uma obra estar "disponível" na internet sob a forma de um arquivo digital, em *bits* e *bytes*, não a descaracteriza como criação do espírito, passível de proteção legal. Referida proteção legal garante ao seu criador o direito exclusivo e temporário de reproduzir, divulgar e utilizar a obra, mediante remuneração, ou não, uma vez que ao autor é conferido o direito de autorizar o uso de sua obra a título oneroso (mediante pagamento) ou gratuitamente. Sim, esse direito é temporário, pois existe a figura do domínio público. Decorrido o prazo de 70 anos, a contar de 1° de janeiro do ano subsequente ao falecimento do autor, a obra literária, por exemplo, cai em domínio público. No caso de obra audiovisual e fotográfica, o prazo começa a contar de 1º de janeiro do ano subsequente ao de sua publicação.[2]

A nossa lei é bastante ampla e, embora não mencione uma vez sequer a palavra internet, ela garante proteção à obra, esteja ela circulando em qualquer mídia ou qualquer meio ou em qualquer modalidade de utilização.

Tornar disponível o conteúdo na internet é nada mais do que possibilitar a existência de livre fluxo de informação, agilidade de comunicação por meio de grande velocidade, tomando-se por base o livre acesso ao conteúdo por um número incalculável e ilimitado de pessoas, em qualquer local do mundo.

Não se pode, portanto, confundir a "livre circulação de informações" *vis a vis* a "livre circulação de obras" – livros, fotos, músicas, filmes, que são criações do intelecto, protegidas por lei, e cuja autorização dos titulares para sua utilização é imprescindível.

Assim, em termos legais, vislumbramos a possibilidade da ocorrência, na internet, de inúmeras violações dos direitos autorais patrimoniais de diversos titulares que vivem de suas obras:

- **Música** = violação de direitos das gravadoras, editoras, produtoras de fonogramas, autores, compositores.
- **Textos** = violações de direitos de autor, de escritor, de editor.
- **Obras audiovisuais** = violação de direitos de atores, autores, diretores, produtores, direitos conexos de artistas, intérpretes e executantes.

- **Imagem ou voz** = violação do direito de imagem e som de voz, que são garantias constitucionais.*
- **Softwares** = uso indevido, reprodução e cópia de programas de computador. O *software* é protegido por direito autoral, mas possui legislação própria. Com o advento da Lei do *Software*, Lei nº 9.609/98,[3] – juntamente com a Lei de Direitos Autorais, a Lei nº 9.610/98[2] – deu-se mais campo de ação a empresas que tinham suspeitas de uso ilegal de seus produtos por parte de grandes clientes. Hoje, se houver denúncias, é possível pedir à Justiça um mandado de busca. De acordo com estatísticas recentes, em mais de 95% dos casos as suspeitas se comprovam.

O direito autoral aplica-se a qualquer meio ou mídia, e é questão a ser considerada no contexto da convergência de mídias, bem como do avanço tecnológico, uma vez que nem todo conteúdo que circula por meio das diversas plataformas é de livre utilização. A Lei de Direitos Autorais[2] estabelece, em seu artigo 31, que "as diversas modalidades de utilização de obras literárias, artísticas ou científicas ou de fonogramas são independentes entre si, e a autorização concedida pelo autor, ou pelo produtor, respectivamente, não se estende a quaisquer das demais". Isso quer dizer que é necessária a autorização expressa do autor ou do titular do direito para as diversas modalidades de utilização que se pretende fazer de uma determinada obra. Assim, a autorização concedida visando a reprodução de uma obra em televisão aberta não se estende para utilização da obra em um DVD, por exemplo. Para que uma obra literária seja adaptada para exibição em televisão aberta ou fechada, faz-se mister que o autor ou o seu titular autorize o interessado a fazê-lo. Caso o autorizado ou cessionário deseje inserir a obra em um CD-ROM ou um DVD, deverá obter autorização específica para tanto. Reforçando o estabelecido no artigo 31 da Lei de Direitos Autorais,[2] os incisos V e VI do artigo 49, que trata da transferência dos direitos de autor, estabelecem expressamente que: "a cessão só se operará para as modalidades de utilização já existentes à data do contrato" e "não

* Aqui cabe uma observação: não se deve confundir *direito autoral* com *direito de imagem*. O direito autoral é uma espécie do gênero "propriedade intelectual". O direito de imagem é um direito da personalidade do indivíduo e está previsto na Constituição Federal vigente,[4] no artigo 5º, X, assim como o direito à honra, intimidade e privacidade, que também está previsto no Código Civil,[5] nos artigos 11 a 21. Por exemplo, em uma obra fotográfica encontramos uma dupla proteção: o direito autoral do fotógrafo, e o direito à imagem da pessoa retratada.

havendo especificações quanto à modalidade de utilização, o contrato será interpretado restritivamente, entendendo-se como limitada apenas a uma que seja aquela indispensável ao cumprimento do contrato."

A reprodução de textos de terceiros na internet sem autorização, omitindo-se a autoria, é passível de indenização por violação de direitos autorais. A reprodução de uma *homepage*, que é plágio, é uma contrafação e pode, inclusive, ensejar a instauração de procedimentos criminais contra o ofensor.

CRÍTICAS À PROTEÇÃO DO DIREITO AUTORAL NA *WEB*

O direito autoral vive em conflito com o avanço tecnológico desde a invenção da imprensa.[6] O caráter virtual e digital por vezes pode tornar difícil a prevenção de infrações e, consequentemente, sua repressão, mas isso não significa que não existam regras.[7] A defesa da internet livre, sem controles, tem sido feita com base nas regras de liberdade de expressão, privacidade e repúdio aos limites impostos pelo direito de autor, por este ser considerado limitador do direito da informação e da comunicação.*

Muitos consideram o direito autoral como inimigo ou entrave ao desenvolvimento tecnológico e à necessidade de disseminação de informação. Mas isso não é verdade.

Existem inúmeros *sites* facilitadores da pirataria que atuam sem qualquer controle ou regulamentação. O Bit Torrent foi criado com o objetivo de realizar gratuitamente o *download* de arquivos de forma partilhada e indexada, possibilitando altas taxas de transferência. Inicialmente, sem violação das leis de direito autoral, foi usado para distribuir cópias ilegais de alta qualidade do filme Matrix, logo após seu lançamento. O *site* The Pirate Bay proporciona ao cliente as informações necessárias para se copiar um arquivo ou conjunto de arquivos de outras pessoas que estão copiando ou compartilhando o mesmo arquivo. E o Megaupload, também um *site* de armazenamento, foi fechado e seu criador acusado de pirataria.

* Tal corrente é suportada pela Electronic Frontier Foundation, uma organização norte-americana sem fins lucrativos. Segundo seu mentor, John Barllow, em um seminário sobre Direito e Internet, ocorrido em março de 2003, no Rio de Janeiro, a lei do *copyright* é um navio que afunda, pois foi desenvolvida para lidar com formas e meios de expressão inteiramente diferentes da carga vaporosa que agora se transporta.

Esses *sites* lucram ao cobrar por *downloads* mais rápidos e, ainda, pela guarda de arquivos, sem monitorar a procedência dos mesmos.

Os números da pirataria são alarmantes:[8]

- 99% dos arquivos compartilhados pelo Bit Torrent são piratas
- 91% dos *links* em *sites* de armazenamento levam para conteúdos piratas
- 500 milhões de usuários acessam os *sites* de armazenamento
- 35 milhões de usuários/mês entram no Pirate Bay
- 150 milhões usam o Bit Torrent todos os meses

Ainda assim, é possível oferecer obras de forma "legal" na internet. Alguns *sites* como o Netflix, que no ano passado movimentou 23,3% contra 16,5% do Bit Torrent, oferecem filmes e séries para exibição *online* mediante pagamento (nada absurdo). Já o Spotify permite que o usuário ouça quantas músicas quiser sem pagar nada, e as gravadoras são remuneradas por meio de anúncios e versões pagas para *smartphones*.

Inúmeras são as perguntas para as quais nem sempre temos as respostas de forma cartesiana. Alguns, mais radicais, professam uma internet livre, sem cobranças, dispensando-se o pagamento de direitos autorais de todo o conteúdo que nela trafega sem propósito comercial. Mas como definir o propósito comercial se a rede, os *sites*, as empresas, na internet se sustentam com publicidade? Ou seja, indiretamente, existe comércio, existe lucro com o trabalho alheio. *Sites* como o Google, os chamados "*sites* de busca" ou "agregadores de conteúdo", faturam bilhões de dólares com publicidade e foram construídos justamente com esse material.

Além disso, temos que diferenciar a restrição da dita liberdade de circulação de informações da liberdade de utilização na internet de obras – livros, fotos, filmes – protegidas pelo direito autoral, cuja utilização somente pode ser autorizada por seu autor ou o titular dos direitos autorais.

Recentemente, acordamos com a notícia, que agitou o mundo digital, de que os Estados Unidos estavam propondo dois projetos de lei com o objetivo de combater a pirataria por *sites* localizados fora do território norte-americano. Um deles, denominado Stop on Line Privacy Act (SOPA), impõe severas medidas contra "piratas", tais como bloqueio e retirada do ar de *sites* que violem direitos autorais, além de proibição de que realizem cobranças dirigidas aos consumidores norte-americanos. Além disso, impunha restrições a outros direitos considerados fundamentais, como a liberdade de expressão, a privacidade e o acesso à informação. O governo americano acabou recuando.

Os que se manifestaram contra o projeto o fizeram de forma que o público acreditasse que se tratava de um projeto contra a liberdade de expressão e informação circulante na rede. Mas o projeto, no fundo, não continha regras nesse sentido, e sim no sentido de proteger criações artísticas. O projeto tentava dificultar a utilização não autorizada de obras artísticas, nada além. Houve uma tentativa de desqualificar as propostas de lei. O centro do debate, conforme opinião expressada no jornal *O Globo*,[9] foi a tentativa de trazer a discussão para o âmbito da censura. Mas a questão desses projetos – o outro se chama Protect Intellectual Property Act (PIPA) –, em essência, é a tentativa de garantir a proteção e a remuneração aos autores dos conteúdos que trafegam na rede. É uma forma de desmistificar a premissa de que "circulou na internet, é de graça!". Os dois projetos foram suspensos.

Após esses dois projetos, surgiu outra iniciativa, denominada Cyber Intelligence Sharing and Protection Act of 2011 (CISPA), que foi proposta em 30 de novembro de 2011, e trata-se de uma emenda à Lei de Segurança Nacional de 1947 (National Security Act), que não contém disposições relativas a crimes na internet, os chamados "cibercrimes". O projeto permite o compartilhamento de informações do tráfego na internet entre o Governo e empresas privadas, sendo que o objetivo declarado seria o de ajudar o Governo dos Estados Unidos a investigar ameaças cibernéticas e garantir a segurança de redes contra "ciberataques". Foi criticado por ser um potencial violador da privacidade do usuário na internet. O foco do CISPA é combater os crimes na internet, fugindo do contexto SOPA e PIPA, que se relacionavam com a questão da violação de propriedade intelectual e de direitos autorais.

É uma tarefa complexa explicar à nova geração, nascida no mundo digital, que a regulamentação da internet, se vier a ser implementada, deve, necessariamente, levar em conta a existência da proteção concedida ao autor de obras literárias, artísticas e científicas, por meio do direito do autor. Para os jovens e adolescentes, a noção de que pirataria é crime, que uso não autorizado de obra (em qualquer meio digital ou não) é errado, deve, em realidade, ser ensinada desde cedo, na escola e em casa, a partir de exemplos.

Ao tratarmos a ética na internet, no mundo virtual, retornamos ao ponto de partida em que há um entendimento equivocado de que a internet é um mundo onde tudo pode, onde não existem leis aplicáveis, onde os conteúdos e as obras protegidas pelo direito autoral podem circular livremente sem controle e sem retribuição aos seus autores. Estaria a internet sujeita a algum tipo de controle consistente na regulamentação por meio de leis, códigos, usos, costumes e políticas governamentais?

No Brasil, o Marco Civil da Internet (Projeto de Lei nº 2126/2011),[10] está em curso, vem sendo discutido na Câmara dos Deputados e já conta com um substitutivo que será levado à apreciação do Congresso. Ele dispõe sobre os princípios e direitos fundamentais, criando um ambiente para a regulamentação equilibrada do direito autoral na internet, entre outros direitos. Na realidade, o texto é bem mais abrangente e prevê direitos e deveres aos usuários e provedores de internet no Brasil. A proposta não trata diretamente de crimes cibernéticos, por exemplo, mas traça princípios básicos que devem ser respeitados no uso da rede mundial de computadores. Com relação aos crimes praticados na internet, há outro projeto* em tramitação no Congresso há 13 anos e que agora está em análise pela Comissão de Segurança Pública e Combate ao Crime Organizado.

Dentre os princípios estabelecidos no texto está a garantia da neutralidade de rede, ou seja, o responsável pela transmissão de dados (provedores de conexão) deverá dar o mesmo tratamento para todos os pacotes de dados, sem distinção por conteúdo, origem e destino. Fica vedada qualquer discriminação ou degradação do tráfego. Também será vedado monitorar, filtrar, analisar ou fiscalizar o conteúdo dos pacotes de dados. Outros princípios que deverão ser observados são a liberdade de expressão, a proteção da privacidade e dos dados pessoais, e a preservação da natureza participativa da rede.

Os dispositivos sobre crimes eletrônicos, direitos autorais e regulação do setor de telecomunicações ficaram de fora da última versão do substitutivo ao Projeto de Lei 2.126/2011 do Marco Civil,[10] que está sendo levado à apreciação:

> "Não tratamos de crimes eletrônicos, de questões relacionadas ao direito autoral ou de regulações específicas do setor de telecomunicações, por exemplo. Esses são tópicos mais específicos, que devem por certo ser discutidos pelo Legislativo, mas que demandam um debate focado em princípios, doutrinas e práticas próprias do seu campo temático. Legislações sobre tais temas, idealmente, devem surgir depois de estabelecido um marco civil, para que possam ter completa harmonia com regras mais basilares que garantam os direitos dos cidadãos que utilizam a rede".[12]

CONCLUSÃO

Para combater a pirataria, tida como o uso não autorizado de obras na internet, o mundo virtual não pode ser considerado um mundo à parte do mundo real. Se existem leis eficientes para isso no mundo real, porque não aplicarmos os mesmos princípios no mundo virtual?

* Projeto de Lei nº 84/99,[11] mais conhecido como PL do Azeredo.

É fácil de entender a partir de um exemplo dado por Cary H. Sherman, executiva da Recording Industry Association of America (RIAA),[8] entidade que representa as gravadoras nos Estados Unidos: "Quando uma loja (física) que vende artigos roubados é fechada pela polícia, não há censura. Mas se esses itens são oferecidos na internet, há?"

Ao combater a pirataria, os dois projetos de lei norte-americanos estavam cumprindo o seu papel. Se houve exageros, severas restrições, ou até cláusulas leoninas, deveriam ser negociadas atenuantes.

Obviamente, os próprios *players* da internet estão adaptando-se à nova realidade. Existe um movimento do próprio "consumidor" que demonstra que, se existem ofertas legais na *web*, a preços acessíveis, não haverá resistência em pagar. Assim, se um determinado conteúdo for oferecido a preços justos ao internauta, como o faz a Apple, não há porque ele recorrer à pirataria.

Se crianças, adolescentes e jovens tiverem uma base ética desde cedo quanto à utilização de obras na rede, serão adultos mais conscientes sobre o que é certo e o que é errado no mundo virtual. Não é tarde para que os nossos adolescentes entendam o conceito ético da necessidade de aplicarmos e defendermos esse uso consciente da internet. Estamos apenas legitimando o surgimento do direito autoral, que no final do século XVIII, na Inglaterra, tornou-se, sem sobra de dúvidas, um dos alicerces da vida atual: o autor é dono de sua obra, devendo ser recompensado sempre que houver um ganho financeiro (direto ou indireto) por terceiros, em qualquer meio que exista ou que venha a existir!

REFERÊNCIAS

1. Bittar CA. Direito de autor. 2. ed. Rio de Janeiro: Forense Universitária; 1997. p. 12.

2. Brasil. Presidência do Brasil. Casa Civil. Lei nº 9.610, de 19 de fevereiro de 1998. Altera, atualiza e consolida a legislação sobre direitos autorais e dá outras providências. [Internet]. Brasília: Casa Civil; 1998 [capturado em 8 abr. 2013]. Disponível em: http://www.planalto.gov.br/ccivil_03/leis/l9610.htm.

3. Brasil. Presidência da República. Casa Civil. Lei nº 9.609, de 19 de fevereiro de 1998. Dispõe sobre a proteção da propriedade intelectual de programa de computador, sua comercialização no País, e dá outras providências [Internet]. Brasília: Casa Civil; 1998 [capturado em 8 abr. 2013]. Disponível em: http://www.planalto.gov.br/ccivil_03/leis/l9609.htm.

4. Brasil. Presidência da República. Casa Civil. Constituição da República Federativa do Brasil de 1988 [Internet]. Brasília: Casa Civil; 1988 [capturado em 8 abr. 2013]. Disponível em: http://www.planalto.gov.br/ccivil_03/constituicao/constituicao.htm.

5. Brasil. Presidência da República. Casa Civil. Lei nº 10.406, de 10 de janeiro de 2002. Institui o Código Civil [Internet]. Brasília: Casa Civil; 2002 [capturado em 8 abr. 2013]. Disponível em: http://www.planalto.gov.br/ccivil_03/leis/2002/l10406.htm.

6. Bitelli MAS. O direito da comunicação e da comunicação social. São Paulo: Revista dos Tribunais; 2004.

7. Müller Chaves JC. Violação do direito autoral na internet e o fair use, MP3, Napster, Gnutella. II Seminário de Inverno ABDI: Direitos Autorais na Internet; 2001 jun. 6; Rio de Janeiro. Palestra.

8. Barreto J, Moraes M. Pirataria: a internet existe sem ela. Info Exame [Internet]. 18 abr. 2012 [capturado em 8 abr. 2013]. Disponível em: http://info.abril.com.br/noticias/internet/existe-internet-sem-pirataria-18042012-32.shl.

9. Opinião: o direito autoral e de propriedade da internet. O Globo [Internet]. 6 fev. 2012 [capturado em 8 abr. 2013]. Disponível em: http://www.youblisher.com/p/237189-0-Globo-Segunda-feira-Opiniao/.

10. Brasil. Senado Federal. Projeto de Lei nº 2126/2011. Estabelece princípios, garantias, direitos e deveres para o uso da internet no Brasil [Internet]. Brasília: Câmara dos Deputados; 2011 [capturado em 8 abr. 2013]. Disponível em: http://www.camara.gov.br/proposicoesWeb/fichadetramitacao?idProposicao=517255.

11. Brasil. Senado Federal. Projeto de Lei nº 84/99. Dispõe sobre os crimes cometidos na área de informática, suas penalidades e dá outras providências [Internet]. Brasília: Câmara dos Deputados; 1999 [capturado em 8 abr. 2013]. Disponível em: http://www.camara.gov.br/proposicoesWeb/fichadetramitacao?idProposicao=15028.

12. Brasil. Senado Federal. Comissão especial destinada a proferir parecer ao projeto de lei nº 5.403, de 2001, do Senado Federal, que "dispõe sobre o acesso a informações da internet e dá outras providências" [Internet]. Brasília: Câmara dos Deputados; 2011 [capturado em 8 abr. 2013]. Disponível em: http://edemocracia.camara.gov.br/documents/679637/277cc749-e543-4636-9ddb-736144a9b654.

CAPÍTULO 27

INTERNET: SOMOS VÍTIMAS OU INFRATORES?

JULIANA ABRUSIO

A internet assume papel central na vida do homem contemporâneo, com rede de intercomunicações e acesso à informação e cultura. Como bem coloca Manuel Castells:[1]

> a internet, e sua variada gama de aplicações, é a base da comunicação em nossas vidas, para trabalho, conexões pessoais, informações, entretenimento, serviços públicos, política e religião. A internet é cada vez mais usada para acessar os meios de comunicação de massa (televisão, rádio, jornais), bem como qualquer forma de produto cultural ou informativo digitalizado (filmes, música, revistas, livros, artigos de jornal, bases de dados).

É inconteste que a era digital trouxe significativas transformações para a vida em sociedade, gerando incomparável aumento na velocidade e alcance da comunicação, bem como no livre e vasto acesso à informação. É preciso manter-se alerta para não se perder e sucumbir diante do emaranhado de conteúdo que é gerado e chega até nós a cada segundo.

Hodiernamente, todos os ramos da ciência, direta ou indiretamente, ocupam-se das transformações sociais motivadas pelas novas tecnologias, e não poderia ser diferente em relação à ciência do Direito, seara na qual este artigo está inserido.

Inexoravelmente, o homem é um ser social. A convivência exige uma determinada ordem, imposta por regras de conduta. Essa ordenação pressupõe a existência de restrições que limitam a atividade dos indivíduos pertencentes aos diversos grupos sociais. A finalidade do Direito é precisamente determinar regras que permitam aos homens a vida em sociedade, garantindo as condições de equilíbrio da coexistência entre os indivíduos.

Vale lembrar que a vida em sociedade exige a observância de normas jurídicas, bem como de normas morais, igualmente reconhecidas como regras de comportamento para a convivência entre os indivíduos. Porém, nem tudo que é moral é jurídico. Ambas as normas são rechaçadas socialmente, contudo, o campo da moral é mais abrangente. Por sua vez, o campo do Direito é mais restrito, representado pelas normas dotadas de força coercitiva. Assim, a violação da norma jurídica importa em sanção imposta pelo Estado para constranger os indivíduos à observância da norma, enquanto na moral a sanção repousa no âmbito da intimidade, do arrependimento e da consciência do homem. Neste capítulo, ficaremos restritos a discorrer e analisar as normas de natureza jurídica.

No tocante à sociedade digital, é imprescindível que regras de conduta também sejam respeitadas nas relações estabelecidas por meio da internet. Tenha-se presente que todas as normas vigentes em nosso país podem – e devem – ser aplicadas às relações virtuais estabelecidas por meio da internet.

Atualmente, inclusive, existe Projeto de Lei nº 2.126/2011[2] alcunhado como "Marco Civil da Internet", o qual aguarda aprovação na Câmara dos Deputados, cujo texto estabelece princípios, garantias, direitos e deveres para o uso da internet no Brasil, pautados sob os seguintes fundamentos: I – o reconhecimento da escala mundial da rede; II – os direitos humanos, o desenvolvimento da personalidade e o exercício da cidadania em meios digitais; III – a pluralidade e a diversidade; IV – a abertura e a colaboração; V – a livre iniciativa, a livre concorrência e a defesa do consumidor; e VI – a finalidade social da rede.

O advento do Marco Civil consistirá em significativa conquista para a cidadania brasileira, inserida em um mundo predominantemente digital. Mas, visto que a Lei em si jamais pode ser perfeita, sempre haveremos de enfrentar os binômios da Internet: boa/ruim; construtiva/destrutiva; ética/antiética; lícita/ilícita, vítima/infrator, etc. Nessa vereda, ao discorrer sobre os códigos que perfazem a vida informatizada, o autor Jonathan Zittrain[3] afirma a existência de uma qualidade "generativa" provocando desenvolvimento tecnológico e, por consequência, desenvolvimento social. Porém, paradoxalmente, segundo o autor, tal qualidade pode importar em resultados imprevisíveis e, possivelmente, cataclísmicos para o mundo, *in verbis*: "O paradoxo da generatividade é que com uma abertura para mudanças não antecipadas, podemos acabar em maus – e não generativos – lençóis".[3]

De fato, por vezes, somos vítimas e, por outras, podemos ser infratores, até mesmo sem saber. Assim, diante da legislação em vigor no País, o presente capítulo analisa as mais frequentes infrações às normas jurídicas praticadas na internet, bem como responsabilidades dos sujeitos envolvidos e respectivas consequências.

INFRATORES: CAPACIDADE CIVIL, IMPUTABILIDADE PENAL E RESPONSABILIDADE DOS PAIS

O artigo 1º do Código Civil brasileiro[4] reconhece que toda pessoa é capaz de direitos e deveres na ordem civil. Em consonância, o artigo 15 do Estatuto da Criança e do Adolescente[5] reconhece que: "A criança e o adolescente têm direito à liberdade, ao respeito e à dignidade como pessoas humanas em processo de desenvolvimento e como sujeitos de direitos civis, humanos e sociais garantidos na Constituição e nas leis".

A maioridade, porém, começa aos 18 anos completos, tornando-se a pessoa, então, apta a responder por seus atos perante terceiros, com exceção do sujeito que, embora maior de idade, não tem discernimento por conta de enfermidade ou doença mental (artigos 3º e 4º do Código Civil[4]).

Ressalte-se que até atingirem a maioridade (18 anos completos), são os pais que respondem civilmente pelos atos de seus filhos, sendo obrigados a pagar a devida indenização à pessoa lesada, sendo a responsabilidade dos pais excepcionada se o menor de 18 tiver sido emancipado após completar 16 anos.

Pela regra dos artigos 932, I, e 933 do Código Civil,[4] os pais respondem por possíveis reparações civis derivadas de ilícitos cometidos pelos filhos menores, mesmo que não haja culpa dos pais. "Comprovado o ilícito do menor [...]", afirma Carlos Roberto Gonçalves, "[...] dele decorre, por via de consequência e independentemente de culpa do pai, a responsabilidade deste [...]".[6] Aos pais cabe o "dever de guarda" em todas as atividades de seus filhos, mormente nos labirintos do mundo digital, tendo em vista que "[...] esse estado de coisas (desenvolvimentos incompleto da inteligência e da vontade do menor), [...] longe de poder desculpar os pais, lhes impõe a vigilância, de onde a lei terá, por sua conta, uma presunção de periculosidade".[6]

Na prática de [*cyber*]*bullying* realizada pelos filhos, por exemplo, fica clara a possível responsabilização civil dos pais, de forma que não deverá importar à Justiça se os filhos possuem ou não discernimento suficiente para compreender seus atos.

Para ilustrar, vejamos o caso em que um grupo de pais foi condenado a indenizar uma educadora em R$ 18 mil por danos morais, oriundos de uma página criada por seus filhos, em uma rede social, para denegrir a imagem da professora.[7]

Na área penal, a maioridade também é atingida aos 18 anos completos. Os menores de idade não cometem "crimes" propriamente ditos, pois são considerados inimputáveis (artigo 27 do Código Penal[8]). Quando um menor incorre em alguma conduta descrita como crime ou contravenção em legislação penal, dizemos que comete "atos infracionais", cujas sanções previstas são diferentes daquelas aplicáveis aos crimes.

Os menores de 12 anos de idade, segundo a lei, são considerados "crianças". Pelo Estatuto da Criança e do Adolescente (ECA),[5] Lei nº 8.069/90, para as crianças que cometem atos infracionais são aplicadas somente as "medidas de proteção" (artigo101), pelo Conselho Tutelar, que podem envolver, por exemplo, orientação, apoio e acompanhamento temporário. Dos 12 aos 18 anos de idade, o indivíduo é considerado "adolescente". A ele são aplicadas as "medidas socioeducativas" (artigo112) pela Justiça da Infância e da Juventude, que variam entre: advertência, obrigação de reparar o dano, prestação de serviços à comunidade, liberdade assistida, inserção em regime de semiliberdade e internação em estabelecimento educacional.

No entanto, vale lembrar que existem alternativas a essas sanções, que podem ser mais benéficas e vantajosas. Uma delas é a "justiça restaurativa", corrente relativamente recente nas áreas da vitimologia e da criminologia. Surgida na década de 1970, nasce associada ao reconhecimento da insuficiência e do fracasso da "justiça retributiva". Cuida-se de um novo padrão de pensamento, que vê a infração praticada não meramente como violação da lei, mas como causadora de danos às vítimas, às comunidades e até aos agressores.

O "processo restaurativo" está centrado na ativa participação de todos os sujeitos envolvidos, por meio de encontros nos quais se busca identificar a injustiça praticada, o dano resultante, os passos necessários para sua reparação e as medidas futuras que possam reduzir a possibilidade da ocorrência de novas infrações.

Por meio do processo restaurativo aplicado em casos de *bullying*, seria possível, por exemplo, conciliar o agressor com sua vítima, buscando fazer com que o *[cyber]bullie* compreenda o porquê de suas condutas serem ilícitas, interrompendo esses comportamentos, com a participação dos familiares, da vítima, do agressor e de representantes da escola, quando for o caso.

Em que pese a justiça restaurativa ter sido concebida no bojo das práticas criminais, nada impede que essa proposta possa ser adaptada e adotada nas escolas e comunidades, como meio de resolução de conflitos por qualquer tipo de infração cometida na internet.

Observamos, ainda, que a indenização na esfera civil é independente das punições previstas no Estatuto da Criança e do Adolescente (ECA), ou seja, não há qualquer impedimento legal para que seja aplicada uma medida socioeducativa ao jovem infrator e também a determinação para que seus pais indenizem as vítimas do *[cyber]bullying*.

CRIMES ELETRÔNICOS

A internet não é uma terra sem lei. O ordenamento jurídico vigente é perfeitamente aplicável às condutas praticadas por meio da rede, como no caso da calúnia (artigo 138 do Código Penal),[8] da ameaça (artigo 147 do Código Penal[8]), da fraude bancária (artigo 155, § 4º, III do Código Penal[8]), da pornografia infantil (artigo 241 do ECA[5]), da violação de direito autoral (artigo 184 do Código Penal[8]), dentre outros exemplos.

Havia, porém, até pouco tempo atrás, algumas condutas específicas que não eram consideradas crimes. Era o caso da invasão de computadores. Todavia, em 30 de novembro de 2012, foi sancionada pela Presidenta da República a Lei nº 12.737/2012,[9] apelidada de "Lei Carolina Dieckmann", em virtude do vazamento, pela internet, de fotos íntimas da referida atriz, fato que acabou por exercer pressão no Congresso Nacional para aprovação do Projeto de Lei. A partir de então está sujeito à pena de detenção de três meses a um ano, e multa aquele que

> invadir dispositivo informático alheio, conectado ou não à rede de computadores, mediante violação indevida de mecanismo de segurança e com o fim de obter, adulterar, ou destruir dados ou informações sem autorização expressa ou tácita do titular do dispositivo ou instalar vulnerabilidades para obter vantagem ilícita.

Se da invasão "[...] resultar a obtenção de conteúdo de comunicações eletrônicas privadas, segredos comerciais ou industriais, informações sigilosas, assim definidas em lei, ou o controle remoto não autorizado do dispositivo invadido [...]", a pena passara a ser de reclusão, de seis meses a dois anos, e multa.

O Brasil, finalmente, dispõe de lei específica para tratar dos crimes eletrônicos. Quanto aos "crimes comuns", isto é, antigos crimes praticados desde antes do advento da internet, aplicam-se, normalmente, os tipos penais em vigor. Como bem disse o ex-ministro do Supremo Tribunal Federal Sepúlveda Pertence, ao julgar o *Habeas Corpus* n. 76689: "A invenção da pólvora não reclamou a redefinição de homicídio".

LIBERDADE DE EXPRESSÃO E O "DIREITO DOS OUTROS"

Muitas pessoas, diante de impulsos não dominados, acabam por "postar" na internet comentários, predicativos, etc., consistentes em infração legal contra a honra alheia.

É certo que a liberdade de expressão é um direito consagrado pela Constituição brasileira,[10] no artigo 5º, inciso IV ("é livre a manifestação do pensamento, sendo vedado o anonimato") e inciso IX ("é livre a expressão da atividade intelectual, artística, científica e de comunicação, independentemente de censura ou licença"), no entanto, não se trata de uma liberdade infinita, nem de uma liberdade absoluta.

De fato, nosso ordenamento jurídico não permite que, ao exercer o direito da liberdade de expressão, sejam feridos direitos fundamentais de outras pessoas: não se pode incitar violência, difundir ideias preconceituosas ou ofender a honra alheia.

Aqueles que desrespeitarem essas regras estarão sujeitos às penas dos crimes de calúnia, injúria e difamação (artigos 138 a 140 do Código Penal[8]). Caluniar significa imputar a alguém um fato falso definido como crime. Faz-se na calúnia uma "[...] acusação falsa, tirando a credibilidade de uma pessoa no seio social [...]",[6] o que torna esse tipo bastante similar ao da difamação. Porém, para que esteja configurada a calúnia, não basta a acusação falsa, é preciso que a pessoa seja acusada de um fato definido como crime. Atinge a honra objetiva da pessoa, "[...] atribuindo-lhe o agente de um fato desairoso, no caso particular, um fato falso definido como crime [...]".[6] A pena prevista para a calúnia é detenção, de seis meses a dois anos, e multa.

Injuriar é ofender, insultar, "xingar". Para que o crime esteja caracterizado, nas palavras de Guilherme Nucci, "[...] é preciso que a ofensa atinja a dignidade (respeitabilidade ou amor próprio) ou o decoro (correção moral ou compostura) de alguém [...]".[11] Já a injúria discriminatória, estampada no parágrafo 3º do artigo 140 do Código Penal,[8] cuida das ofensas que utilizam especificamente elementos referentes à raça, cor, etnia, religião, origem, ou à condição de pessoa idosa ou portadora de deficiência. Nesse caso, a pena é de reclusão, de um a três anos, e multa.

Difamar, por sua vez, significa imputar fato ofensivo à reputação de alguém. Assim, não basta apenas imputar um fato ofensivo a alguém, é preciso manchar a reputação dessa pessoa. A pena prevista para esse crime é detenção, de três meses a um ano, e multa.

[*CYBER*]*BULLYING*

O *bullying* vai além das ofensas verbais, podendo alcançar, outrossim, o estágio da agressão física. Nas palavras de Alexandre Ventura e Cleo Fante, *bullying* "[...] é o comportamento agressivo, repetido, que pode se revestir de várias formas e que ocorre no âmbito de um desequilíbrio de poder físico ou psicológico entre o agressor e a vítima [...]".[12]

Quando o *bullying* é praticado por meio das ferramentas da tecnologia da informação (*e-mails*, mensagens SMS, postagem de vídeos, *blogs*, redes sociais, fóruns de discussão, etc.), está-se diante do fenômeno denominado *cyberbullying*, este de caráter ainda mais nefasto, visto que as ofensas digitais podem se espalhar com maior velocidade, atingindo proporções imponderáveis.

No Brasil, não há lei específica para punir o *bullying*. Porém, em 2012, foi proposta a inclusão, no texto que discute a reforma do atual Código Penal brasileiro, datado de 1940, da criminalização do ato de agredir física ou verbalmente algum menor de idade, de forma intencional e continuada, como intimidação vexatória, com previsão de pena de até quatro anos de prisão quando o autor for maior de idade. Quando o agressor for menor de 18 anos, o *bullying* seria considerado ato infracional e, de acordo com o ECA, o autor receberá medidas socioeducativas.

Ressalte-se, contudo, que a proposta para criminalização do *bullying* ainda depende de aprovação das casas legislativas do Congresso Nacional brasileiro, que podem, inclusive, rejeitar o reconhecimento dessa prática como crime, posto que alguns defendem que a criminalização do *bullying* deve sobrevir apenas com a aprovação de lei federal que disponha sobre políticas públicas para combatê-lo, a exemplo da iniciativa de Santa Catarina, primeiro Estado da federação brasileira a sancionar lei com políticas públicas sobre o assunto (Lei nº 14.651/2009[13]).

A RESPONSABILIDADE LEGAL DAS ESCOLAS PELOS ATOS DE [*CYBER*]*BULLYING*

Nesse contexto, surge a pergunta: qual é a obrigação da escola em intervir quando há a prática de *cyberbullying* entre um aluno e outro? Concordamos com o Promotor de Justiça Lélio Braga Calhau no sentido de que há responsabilidade legal da escola em relação aos atos de *bullying* praticados dentro do estabelecimento escolar,[14] com base nos artigos 932, IV e 933 do Código Civil.[4] Por isso, como afirma Carlos Roberto Gonçalves, "[...] se o dano é sofrido pelo próprio aluno [...], a vítima pode mover, representada pelo pai, ação contra o estabelecimento [...]".[6]

O ECA[5] impõe à escola o dever de promover a educação visando o "[...] pleno desenvolvimento de sua pessoa, preparo para o exercício da cidadania e qualificação para o trabalho [...]" (artigo 53).

Nesses termos, é importante considerar que a entidade de ensino é investida no dever de guarda e preservação da integridade física e psicológica do aluno, com a obrigação de empregar a mais diligente vigilância, objetivando prevenir e evitar qualquer dano decorrente do convívio escolar. Ainda, como entidade-membro da sociedade, a instituição de ensino é também responsável pela promoção e garantia dos direitos de crianças e adolescentes, devendo zelar pelo bem-estar entre os alunos em seu ambiente e pela promoção da inclusão social, nos termos do artigo 227 da Constituição Federal de 1988.[10]

Em relação às agressões iniciadas e perpetuadas fora da escola – como no caso do aluno que, a partir do computador instalado no quarto de sua casa, passa a praticar *cyberbullying* contra um colega –, haverá obrigação de a instituição de ensino intervir somente nos casos em que os atos de violência alcancem, de alguma forma, o ambiente escolar.[14] Nesses casos, a postura juridicamente aconselhável às escolas, para resguardo de seus direitos, é chamar os envolvidos e familiares diante do primeiro sinal de atos de *cyberbullying*, não dando margem à omissão no cuidado que incumbe à instituição de ensino.

Nesse sentido, em 2011, foi noticiado um caso julgado pelo Tribunal de Justiça do Rio de Janeiro, nos autos do processo nº 0003372-37.2005.8.19.0208,[15] no qual uma escola foi condenada a pagar indenização, no montante de R$ 35 mil, aos pais de uma aluna, por falha na prestação do serviço educacional, porquanto diante da prática de atos de violência, física e moral, contra a vítima, a escola não se posicionou, nem interferiu para fazer cessar o ilícito. O Tribunal ponderou que casos assim não podem ser tratados como simples desentendimentos entre alunos.

Portanto, ao não tomar conhecimento desse risco, ou negligenciá-lo, deixando de adotar as medidas necessárias para sua prevenção e para garantia de um bom processo educacional, a escola comete ato ilícito, ensejador de sua responsabilidade civil objetiva.

Por fim, mas não menos importante, é salutar que as escolas se resguardem com a adoção de regulamentos sobre o uso de computadores, celulares e acesso à rede de conexão à internet em suas dependências. Cabe à instituição de ensino, ademais, promover encontros com pais, professores e alunos para discutir os perigos e riscos envolvidos na utilização da internet.

Bons exemplos podem ser conferidos em iniciativas como as das escolas da Renânia do Norte, na Alemanha, que passaram a ministrar aulas sobre como lidar com redes sociais, como o Facebook. Ou, ainda, no Reino Unido, onde são obrigatórias lições de segurança na internet para crianças acima de 5 anos de idade.

A INTERNET NÃO ESQUECE: O LADO INDELÉVEL DA REDE

O registro de palavras na grande rede mundial pode ser comparado ao ato de picotar um papel e jogá-lo do último andar de um prédio bem alto em dia de ventania e, logo após, tentar resgatar todos os pedacinhos atirados ao vento. Será praticamente impossível encontrar todos eles.

Dessa feita, é preciso muito refletir antes de postar qualquer conteúdo ou comentário sobre outra pessoa na internet. A sistemática intrínseca à essa tecnologia implica que os conteúdos sejam fácil e rapidamente replicados, espalhando-se pelos "ventos" da rede mundial de computadores.

Sob outro ângulo de análise, é igualmente preocupante a enorme quantidade de informações pessoais e, por vezes, comprometedoras que os adolescentes, e também os adultos, compartilham pela internet. O direito à privacidade e à intimidade vem sendo, cada vez mais, comprometido. Em muitas situações o próprio indivíduo se autoprejudica ao ignorar os cuidados na exposição de informações.

Sobretudo nas redes sociais, os comentários *online* e o excesso de compartilhamento criaram uma ameaça à reputação e à privacidade de todos.

Sobre esse assunto, em entrevista concedida ao *The Wall Street Journal*, em agosto de 2010, Eric Schimidt, Presidente do Conselho da empresa Google, revelou temer que os jovens não entendam as consequências de ter tanta informação pessoal sobre eles disponível na internet.[16] O executivo chega a provocar que todas as pessoas jovens um dia terão direito automaticamente a mudar de nome ao chegar à vida adulta, para deixar para trás as travessuras da juventude guardadas nos *sites* de mídia social de seus amigos. Segundo Schimidt, a empresa sabe "[...] razoavelmente quem você é, razoavelmente do que você gosta e razoavelmente quem são seus amigos [...]".[16]

Nessa esteira de raciocínio, devemos ter presente que o mundo digital trouxe novas nuanças para a vida em sociedade. Daí porque é importante que as pessoas nunca se deixem fotografar ou filmar em cenas íntimas ou comprometedoras. As fotos ou o vídeo podem cair nas mãos erradas e então, por mais que o direito ofereça remédios jurídicos para a situação, pode tornar-se impossível excluir por completo o material divulgado.

CONCLUSÃO

Não obstante o Brasil não ter aprovado, até este momento, o "Marco Civil da Internet", vimos que as leis civis atualmente em vigor são perfeitamente aplicáveis às relações estabelecidas na rede mundial de computadores. Em âmbito penal, por sua vez, foi recentemente sancionada a lei de crimes eletrônicos, igualando o Brasil a outros países que já possuem regulamentação nessa área, para fins de participação em tratados internacionais de cooperação ao combate aos cibercrimes.

No tocante às responsabilidades pelas infrações legais, verificamos que os menores de 18 anos, ao praticarem conduta descrita como crime ou contravenção, respondem pelas medidas de proteção, e pelas socioeducativas, plasmadas no Estatuto da Criança e do Adolescente, constituindo tais violações atos infracionais.

Em relação à responsabilidade civil, os pais respondem civilmente pelos atos de seus filhos menores de 18 anos, que estejam sob sua guarda, devendo arcar, portanto, com os danos que eles venham a causar a terceiros, como é o caso de ofensas praticadas pela internet.

Por sua vez, as instituições de ensino não podem omitir-se ao dever de cuidar de seus alunos, sob pena de incidir em ato ilícito, ensejador de responsabilidade legal, segundo confirma a jurisprudência pátria.

Outrossim, averiguamos a possibilidade de aplicar o modelo do processo da assim chamada justiça restaurativa aos casos de *cyberbullying* ocorridos nas escolas e comunidades, bem como verificamos a necessidade de a instituição de ensino promover debates entre pais, alunos e professores sobre os riscos que a internet apresenta, incluindo, sobretudo, os de natureza jurídica.

Por fim, examinamos o fato de a internet não permitir o direito ao esquecimento, impedindo, por vezes, o controle sobre nossas próprias informações. Diante, pois, da característica indelével do sistema, vimos que é preciso estarmos mais atentos à nossa privacidade e aos dados que escolhemos tornar públicos.

REFERÊNCIAS

1. Castells M. A sociedade em rede. São Paulo: Paz e Terra; 2011.

2. Brasil. Senado Federal. Projeto de Lei nº 2126/2011. Estabelece princípios, garantias, direitos e deveres para o uso da internet no Brasil [Internet]. Brasília: Câmara dos Deputados; 2011 [capturado em 8 abr. 2013]. Disponível em: http://www.camara.gov.br/proposicoesWeb/fichadetramitacao?idProposicao=517255.

3. Zittrain J. The future of the internet and how to stop it. New Haven: Yale University; 2008.

4. Brasil. Presidência da República. Casa Civil. Lei nº 10.406, de 10 de janeiro de 2002. Institui o Código Civil. [Internet]. Brasília: Casa Civil; 2002 [capturado em 8 abr. 2013]. Disponível em: http://www.planalto.gov.br/ccivil_03/leis/2002/l10406.htm.

5. Brasil. Presidência da República. Casa Civil. Lei nº 8.069, de 13 de julho de 1990. Dispõe sobre o Estatuto da Criança e do Adolescente e dá outras providências. [Internet]. Brasília: Casa Civil; 1990 [capturado em 8 abr. 2013]. Disponível em: http://www.planalto.gov.br/ccivil_03/leis/l8069.htm.

6. Gonçalves CR. Direito civil brasileiro. 4. ed. São Paulo: Saraiva; 2009. v. 4, responsabilidade civil.

7. Tribunal de Justiça do Rio de Janeiro. Processo nº 0088192-28.2005.8.19.0001 [Internet]. Rio de Janeiro: TJ/RJ; 2005 [capturado em 8 abr. 2013]. Disponível em: http://www4.tjrj.jus.br/consultaProcessoWebV2/consultaProc.do?v=2&FLAGNOME=&back=1&tipoConsulta=publica&numProcesso=2005.001.089729-8.

8. Brasil. Presidência da República. Casa Civil. Decreto-Lei nº 2.848, de 7 de dezembro de 1940. Código Penal [Internet]. Brasília: Casa Civil; 1940 [capturado em 8 abr. 2013]. Disponível em: http://www.planalto.gov.br/ccivil_03/decreto-lei/Del2848compilado.htm.

9. Brasil. Presidência da República. Casa Civil. Lei nº 12.737, de 30 de novembro de 2012. Dispõe sobre a tipificação criminal de delitos informáticos; altera o Decreto-Lei nº 2.848, de 7 de dezembro de 1940 – Código Penal; e dá outras providências [Internet]. Brasília: Casa Civil; 2012 [capturado em 8 abr. 2013]. Disponível em: http://www.planalto.gov.br/ccivil_03/_ato2011-2014/2012/lei/l12737.htm.

10. Brasil. Presidência da República. Casa Civil. Constituição da República Federativa do Brasil de 1988 [Internet]. Brasília: Casa Civil; 1988 [capturado em 8 abr. 2013]. Disponível em: http://www.planalto.gov.br/ccivil_03/constituicao/constituicao.htm.

11. Nucci G. Manual de direito penal. 7. ed. São Paulo: Revista dos tribunais; 2011.

12. Ventura A, Fante C. Bullying: intimidação no ambiente escolar e virtual. Belo Horizonte: Conexa; 2011.

13. Assembléia Legislativa de Santa Catarina. Lei nº 14.651, de 12 de janeiro de 2009. Programa de combate ao bullying [Internet]. Florianópolis: Escola do Legislativo; 2009 [capturado em 8 abr. 2013]. Disponível em: http://www.alesc.sc.gov.br/escola_legislativo/downloads/cartilhabullying.pdf.

14. Calhau LB. Bullying: o que você precisa saber: identificação, prevenção e repressão. Niterói: Impetus; 2009.

15. Tribunal de Justiça do Rio de Janeiro. Processo nº 0003372-37.2005.8.19.0208 [Internet]. Rio de Janeiro: TJ/RJ; 2007 [capturado em 8 abr. 2013]. Disponível em: http://www4.tjrj.jus.br/consultaProcessoWebV2/consultaProc.do?v=2&FLAGNOME=&back=1&tipoConsulta=publica&numProcesso=2005.208.003258-5.

16. Jenkins HW Jr. Google and the search for the future Wall Street Journal [Internet]. 14 ago. 2010 [capturado em 8 abr. 2013]. Disponível em: http://online.wsj.com/article/ SB10001424052748704901104575423294099527212.html.

CONSIDERAÇÕES FINAIS

EVELYN EISENSTEIN
SUSANA GRACIELA BRUNO ESTEFENON
CRISTIANO NABUCO DE ABREU

Atualmente, estamos todos conectados às tecnologias digitais e vivendo em um mundo globalizado, de comunicação quase que instantânea e acelerada. Logo, todos nós, sem exceção, tivemos de nos adaptar às mudanças impostas pela tecnologia e, quase que mandatoriamente, tivemos de nos ajustar e aprender mais sobre como lidar com esta realidade.

Hoje é quase que inadmissível que alguém ainda não se tenha submetido à troca de um aparelho de telefonia celular, não tenha aberto uma conta de *e-mail* ou não faça parte de alguma rede social. Todos os pais estão preocupados com o tempo que seus filhos ficam conectados. Estudos indicam que jovens que não participam de alguma maneira das atividades da *web*, os excluídos digitais, já começam a sofrer os efeitos da discriminação de seus pares. Portanto, ao que tudo indica, é um caminho sem volta. E esse desafio faz parte da realidade e do contexto social de crianças e adolescentes, escolares e universitários. Nós adultos, especialistas, profissionais ou pais, que lidamos com essa nova geração digital, somos uma ponte de transição, trazendo valores e costumes do passado, mas compromissados em uma tentativa de alertar, prevenir riscos e saber como melhor utilizar toda essa tecnologia, transformando-a em uma fonte de benefícios e construção mais fundamentada, para que o diálogo entre as gerações seja mais ético, saudável, seguro e educativo.

Esse foi o objetivo de nosso evento e da proposta deste livro. É possível que, após termos percorrido todos estes capítulos, tenhamos desenvolvido a impressão de que talvez as coisas não rumem em direção a uma perspectiva positiva. O futuro ainda é muito incerto, mesmo com vários segmentos da ciência tentando entender o que efetivamente se passará na era digital. No entanto, também é possível que encontremos leitores mais críticos, enxergando um futuro bem diferente daquele já vivido pelas gerações anteriores, e depositando, portanto, na interação entre o homem e a tecnologia, as renovadas possibilidades de uma vida melhor. Quem sabe?

Na academia observamos os mesmo reflexos. Vozes que se levantam em testemunho a um novo e próspero futuro, enquanto outras que o fazem em direção a um futuro não tão animador e cheio de novos riscos a serem vencidos. No que diz respeito a uma leitura mais incerta, vários são os autores que exaustivamente argumentam que essa relação desenfreada com a tecnologia, por exemplo, fez com que hoje se esperasse muito mais da interação homem-máquina do que da interação entre pessoas.[1] Tal pressuposto repousa na ideia de que o isolamento social, propiciado pelas interações virtuais, estaria aumentando a tais proporções que a nova janela para o mundo seria, inevitavelmente, nosso monitor pessoal, ou a tela do *iPhone*, do *tablet*, entre outros. São exaustivos os argumentos apresentados de que o cérebro humano, no futuro, simplesmente não teria condições de operar computadores da forma e da maneira que fazemos hoje.[2]

Assim, é plausível afirmar que a geração digital seria, sim, indubitavelmente mais ágil e acelerada, mentalmente falando, do que as gerações anteriores. No entanto, devemos ter cautela em tornar sinônimos rapidez mental e capacidade intelectual global. Isto é, ser rápido em dar respostas nem de longe pode significar ser mais inteligente ou cognitivamente mais hábil. A esse respeito, autores[3] têm afirmado que talvez essa geração digital pague então um preço altíssimo, pois, pela primeira vez na história da humanidade, o acúmulo de conhecimento, que vem ocorrendo de forma progressiva ao longo dos séculos, tornará uma geração superficial, submissa às regras da mídia social e controlada por informações transmitidas pelas tecnologias digitais.

A sociedade estaria passando por uma mudança tão expressiva em sua forma de se relacionar que as bases de todos os tipos de relações já desenvolvidas seriam, agora, colocadas à prova.[4] Seja nas famílias, pela inversão da pirâmide parental, pois hoje os pais recorrem aos filhos para solucionar seus impasses tecnológicos, possibilitando a criação de novas formas de comunicação. Seja nas corporações, onde a veia criativa poderia ser expressa (não sem alguns problemas) de forma mais espontânea do que sempre aconteceu nas estruturas mais engessadas e hierarquizadas. Seja nas escolas, com novas iniciativas de aprendizado, onde o método de ensino seria muito mais colaborativo, e, por que não dizer, mais produtivo, pois se utiliza da tecnologia como ferramenta de ensino.[5]

Portanto, em uma concepção mais confiante, todos os colaboradores deste livro trabalharam as novas questões que a tecnologia digital está a descortinar em suas infinitas possibilidades de tornar nossa vida, efetivamente, mais informada e com acesso às muitas alternativas de criação, novos aplicativos de imagem, som, vídeo, música, jogos e armazenamento de conhecimentos e comunicação social.

Em uma ou em outra visão, resta-nos apenas esperar e tentar prevenir danos e riscos de novas doenças.[6] Esperar que esta e as demais gerações digitais possam se aprimorar e vencer os obstáculos de um mundo conectado globalmente. Apenas um dado que é bastante curioso e que merece ser contado: no Vale do Silício, nos Estados Unidos, sede geográfica das maiores corporações tecnológicas, há inúmeras escolas para os filhos dos empresários. Nelas, não é permitido o uso de qualquer tipo de tecnologia em sala de aula, e os computadores simplesmente são proibidos. O que isso pode significar? Deixamos que o leitor tire suas próprias conclusões.

Esperamos que este livro, de alguma maneira, tenha servido de insumo para novas reflexões. Que novos interessados e pesquisadores se debrucem sobre o tema e nos ajudem a refinar cada vez mais nossa compreensão a respeito das relações entre o ser humano e a tecnologia no século XXI.

REFERÊNCIAS

1. Turkle S. Alone together: why we expect more from technology and less from each other. New York: Basic Books; 2011.

2. Carr N. The shallows: what the internet is doing to our brains. New York: Norton; 2011.

3. Bauerlein M. The dumbest generation: how the digital age stupefies young Americans and jeopardizes our future. New York: Penguin; 2009.

4. Tapscott D. Grown up digital: how the Net generation is changing your world. New York: McGraw-Hill; 2009.

5. Kolb L. Cell phones in the classroom. Washington: Iste; 2011.

6. O'Keefe GS. CyberSafe: protecting and empowering kids in the digital world of texting, gaming, and social media. Elk Grove Village: American Academy of Pediatrics; 2011.